WARTBURG-JAHRBUCH 2015

WARTBURG-JAHRBUCH 2015

Herausgegeben von der
Wartburg-Stiftung
in Zusammenarbeit mit dem
Wissenschaftlichen Beirat

S†S

SCHNELL UND STEINER

Regensburg 2016

Bilbliografische Information der Deutschen Bibliothek
Die Deutsche Bibliothek verzeichnet diese Publikation in der
Deutschen Nationalbibliografie; detaillierte bibliografische
Daten sind im Internet über http://dnb.ddb.de abrufbar

INHALT

Vorwort

Wer hätte wohl 1992 garantieren können, dass das neue Periodikum des Wartburg-Jahrbuchs um so viel langlebiger sein wird als sein Vorgänger? Einschließlich zweier Sonderbände in den Jahren 1996 und 1997 wuchs mit der Ausgabe des Vorjahrs 2014 die Reihe auf 25 Editionen, die hauptsächlich durch das Engagement des Historikers Hilmar Schwarz auf den Weg gebracht worden sind. Aus Altersgründen übergab er die redaktionelle Leitung an die Kunsthistorikerin Grit Jacobs, womit künftig wohl vermehrt auch die wissenschaftliche Analyse von Sammlungsobjekten in den Fokus des Jahrbuchs rücken dürfte.

Im vorliegenden Band deutet sich eine solche Schwerpunktverlagerung bereits an. Balázs J. Nemes von der Albert-Ludwigs-Universität Freiburg schreibt über die in der germanistischen Mediävistik aufsehenerregende Wiederentdeckung einer frühen Meister-Eckart-Handschrift in der Wartburg-Sammlung. Christa Profanter geht den sogenannten Klausner Pavesen nach, von denen im 19. Jahrhundert zehn Exemplare in die ehemalige Rüst- und Waffenkammer der Wartburg gelangten und in diesem Zusammenhang seit 1946 größtenteils verschollen sind. Von deren Ursprungsort in Südtirol führt Marc Höchners Aufsatz über das als Spolie erworbene und in die Dirnitz der Wartburg integrierte Schweizer Zimmer geradewegs nach Graubünden und erhellt dabei seine Entstehungsgeschichte, seine Handwerksmeister sowie die einstigen Auftraggeber und Eigentümer.

Dominiert wird das Jahrbuch 2015 gleichwohl von einem Beitrag, in dem Hilmar Schwarz seine umfassenden baugeschichtlichen Forschungsergebnisse zum Palas, dem nördlich davon gelegenen Haus und dem Hauptturm der Wartburg darlegt. Seine Studie, die sowohl historisches Bildmaterial, gedruckte Quellen und vor allem auch die im späten 15. Jahrhundert einsetzenden handschriftlichen Überlieferungen einbezieht, liefert wesentliche Aufschlüsse über den historischen Residenzkomplex in der Hauptburg. Als eine Art Nachschlagewerk sind nun sämtliche Informationen der unterschiedlichen Quellengattungen zu den Räumen, Verkehrswegen und der Nutzung der Gebäude vom späten 15. Jahrhundert bis 1838 an einem Ort versammelt. Diese Arbeit, mit der der Autor ohne Zweifel eine Lücke in der Dokumentation der Wartburg-Baugeschichte geschlossen hat, stellt zugleich den Abschluss seiner langjährigen Forschungen dar, die an dieser Stelle Dank und Würdigung finden sollen.

Den Band beschließt der Jahresüberblick, der eine Zusammenfassung über die viel beachtete Sonderausstellung im Cranach-Jahr 2015 sowie über die Schau der von Kindern gestalteten Bibel-Interpretationen bietet, über das im Vorfeld des 500. Reformationsjubiläums außerordentlich rege Baugeschehen informiert und wie üblich die Chronik der Burg liefert.

AUFSÄTZE UND MISZELLEN

Der Palas, das nördlich anschließende Haus und der Hauptturm auf der Wartburg bis etwa zur Mitte des 19. Jahrhunderts nach historischen Abbildungen sowie gedrucktem und ungedrucktem Schrifttum

Hilmar Schwarz

INHALT

I.

VORWORT
UND EINFÜHRUNG

Die vorliegende Studie beschäftigt sich mit dem fürstlich-herrschaftlichen Gebäudekomplex der Wartburg, der vor allem vom Palas, aber auch vom nördlich anschließenden Haus und dem mittleren Hauptturm gebildet wird. Zeitlich widmet sie sich den vier Jahrhunderten von der Mitte des 15. bis zur Mitte des 19. Jahrhunderts und versucht, die bestehenden Wissenslücken zwischen der hochmittelalterlichen Burg und der Restaurierung des 19. Jahrhunderts zu schließen. Diese beiden Zeiträume sind vergleichsweise ausführlich untersucht und beschrieben, während die Zwischenzeit zwar sporadisch Beachtung, aber bisher keine allseitige und umfassende Bearbeitung fand.

Die Untersuchung stützt sich auf das historische Bildmaterial, das gedruckte Schrifttum und in hohem Maße auf die handschriftlich-archivalische Überlieferung, deren Einsetzen um die Mitte des 15. Jahrhunderts den Anfang der vorliegenden Arbeit markiert. Hingegen ist sie keine bauarchäologische Studie, obwohl sie einige von deren Erkenntnissen einbezieht; doch muss ein derartiges Unternehmen dem Spezialisten überlassen bleiben. Ferner beschränkt sie sich auf die unbedingt notwendigen Angaben zur Restaurierung ab 1838, da diese ein eigenes, mindestens noch einmal so umfangreiches Themengebiet ausmacht.

Dabei verteilen sich die auskunftsfähigen Vorlagen nicht gleichmäßig, sondern weisen nach etwa einhundert Jahren, etwa seit 1552 eine Lücke mit nur wenigen Zeugnissen bis etwa 1670 auf. Im 18. Jahrhundert schwellen sie wieder an und lassen zur ersten Hälfte des 19. Jahrhunderts ein einigermaßen geschlossenes Bild entstehen. Vorher erinnert die geringe Materialdichte eher an ein Mosaik mit vielen Fehlstellen, so dass etliche Fragen offen bleiben müssen. Trotz aller Unschärfen erlauben die durchgesehenen Überlieferungen weitgehende Einblicke über die Beschaffenheit der Wartburg und einen aus vielen Einzelerkenntnissen zusammengefügten und spürbar über den bisherigen Forschungsstand hinausgehenden Gesamtüberblick. Nicht ganz unerheblich ist, dass der Verfasser nach drei Jahrzehnten die verschiedenen Quellenarten derart zusammengetragen hat, dass sein Wissen nicht ungenutzt bleiben sollte und ein weiteres Mal nicht so schnell in einer Person zusammenzufassen ist.

Der Komplex aus Palas und Nordhaus ist funktional und baulich nur zusammenhängend zu begreifen, was auch von den damaligen Zeitgenossen in Begriffen wie «Schloss» oder «Residenz» zum Ausdruck kommt. Der Terminus «Nordhaus» soll im Folgenden für das jeweils nördlich an den Palas angrenzende Gebäude verwendet werden. Ein solcher übergreifender Sammelbegriff erfasst die hier nacheinander errichteten Bauten und geht den strittigen zeitlichen und terminologischen Problemen aus dem Weg.

Der Schwerpunkt liegt auf der Beschaffenheit und Funktionalität der einzelnen Räume sowie deren Zusammenhängen, auf der Zuordnung und der Einteilung der Raumeinheiten, also auf dem Gebäudeinnern. Die äußere Gestalt wie die Fassaden werden nur insofern einbezogen, wie sie für die innere Struktur aussagefähig und somit unabdingbar sind.

Als heuristischer Nebeneffekt hilft die Darstellung bei der oft schwer verständlichen Benennung der Räume im historischen Schrifttum, was insbesondere der Anhang zur Begriffserklärung erleichtern soll. Hilfreich und anregend dürften die ausgebreiteten Erkenntnisse auch für eine nochmalige Bearbeitung der hochmittelalterlichen Bauvorhaben sein, denen man hiermit näherkommt.

II.
DER PALAS DER WARTBURG

Der Palas ist nicht nur das Hauptgebäude, sondern sichert als der am besten erhaltene stauferzeitliche Profanbau nördlich der Alpen der Wartburg einen festen Platz in der Architektur- und Kunstgeschichte. Dendrochronologisch datiert begann sein Bau, der etwa zwei Jahrzehnte währte, kurz vor 1160. Trotz der Brandschäden von 1317 und der Überbauung bewahrte er weitgehend seine architektonische Gestalt und einen Großteil seiner Bauzier. Über die Jahrhunderte bewirkte die Überbauung gleichsam eine konservierende Sicherung des Urzustandes, der auch durch ständige Ausbesserungen erhalten blieb, da die Burg von den jeweiligen Landesherren nie als gelegentliche Nebenresidenz aufgegeben wurde.

Seine ursprüngliche Repräsentationsfunktion verlor der Palas im Spätmittelalter zwar, doch teilweise als Fürstenwohnung und dann besonders durch die Kapelle geprägt, riss die Aufmerksamkeit an seinem Bestand nie ab. Durch den etwa um 1700 einsetzenden Besucherverkehr gewann er weiter an öffentlicher Beachtung. Mit Archiv, Kapelle, Gemäldesammlung und schließlich Rüstkammer war er bereits vor der Restaurierung des 19. Jahrhunderts ein multifunktionales Gebäude. Wegen seiner zentralen Bedeutung beansprucht er über die Hälfte dieser Studie, die den Stoff im Folgenden horizontal vom Keller aufsteigend über die einzelnen Geschosse bis zum Dachboden und zum Dach gliedert. Vorangestellt sei aber ein Überblick zu Überlieferungen des Palas im mittelalterlichen Schrifttum.

II.1.

DER PALAS IM MITTELALTERLICHEN SCHRIFTTUM

Im schriftlichen Material informieren bis etwa 1450 fast ausschließlich die Werke des Eisenacher Domgeistlichen Johannes Rothe (um 1360–1434) über den Komplex Palas-Nordhaus-Hauptturm, vor allem über das Mußhaus (eigentlich «Speisehaus»), wie er den Palas nannte. Er lebte mindestens seit 1400 in der Stadt, schrieb in den 1410er und Anfang der 1420er Jahre und überlieferte wohl das Bild seiner Zeit sowie die Anschauungen, die seinerzeit über die Wartburg im Umlauf waren.

Die älteste Information betrifft den Bau der Wartburg durch Ludwig den Springer im Jahre 1067, der angeblich das Mußhaus, die anderen Kemenaten und Türme erbaute, es mit Blei decken ließ, das nach einem Brand durch Dachziegel abgelöst wurde[1]. Einige Begebenheiten ranken sich um die Zeit der hl. Elisabeth und gehen auf ihren Biographen Dietrich von Apolda im späten 13. Jahrhundert zurück. In einer Verknüpfung zwischen Sängerkrieg und ihrer Biografie lud Landgraf Hermann I. den Magier Klingsor 1207 zu einem gemeinsamen Essen auf die Wartburg ein, und nachdem sie gespeist und Neuigkeiten ausgetauscht hatten, verließ Klingsor das Mußhaus und ging zum Ritterhaus[2]. Demnach empfing der Landgraf Gäste, speiste und unterredete sich mit ihnen im Mußhaus.

Dann geschah das Mantelwunder auf der Wartburg, das eine Mal bei einem Fest nach der Rückkehr des Landgrafenpaares 1222 aus Ungarn[3] und das andere Mal bei der Hochzeit der Schwester Ludwigs IV. mit dem österreichischen Herzog[4]; die Vermählung zwischen Agnes von Thüringen und

---

1 Thüringische Landeschronik. In: Sylvia Weigelt (Hrsg.): Johannes Rothe. Thüringische Landeschronik und Eisenacher Chronik (Deutsche Texte des Mittelalters. 87). Berlin 2007, S. 1–98, hier S. 32, 14–17: «Da hatte grave Loddewig vel korns unde liß steine von deme Seberge bye Gotha dar furen unde buwette das mußhuß unde die andern kemnatten unde torme daruffe unde liß es mit blye decken. Sidder brante es mit der dachunge abe unde wart mit czigeln gedagkt.»

2 Martin J. Schubert und Annegret Haase (Hrsg.): Johannes Rothes Elisabethleben (Deutsche Texte des Mittelalters. 85). Berlin 2005, S. 25, Vers 573–583: «Meyster Clingesor keigen Warrperg quam/ ... Dar nach, alßo man hatte geßen/ ... Der Meyster ym das alles sagete/ Her nam orlob unde ging hin uß/ Von dem mueß huß in das ritter huß.»

3 Rochus von Liliencron (Hrsg.): Düringische Chronik des Johann Rothe (Thüringische Geschichtsquellen. 3). Jena 1859. Nachdruck Bad Langensalza 2007, S. 348, cap. 432: «machte den eyne schone wirtschaft [Fest – siehe S. 733] uff dem slosse zu Warperg ... lagk do gar eyn armer mensche vor dem musshusse an der treppen».

4 Schubert/Haase, Elisabethleben 2005 (wie Anm. 2) S. 75f., Vers 1834–1842 und 1853–1855: «Alßo der herczoge zcu Warperg was/ Unde manig grave unnd ouch edel man/ Dy beide

dem österreichisch-babenbergischen Herzogssohn Heinrich fand tatsächlich 1225 in Nürnberg statt. Im ersten Falle traf Elisabeth den armen Mann, dem sie ihren Mantel schenkte, «vor dem Mußhaus an der Treppe», im zweiten schritten Herzog, Landgraf, Ritter und Knechte im Mußhaus zu Tische und sie begegnete jenem Armen an der Treppe davor. Zwar werden die meisten mittelalterlichen Prachtgebäude eine vorgelagerte Treppe besessen haben, doch trotzdem seien die Ausrichtung von Festmahlen und das nach der Literatur wahrscheinliche Vorhandensein einer Außentreppe für das Wartburg-Mußhaus festgehalten.

Des Weiteren kam in der Sage von der Begegnung mit dem Löwen Elisabeths Gemahl Ludwig IV. aus dem Mußhaus der Wartburg, und zwar aus seiner Schlafkammer[5]. Schließlich erhielt die junge Witwe 1227 die Todesnachricht im Mußhaus der Wartburg, worauf sie schnellen Schrittes über dieses Mußhaus gegangen sein soll[6].

Fügt man die bisherigen Nachrichten Rothes zum Mußhaus der Wartburg zusammen, ergeben sie weitgehend eine Zuordnung auf den Palas. Im Mußhaus befanden sich der Schlafraum des Landgrafen und der Wohnraum der Landgräfin, hier wurden Gäste empfangen und Festmahle ausgerichtet. Eine Treppe, zu deren Fuß jeder gelangen konnte, erschloss den Zugang. Als er zu 1270 den Abgang der Kaisertochter Margarethe von der Wartburg abhandelte, verwandte Rothe den Ausdruck Mußhaus nicht, sondern sprach vom bemalten Haus am Turm.

Zum Brand von 1317 äußert sich Rothe mehrfach, wobei er insbesondere zum Mußhaus mitunter recht unterschiedliche Aussagen macht. In der Stadtchronik sagt er fälschlich zum Jahr 1241, dass der Blitz den großen Turm und das Mußhaus entbrannt habe, die beide mit Blei gedeckt waren[7]. Dann berichtet er in derselben Chronik zum Jahr 1318, der Blitz habe den Turm entzündet, so dass sein Dach und das Mußhaus, beide mit Blei überdacht,

---

fursten gehortin an,/ Den lantgreffin unde den herczogin/ Unde ire rittere unde ire knechte/ Dy sy bie on hattin zcu rechte/ Do sach man uff dem mueß huße stehin/ Eyn groß volg, das soltde zcu tysche gehyn./ ... / Alß sy wolde zcu tyssche gen/ Da sach sy eynen armen man/ Der riff sy bermeclichin an./ Under der treppin her vor er saß».

5 Eisenacher Stadtchronik. In: Sylvia Weigelt (Hrsg.): Johannes Rothe. Thüringische Landeschronik und Eisenacher Chronik. Berlin 2007, S. 99–135, hier S. 114, 15–20: «eyn Lauewe ... yn eyme hueß zcu Warperg, ußbrach ... und quam ouch uff das muezhuss ... lantgave Lodewig des nachtis ... ging uß syner slaffkammern.»

6 Rothe/Liliencron, Chronik 1859/2007 (wie Anm. 3) S. 370 cap. 452: Die Schwiegermutter «gyngk uf das muesshus zu Wartburg» und teilte Elisabeth den Tod Ludwigs IV. mit. Daraufhin «gyngk [Elisabeth] snelles gehns obir das musshuss hyn».

7 Rothe/Weigelt, Stadtchronik 2007 (wie Anm. 5) S. 117, 30f.: «Und der Blig entprante zcu Warperg den großin torm und das müezhüß, dy beyde schone mit blie gedackit warin.»

verbrannten[8]. Dabei seien viele Schätze, Wagen und Hausrat verbrannt. In der Landeschronik vermeldet er zu 1317, dass die beiden mit Blei gedeckten Bauten Turm und Mußhaus entzündet wurden und beider Dächer abbrannten[9].

Die Botschaft von Brand und Wiederaufbau kurz vor 1320 geht auf einen späten, in die Zeit von 1314 bis 1335 reichenden Teil (pars VIII) der Chronik des Petersklosters in Erfurt zurück[10]. Dieser kann nicht lange nach deren Abschlussjahr verfasst worden sein, da die betreffende Passage in der Reinhardsbrunner Chronik übernommen wurde, einer Kompilation aus den 1340er Jahren. Mit höchstens etwas über zwei Jahrzehnten Abstand liegt diese Niederschrift recht nahe, was für ihre Glaubwürdigkeit hierzu spricht. Demgemäß verbrannten im Jahre 1318 die Gebäude am großen Turm auf der Wartburg. Im Jahre 1319 baute Markgraf Friedrich den Turm wieder auf und errichtete ein großes Wohnhaus («magnum estuarium»)[11]. Ob beim «estuarium» der Palas oder das Nordhaus gemeint war oder ob beide gewissermaßen zusammenflossen, lässt sich nicht eindeutig klären.

Die nächste Überlieferungsstufe offenbart sich in der sog. Eccardiana aus der Mitte der 1410er Jahre, welche aus der franziskanischen Chronistik Eisenachs hervorging. Darin brannten der Turm auf der Wartburg und das Residenzhaus des Fürsten («aula principis») sowie dessen Dach, das aus Blei bestand[12]. Hier erscheint erstmals die zweifelhafte Bleibedachung. Außerdem verbrannten viele andere Waffen und Utensilien («alia multa arma & utensilia»). Rothe lehnt sich wohl auch daran wie an weitere Überlieferungen an.

In seiner Weltchronik äußert sich Rothe am ausführlichsten zum Wartburgbrand von 1317[13]. Der Blitzschlag brannte den Turm oben aus und das

---

8 ROTHE/WEIGELT, Stadtchronik 2007 (wie Anm. 5) S. 126, 39–41: «da enprante eyn blig den torm zcu Warperg vnd vorbrante syn dach und das müshuß, dy warin beide mit blie gedackit. Und da vorbrante vel geschüczis, woppins und hußratis uffe.»

9 ROTHE/WEIGELT, Landeschronik 2007 (wie Anm. 1) 78, 36f.: «da entprante der blig zu Wartberg den thorm unde das Mußhueß, das mit blie gedackit was, die dach beide ab.»

10 Vgl. OSWALDUS HOLDER-EGGER (Ed.): Monumenta Erphesfurtensia saec. XII. XIII. XIV. (Monumenta Germaniae historica. Scriptores rerum Germanicarum in usum scholarum [42]). Hannover/Leipzig 1899, S. 129f.; HANS PATZE: Landesgeschichtsschreibung in Thüringen. In: Jahrbuch für die Geschichte Mittel- und Ostdeutschlands. 16/17(1968), S. 95–168, hier S. 102.

11 Cronica s. Petri Erfordensis moderna a. 1072–1335. In: HOLDER-EGGER, Monumenta Erphesfurtensia 1899 (wie Anm. 10) S. 117–369, hier S. 348, 2–8; OSWALD HOLDER-EGGER (Ed.): Cronica Reinhardsbrunnensis. In: Monumenta Germaniae Historica. Scriptores. 30. T. 1. Hannover 1896, S. 490–656, hier S. 652, 1–5.

12 Historia de landgraviis Thuringiae. [Eccardiana]. In: JOHANN GEORG ECCARD (Ed.): Historia genealogica principum Saxoniae superioris. Leipzig 1722, Sp. 351–468, hier Sp. 454, 35–39.

Mußhaus, doch dann schränkt er ein, es seien oben das Dach und das Fournier mit den Tischen und köstlichen Gefäßen bis auf den Estrich zerstört worden. Dabei verdarben viele schöne gemalte Wunder (wohl Gemälde) und köstliche Wappen der Fürsten und Schlachten (wohl Schlachtgemälde). Auch verdarb das Blei auf dem Dache. Seitdem wurden vom Landgrafen Friedrich die Giebel erhöht und wieder mit Ziegeln eingedeckt, wie auch der Turm und das Gemälde von der Schlacht von Lucka (1306) zum Teil erneuert wurden. Trotzdem seien Schmuck und Bau des Schlosses hinter dem köstlichen Vorzustand zurückgeblieben.

Da Rothe offenbar den Palas mit dem Mußhaus identifiziert, hat er verschiedentlich vergröbert. Der Palas ist nachweisbar nicht abgebrannt, wie aus allen Baubefunden hervorgeht. Offenbar waren das Dach und ein Teil der oberen Etagen in Mitleidenschaft gezogen worden. Bei der Erneuerung der Giebel durch Landgraf Friedrich I. (den Freidigen) handelte es sich sicherlich um den Nordgiebel, der dem vom Blitz getroffenen Turm nahe stand.

II.2.

DER PALASKELLER

Der Keller des Palas umfasst nur die südlichen zwei Drittel der Gesamtfläche, da im nördlichen Bereich unter Rittersaal und Sängerlaube der ansteigende Felsgrund eine Unterkellerung verhindert. Die Unterteilung der drei Kellerräume setzt sich im Erdgeschoss darüber fort. Unter dem Speisesaal liegt im Norden der größte Kellerraum. Unter der Elisabethkemenate befindet sich der annähernd quadratische, vom jetzigen Eingang zuerst erreichbare Raum, und unter dem sogenannten Orgelraum schließt der «Bär» als eine Art Gang am Südende ab. Außerdem erstreckt sich unter der Erdgeschossarkade ein Gang entlang der Hoffassade, der wegen seiner geringen,

---

13 ROTHE/LILIENCRON, Chronik 1859/2007 (wie Anm. 3) S. 542, cap. 635: «Noch Cristus gebort 1317 jar do wart eyn grosses weter umbe Isenache unde eyn bligk der slugk zu Warpergk yn das sloss unde vorbrante den mitteltorm obin uss unde vorbrante das musshuss [obin das dach unde das vorner mit den tischen unde kostlichen gefesen, die zu den gezeiten dor uffe waren, bis uss den estrich, unde vorterbete vil schones gemelis wunders] unde kostlicher wopen der fursten [unde streite, die durch zyrunge dor uffe kostlichen gemalt waren]. Ouch sso was das selbe musshaus schone mit bley gedacket, das vortarp yn deme fuer. [Sedir worden von diesem selbin lantgraven Frederiche die gibel dor an erhoet unde weder gedacket mit zigeln unde ouch der torm, unde das gemele eyn teil weder angehabin von dem streite vor Lucka. Also ist der gesmuck unde gebuw nu sere des selben slosses do hynden bleben, wen die fursten nymme also kostlich synt. sso was is ouch vor eyne furstliche wonunge unde lag mitten yn dem lande, Doryngen unde Hessin eyne hirschaft was: nu ist is komen an des landis ende unde seyn edeler bergk ist den fursten nu zu hoch worden.»

nach Norden stark abnehmenden Höhe kaum als eigene Räumlichkeit wahrzunehmen ist.

Der abschüssige Felsboden bestimmte etwa bis 1500 die Nutzungsmöglichkeiten, weshalb die insbesondere von Strickhausen (1998) vorgenommene Einstufung als unterstes Palasstockwerk («Erdgeschoss»)[14] nicht recht einsichtig ist. Vielmehr besaß der Keller ursprünglich wohl die Aufgabe einer Substruktion, d. h. eines Unterbaus zur Schaffung einer Basisebene, auf der das eigentliche Gebäude aufsetzen kann. Mehr eine Frage der Definition ist die Einordnung als «Untergeschoss», da die östlichen Maueröffnungen für den Lichteinfall frei waren und die Räume nicht einem Keller entsprechend definitorisch korrekt unter der umgebenden Erdoberfläche lagen. Zur Raumbeschaffenheit ist nämlich wichtig, dass die beiden großen Kellerräume nach Osten je drei Sehschlitze und in der Mitte einen starken Steinpfeiler besitzen. Das Felsniveau im südöstlichen Bereich ergab eine regelrechte Grube[15], die über die Jahrhunderte des Mittelalters allmählich verfüllt wurde, so dass erst um 1500 ein einheitliches Fußbodenniveau erreicht werden konnte.

Die ältesten schriftlichen Überlieferungen zum Palaskeller von 1519[16] und 1539[17] berichten nichts über seine Verwendung, sondern benutzen ihn zu Ortsangaben über Ausbesserungen an Mauerwerk, Bedachung und Fenstern. In den frühen 1550er Jahren baute die Hofverwaltung hier einen Pferdestall ein, was in den Akten ausführlich Niederschlag fand. Ein Auslöser könnte der Bericht des Baumeisters vom 19. Januar 1550 über anzustrengende Ausbesserungen auf der Wartburg mit der Meldung gewesen sein, das Haus mit den Schindeln habe gute Keller[18].

Der Landhofmeister Bernhard von Mila und Wolf Mulich regen in einem Schreiben an der Herzog Johann Friedrich d. Ä. am 25. Juli 1552 an, das bis-

---

14 GERD STRICKHAUSEN: Burgen der Ludowinger in Thüringen, Hessen und dem Rheinland. Studien zu Architektur und Landesherrschaft im Hochmittelalter (Quellen und Forschungen zur hessischen Geschichte. 109). Darmstadt/Marburg 1998, S. 191f.; vgl. ELMAR ALTWASSER: Aktuelle Bauforschung am Wartburg-Palas. Bericht und Resümee. In: GÜNTER SCHUCHARDT (Hrsg.): Der romanische Palas der Wartburg. (Bauforschung an einer Welterbestätte. Bd. 1). Regensburg 2001, S. 23–106, hier S. 69f.

15 HANS-JÜRGEN LEHMANN: Bericht über die durchgeführten Baumaßnahmen im Jahre 2001 im Zuständigkeitsbereich der Wartburg-Stiftung. In: Wartburg-Jahrbuch 2001. 10(2002), S. 210–217, hier S. 210f.; ALTWASSER, Wartburg-Palas 2001 (wie Anm. 14) S. 68; INES SPAZIER: Die archäologischen Untersuchungen im Palas-Sockelgeschoss der Wartburg. In: Wartburg-Jahrbuch 2003. 12(2004), S. 182–205, hier S. 182–187.

16 LATh-HstA Weimar, Rechnungen des Amtes Eisenach, Walpurgis – Martini 1519, Nr. 3190, Bl. 83r zum 7.8.1519.

17 Wartburg-Stiftung Eisenach, Archiv, AbAW 2, «Nachrichten über die Örtlichkeiten und Gebäude der Wartburg von 1499 bis 1563», Abschrift, zu 1539, S. 7.

18 LATh-HstA Weimar, Reg. L, pag. 695–706, Bl. 18r.

her auf der Wartburg fehlende Zeughaus im bisherigen Pferdestall, dem Gewölbe unter dem Vorgänger das Gadems, einzurichten und dafür die Tiere
in dem bisher nicht gebrauchten Gewölbe unter dem Palas unterzubringen[19].
Der Herzog befürwortet am 8. August den Vorschlag[20]. Am 22. August
schreibt Mulich von einer Besichtigung[21], und danach verteilt der Baumeister Nickel Gromann die notwendigen Aufgaben an die Handwerker[22].

Der Maurer hat zum Pferdestall, der unter das große Haus platziert werden soll, einen Eingang zum Ein- und Ausreiten zu brechen, eine eingefal-
lene Mauer im neuen Stall wieder aufzumauern und ein Loch durch die
Außenmauer zu brechen, damit das Wasser der Pferde in einer Rinne hin-
ausfließen kann. Beim Zimmermann weist Gromann nochmals auf den Pferdestall unter dem Haus hin, worin 20 Pferde Platz finden sollen. Den Stall
soll er mit Holz ausschalen und in Rinnen das Wasser von den Pferden durch
die Mauer ableiten. Krippen und Raufen soll er aus dem Zeughaus ausbrechen und im neuen Pferdestall anbringen. Jener Zimmermann soll unterschiedliche Stände fünf Schuh weit mit Säulen und Riegeln anfertigen. Über
dem Eingang des Pferdestalls hat er ein bretternes Dach anzubringen, die
Seiten zu verschlagen und eine Tür davor anzulegen.

Der Schultheiß zu Eisenach setzt am 12. September 1552 ein Schreiben
auf[23], in dem er nochmals die Anweisung des Baumeisters bestätigt, in den
Gewölben unter dem großen Haus einen Pferdestall mit etlichen 20 Pferden
einzurichten. Unten soll der Stall vom Zimmermann mit eichenen Schal-
hölzern ausgelegt werden, weshalb der Schultheiß eingreifen möchte und
darauf hinweist, dass der Boden des Gewölbes lauter Fels sei und somit wie
in anderen Ställen ein steinerner Fußboden vorliegt, der nicht hölzern ver-
schalt zu werden braucht.

Bevor zeitlich fortgeschritten wird, sollen an dieser Stelle die Informationen des Jahres 1552 zum Pferdestall im Palaskeller anhand späterer Nach-

19 WStA, AbAW 2 (wie Anm. 17) zu 1552, S. 23f.

20 WStA, AbAW 2 (wie Anm. 17) zu 1552, S. 24.

21 WStA, AbAW 2 (wie Anm. 17) zu 1552, S. 24.

22 Wartburg-Stiftung Eisenach, Archiv, AbAW 1, «Nachrichten aus dem s. g. wartburgischen
   Archive zu Eisenach über die Bauten auf Wartburg in den Jahren 1489–1568», zu 1552, S.
   20–23; WStA, AbAW 2 (wie Anm. 17) zu 1552, S. 24–27; Wartburg-Stiftung Eisenach,
   Archiv, AbAW 3, «Archival. Nachrichten über die Wartburg», 1448–1677, Abschriften von
   Burkhardt aus Staatsarchiv Weimar, zu 1552–53; vgl. JOHANN CARL SALOMO THON: Schloß
   Wartburg. Ein Beytrag zur Kunde der Vorzeit. Gotha 1792, S. 23; JOHANN WILHELM STORCH:
   Topographisch-historische Beschreibung der Stadt Eisenach, so wie der sie umgebenden
   Berge und Lustschlösser, insbesondere der Wartburg und Wilhelmsthal. Nebst Regenten-
   Geschichte. Eisenach 1837, S. 279.

23 WStA, AbAW 2 (wie Anm. 17) zu 1552, S. 28.

Die Wartburghöfe von Osten (Ausschnitt), Friedrich Adolf Hoffmann (siehe Abb. 9, S. 142)

richten dahingehend überprüft werden, ob die Anweisungen verwirklicht wurden. An einigen Stellen, besonders im Schreiben des Schulheißen, wird der Palaskeller als «Gewölbe» bezeichnet. Da die Decken der beiden großen Kellerräume von Eichenbalken ausreichend getragen wurden, die dendrochronologisch gesichert bereits aus dem Bau des 12. Jahrhunderts stammen[24], kommt kein Steingewölbe in Frage. Vielmehr handelte es sich offenbar um eine gewölbte hölzerne Verschalung wie zeitweilig beim heutigen Rittersaal und beim Saal im obersten Geschoss.

Die sicher gewichtigste und folgenreichste Veränderung von 1552 bestand in der Schaffung eines derart weiten Kellereingangs, dass er für ein Pferd plus Begleiter durchschreitbar ist. Hier widersprechen die recht eindeutigen archivalischen Belege den bauarchäologischen Forschungsergebnissen, welche die Werksteine des Rundbogeneingangs in hochmittelalterliche Zeit datieren[25]. Vertieft wird die Datierung ins Hochmittelalter durch den Hinweis von Strickhausen, die Ausformung des Bogens sei während der Herrschaft der Ludowinger anzusetzen[26].

Ansonsten wird die kleine, pfortenartige Aussparung einige Meter weiter nördlich als ursprüngliche Eingangspforte angesehen. Ob von dort eine In-

---

24 DIETER ECKSTEIN, THOMAS EISSING und PETER KLEIN: Dendrochronologische Datierung der Wartburg und Aufbau einer Lokalchronologie für Eisenach / Thüringen (46. Veröffentlichung der Abteilung Architekturgeschichte des Kunsthistorischen Instituts der Universität zu Köln). Köln 1992, S. 10f.; THOMAS EISSING: Dendrochronologische Datierung der Wartburg. In: Wartburg-Jahrbuch 1992. 1(1993), S. 51–62, hier S. 56f.
25 ALTWASSER, Wartburg-Palas 2001 (wie Anm. 14) S. 105.
26 STRICKHAUSEN, Burgen 1998 (wie Anm. 14) S. 192; ALTWASSER, Wartburg-Palas 2001 (wie Anm. 14) S. 69; vgl. Wartburg-Jahrbuch 1998. 7(1999), S. 249.

nentreppe in die untere Arkade des Erdgeschosses führte, ist wegen der neueren Einbauten nicht auf eventuelle Spuren überprüfbar. Die Argumentation von Paul Weber, ursprünglich sei auf diesem Wege vom gegenüberliegenden Gadem-Vorgänger und Küchenbau das Essen für die Burgherrschaft in den Speisesaal des Palaserdgeschosses gebracht worden[27], überzeugt jedenfalls nicht. Wenn überhaupt, wäre eine solche Anlieferung durch die offene Arkade über wenige Holzstufen oder den Eingang zum Rittersaal, falls im Hochmittelalter schon vorhanden, viel leichter zu bewerkstelligen gewesen. Grundrisse aus den 1840er Jahren[28] zeigen anhand des Mauerverlaufs, dass jener kleine Vorplatz zwischen dem rundbogigen Gebäudeeingang und dem mittleren Kellerraum ursprünglich nicht notwendig war, da dieser Bereich zum untersten Gang gehörte und sein nördlicher Abschluss nachträglich eingebracht wurde.

Vor dem neuen Stalleingang sollte 1552 ein hölzerner, überdachter Vorbau geschaffen werden, sicherlich um die Pferde auf den eigentlichen Stall vorbereiten zu können. Die Überreste sind zwar längst verschwunden, doch ist er bei Hoffmann (1750) und bei Gropius (1823) auszumachen, worauf noch einzugehen ist. Zur erwähnten eingefallenen Mauer ist vorerst nicht feststellbar, ob es sich um die Zwischenmauer zwischen südlichem und mittlerem Kellerraum, um die zwischen mittlerem und nördlichem oder sonst eine Innenmauer handelt. Der vom Schultheiß angezeigte Felsuntergrund betraf zwar den größten Teil des nördlichen Raums, aber nur einen kleinen Bereich des mittleren.

Tatsächlich verfügt der Fußboden des mittleren Kellerraums über eine eingehauene Abflussrinne, die zur Ostmauer unter den mittleren der drei Sehschlitze hin verläuft[29]. Unterhalb dieser Maueröffnung sind wohl noch unter dem Fußbodenniveau inmitten des mittelalterlichen Mauerwerks zwei schmale Steine aus der Mitte des 19. Jahrhunderts eingelassen[30], die vermutlich das einstige Abflussloch markierten. Der 1552 zum Einbrechen eines solchen Lochs angehaltene Maurer hatte sicherlich die Fugen als Schwachstellen genutzt und nebeneinander liegende Steine entfernt.

Nach den umfangreichen Mitteilungen des Ausgangsjahres tut sich auch zum Palaskeller eine über einhundert Jahre währende Nachrichtenlücke auf.

---

27 Paul Weber: Baugeschichte der Wartburg. In: Max Baumgärtel (Hrsg.): Die Wartburg. Ein Denkmal deutscher Geschichte und Kunst. Berlin 1907, S. 47–165, hier S. 80f.; übernommen bei Strickhausen, Burgen 1998 (wie Anm. 14) S. 192; Altwasser, Wartburg-Palas 2001 (wie Anm. 14) S. 70.

28 Abbildung Sältzer-1839/1840-BE0060 [Abb. 27]; Abbildung Spittel-1841/1842-BE0025; Abbildung Sältzer-1845/1846-BE0042 [Abb. 35].

29 Abbildung Kellerräume-IBD-2000 [Abb. 43].

30 Altwasser, Wartburg-Palas 2001 (wie Anm. 14) S. 102.

Erst das Inventar von 1669 eröffnet, dass sich im «hintersten Keller» sechs Kellerlager, ein großer Bottich und eine lange Rinne befinden[31]. Die Rinne geht sicherlich auf Gromanns Anweisung von 1552 zurück und ist noch im Kellerboden auszumachen. Im Inventar von 1696 sind von der Einrichtung nur die sechs Kellerlager übrig geblieben[32]. Von Pferden ist in beiden Inventaren keine Rede.

Anfang des 18. Jahrhunderts waren im Pferdestall die Holzsäulen in der Erde abgefault, so dass sie abgeschnitten und auf Stein gesetzt werden sollten. Offenbar intervenierte Johann Nicolaus Schild, der Verantwortliche auf der Burg, bei seinen Vorgesetzten mehrfach, da entsprechende Anträge aus den Jahren 1703, 1708 und 1711 vorliegen[33].

Auf seinem Wartburgrundgang kommt Limberg (1709/12) auch zur «Residentz», unter der «4. Keller» und «2. Marställe» für 40 Pferde und der «Eingang zu dem Gange» sind, der bis Eisenach reichen soll. Einen solchen Gang durch den felsigen Untergrund hat es nie gegeben, doch immerhin vermutete der Reisende einen solchen im Kellergang längs der Nordfassade. Mit den Marställen sind das Kellergeschoss des Palas und mit den vier Kellern der Gewölbekeller unter dem Nordhaus einbezogen. Folglich umfasst «Residentz» nicht nur den Palas, sondern auch das Nordhaus.

In den Wartburginventaren von 1733[34], 1754[35] und 1775[36] folgt auf das Brauhaus der Pferdestall. Zwischen beiden liegt der «Ziehbrunnen» (richtig: Zisterne), und es schließt sich dann das «Schloßhaus» an[37]. Die Standorte gehen daraus nicht so recht hervor, doch am wahrscheinlichsten ist, dass sich das Brauhaus vor dem südlichen Palasgiebel und der Pferdestall im Palaskeller befanden. Dessen Aufnahmefähigkeit war aber inzwischen recht gering, da das Inventar von 1733 lediglich eine Krippe, eine Raufe und einen Unterschied mit vier Pfosten als Inneneinrichtung nennt.

---

31 Inventar von 1669: LATh-HstA Weimar, Eisenacher Archiv, Militär- und Kriegssachen, Nr. 1052, Bl. 5r-8r, hier Bl. 6v.

32 Inventar von 1696: LATh-HstA Weimar, Eisenacher Archiv, Hof- und Haushalt, Nr. 3024, Bl. 35r-43v, hier Bl. 41v.

33 LATh-HstA Weimar, Eisenacher Archiv, Militär- und Kriegssachen, Nr. 1088, Derer gesambten Wartenburger Baucosten anschlag, 1695–1735, Bl. 54v vom 22.6.1703, Bl. 95r vom 29.12.1708, Bl. 70v vom 11.1.1711.

34 Inventar von 1733: LATh-HstA Weimar, Eisenacher Archiv, Hof- und Haushalt, Nr. 3028, Bl. 1r-6v, hier Bl. 4r.

35 Inventar von 1754: LATh-HstA Weimar, Eisenacher Archiv, Hof- und Haushalt, Nr. 3063, Bl. 4r-11r, hier Bl. 8v.

36 Inventar von 1775: LATh-HstA Weimar, Eisenacher Archiv, Hof- und Haushalt, Nr. 1066, Bl. 7r-22r, hier Bl. 15r.

37 LATh-HstA Weimar, Inventar 1733 (wie Anm. 34) Bl. 4r; LATh-HstA Weimar, Inventar 1754 (wie Anm. 35) Bl. 8v; LATh-HstA Weimar, Inventar 1775 (wie Anm. 36) Bl. 15r.

Auf Hoffmanns Hofansicht von 1750 ist der hölzerne Vor- oder Eingangsbau mit schrägem Dach und geschlossener Nord- und Westseite eingezeichnet, aber nicht einfach auszumachen, da er statt vor der Palas-Westfassade unzutreffend neben dem Südgiebel bzw. auf Kante zur Gebäudeecke steht. Die Beschriftung mit «e» und damit die Zuordnung zu den alten fürstlichen Kellern und Gewölben bestätigen seine Funktion. Auch das Fehlen und damit die Verdeckung des Kellereingangs auf der Hofansicht verifiziert die tatsächliche Platzierung des Vorbaus vor der Palasfassade. Offenbar führte man die Pferde über den ebenen südlichen Burghof zur Eintrittstür, die auf der hier nicht sichtbaren südlichen Seite des Vorbaus gewesen sein muss, während die beiden abgebildeten Außenwände durch den anstehenden Felsen blockiert und für einen Zugang ungeeignet waren.

Dass der Pferdestall immer noch im Keller des Palas untergebracht war, belegen Archivalien aus jener Zeit. Burgvogt Kurz meldet am 5. April 1755, dass im fürstlichen Marstall unter dem Schlossgebäude ein großer Pfeiler eingegangen ist[38], woran Bauverwalter Straßburger am 19. April mit etwas anderer Terminologie anschließt und berichtet, unter dem Hauptgebäude sei im Stall ein Pfeiler gänzlich eingefallen[39]. Die Umschreibungen beziehen sich zweifellos auf einen Pferdestall im Keller des Palas und meinen den starken Mittelpfeiler des mittleren Eingangsraumes. Offenbar konnten die dicken eichenen Deckenbalken, vielleicht von einer provisorischen Abstützung begleitet, weitere Gebäudeschäden verhindern. Kurz erwähnt in seiner kleinen Wartburgschrift von 1757, dass sich unter dem «Schloß-Gebäude» der in Stein wohl ausgehauene Marstall befindet, nebst einer Stube und einer Schmiede zur Beschlagung der Pferde[40]. Die beiden letztgenannten Einrichtungen lagen aber wohl außerhalb des Palas und schlossen nur funktional an.

Wiederum Straßburger nennt am 20. Juli 1758 unter verschiedenen Reparaturen die an der Dachung über dem Eingang des ehemals gewesenen fürstlichen Stalles, die durch herabfallende Dachrinnen zerschlagen worden war[41]. Bei Gropius ist 1823 das schon bei Hoffmann (1750) sichtbare, von der Fassade nach unten abschrägende Dach vor dem Kellereingang zu sehen, an welchem das Rohr des Dachabflusses vorbeigeleitet ist. Nord- und West-

38 Wartburg-Stiftung Eisenach, Archiv, AbAW 4, Instandhaltung und Baumassnahmen 1674–1848, Abschriften von Krügel aus Staatsarchiv Weimar, zu 1755.
39 LATh-HstA Weimar, Eisenacher Archiv, Bausachen, Nr. 1181, Acta die Reparatur des Schloß Wartenburg betr. ao 1750–1778, Bl. 13r; WStA, AbAW 4 (wie Anm. 38) zu 1755.
40 Johann Christoph Kurz: Kurz doch gründliche Nachricht von dem Festungs-Schloß Wartburg, bey Eisenach, wie dessen Lage, Prospecte, Gebäute und darinnen befindliche Antiquitäten würcklich zu ersehen sind. Eisenach 1757, S. 14.
41 WStA, AbAW 4 (wie Anm. 38) zu 1758.

seite liegen jetzt zwar offen, besitzen aber noch ihr Balkengerüst. Das Inventar von 1829 schildert ausführlich, dass im Burghof im mittäglichen (südlichen) alten Teil des Schlossgebäudes ein auf Trägern ruhendes höheres und niedriges (also schräges) Ziegeldach letztlich den Zugang zu den Kellergewölben überdeckt[42].

Herzog Carl August beschließt am 5. August 1780, Keller und Ställe unter dem Landgrafen-Gebäude gänzlich aufzugeben[43]. Besondere Auswirkungen hatte der Beschluss wohl zunächst nicht, wenn der Pfarrer Götze bei seinem Wartburgbesuch von 1782 die Angaben bei Kurz (1757) nahezu gleichlautend wiederholt, unter dem Schlossgebäude sei ein in Stein gehauener Marstall nebst Stube und Schmiede[44].

Auch Thon vermeldet 1792 nichts von einer Beseitigung des Pferdestalls im Palaskeller, sondern berichtet erst von den in neueren Zeiten unter dem Archiv angelegten Pferdeställen und dann, an anderer Stelle aus seinen Aktenkenntnissen heraus, über die Einrichtung von 20 Ständen für Pferde unter dem großen Haus im Jahre 1552[45].

Als Gottschalck 1818 von «neuerdings» verlegten Pferdeställen unter der Burgkapelle und Gewölbe darunter schreibt[46], übernimmt er wohl ohne nähere Ortskenntnis die Ausführungen von Thon. Johann Wilhelm Storch (1837) unterscheidet im Keller des Palas zwischen einem großen Raum unter dem Archiv, der einst Pferdestall war, und einem kleinen Keller, in dem es friert[47]. Mit Letzterem ist sicherlich der heutige «Bär» gemeint. Sein Namensvetter Ludwig Storch (1840) wiederholt diese Darstellung[48], nicht aber dessen Hinweis auf die Einrichtung des Stalles von 1552[49]. Puttrich (1847) schließlich meint, das Kellergeschoss unberücksichtigt lassen zu können, da dessen einfache Räume keine Merkwürdigkeiten aufweisen[50].

Schließlich lohnt eine ausführliche Betrachtung der Textstelle im Inventar von 1829, wo der damalige Zustand des Palaskellers ungewöhnlich de-

---

42 Inventar von 1829: LATh-HstA Weimar, Eisenacher Archiv, Militär- und Kriegssachen, Nr. 1065, Bl. 1r-29r, Bl. 25v.

43 WStA, AbAW 4 (wie Anm. 38) zu 1780.

44 BERNOULLI, Reisebeschreibungen 10, 1783 (wie Anm. 107) S. 289f.

45 THON, Wartburg 1792 (wie Anm. 22) S. 19 und 23.

46 FRIEDRICH GOTTSCHALCK: Die Ritterburgen und Bergschlösser Deutschlands. 4. Bd. Halle 1818, S. 51f.

47 STORCH, Eisenach 1837 (wie Anm. 22) S. 276.

48 LUDWIG STORCH: Wartburg. In: Thüringen und der Harz mit ihren Merkwürdigkeiten, Volkssagen und Legenden. 2. Bd. Sondershausen 1840, S. 77–94 Wartburg, hier S. 86.

49 STORCH, Eisenach 1837 (wie Anm. 22) S. 279.

50 LUDWIG PUTTRICH: Mittelalterliche Bauwerke im Grossherzogthum Sachsen-Weimar-Eisenach. Leipzig 1847, S. 3–13, Tafeln, hier S. 8.

*Grundrisse der Ge-
schosse des Palas
(Ausschnitt): Palas-
keller, Johann Wil-
helm Sältzer (siehe
Abb. 27, S. 155)*

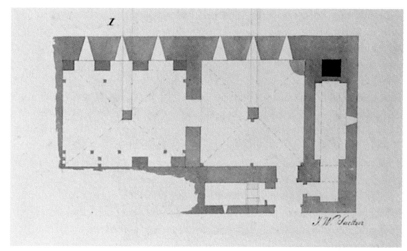

tailliert dargestellt ist[51]. Die schon beschriebene vorgesetzte Ziegelbedachung führt zu einem «offenen Eingang in Einen gewölbten Vorplatz», womit das eigentliche Gebäude erreicht ist. Jener quadratische Eingangsplatz, den heute eine kupferbeschlagene Türanlage absichert, war also damals unverschlossen und stand somit offen. Nach Süden führt wie derzeitig auch eine Tür in ein Gewölbe mit einem Tagloch nach Süden, wofür der Feuerwächter verant-wortlich war. Die kleine Maueröffnung des «Bären» – um den es sich näm-lich handelt – ist in Bauzeichnungen der 1840er Jahre noch eingezeichnet, zumindest in Grundrissen[52].

Vom Vorplatz nach Osten folgt 1829 erneut keine Tür; vielmehr kommt man in «Zwey offene Gewölbe». Diese Formulierung ist in zweierlei Hin-sicht bemerkenswert. Erstens informiert sie darüber, dass der gesamte Zugang vom Hof in den Palaskeller hinein offen war und folglich ohne Tür auskam, weshalb eine damalige Stallnutzung auszuschließen ist. Daran ändern auch nichts die laut Inventar auf der Westseite aufgestellten Sandsteinsäulen und Standpfeiler «zum Gebrauch als Marställe», die wohl eine ehemalige und nicht derzeitige Verwendung anzeigen.

Zweitens müssen beide Räume mit hölzernen, gewölbten Deckenver-schalungen versehen gewesen sein, ohne die das niedergeschriebene Wort «Gewölbe» keinen Sinn ergibt. Dass die zwei Kellerräume jeweils als Ganzes

---

51 LATh-HstA Weimar, Inventar 1829 (wie Anm. 42) Bl. 25v-26r.
52 Abbildung Sältzer-1839/1840-BE0060 [Abb. 27]; Abbildung Spittel-1841/1842-BE0025.

bestanden und nicht nochmals unterteilt waren, belegt die Information, dass jedes «in der Mitte, durch Einen starken Steinpfeiler gestützt ist». Auch die Nennung von sechs Tagelöchern entspricht dem bekannten Zustand von je drei Sehschlitzen durch die Ostmauer. Diese gehören zwar im Kern zum ältesten Bau, wurden aber auf ihre heutigen Maße nachträglich vergrößert[53]. Auf historischen Abbildungen sind sie zwar nicht in voller Anzahl vorhanden, aber einzeln durchaus enthalten[54].

II.3.

DAS ERDGESCHOSS DES PALAS UND

DESSEN EINGANGSSITUATION

Der Terminus «Erdgeschoss» ist bei einem Gebäude auf abschüssigem Untergrund eine Definitionsfrage und trifft hier auf das Stockwerk über dem Kellergeschoss zu. Von den drei Hauptabschnitten sind der südliche und der mittlere unterkellert und sitzt der nördliche auf dem gewachsenen Felsen auf. Nach heutiger Terminologie besteht es aus den drei großen Räumen Elisabethkemenate (Süd), Speisesaal (Mitte) und Rittersaal (Nord). Zwischen Ritter- und Speisesaal nehmen die Innentreppe zum ersten Obergeschoss und ihr kleiner Vorplatz einen schmalen Zwischenraum ein. An den beiden Hofseiten ziehen sich Gänge zwischen den drei Haupträumen und der Aussenmauer hin, so am Südgiebel ein Gewölbegang und vor dem Speisesaal die zugemauerte Arkade, die sich vor der Elisabethkemenate bis zum Südgiebel hinzieht. In nördlicher Verlängerung, aber durch eine starke Mauer getrennt, liegt vor dem Rittersaal ein weiterer kleiner Gewölbegang. Schließlich gehörte ein vom Rittersaal zugänglicher, östlicher Bereich unter Innentreppe und Speisesaal dazu. Mit etwa sieben Raumeinheiten ist das Erdgeschoss das am meisten unterteilte Stockwerk des Palas.

Das Erdgeschoss des Palas war durch nicht weniger als fünf Öffnungen zugänglich, von denen die ersten drei direkt vom Burghof und die letzten beiden über andere Gebäudeteile erfolgten.

1. Nördlich der zweiflügeligen Haupttreppe durch das kleine Gewölbe in den heutigen Rittersaal.

---

53 ALTWASSER, Wartburg-Palas 2001 (wie Anm. 14) S. 71.
54 Abbildung Richter-1690 [Abb. 6], abgebildet z. B. in: Die Burg und die Stadt: Die Wartburg und Eisenach im Spiegel graphischer Darstellungen aus Vergangenheit und Gegenwart. Erweiterte Neuauflage [mit Beiträgen von Helga Hoffmann und Eberhard Matthes. Eisenach 1971], Abb. 3.; Abbildung Gans-1768 [Abb. 13]; Abbildung Todenwarth/Horny-1784 [Abb. 17]; Abbildung Krauß-1805.

2. Durch eine Tür in der zugesetzten unteren Arkade über den kleinen Gang am südlichen Palasgiebel und durch eine Tür in der Südwand der Elisabethkemenate.
3. Durch den Eingang in der Mitte des Südgiebels zum kleinen Gewölbegang und durch dieselbe Tür wie bei 2. in die Elisabethkemenate.
4. Vom ersten Obergeschoss über die Innentreppe zwischen Ritter- und Speisesaal.
5. Vom Keller des Nordhauses durch die Tür in der Palasnordwand zum Rittersaal.

Für den Burgvogt, seine unmittelbaren Untergebenen und Vorgesetzten waren all diese Zugänge begehbar, wogegen interessanter ist, wie die Besucher der Burg diese Einlässe benutzen durften. Die Eingangsmöglichkeit vom Burghof nahe dem Nordgiebel geradewegs in den Rittersaal ist bisher zu wenig beachtet geblieben[55] und kann der Diskussion um die Zugänglichkeit des Wartburgpalas einen Impuls verleihen. Ein solcher Eingang erlaubt einerseits einen bequemen Zutritt über die Innentüren zu den Räumen des Erdgeschosses wie Speisesaal und Elisabethkemenate, andererseits über die Innentreppe vor dem Sängersaal hinauf auch einen abgedeckten Weg zum ersten Obergeschoss. Das zweite Obergeschoss mit dem großen Längssaal war dadurch zwar nicht erschlossen, aber immerhin die für Wohnzwecke entscheidenden beiden unteren Stockwerke.

Die Frage nach dem ursprünglichen Palaszugang an der Nordwestecke des Erdgeschosses ist nur bauarchäologisch zu beantworten und betrifft die Zeit von dem Einsetzen der Aktenaufzeichnungen. Der Einlass durch den Nordgiebel besaß einst einen Rundbogen[56] und war wohl der ursprüngliche, auch wenn später darunter ein gerader Türsturz eingezogen wurde. Der Töpferskeller überdeckte teilweise diese Tür, so dass nach dessen Anbau der Weg vom Hof durch das westliche kleine Gewölbe geschaffen werden musste[57]. Die neuzeitliche Küchenfunktion des Rittersaals war angesichts der gehobe-

---

55 WEBER/BAUMGÄRTEL, Baugeschichte 1907 (wie Anm. 27) S. 91 schließt eine solche Möglichkeit ausdrücklich aus; GEORG Voss: Die Wartburg (P. Lehfeldt und G. Voss: Bau- und Kunstdenkmäler Thüringens. Heft 41. Großherzogtum Sachsen-Weimar-Eisenach. Amtsgerichtsbezirk Eisenach). Jena 1917, S. 51 vermutet, dass dieser Eingang 1318 entstand.

56 Die Tür in der Nordwestecke des heutigen Rittersaals: Spittel-1841/1842-BE0028 [Abb. 30]: Rundbogen, zugemauert; Sältzer-1845/1846-BE0041: Rundbogen über waagerechtem Sturz, zugemauert; Sältzer/Puttrich-1847-Nr. 3a [Abb. 37], VI: Rundbogen über waagerechtem Sturz, zugemauert.

57 HELGA HOFFMANN: Arbeitsmaterialien zur Restaurierung und Dokumentation des Palas. Eisenach 1979. [Wartburg-Stiftung Eisenach, Archiv, maschinenschriftlich, unveröffentlicht], Rittersaal, S. 1 und 4, Anm. 5.

nen Bauzier des Pfeilerkapitells und der Konsolsteine der Rundbögen sicher nicht ursprünglich. Der Raum kann im Hochmittelalter, nicht zuletzt bei festlichen und gesellschaftlichen Ereignissen, als eine Art Empfangssaal gedient haben. Der kleine, gewölbte Vorraum hinter der Außentür erinnert dann an eine Art Pförtnerloge, zumal in der Gangmitte eine in Grundrissen sichtbare Zwischenmauer mit Tür erscheint, hinter die sich die Wache zurückziehen konnte. Bei Hoffmann (1750) befindet sich die Eingangstür in einem seltsamen, schmalen Anbau, der über zwei Stockwerke nach oben geht und von einem schrägen Dach abgedeckt ist, den auch die Grundrisse von Schnauss (1743) und Gans (1768) erkennen lassen. Bei Bähr (1785) ist er allerdings verschwunden. Er könnte andeuten, dass die Türanlage einst ein gediegeneres Aussehen besaß. Außerdem kann die Tür für eine Versorgung von außen bei Festmalen oder der gewöhnlichen Speisung des Hofes herangezogen worden sein.

Der Eingang durch die untere Palasarkade war kaum für alle zugänglich, da der dahinter liegende Raum als Holzdepot und somit als wirtschaftlicher Nutzraum diente, in den man sicher nicht jedermann ließ. Sehr in Betracht kommt hinsichtlich der Lage der Eintritt am Südgiebel, der den kürzesten Weg zur Elisabethkemenate gestattete. Allerdings wird er im schriftlichen Material nicht erwähnt, doch kann er als Selbstverständlichkeit weggelassen

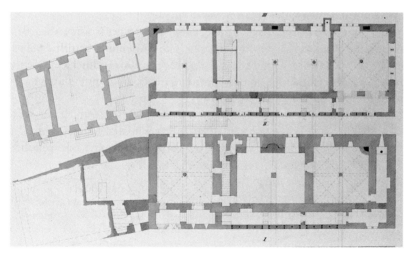

Grundrisse der Geschosse des Palas (Ausschnitt): Erd- und erstes Obergeschoss, Johann Wilhelm Sältzer (siehe Abb. 27, S. 155)

worden sein. Immerhin könnte seine Bevorzugung erklären, warum die Elisabethkemenate in den Inventaren von 1669 und 1696 unvermittelt zwischen Kapelle und Palaskeller und in den Inventaren von 1733, 1754 und 1775 zwischen erstem Palasobergeschoss und Fachwerkhaus genannt wird.

Ähnlich kommen Wartburgbeschreibungen von Kapelle und Landgrafenzimmer abrupt zur Elisabethkemenate[58].

Die Treppe vom ersten Obergeschoss blieb hingegen lange den herrschaftlichen Kreisen und deren Bediensteten vorbehalten, da sie in den Fürstenzimmern anfing. Der heutige Sängersaal wurde erst mit der Einrichtung
zum Waffensaal 1804 für die Allgemeinheit betretbar, doch dann wurde der
Zugang zur Treppe verriegelt.

II.3.1.

DIE ZUGEMAUERTE UNTERE
ARKADE UND DAS KLEINE GEWÖLBE
VOR DEM RITTERSAAL

Zu den westlichen Gängen des Palaserdgeschosses, nämlich dem Vorraum
des heutigen Rittersaals im Norden und der unteren Arkade in der Mitte,
schweigen die Überlieferungen lange Zeit oder sind als solche nicht zu erkennen. Mit der späteren Lokalisierung des Holzmagazins in der unteren
Arkade wird eine Bemerkung in den Bauabschriften von 1673/74 verständlich, worin neben der Elisabethkemenate und deren südlichem Nebenraum
ein Bereich angegeben wird, in dem zur Zeit das Holz liegt, der zu einer
Stube mit einem Gewölbe eingerichtet werden soll und eine Länge von 42
Schuh besitzt[59]. Diese Entfernung reicht von der Südmauer bis zu einer Verengung kurz hinter der Hoftür, wo sich eine Innentür befunden haben
dürfte. All dies deutet darauf hin, dass bereits mindestens 125 Jahre vor der
Nennung des «Holzstalls» in den Inventaren von um 1800 die untere Arkade als Lager für Holz benutzt wurde.

Die Örtlichkeit «vor der Küche» im Inventar von 1669 dürfte der schmale
Gewölbegang auf der Westseite zum Hof zu gewesen sein. In der Hofansicht
Hoffmanns von 1750 führt jeweils eine Tür unterhalb und oberhalb des
zweigängigen Treppenaufgangs in den Palas hinein, die mit «e» gekenn-
zeichnet und damit den alten fürstlichen Kellern und Gewölben («alte förstl.
Keller und gewölbe») zugewiesen sind. Der südliche Eingang besitzt einen

---

58 FRIEDRICH HORTLEDER: «Fürstl. Häuser und Schlösser umb Eisenach». Eisenach 1630. In:
   KOCH/JUNCKER, Beschreibung 1710 (wie Anm. 255) S. 202–204, hier S. 204; Limberg, Eisenach 1712 (wie Anm. 98) S. 225f.

59 WStA, AbAW 4 (wie Anm. 38) zu 1674, betr. 1673: «Und wo das Holz anirho liegt, könnte
   noch eine Stube gemacht werden, mit einem gewölbe 42 schue langh». Diese 42 Schuh oder
   Fuß sind gut vergleichbar im Grundriss mit Maßstableiste in Fuß bei der Abbildung Sältzer-
   1845/1846-BE0042 [Abb. 35].

Rundbogen und ermöglichte den Zutritt zum unteren Arkadengang, dessen großformatige Wandöffnungen damals überbaut und nicht sichtbar waren. Die Tür ist in einigen Bauzeichnungen nachgewiesen, welche die Fassade vor dem Beginn der ersten Arkadenöffnungen vor 1840 abbilden[60]. Weitere Zeichnungen zeigen instruktiv, wie zunächst der südliche Arkadenbogen frei kommt und die Tür daneben noch existiert[61], dann aber durch die Freilegung der Arkaden verschwindet[62].

Der nördliche Eingang kurz vor dem Gebäudeabschluss ist von einem geraden Türsturz bekrönt und ermöglicht den Zugang zum Vorraum des Rittersaals. Auch er wird in Bauzeichnungen Bährs von 1785 und 1792 sowie der späten 1830er und 1840er Jahre[63] wiederholt, nur ist der schmale Vorsprung davor verschwunden, den Hoffmann noch eingezeichnet hatte. Wie auf Grundrissen jener Zeit ersichtlich bildete dieser nördliche Teil des Gewölbegangs den Durchgang vom Hof zum Rittersaal[64].

Die Inventare von 1798/1800 und 1803 vermelden unter dem Schlossgebäude einerseits: «Hinten unter den alten Schloßgebäuden ist Ein Holzstall mit Einer Thür»[65]. Andererseits erwähnen sie eine Tür in ein «cleines Gewölbe»[66], die fälschlich zusammen mit den beiden Türen zum Töpferskeller dem «neuen Schloß-Gebäude» zugetan wird. Vielleicht kam die falsche Zuordnung durch Bauarbeiten an der Palasecke zum neuen Gebäude zustande, wie sie in den Bauabschriften 1792 ausdrücklich erwähnt werden[67].

Die genaue Lokalisierung von Holzlager und kleinem Gewölbe ermöglicht das Inventar von 1829, das die Reihenfolge der Hoftüren in den Palas und die dahinter liegenden Räume erklärt. Von den Gewölben des Marstalls aus kommt darin auf dem Burghof weiter im Norden eine Tür mit einem

---

60 Abbildung Sältzer-1845/1846-BE0036 [Abb. 36]; Abbildung Ritgen/Sältzer-1848-BE0039; Abbildung Sältzer-1845/1846-BE0048 [Abb. 33]; Abbildung Sältzer-1845/1846-BE0042 [Abb. 35]; Abbildung Sältzer/Puttrich-1847-Nr. 3a [Abb. 37], I Erdgeschoss.

61 Abbildung Sältzer-1839/1840-BE0040 [Abb. 28].

62 Abbildung Sältzer-1840-BE0043 [Abb. 29]; Abbildung Ritgen/Sältzer-1848-BE1599.

63 Hofansichten des Palas mit Tür zum Durchgangsgewölbe in den heutigen Rittersaal: Abbildung Sältzer-1839/1840-BE0040 [Abb. 28]; Abbildung Sältzer-1840-BE0043 [Abb. 29]; Abbildung Ritgen/Sältzer-1848-BE0039; Abbildung Sältzer-1845/1846-BE0048 [Abb. 33].

64 Grundrisse mit Tür und Sehschlitzen: Abbildung Spittel-1841/1842-BE0025; Abbildung Sältzer-1845/1846-BE0042 [Abb. 35]; Abbildung Sältzer/Puttrich-1847-Nr. 3a [Abb. 37], I.

65 Wartburg-Inventar von 1798 bzw. 1800: LATh-HstA Weimar, Militär- und Kriegssachen, Nr. 1066, Bl. 23r-42v, hier Bl. 41r; Wartburg-Inventar von 1803: LATh-HstA Weimar, Eisenacher Archiv, Hof- und Haushalt, Nr. 1066, Bl. 43-66r, hier Bl. 64v.

66 LATh-HstA Weimar, Inventar 1798/1800 (wie Anm. 65) Bl. 41r; LATh-HstA Weimar, Inventar 1803 (wie Anm. 65) Bl. 65r.

67 WStA, AbAW 4 (wie Anm. 38) zum 9.7.1792.

Vorhängeschloss im Besitz des Feuerwächters, die zu dessen Holzstall geht, der wiederum auf der Abendseite (Westen) fünf Tagelöcher hat[68]. Diese Tür ist jene in den unteren Arkadengang hinein. Sie lag auf der einen, der südlichen Seite des überdachten Haupteingangs, auf dessen anderer, also nördlichen Seite 1829 eine schlechte Tür neun Stufen hinunter in ein Gewölbe mit einem Steinpfeiler in der Mitte führt[69]. Letzteres Gewölbe ist natürlich der heutige Rittersaal, und die Tür steuert zunächst jenes kleine Gewölbe aus den Inventaren von um 1800 an. Die Reihenfolge der Eingangstüren entlang der Hoffassade des Palas lautet folglich von Süden nach Norden: erst der Kellereingang zu den Pferdeställen, dann die Tür in den Holzstall des unteren Arkadengangs, als nächstes der über die zweigängige Treppe erreichbare Haupteingang und schließlich der Eintritt in den kleinen Gewölbegang vor dem Rittersaal.

Jenes kleine Gewölbe von um 1800 war also der gewölbte, gangartige Vorraum zum Rittersaal mit Sehschlitzen in Richtung Burghof. Im heutigen Bestand liegen drei Schlitze im mittelalterlichen Mauerbestand[70], wogegen das vierte, nördliche erst mit der unter Ritgen vorgenommenen Vermauerung der vorherigen Tür entstand[71], die in den Inventaren genannt und deren Steinfeld klar erkennbar ist, besonders an seiner waagerechten, unteren Kante.

Die untere Arkade besaß damals keine direkte Verbindung zum Speisesaal und zur Elisabethkemenate, die allenfalls über die südliche Fortsetzung und das Gewölbe am Südgiebel zu erreichen waren. Grundrisse aus den 1840er Jahren lassen die beiden ursprünglichen Türen vom Arkadengang nach Osten noch als zugesetzte Nischen erkennen[72], die dann bei der Restaurierung des 19. Jahrhunderts wiederbelebt werden konnten und heute vorhanden sind.

Mit der einen Zugangstür vom Hof aus, den kleinen Tagelöchern statt der offenen Arkaden, dem Fußboden teilweise unter Felsniveau und seiner

---

68 LATh-HstA Weimar, Inventar 1829 (wie Anm. 42) Bl. 26r: «Weiter vor, nach Norden, ist auf dem Burghofe, neben dem Haupteingange in dieses Schloßgebäude, Eine Thür ... in den Holzstall gedachten Wächters, der auf der Abendseite, fünf Tagelöcher, hat.»

69 LATh-HstA Weimar, Inventar 1829 (wie Anm. 42) Bl. 26r+v: «Auf der anderen Seite des nun gedachten Haupt-Eingangs, führt Eine schlechte Thür ... neun Stufen hinunter, in Ein Gewölbe, das in der Mitte, durch Einen Steinpfeiler unterstützt wird».

70 Zur historischen Zuordnung der Mauersteine siehe Altwasser, Wartburg-Palas 2001 (wie Anm. 14) S. 104f.

71 Zur Veränderung der Hoffassade gut vergleichbar die Ansichten bei Sigfried Asche: Die Wartburg. Dresden ²1957, S. 75f.

72 Grundrisse zum unteren Arkadengang und den zugesetzten Nischen: Abbildung Sältzer-1839/1840-BE0060 [Abb. 27]; Abbildung Spittel-1841/1842-BE0025; Abbildung Sältzer-1845/1846-BE0042 [Abb. 35]; Abbildung Sältzer/Puttrich-1847-Nr. 3a [Abb. 37], I.

wirtschaftlichen und nicht auf Wohnzwecke ausgerichteten Nutzung wirkte die untere Palasarkade wie ein Keller, nicht unähnlich dem unter der Vogtei. So erklärt sich die Zuordnung zu den Kellern bei Hoffmann (1750) und «hinten unter den alten Schloßgebäuden» in den Inventaren von 1798/1800 und 1803.

II.3.2.

DIE ELISABETHKEMENATE, DAS KLEINE SÜDGEWÖLBE
(ORGELRAUM) UND EINIGES ZUM SPEISESAAL

Die Elisabethkemenate im Süden des Palas-Erdgeschosses ist ein nahezu quadratischer Raum mit vier Kreuzgewölben und einer Mittelsäule, aber noch durch einen tonnengewölbten Vorraum von der südlichen Außenmauer des Gesamtgebäudes getrennt. Unter den Bezeichnungen «Frauenstube», «Frauenzimmer», «Jungfrauenstube» oder «Jungfrauengemach»[73] berichten über ihre Beschaffenheit und räumliche Zuordnung die Aktenabschriften auf der Wartburg bereits aus der ersten Hälfte des 16. Jahrhunderts, wozu in dieser Studie gelegentlich auf die Originalakten in Weimar zurückgegriffen wurde. Schon 1489 verzeichnen sie die Reparatur an einem Fenster in der «Frauenstube», die in einer Reihe mit «Kirche», «Speisekammer» und «Gange» steht und damit die vermutete Elisabethkemenate betraf[74]. Die Nachricht hingegen, der Raum sei ab 1319 als Schatzkammer genutzt und 1448 als Silberkammer bezeugt worden, beruht auf Vermutungen und besitzt keine Bestätigung in den Schriftquellen[75].

Als 1514/15 ein Gewölbe neben dem «Frauenzimmer» von allen Seiten mit Brettern verkleidet wurde[76], dürfte es sich um den südlich anschließenden kleinen Raum entlang des Giebels gehandelt haben. Die Kemenate heißt «Frauenzimmerstube», als 1516 ein Fensterladen angefertigt wird[77]. Als im Jahre 1519 das Dach auf der «Abseite an dem Frauenzimmer» gedeckt wurde[78], reparierte man offenbar den Südabschnitt des Palasdachs. Als weite-

---

73 WEBER/BAUMGÄRTEL, Baugeschichte 1907 (wie Anm. 27) S. 96; Gabelentz: Die Wartburg. Ein Wegweiser durch ihre Geschichte und Bauten. München [1931], S. 177.

74 WStA, AbAW 1 (wie Anm. 22) zu 1489, S. 1.

75 HUGO VON RITGEN: Der Führer auf der Wartburg. Ein Wegweiser für Fremde und ein Beitrag zur Kunde der Vorzeit. Leipzig ²1868, S. 82: in der «Schatzkammer» habe Friedrich der Gebissene «vermutlich seine Schätze verborgen»; WALTER BACHMANN: Die Baugeschichte der Wartburg. [Wartburg-Stiftung Eisenach, Archiv, Ma 01, unveröffentlichtes Manuskript, um 1955], Teil 3, S. 3: 1448 «silberkammer»; HOFFMANN, Arbeitsmaterialien 1979 (wie Anm. 57) Elisabethkemenate, S. 1: eine «durch nichts zu belegende Annahme».

76 WStA, AbAW 3 (wie Anm. 22) zu 1514–15.

77 WStA, AbAW 3 (wie Anm. 22) zu 1516.

78 WStA, AbAW 1 (wie Anm. 22) zu 1519, S. 3; WStA, AbAW 3 (wie Anm. 22) zu 1519.

rer neu überdachter Bereich ist hier der «Keller» genannt. Bei dieser Gelegenheit wurde die Frauenstube «zweifach gekleibet», wobei wohl ein zwei-
facher Innenputz gemeint ist.

In der «Frauenstube» brach man 1530 den Ofen ab und versetzte ihn in
die Vogtei[79], worauf 1543 ein neuer Ofen eingebracht wurde[80]. Zwischen-
zeitlich wurde der betreffende Bereich offenbar nicht als Wohnraum gebraucht. Bemerkenswert ist ferner die Beheizung durch jeweils einen Ofen
und nicht durch einen Kamin, den es aber sicherlich vorher einmal an der
Südostecke gegeben hatte. Die Bezeichnung «Fräul. Elisabethen Camin
Stuben» in den Inventaren von 1669 und 1696 kann als eine Reminiszenz
an die Zeit betrachtet werden, als es den Kamin noch gab.

Eine weitere Aktennotiz fällt ins Rechnungsjahr 1530/31, nennt die «Jung-
fraw stubenn» und eine weitere «Stuben vnter der Treppen»[81], womit wohl
der angrenzende Speisesaal auftaucht. Als 1543/44 zwei neue Scheibenfen-
ster in die «Frauenstube» kommen[82], ist dies mit der tatsächlichen Anzahl der
Fenster an der Ostseite identisch.

Das Jahr 1550 bietet Aufschlüsse über den Standort und die Nutzung der
Elisabethkemenate. Der Maurer hat vier Steine «im Ziergarten unter dem
Jungfrauen/-fern Gemache» einzubringen[83]. Da der «Ziergarten» zweifellos
die Anlage am südlichen Mauerring war, spielt dies auf einen großen Raum
im Südabschnitt das Palas an, eben die heutige Elisabethkemenate. Derselbe
Handwerker hatte außerdem im «Jungfrauen Gemache» einen Estrich zu
machen. Ebenfalls am Ziergarten unter dem Jungfrauengemach hat der Zimmerer 1550 zwei Unterzüge anzubringen[84]. Im «Frauenzimmer» haben 1550
auch der Schlosser und der Töpfer an einem Ofen zu tun. Vor dem Ofen
hat der Maurer einen Bogen im «untersten Frauenzimmer» zu schließen,
wobei offenbar ein Gewölbebogen zu reparieren war.

Im ältesten inventarartigen Überblick bzw. Rundgang durch den Palas,
dem Bericht vom 27. März 1550 an den in Haft befindlichen Kurfürsten
Johann Friedrich[85], sind anfangs die «Gewölbe» erwähnt und davon «erst-

---

79 WStA, AbAW 1 (wie Anm. 22) zu 1530, S. 6.
80 WStA, AbAW 1 (wie Anm. 22) zu 1543, S. 10.
81 LATh-HstA Weimar, Wartburg-Archiv, Rechnungen des Amtes Eisenach, 1530-31, Nr. 3198,
    Bl. 137v; WStA, AbAW 3 (wie Anm. 22) zu 1530/31.
82 WStA, AbAW 1 (wie Anm. 22) zu 1543, S. 10; WStA, AbAW 3 (wie Anm. 22) zu 1543/44.
83 LATh-HstA Weimar, Reg. L, pag. 695-706, Bl. 5r; WStA, AbAW 1 (wie Anm. 22) zu 1550, S.
    14; WStA, AbAW 2 (wie Anm. 17) zu 1550, S. 15; WStA, AbAW 3 (wie Anm. 22) zu 1550.
84 LATh-HstA Weimar, Reg. L, pag. 695-706, Bl. 8; WStA, AbAW 1 (wie Anm. 22) zu 1550,
    S. 16; WStA, AbAW 2 (wie Anm. 17) zu 1550, S. 15.
85 LATh-HstA Weimar, Reg. L, pag. 695-706, Bl. 5r; WStA, AbAW 2 (wie Anm. 17) S. 18; vgl.
    Gabelentz, Wartburg 1931 (wie Anm. 73) S. 95.

lich das Frauenzimmer, genannt die grüne Stube», womit sicherlich die heutige Elisabethkemenate gemeint ist. Wieweit und wie lange die am Kapitell
der Mittelsäule für 1855 festgestellte Grünfarbe[86] den gesamten Raum betraf, wäre interessant. Auch die zeitweilige, wenngleich schwer nachweisbare
Funktion als Silber-, also als Schatzkammer und deren Verbindung zu dieser
Farbe wäre aufschlussreich, wenn man nur einmal an das «Grüne Gewölbe»
in Dresden denkt[87]. «Darneben» der Elisabethkemenate liegt eine «große
Kammer», die «ungewölbet» und mit einem «Schornstein» versehen ist.
Dabei haben wir es offenbar mit dem Areal des heutigen Speisesaals und
dessen Kamin an der Ostseite zu tun. Der Bericht von 1550 nennt abschließend unter dem großen Haus ein «kleines Gewölbe» und «gegenüber ein[en]
steinernen Gang». Das Gewölbe betraf sicherlich den heutigen Orgelraum
südlich der Elisabethkemenate, der Gang die geschlossene untere Arkade.

Jener in Gefangenschaft befindliche Kurfürst Johann Friedrich bemerkt
im Brief vom 8. Mai 1550 aus Brüssel, das Gemach, welches «Frauenzimmer» genannt wird, sei etwas «dumpflich»[88], aber trotzdem in der bisher üblichen Weise zu verwenden. Angesichts der nur zwei recht kleinen Fenster an
der Ostseite, die nach den Morgenstunden keinen direkten Sonneneinfall
mehr zuließen, trifft die genannte Dumpfheit offenbar zu. Außerdem liefert die kurfürstliche Briefpassage eine aufschlussreiche Aussage zur damaligen Raumfunktion, dass nämlich die «Hofjungfrauen» – also die Hofdamen
der Herzogin – hier bei Aufenthalten des Hofes untergebracht wurden.

Nach der Mitte des 16. Jahrhunderts fallen die archivalischen Nachrichten zur Elisabethkemenate deutlich spärlicher aus; bis über die Mitte des
folgenden Saeculums hinweg stieß die entsprechende Archivrecherche auf
gar keinen Nachweis. Lediglich Hortleder informiert in seiner Wartburgbeschreibung von 1630 über «Unterschiedliche steinerne Gewölbe und Gemä-
cher/in deren einem St. Elisabeth geschlaffen»[89].

---

86 Wartburg-Stiftung Eisenach, Archiv, Rolf Möller und Manfred Möller (Bearb.): Doku-
mentationsbericht zur organischen Polychromie in den unteren historischen Räumen des
Palas, Speisesaal, Elisabethkemenate, Gang nach der Elisabethkemenate und unterer
Arkadengang, [Eisenach 1978], [fotografische Dokumentation und maschinenschriftliches
Manuskript, unveröffentlicht], S. 83, 151, Abb. 3.1.1.
87 Vgl. Gerhard Glaser: Das Grüne Gewölbe im Dresdener Schloß, Entwicklungslinien und
Baugeschichte, Restaurierung und Rekonstruktion, Anpassung an den Massenbesuch. Dresden, Techn. Univ., Fak. für Bau-, Wasser- u. Forstwesen, Diss. A, 1974/1975, S. 24, Anm. 34;
Dirk Syndram (Hrsg.): Das Grüne Gewölbe in Dresden. Führer durch seine Geschichte und
seine Sammlungen. München/Berlin 1994, S. 7.
88 LATh-HstA Weimar, Reg. L, pag. 695–706, Bl. 104r oder 106r+v vom 8.5.1550; WStA,
AbAW 2 (wie Anm. 17) zu 1550, S. 23.
89 Hortleder, Häuser 1630/1710 (wie Anm. 58) S. 204.

Immerhin findet sich in den Abschriften auf der Wartburg zu 1674 der Hinweis, dass es im Vorjahr um einen Bau unter der Kirche ging, wo eine gewölbte Stube schon vorhanden ist und der Gang, von dem aus sie beheizt wird, wegen des Rauchs ebenfalls ein Gewölbe erhalten soll[90]. Wahrscheinlich beheizte man vom Gewölbegang (Orgelraum) entlang des Südgiebels aus durch eine Maueröffnung, die am östlichen Abschluss unten durch die innere Mauer zur Elisabethkemenate sichtbar ist. Die mit 25 Schuh angegebene Länge entspricht der Entfernung von der Ostwand bis zur Tür in die Kemenate. Das Wartburg-Inventar von 1669 führt mit «Fräul. Elisabethen Camin Stuben» zweifellos die Elisabethkemenate an[91]. Bei dem darin befindlichen «Modell eines Haußes» handelte es sich offenbar um das Modell des Grimmensteins, das Herzog Johann Ernst (1566–1638) selbst angefertigt haben soll[92]. Die Einordnung des Raums nach der «Kirche» (=Kapelle) und vor einer «Eisen Cammer» sowie dem «hintersten Keller» platziert ihn zweifellos in den Südabschnitt des Palaserdgeschosses. Dass es im Inventar von der Kirche/Kapelle sogleich mit der Elisabethkemenate ein Stockwerk darunter weiter geht, lässt den Eindruck aufkommen, dass an der Südseite des Palas eine Treppe vom ersten Obergeschoss in das Erdgeschoss und vielleicht noch weiter nach unten existierte. Doch zu einer vermuteten Treppe im südlichen Gewölbegang (Orgelraum) fehlen entsprechende Spuren im Mauerwerk[93]. Bezeichnung, Verortung und Schlossmodell-Standort wiederholt das Wartburg-Inventar von 1696[94], nur dass sich nun auch die Modelle einer Schlag- und einer Mahlmühle hier befinden.

Über den Erhaltungszustand und die baulichen Schwierigkeiten benachrichtigt ein Vorgang aus dem frühen 18. Jahrhundert. Der für die Burg unmittelbar verantwortliche Johann Nicolaus Schild informierte den vorgesetzten Obristen von Stange 1703, dass sich im Kreuzgewölbe unter der Kirche ein Riss aufgetan hat[95]. Anfang 1711 meldete derselbe Schild an den nächsten Obristen von Münch, dass derselbe Riss sich vergrößert hat[96], worauf Mitte desselben Jahres ein Anschlag ergeht, man wisse nicht, ob der Riss

---

90 WStA, AbAW 4 (wie Anm. 38) bei 1674 zu 1673: «7. Ein baw unter der Kirchen, woh anetzo eine Stuben schon vorhanden so gewolbt. Muß der gangk wo sonst eingeheitzet wart, des Rauchs halber gewölbt werden, 25 schue langk.» Vgl. Anm. 74.
91 LATh-HstA Weimar, Inventar 1669 (wie Anm. 31) Bl. 6v.
92 Zum Modell Grimmenstein vgl. Udo Hopf und Hilmar Schwarz: Das Grimmensteinmodell auf der Wartburg. In: Wartburg-Jahrbuch 2013. 22(2014), S. 174–187.
93 Gabelenz, Wartburg 1931(wie Anm. 73), S. 176.
94 LATh-HstA Weimar, Inventar 1696 (wie Anm. 32) Bl. 41r.
95 LATh-HstA Weimar, Nr. 1088 (wie Anm. 33) Bl. 53v vom 22.6.1703.
96 LATh-HstA Weimar, Nr. 1088 (wie Anm. 33) Bl. 70v vom 10.1.1711.

erst kürzlich entstanden oder etliche Jahre alt sei, aber man solle ihn mit Kalk verstreichen und von Zeit zu Zeit nachsehen[97].

Im weiteren 18. Jahrhundert gestalten sich die Zuordnung und die Identifizierung des Raumes schwieriger, da der Begriff einer Elisabeth-Kammer o. ä. nicht mehr auf den Raum in Südbereich des Palaserdgeschosses, sondern auf ein Zimmer im obersten Wohngeschoss des Nordhauses bezogen wird. Der Reiseschriftsteller Johann Limberg aus Roden (*um 1650) besuchte 1708 die Wartburg und veröffentlichte seine Beobachtungen 1709 unter dem Pseudonym Johannes von Bergenelsen sowie 1712 unter richtigem Namen[98]. Johann Gottfried Gregorii (oder Gregorius, 1685–1770) druckte 1711 unter eigenem Namen ein Thüringenbuch[99] und unter dem angenommenen Namen Melissantes ein Buch über die deutschen Bergschlösser ab[100], in denen er bei der Passage zur Wartburg offenbar Limberg als Vorlage nutzte. Limberg handhabe schon die Verlegung des Elisabeth zugeschriebenen Raumes und sah jenes Modell des Schlosses Grimmenstein, wie dies die Inventare von 1669 und 1696 für die Elisabethkemenate ausweisen, lediglich in einem nicht personifizierten «Gemach». Auch Olearius hatte 1704 den hölzernen Grimmenstein einem Gewölbe zugeordnet, ohne dessen Namen genauer auszuweisen[101]. Bei Limberg befinden sich in derselben Kammer zwei Mahlmühlen und zwei kleine Ölmühlen, und es schließt sich eine «verschlossene Kammer» an.

Vom Bearbeiter des Wartburg-Archivs Johann Carl Salomo Thon erfahren wir 1792, dass seit den 1740er Jahren im Gewölbe unter der Kirche des Hauptgebäudes schriftliche Nachrichten gelagert sind, die vom abgebrochenen Kanzleigebäude auf dem Markt zu Eisenach heraufgeschafft worden waren[102]. Vorher, so vermutet Thon, war es ein «Speisegewölbe bei der davor befindlichen Küche» gewesen. Die Archivfunktion schlägt sich in den Wartburg-Inventaren des 18. Jahrhunderts nicht nieder. 1733 folgt nach dem

---

97 LATh-HstA Weimar, Nr. 1088 (wie Anm. 33) Bl. 73r vom 4.7.1711.

98 Johannes von Bergenelsen: Das im Jahr 1708. lebende und schwebende Eisenach. Stralsund/Eisenach 1709, S. 224–228; Johannes Limberg: Das im Jahr 1708. lebende und schwebende Eisenach. Anitzo wieder übersehen und mit einem Curiosen Appendice vermehret. Eisenach 1712, S. 224–228.

99 Johann Gottfried Gregorii: Das jetzt florirende Thüringen, In seinen Durchlauchtigsten und Ruhmwürdigsten Häuptern. Erfurt 1711, S. 92–97 zur Wartburg.

100 Melissantes [Johann Gottfried Gregorius]: Das erneuerte Altertum und curieuse Beschreibung einiger vormals berühmten ... Bergschlösser in Teutschland. Frankfurt/Leipzig 1713, S. 428 und 430.

101 Johann Christoph Olearius: Rerum Thuringicarum syntagma, Allerhand Thüringische Historien und Chronicken. Frankfurt/Leipzig 1704, S. 73 (richtig 71).

102 Thon, Wartburg 1792 (wie Anm. 22) S. 18f.

Landgrafenzimmer und zwei weiteren Zimmern das «Zimmer wo das Schlös-
gen vorhanden[103]», womit wir es analog dem Inventar von 1696 mit der Elisabethkemenate zu tun haben. Die zwei Modelle einer Schlag- und einer
Mahlmühle waren wohl nunmehr hier angelangt, und 1733 werden ein
«Mühlen Hauß» und ein Modell einer Ölmühle aufgelistet.

Nach dem Inventar von 1754 befand sich hier immer noch das «Schlöß-
gen» des Herzogs wie auch die Mühlen-Modelle, die aber nachträglich als
zerfallen angemerkt sind[104]. Im Inventar von 1775 tauchen dieselben gegen-
ständlichen Zeugnisse in dem Raum wieder auf, nur dass das «Mühlen-
Hauß» inzwischen repariert ist und die übrigen Anlagen einschließlich des
Schloss-Modells zerfallen sind[105].

Als Archivar gibt sich Thon im Juli 1781 zu erkennen, als er vermeldet,
das «innere Gewölbe» – zweifellos die Elisabethkemenate – von sämtlichen
«Nachrichten u. Rechnungen» beräumt zu haben, die nach Reparatur am
Gewölbe, der Übertünchung (Ausmalung) und Reinigung wieder zurückge-
bracht werden können[106]. Offenbar hatte er das Archivmaterial in den benachbarten Speisesaal gebracht. Auf die von Thon 1781 offenbarte Situation,
als der Aktenbestand in den Nebenraum der Elisabethkemenate ausgelagert
war, stieß wohl jener Pfarrer Götze, dessen Beschreibung eines Wartburgbesuchs von 1782 im Folgejahr von Johann Bernoulli abgedruckt wurde[107]. Den
fraglichen Raum selbst konnte er nicht besichtigen, sondern erfuhr davon lediglich vom Kastellan. Dieser hatte ihm die hinführende Treppe gezeigt, wo
«unter dem Schlosse» noch ein «Archiv» sei, zu dem die Fürstliche Kammer
in Eisenach den Schlüssel besaß[108].

Sicherlich hatte der Kastellan vom öffentlich zugängigen Landgrafenzimmer aus die Tür, die laut Inventar von 1829 mit Eisenblech beschlagen
und mit einem inzwischen verrosteten Schloss versehen war[109], geöffnet und
dem Gast die hinabführende Innentreppe gezeigt, die wie eine Kellertreppe
wirken musste und von der man nach links in das Archiv abbog, den heuti-

103 LATh-HstA Weimar, Inventar 1733 (wie Anm. 34) Bl. 5v.
104 LATh-HstA Weimar, Inventar 1754 (wie Anm. 35) Bl. 10r.
105 LATh-HstA Weimar, Inventar 1775 (wie Anm. 36) Bl. 18r+v.
106 WStA, AbAW 4 (wie Anm. 38) zu 1781, 17. Juli.
107 Zur Autorenschaft einer Thüringenreise einschließlich eines Wartburgbesuchs von 1782
    siehe Johann Bernoulli's Sammlung kurzer Reisebeschreibungen und anderer zur Erwei-
    terung der Länder- und Menschenkenntniß dienender Nachrichten. Bd. 10. Berlin/Leipzig
    1783, im Inhaltsverzeichnis: «V. Kleine Reise in's Thüringsche. im J. 1782» und S. 256;
    den Namen Götze nennt JOHANN CARL SALOMO THON: Schloß Wartburg. Ein Beytrag zur
    Kunde der Vorzeit. Eisenach 4/1826, S. 15 Anm. u).
108 BERNOULLI, Reisebeschreibungen 10, 1783 (wie Anm. 107) S. 290.
109 LATh-HstA Weimar, Inventar 1829 (wie Anm. 42) Bl. 26v-27r.

gen Speisesaal. Gänzlich zurück in die Elisabethkemenate gelangten die Bestände wohl nicht mehr, denn im Inventar von 1829 befand sich das «Wartburger Archiv» vom Rittersaal nur durch den kleinen Platz am Fuße der Treppe getrennt[110], und noch um 1840 dienten im Erdgeschoss des Palas zwei Räume zur Unterbringung des Archivs[111].

Die Inventare von 1798/1800 und 1803 lassen die großen Räume des Palaserdgeschosses gleich ganz aus, so dass sie über Zustand und Benennung der heutigen Elisabethkemenate keine Angaben ermöglichen. Das sonst so informative Inventar von 1829 sagt zwar einiges zum Rittersaal und tippt den Speisesaal kurz an, kommt aber nicht bis zur Elisabethkemenate.

Das hier nicht genannte Grimmenstein-Modell hatte nach einem Zwischenaufenthalt seit etwa 1780 in der Kapelle nunmehr seinen Platz im damaligen «Rittersaal» gefunden[112], dem Saal im obersten Stockwerk. Die Identifizierung als einstiger Aufenthaltsraum der heiliggesprochenen Elisabeth war offenbar nicht zurückgekehrt, denn Thon wiederholt in der letzten Auflage seines Wartburg-Führers von 1826 im Wesentlichen die vorherigen Ausführungen zum jetzigen Archiv ohne einen diesbezüglichen Verweis auf die Landgräfin.

Auch über die nächsten Jahre hinweg brachte man den Raum nicht mit Elisabeth in Verbindung. Zumindest berichtet Johann Wilhelm Storch in der Stadtgeschichte von 1837 von zwei Räumen im «untern Stocke des hohen Hauses», die als Archiv genutzt werden, ohne auf die Landgräfin zu verweisen[113]. Puttrich nennt im Bauinventar der Wartburg zehn Jahre später im «Erd- oder ersten Geschoss» zwei gewölbte «Räumlichkeiten für das Gesinde», wovon eine gemäß einer beigegebenen Zeichnung der heutigen Elisabethkemenate entspricht, wiederum ohne die bekannteste Burgbewohnerin zu erwähnen[114].

Die Schwester des Großherzogs Carl Alexander und zukünftige Kaiserin Augusta hatte in einem Brief vom 26. Juli 1840 ein «schön gewölbtes Archiv» erwähnt, ohne dabei auf Elisabeth hinzuweisen[115]. Der Schriftsteller Adolf Stahr berichtet 1852 in seinem Tagebuch zu Weimar und Jena von einem Besuch auf der Wartburg dann schon, wie der Burghauptmann Bern-

---

110 LATh-HstA Weimar, Inventar 1829 (wie Anm. 42) Bl. 26v-27r.

111 Storch, Eisenach 1837 (wie Anm. 22) S. 275; Storch, Merkwürdigkeiten 1840 (wie Anm. 48) S. 86.

112 Vgl. Hopf/Schwarz, Grimmensteinmodell 2013 (wie Anm. 92) S. 183f.

113 Storch, Eisenach 1837 (wie Anm. 22) S. 275.

114 Puttrich, Bauwerke 1847 (wie Anm. 50) S. 162.

115 Georg Schuster und Paul Bailleu (Hrsg.): Aus dem Literarischen Nachlaß der Kaiserin Augusta. Mit Porträts und geschichtlichen Einleitungen. Bd 1, T. 1. Berlin 1912, S. 175.

hard von Arnswald ihm die «Kemenate, das Gemach der heiligen Elisabeth» erklärte[116]. Wahrscheinlich hat erst der seit 1840/41 auf der Burg amtierende Arnswald die Erinnerung an den vermeintlichen Wohnraum der berühmten Landgräfin erneut aufgebracht.

Der Wartburgarchitekt Hugo von Ritgen hat diese Zuweisung hingegen nicht propagiert. In der Studie zur Wartburgerneuerung von 1847 hat er die Räume im Erdgeschoss den Bediensteten zugewiesen[117] und sowohl in den Wartburgführern von 1860[118] und 1868[119] als auch in Publikationen aus den 1870er Jahren[120] die Elisabethkemenate lediglich als «Frauengemach» ausgewiesen. Das interne Inventar der Wartburg von 1883 nennt den Raum «Elisabethenzimmer»[121]. Wohl erst mit der Einbringung des farbenprächtigen Glasmosaiks von 1902 bis 1906 durch den Berliner Künstler August Oetken und die optisch nacherlebbaren Lebensszenen der hl. Elisabeth war die Identifizierung als «Elisabethkemenate» endgültig festgelegt.

II.3.3.

SPEISESAAL, RITTERSAAL UND WEITERE ANGRENZENDE RÄUMLICHKEITEN

Die großen Räume nördlich der Elisabethkemenate lassen sich im schriftlichen Material schwer fassen, da sie terminologisch weniger bestimmt und eindeutig genannt sind. Außerdem liegen sie einigermaßen geschützt, sind von Witterungsschäden weniger betroffen und wurden deshalb in den Bauakten selten erfasst. Schließlich hielten sich hier Bedienstete und nicht Mitglieder der fürstlichen Familie auf, so dass sie gewissermaßen einen niedrigen Stand verkörperten. Zum Speisesaal wurde schon einiges ausgeführt, das nur in Verbindung mit der Elisabethkemenate darstellbar ist.

---

116 ADOLF STAHR: Weimar und Jena. Ein Tagebuch. 1. Bd. Oldenburg 1852, S. 162.

117 HUGO VON RITGEN: Gedanken über die Restauration der Wartburg, WStA, Hs 3499, Bl. 44; GRIT JACOBS: «Ein treues Bild aus früher Zeit.» Das Werk des Architekten Hugo von Ritgen auf der Wartburg. Bd. 1: Text. Jena 2015, S. 142.

118 HUGO VON RITGEN: Der Führer auf der Wartburg. Ein Wegweiser für Fremde und ein Beitrag zur Kunde der Vorzeit. Leipzig 1860, S. 56.

119 RITGEN, Wartburg 1868 (wie Anm. 75) S. 82.

120 HUGO VON RITGEN: Erhalten und Restaurieren. Die Wartburg. In: Westermann's Jahrbuch der Illustirten Deutschen Monatshefte. 37. Bd., 3. F., 5. Bd. Oktober 1874 – März 1875, S. 73–89, hier S. 82f.; HUGO VON RITGEN: Die neuesten Arbeiten bei der Wiederherstellung der Wartburg und deren künstlerische Ausstattung. In: Deutsche Revue über das gesammte nationale Leben der Gegenwart. 3(1879)2, S. 127–143, hier S. 133.

121 Wartburg-Stiftung Eisenach, Archiv, Wartburg-Inventar 1883, Landgrafenhaus, S. 136v; vgl. JACOBS, Ritgen Text 2015 (wie Anm. 117) S. 293.

Möglicherweise ist 1489 mit der «Speisekammer», an deren Fenster 60 Rauten erneuert wurden[122], einer der Erdgeschossräume gemeint. Im Jahre 1519 berichten die Aktenabschriften von etlichen «Lehen» (Wohnräume), die vor der Küche gemacht worden sind und diese selbst untermauert ist[123].

Das Jahr 1550 bietet innerhalb der Überlieferungen vom 16. bis 18. Jahrhundert mit Abstand die meisten Informationen. Auf Anweisung des Baumeisters Gromann soll der Maurer in der Küche des gnädigen Herrn – also des Fürsten – einen Pfeiler unterfestigen[124]. Der Zimmermann soll ebenfalls in der Küche einen Unterzug einbringen und die «gebogene Decke wieder aufschrauben»[125]. Offenbar steht hier «gebogen» als Synonym für gewölbt, und das Gewölbe dürfte mit Brettern abgestützt gewesen sein, die nun abgeschraubt, also entfernt wurden und wofür nun der Unterzug die tragende Last aufnehmen sollte. Wenn man die genannten Merkmale Küche, Gewölbe und Pfeiler zusammenführt, treffen sie im Palas auf den heutigen Rittersaal im Norden des Palaserdgeschosses zu.

Jener Rittersaal stand als «große gewölbte Kammer» im Bericht an den Kurfürsten vom 27. März 1550[126] am Schluss der Erdgeschossräume. Am Anfang befand sich das «Frauenzimmer» – also die heutige Elisabethkemenate, wonach eine große, ungewölbte Kammer mit einem Schornstein folgte, womit einmal der heutige Speisesaal erfasst ist. Danach kommt eben mit der großen gewölbten Kammer der Rittersaal, mit dem die drei Haupträume des Erdgeschosses abschließen. Eine Aktenabschrift zeichnet die Beschreibung eines Risses Gromanns von 1550 auf, in der eine Treppe von der «Küchstube» in den benachbarten Keller unter dem Nordhaus erwähnt wird[127]. Damit bestätigt sich die Lage der Küche am Nordende des untersten Palasgeschosses.

Dann dauert es bis zum Inventar von 1669, als an Elisabeths Kaminstube eine «Eisen Cammer» genannt wird, in der die Modelle einer Schlag- und einer Mahlmühle standen[128]. Das Inventar von 1696 ordnet hier zwar eben-

---

122 WStA, AbAW 1 (wie Anm. 22) zu 1489, S. 1.
123 WStA, AbAW 1 (wie Anm. 22) zu 1519, S. 3.
124 LATh-HstA Weimar, Reg. L, pag. 695–706, Bl. 6: «Inn meines gnädigenn Herrn Kuchenn, einenn pfeiler vntermachen»; WStA, AbAW 1 (wie Anm. 22) zu 1550, S. 15; WStA, AbAW 2 (wie Anm. 17) zu 1550, S. 14.
125 LATh-HstA Weimar, Reg. L, pag. 695-706, Bl. 8: «In der Kuchenn einen vnterzugg vnnd die gebogenne decke widder aufzuschraubenn»; WStA, AbAW 1 (wie Anm. 22) zu 1550, S. 16; WStA, AbAW 2 (wie Anm. 17) zu 1550, S. 14.
126 LATh-HstA Weimar, Reg. L, pag. 695–706, Bl. 5r; WStA, AbAW 2 (wie Anm. 17) S. 18.
127 WStA, AbAW 2 (wie Anm. 17) zu 1550, S. 22.
128 LATh-HstA Weimar, Inventar 1669 (wie Anm. 31) Bl. 6v.

falls eine Eisenkammer ein, nennt aber keine Modelle, sondern «fünf lange Hölzer»[129], womit wohl Regalbretter gemeint sind.

Im Jahre 1674 forderte die Garnison, also die auf der Wartburg stationierten Soldaten, dass in einer der zwei unter der Kirche befindlichen bewohnten und gewölbten Stuben, hier ist offenbar der Rittersaal gemeint, elf Dielen und zwei der insgesamt drei Fenster zugerichtet werden sollen[130]. Das Inventar von 1669 nennt die «Küche neben dem Aschfarbenen Gemach»[131]. Letzteres ist das heutige Landgrafenzimmer, von dem man die Innentreppe herab zum Rittersaal gelangte, der nach allem wohl mit jener Küche gemeint ist. Die im Inventar genannte Örtlichkeit «vor der Küchen» könnte jener als Wachraum gedeutete Bereich zwischen Rittersaal und westlicher Hofwand sein.

Die Inventare des 18. Jahrhunderts und um 1800 steuern über die Elisabethkemenate hinaus wenig zum Palaserdgeschoss bei. Eine Aktennotiz von 1771 über die Reparatur eines Fensters in der fürstlichen Küche[132] lässt nur vermuten, dass damit in jener Zeit die Funktion des Rittersaals hervortritt.

Thon (1792) erwähnt beiläufig, das Gewölbe unter der Kapelle bzw. das Archiv – also die Elisabethkemenate – sei sonst ein «Speisegewölbe» hinter der davor befindlichen Küche gewesen[133]. Diese Anspielung auf den Speisesaal als Küche wird im 19. Jahrhundert aufgegriffen[134]. Zugunsten einer solchen Küchennutzung sollen der große Kamin an der Ostseite und ein Gussstein sprechen[135].

Laut dem Inventar von 1829 gelangte man vom Burghof durch eine Tür neun Stufen hinunter in ein Gewölbe, das in der Mitte durch einen Steinpfeiler gestützt wird[136], womit der Rittersaal angesprochen ist. Das Gewölbe weist nach Osten zwei Tagelöcher mit Laden auf, womit der offenbar klägliche Zustand der auch auf Abbildungen und Grundrissen zu sehenden kleinen Rittersaalfenster[137] zum Ausdruck kommt. Auf der Südseite führt ein

---

129 LATh-HstA Weimar, Inventar 1696 (wie Anm. 32) Bl. 41v.
130 WStA, AbAW 4 (wie Anm. 38) zu 1674.
131 LATh-HstA Weimar, Inventar 1669 (wie Anm. 31) Bl. 5v.
132 WStA, AbAW 4 (wie Anm. 38) zu 1771.
133 THON, Wartburg 1792 (wie Anm. 22) S. 18f.
134 GOTTSCHALCK, Ritterburgen 1818 (wie Anm. 46) S. 57; Storch, Merkwürdigkeiten 1840 (wie Anm. 48) S. 86.
135 Zum Gussstein vgl. JOHANN HEINRICH SCHÖNE: Beschreibung der Wartburg und ihrer Merkwürdigkeiten nebst geschichtlichen Erläuterungen. Eisenach (1835), S. 6; GABELENTZ, Wartburg 1931 (wie Anm. 73) S. 178; RITGEN, Wartburg 1868 (wie Anm. 75) S. 77; HOFFMANN, Arbeitsmaterialien 1979 (wie Anm. 57) Speisesaal S. 1.
136 Dies und das Folgende in LATh-HstA Weimar, Inventar 1829 (wie Anm. 42) Bl. 26r-27r.
137 Historische Abbildungen mit den beiden Rittersaalfenstern: Abbildung Krauß 1805; Abbildung Darnstedt-Rittersaal-1802 [Abb. 22], erstmals abgedruckt in CHRISTIAN LUDWIG

Eingang in einen schmalen Gang, der in einem «kleinen ehemaligen Gefängnisse» endet, das gegen Osten ein Tageloch hat. Das Loch ist auf Bauzeichnungen knapp über dem nördlichsten Keller-Sehschlitz zu sehen, und in der bei Puttrich 1847 abgedruckten Außenansicht erkennt man die Vergitterung davor[138]. Die beschriebene kleine Anlage ist heute von der Treppe zum Keller zu erreichen. Damals ging zwar noch keine Treppe bis zum Keller hinunter, doch führte bereits die Wandöffnung zu jenem schmalen Gang. Weber vermutete ein «Türlein» nahe der Ostmauer («Südostecke»)[139], doch erfolgte der Zugang offenbar durch die Öffnung in der Wandmitte, wie dies Grundrisse um 1840 zeigen[140]. Dafür spricht jedenfalls die Existenz eines Ganges gemäß dem Inventar von 1829, den es bei einem Eingang an der Südostecke nicht geben könnte. Außerdem fehlen dort an den Mauersteinen des Ganges nach Norden Spuren einer ehemaligen Türöffnung.

Im Inventar von 1829 existierte an der Südseite des «Gewölbes», also des Rittersaals, eine weitere Tür nach Süden, die mit einem verrosteten Schloss versehen und mit Eisenblech beschlagen in einen «kleinen Vorplatz» vor der Eingangstür in das «Wartburger Archiv» führte. Diese Situation mit der Rittersaaltür im Westen der Südwand und dem Vorplatz dahinter besteht nach wie vor. Der heutige Speisesaal diente damals als Archivraum, was Thon schon 1781 angedeutet hatte. Von dem Vorplatz ging nach Osten eine Treppe hinauf, die von einem halb zugemauerten Schubfenster mit zwei Läden erhellt wurde und zu einem weiteren kleinen Vorplatz führte, aus dem eine 1829 zugenagelte Tür sonst in den Waffensaal abzweigte.

Die romanische Innentreppe vom Erd- zum ersten Obergeschoss ist hier angezeigt. Das Fenster, ehemals ein Doppelfenster, ist auf Bauzeichnungen zwischen denen des Landgrafenzimmers und denen des Sängersaals etwas nach unten versetzt. Der Zugang zum damaligen Waffensaal, womit der heutige Sängersaal gemeint ist, war früher begehbar, nun aber abgesperrt.

STIEGLITZ: Wartburg. Ein Gedicht in fünf Gesängen. Leipzig 1802, mit fünf Stichen von JOHANN ADOLPH DARNSTEDT (1769–1844); siehe auch: Die Wartburg in Thüringen (Beiträge zur Geschichte Eisenachs. XXII). Eisenach 1912, S. 10; MICHAELA HINSCH: Eine bislang unveröffentlichte Zeichnung von CARL FERDINAND SPROSSE. In: Wartburg-Jahrbuch 2004. 13(2005), S. 147–154, hier: S. 148, Abb. 1.

138 Abbildung Patzschke/Witthöft-Titelblatt-1847 [Abb. 39].

139 WEBER/BAUMGÄRTEL, Baugeschichte 1907 (wie Anm. 27) S. 94, vgl. Grundriss auf S. 91.

140 Abbildung Sältzer-1845/1846-BE0042 [Abb. 35]; Abbildung Sältzer-1839/1840-BE0060 [Abb. 27].

II.4.

DAS ERSTE OBERGESCHOSS DES PALAS

Das erste Obergeschoss bildete die Hauptetage sowohl für einen gelegentlichen fürstlichen Aufenthalt als auch für die öffentliche Nutzung. Es nahm den Haupteingang auf und besaß mit der Kapelle im Süden und dem Landgrafenzimmer im Norden die beiden von Besuchern am häufigsten aufgesuchten Räume. Der Mittelteil war bis zum Anfang des 19. Jahrhunderts als fürstlicher Wohnraum vorgesehen, der mit der unteren Fachwerketage des Nordhauses konkurrierte, die annähernd auf derselben Ebene lag.

II.4.1.

DER HAUPTEINGANG IN DEN PALAS UND DIE
ZUGÄNGLICHKEIT DES ERSTEN OBERGESCHOSSES

Mit dem Zugang zum ersten Obergeschoss stellt sich die Frage nach dem Haupteingang des Palas. Einige Aktenbelege vom späten 15. bis zur Mitte des 16. Jahrhunderts handeln über eine große, äußere Treppe, die bis zum Saal im obersten Geschoss hinauf reicht. Eine lange Treppe gilt es 1487/88 zu übersteigen[141], was sicherlich die Ausbesserung der Dachung auf genau dieser der langen Treppe vorbereitete[142]. Im Jahre 1504 wird davor gewarnt, dass die lange, äußere Treppe anfange, sich nach einer Seite zu neigen[143]. 1540 muss die untere Tür der Treppe repariert werden, die auf den Saal geht[144]. Und 1550 gehört es zu Gromanns Anweisungen an den Zimmermann, die große Treppe vor dem Saal auszubessern[145].

Fügt man diese Nachrichtendetails zu einem Gesamtbild zusammen, so befand sich zum Saal im obersten Stockwerk des Palas eine durchgehende, lange Außentreppe, die sich nach einer Seite neigen konnte, unten mit eigener Zugangstür und oben mit eigener Bedachung versehen war. Diese Eigenschaften passen auf einen vom Marburger Institut für Bauforschung vermuteten hölzernen Treppenturm an der Nordseite der Palas-Hoffront[146].

---

141 LATh-HstA Weimar, Ernestinisches Gesamtarchiv, Reg. Bb. 1226, Rechnung des Amtes Eisenach, 1487, Febr. 22 – 1488, Sept. 21, Bl. 14r; WStA, AbAW 3 (wie Anm. 22) zu 1487/88.

142 WStA, AbAW 1 (wie Anm. 22) zu 1487/88, im Nachtrag.

143 WStA, AbAW 2 (wie Anm. 17) zu 1504, S. 2.

144 WStA, AbAW 1 (wie Anm. 22) zu 1540, S. 9.

145 LATh-HstA Weimar, Reg. L, pag. 695-706, Bl. 9.

146 GÜNTER SCHUCHARDT: Welterbe Wartburg (Burgen, Schlösser und Wehrbauten in Mitteleuropa. Bd. 4). Regensburg 2000, S. 13; vgl. Wartburg-Jahrbuch 2000. 9(2002), S. 306.

Der ursprüngliche Zugang zum oberen Festsaal erfolgte mit Sicherheit durch die mittlere Öffnung aus dem hofseitigen Galeriegang, der durch eine Wand-öffnung an der westlichen (Hof-)Fassade ermöglicht wurde. Ein Durchbruch von Norden zum Galeriegang, ähnlich dem heutigen Zugang vom Treppenhaus, gab es bis zur Mitte des 19. Jahrhunderts nicht. Wie dieser Treppenaufgang im Einzelnen beschaffen war, lässt sich wegen des Fehlens von Abbildungen und präziser Beschreibungen nicht ermitteln. Er muss nahe jenem Platz gestanden haben, den später die aus Abbildungen und aus gesicherten Beschreibungen bekannte doppelflügelige Treppe einnahm, und diente als Haupteingang in den Palas und den gesamten Schlosskomplex.

Die lange Treppe existierte also 1550 und wohl noch eine Weile, wenn Gromann sie ausbessern ließ. Ihre Unentbehrlichkeit hatte sie jedoch schon verloren, da über die Innentreppe des Fachwerkhauses das oberste Stockwerk auf anderem Wege erreichbar war[147], und zwar spätestens mit einer 1509 bezeugten Treppe zum Saal.

Jedenfalls verlor sie später ihre volle Länge und wurde durch eine Neuinstallation bis zum ersten Obergeschoss verkürzt. Wie Sältzer (1845) überlieferte, war deren Entstehungsjahr 1624 in die Holzstützen eingeschnitten[148]. Offenbar geschah ihre Errichtung im Zusammenhang mit der Ausgestaltung der 1628 eingeweihten Kapelle, die eine verbesserte Zugänglichkeit erforderte. Als Hortleder 1630 den Zugang zur Kapelle über «eine kleine steinerne Treppen hinauf»[149] beschrieb, war dies offenbar bereits geschehen. Über das Aussehen sagen weder er noch spätere Autoren etwas aus. Limberg erwähnt nur den Weg «Zur Treppen hinauf» in die «Kirchen»[150], Melissantes (1713) wiederholt die Stelle bei Hortleder[151], und die übrigen bis zu Schöne (1835) äußern sich überhaupt nicht zur Eingangstreppe.

Das Inventar von 1669 nennt den «Eingange des Wohnhauses»[152], und in den Inventaren von 1733, 1754 und 1775 führt eine große runde (d. i. rundbogige) Tür einfach in das «Schloß Hauß» hinein, was Palas und Nordhaus zusammenfasst. Jene Tür ist mit zwei eisernen Bändern und einem Schloss zunächst mit, dann ohne Schlüssel versehen[153]. Die Inventare um 1800 be-

147 So schon Wartburg-Stiftung Eisenach, Archiv, Hs 3501, [JOHANN WILHELM SÄLTZER:] Die Wartburg, eine archäologisch-architektonische Skizze. [1845/1846]. S. 10. Das Entstehungsjahr ist auf dem Titelblatt der Reinschrift von 1846 auf 1845 korrigiert und (von anderer Hand) unter Bezug auf Arnswald auf «im Winter 1845/46» präzisiert.
148 SÄLTZER, Skizze 1845/1846 (wie Anm. 147) S. 10; Voss, Wartburg 1917 (wie Anm. 55) S. 48 datiert die «Freitreppe» ohne Begründung ins Jahr 1623.
149 HORTLEDER, Häuser 1630/1710 (wie Anm. 58) S. 204.
150 LIMBERG, Eisenach 1712 (wie Anm. 98) S. 225.
151 MELISSANTES, Bergschlösser 1713 (wie Anm. 100) S. 428.
152 LATh-HstA Weimar, Inventar 1669 (wie Anm. 31) Bl. 5r.

schreiben als Eingang eine steinerne und mit einem Dach versehene Treppe
mit einer Tür, die mit zwei Eisenbändern und einem Schloss ohne Schlüssel versehen ist[154]. Laut Inventar von 1829 besaß das «Schloß-Gebäude» als
Haupteingang eine steinerne, mit Ziegeln bedeckte Doppeltreppe zur «Haus-
thür», die ein starkes, bedecktes Schloss mit Schlüssel sowie ein Anzieheisen
aufwies[155].

Im bildlichen Material ist sie erstmals bei Hoffmann (1750) zu sehen,
dann bei Bähr (1785, angeschnitten, und 1792), bei Rabe (1804) im Grundriss, bei Gropius (1823) und in Bauzeichnungen (Hoffassaden) der 1840er
Jahre[156]. In diesen einhundert Jahre überspannenden Abbildungen stimmt
ihr Aussehen untereinander wie auch mit den Beschreibungen aus den Inventaren überein und wurde offenbar nicht verändert. Die beiden Treppen-
läufe von Süden und Norden sind durch ein Ziegeldach geschützt, durch
eine vorgeblendete Mauer mit einer Rundbogenöffnung ohne Durchlass ins
Gebäude handläufig gesichert und stoßen auf eine kleine Plattform vor der
rundbogigen Eingangstür, die nochmals durch einen kleinen, ziegelbedeck-
ten Spitzbogenaufsatz überdeckt ist. Im Zuge der Palasrestaurierung wurde
sie 1848 abgerissen[157] und durch einen eingängigen, neoromanischen Nachfolger ersetzt.

Dieser Haupteingang gegenüber dem Landgrafenzimmer erreichte sogleich den öffentlichen Bereich, da von dort für jedermann die Kapelle am
Südende über die heutige Elisabethgalerie zugänglich sein musste. Zur
anderen Seite durfte der Wartburgbesucher über das Nordhaus das Landgrafenzimmer durch den nördlichen Palasgiebel hindurch betreten und stieß
dort auf mehrere Gemälde, von denen offenbar das des eisernen Landgrafen
Ludwig II. am nachhaltigsten beeindruckte. Eine verschließbare, mit Eisenblech beschlagene Tür verhinderte das Eindringen der einfachen Gäste in
die fürstlichen Räume auf dem Areal des heutigen Sängersaals.

Um die hochadligen Herrschaften nicht zu stören, war die Tür zwischen
dem Gang (Elisabethgalerie) und den Fürstenzimmern (Sängersaal) ebenso
vermauert wie übrigens auch die westliche Tür des Landgrafenzimmers[158].

---

153 LATh-HstA Weimar, Inventar 1733 (wie Anm. 34) Bl. 5r; LATh-HstA Weimar, Inventar
    1754 (wie Anm. 35) Bl. 9v; LATh-HstA Weimar, Inventar 1775 (wie Anm. 36) Bl. 15r+v.
154 LATh-HstA Weimar, Inventar 1798/1800 (wie Anm. 65) Bl. 35v; LATh-HstA Weimar, In-
    ventar 1803 (wie Anm. 65) Bl. 57v.
155 LATh-HstA Weimar, Inventar 1829 (wie Anm. 42) Bl. 18r.
156 Abbildung Sältzer-1839/1840-BE0040 [Abb. 28]; Abbildung Sältzer-1840-BE0043 [Abb. 29];
    Abbildung Ritgen/Sältzer-1848-BE0039; Abbildung Sältzer-1845/1846-BE0049 [Abb. 34].
157 Jacobs, Ritgen Text 2015 (wie Anm. 117) S. 177.
158 Grundrisse des ersten Obergeschosses mit geschlossener Mittelwand: Abbildung Rabe-
    1804 [Abb. 24]; Abbildung Sältzer/Puttrich-1847-Nr. 3a [Abb. 37], II; Abbildung Sältzer-
    1839/1840-BE0060 [Abb. 27]; Abbildung Sältzer-1845/1846-BE0042 [Abb. 35].

Die geschlossene Zwischenwand verhinderte also ein unbefugtes Betreten der Fürstenräume, wie auch die Nordwand der Kapelle keinen Einlass gewährte.

Der somit ermittelte öffentliche Gebäudeabschnitt Treppe-Kapelle-Landgrafenzimmer erklärt die Beschreibungen von Reisenden und anderen Besuchern, die jeweils zwei oder drei dieser Orte – das Landgrafenzimmer mitunter durch das Gemälde des eisernen Landgrafen repräsentiert – anführen[159].

Angesichts des ersten Obergeschosses als gebräuchlicher, begehbarer Ebene erklärt sich auch die Bemerkung Götzes von 1782, das Archiv (Speisesaal) habe sich «unter dem Schlosse» befunden. Ebenso verhält es sich mit dem Holzlager in der unteren Arkade, das laut den Inventaren um 1800 «unter dem alten Schlossgebäude» lag.

II.4.2.
DIE ELISABETHGALERIE UND DER KORRIDOR
VOR DEM LANDGRAFENZIMMER

Die Elisabethgalerie erhielt ihren Namen von den 1855 an der östlichen, starken Innenwand entstandenen Elisabethfresken Moritz von Schwinds. Nach der Bauausführung des 12. Jahrhunderts und der Restaurierung der 1840er und -50er Jahre ist sie eigentlich die mittlere Arkade, wobei das «mittlere» sowohl vertikal nach der Geschosszählung zwischen der Erdgeschossarkade und der Galerie des obersten Stockwerks als auch horizontal zwischen den beiden einigermaßen quadratischen Eckrisaliten zutrifft. Man erreichte sie von der Eingangstreppe und -tür des Palas, die auf den Korridor gegenüber dem Landgrafenzimmer führten und von wo es nach Süden nach der Innenmauer zwischen Landgrafenzimmer und Sängersaal einige Stufen hinunter geht. Auf dem Fußbodenniveau des Sängersaals kam man dann zur Tür des Gottesraums.

Den regelrechten Durchgangsraum bedenken die schriftlichen Zeugnisse nicht speziell und ausführlich. Als die Akten 1482 die Schiebefenster in Kapelle und Gang davor erwähnen[160], muss man überhaupt froh über seine Berücksichtigung sein und kann nichts über die Anzahl seiner Fenster ablesen. Ähnlich verhält es sich 1548 mit den Fenstern von Kirche und «Kirchgang»[161].

---

159 Hortleder, Häuser 1630/1710 (wie Anm. 58) S. 204; Gregorii, Thüringen 1711 (wie Anm. 99) S. 94f.; Limberg, Eisenach 1712 (wie Anm. 98) S. 225f.; Reisen der Salzmannischen Zöglinge. 3. Bd. Leipzig 1787, S. 223–226.

160 LATh-HstA Weimar, Ernestinisches Gesamt-Archiv, Reg. Bb. 1221, Rechnungen des Amtes Eisenach, 1482, Bl. 4v; WStA, AbAW 3 (wie Anm. 22) zu 1482.

Bis 1733 erstmals eines der Wartburginventare den Raum erfasst, stellen
wenigstens Hortleder (1630), Limberg (1709/12) und Melissantes (1713) die
unmittelbare Verbindung zwischen Eingangstreppe und Kapelle dar. Die
Inventare von 1733, 1754 und 1775 verzeichnen dann übereinstimmend auf
dem Gang nach der Tür ins «Schloß Hauß» hinein zunächst ein rot und
schwarz gestrichenes rundes Türchen («Thürgen») und dann eine verschließbare, grüne Tür als Eingang zur «Kirche», also zur Palaskapelle. Bei
den jeweils sechs Fenstern mit eisernen Häckchen[162] handelte es sich um drei
Doppelfenster, denn auf der ältesten Hofabbildung von Hoffmann aus dem
Jahre 1750[163] erscheinen zur Elisabethgalerie drei große Fenster, denen drei
Doppelfenster im Grundriss Rabes von 1804 entsprechen. Um 1800 befanden sie sich in wenig komfortablem Zustand, denn nach den Inventaren von
1798/1800 und 1803 wies der von der Haupttür rechts abgehende Gang alte
Fenster und drei hölzerne Laden auf[164]. Offenbar waren damals die drei Zwil-
lingsfenster mit Holzläden verkleidet. Bei Gropius (1823) erscheinen zwei
Reihen von Fenstern, nämlich für den unteren Gang zur Kapelle und für
den darüber zur Fürstenempore[165].

Das Inventar von 1829[166] berichtet, dass nach dem Haupteingang zum
Schlossgebäude und dem Gang vor dem Landgrafenzimmer fünf Stufen hinunter nach Süden ein Estrichgang folgt, der durch ein Schubfenster mit runden Scheiben erhellt wird. Dann kommt eine zweite Tür in die zweite
Abteilung dieses Estrichgangs, die zwei kleine Schubfenster mit runden
Scheiben hat und schließlich zur Kirche führt. Zum Verständnis für diese
Schilderung hilft nochmals ein Blick auf Rabes Grundriss von 1804. Nach
dem Korridor von dem Landgrafenzimmer geht es wie im Inventar fünf Stufen hinunter zum ersten Abschnitt der Elisabethgalerie, der ein Westfenster
besitzt. Eine Verengung – nach dem Inventar war sie mit einer Tür ver-
schließbar – versperrt dort, wo der obere Gang zur Fürstenempore beginnt,
den Zugang zum zweiten, südlichen Abschnitt des Ganges. Dieser Abschnitt
weist auf der Westseite zwei Doppelfenster auf und stößt schließlich auf die
Tür der Kapelle. Auf der westlichen Hofseite besaß der Gang also jene drei
Fenster.

---

161 WStA, AbAW 3 (wie Anm. 22) zu 1548.
162 LATh-HstA Weimar, Inventar 1733 (wie Anm. 34) Bl. 4r+v; LATh-HstA Weimar, Inventar
    1754 (wie Anm. 35) Bl. 8v; LATh-HstA Weimar, Inventar 1775 (wie Anm. 36) Bl. 15r+v.
163 Abbildung Hoffmann-Wartburghöfe-1750 [Abb. 9].
164 LATh-HstA Weimar, Inventar 1798/1800 (wie Anm. 65) Bl. 39v: «Von der Haupttür geht
    rechts Ein Gang mit alten Fenstern und 3. hölzernen Laden nach der Kirche.»; LATh-HstA
    Weimar, Inventar 1803 (wie Anm. 65) Bl. 62r+v.
165 Abbildung Gropius-1823 [Abb. 26].
166 LATh-HstA Weimar, Inventar 1829 (wie Anm. 42) Bl. 18r+v.

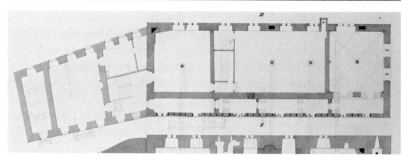

*Grundrisse der
Geschosse des Palas
(Ausschnitt):
1.Obergeschoss, Jo-
hann Wilhelm Sält-
zer (siehe Abb. 27,
S. 155)*

Zum Korridor vor dem Landgrafenzimmer steht im Inventar von 1829,
dass nach dem Haupteingang ins Schlossgebäude ein «ausgelegter Gang»
kommt, der durch ein «Flügelfenster mit Tafelscheiben» Luft bekommt[167].
Dieses Flügel- oder besser Doppelfenster befand sich nördlich des Treppen-
oder Haupteingangs. In Abbildungen der Hoffront und Grundrissen ist es
seit Hoffmanns Hofansicht von 1750 immer wieder zu erkennen: in Zeichnungen Bährs von 1785 und 1792, in Rabes Grundriss von 1804 und in Sältzers Ansichten aus der ersten Hälfte der 1840er Jahre.

Der Korridor vor dem Landgrafenzimmer und die heutige Elisabethgalerie wurden auch als zusammengehöriger Gang wahrgenommen. Das drückt
sich in den genannten Beispielen mit dem Zugang über die Treppe zur
Kirche/Kapelle aus. Die «Salzmannschen Zöglinge» berichten von der Besichtigung des Gemäldes vom eisernen Landgrafen – also im Landgrafenzimmer – und dem anschließenden Besuch der Kapelle[168]. Und noch
Witzschel (1845) kommt vom «Waffensaal» (Landgrafenzimmer) «an der
Westseite einen langen schmalen Gang entlang zur Kapelle»[169]. Er muss also
vom Ausgang des Landgrafenzimmers über beide Korridore in den Kirchenraum gelangt sein.

Im südlichen Abschnitt war die Elisabethgalerie offenbar über 300 Jahre
lang durch eine Zwischendecke bzw. -boden in einen unteren und einen oberen Gang getrennt[170]. Mit der Fürstenempore aus der 1628 abgeschlossenen
Neueinrichtung der Kapelle musste das Problem eines gesonderten Zugangs

167 LATh-HstA Weimar, Inventar 1829 (wie Anm. 42) Bl. 18r.
168 Salzmannische Zöglinge 3, 1787 (wie Anm. 159) S. 226.
169 [August Witzschel:] Die Wartburg bei Eisenach. Eine historische Skizze. Eisenach 1845,
    S. 66.
170 Hoffmann, Arbeitsmaterialien 1979 (wie Anm. 57) Kapelle, S. 4, Anm. 14; Renate
    Lührmann und Hilmar Schwarz: Die Wartburgkapelle von der frühbarocken Neuausstat-
    tung 1628 bis zur historischen Wiederherstellung Mitte des 19. Jahrhunderts. In: Wart-
    burg-Jahrbuch 2004. 13(2005), S. 99–131, hier S. 116.

für das Fürstenpaar gelöst werden. Bereits damals wurde sicherlich der obere Gang eingerichtet, obwohl dieser erst im 19. Jahrhundert bezeugt ist. Da die Fürsten beim Kirchgang nicht auf das gemeine Volk treffen wollten, wurde wie bei solchen Emporen üblich ein getrennter Zutritt geschaffen, der sicherlich nicht, wie Gabelentz vermutet[171], über eine Treppe von der unteren Ebene der Elisabethgalerie aus erfolgte.

Der Grundriss von Rabe (1804) verzeichnet zwei Zugänge: vom Sängersaal und vom Galeriegang des obersten Geschosses aus. Im Nordraum des heutigen Sängersaals stieg man an der Trennwand entlang eine Treppe hinauf[172] zu einem schräg nach Süden abknickenden Wanddurchbruch etwa am Nordrand des Schwindfreskos und kam dann auf dem oberen Gang oberhalb der heutigen Kapellentür zu den Fürstensitzen der Kapelle. Dies ermöglichte vom Wohnbereich des Fürsten mit dem Landgrafenzimmer einen kurzen Weg.

Grundrisse von zwei Palasgeschossen (Ausschnitt): 1. Obergeschoss, Friedrich Martin Rabe (siehe Abb. 24, S. 152)

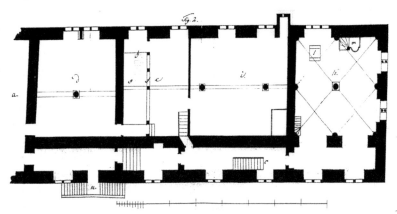

Als 1804 die Zwischenwand im Sängersaal beseitigt und ein großer Raum für die Aufstellung der eingetroffenen Waffen und Rüstungen geschaffen wurde, beseitigte man auch den Aufgang. Der obere Gang war aber immer noch durch den zweiten Zugang erreichbar, der ebenfalls schon existierte und zumindest auf Rabes Grundriss von 1804 vorkommt. Ebenso ist dann die 1829 genannte Falltür im zweiten Obergeschoss eingezeichnet wie die zum ersten Obergeschoss herabführende Treppe, deren elf Stufen nur unwesentlich von den zwölf des Inventars abweichen. Im beigegebenen

---

171 Gabelentz, Wartburg 1931 (wie Anm. 73) S. 184.
172 Vgl. Sältzer, Skizze 1845/1846 (wie Anm. 147) S. 28; Hoffmann, Arbeitsmaterialien 1979 (wie Anm. 57) Sängersaal, S. 3.

Schreiben vom 31. März 1804 erklärt Rabe, dass von dem mit «b.» gekennzeichneten «Corridor ... eine Treppe c. an das darunter befindliche Stockwerk führt»[173]. Im obersten Stockwerk sind mitunter fürstliche Wohnzimmer erwähnt, aus denen weiteren Angehörigen der Herrscherfamilie, etwa den Fürstensöhnen, ein ungestörter Zugang in den gehobenen Bereich der Kapelle ermöglicht wurde.

Ein ganz ordentliches Bild über den oberen Gang in der Elisabethgalerie liefern im zweiten Viertel des 19. Jahrhunderts zusammengenommen das Wartburg-Inventar von 1829, die Bemerkungen bei Schöne (1835) und Abbildungen und Äußerungen von Sältzer. Das Inventar von 1829 teilt zur Kapelle mit, dass die Fürstenempore keine Tür mehr besitzt, der Eingang folglich offen ist[174]. Als der Baukondukteur Heinrich August Hecht 1850 in einem Schnitt die Kapellennordwand festhält[175], zeigt sich diese Öffnung ebenfalls ohne Tür. Zum Rittersaal im obersten Stockwerk beschreibt das Inventar ausführlich[176], dass auf der «Gallerie» – also dem westlichen Korridor – eine «Fallthür» existiert, durch die man zwölf Stufen hinunter auf einen Gang kommt, der zur Kirche und der Fürstenempore («deren Emporständе») führt. Ansonsten muss der Gang 1829 ziemlich desolat gewesen sein, denn die Dielen waren zum Teil schon herabgestürzt und mussten dringend repariert werden.

Auf der Westseite besitzt der Gang laut Inventar von 1829 zwei kleine Fenster mit runden Scheiben. Nach Süden verfügt er über zwei Türen, die aber von innen mit Brettern zugeschlagen sind. Wahrscheinlich waren die Türblätter mit Brettern gesichert, denn zugenagelte, verschlossene Türen hätten den sicherlich gewünschten Zugang verhindert.

Auch Schöne (1835) schildert die fragliche Situation an zwei verschiedenen Stellen. Zuerst bemerkt er zur Kapelle, die Fürstensitze auf der westlichen Seite hätten ihren «Zugang von oben»[177]. Diese Anspielung auf die

---

173 LATh-HstA Weimar, Eisenacher Archiv, Militär- und Kriegssachen, Nr. 1090, Bl. 2f.

174 LATh-HstA Weimar, Inventar 1829 (wie Anm. 42) Bl. 19v.

175 Abbildung Hecht-1850; vgl. Grit Jacobs: «Ein treues Bild aus früher Zeit.» Das Werk des Architekten Hugo von Ritgen auf der Wartburg. Bd. 2: Kataloge und Abbildungen. Jena 2015, S. 121, Nr. 358.

176 LATh-HstA Weimar, Inventar 1829 (wie Anm. 42) Bl. 24v-25r: «Auf der Seite der Gallerien befindet sich, Eine Fallthür mit zwey Bändern und Einem Eisenring, durch welche man, zwölf Stufen hin unter zur Kirche und ihrem Emporstände führt. Die Diele dieses Ganges muß durchaus, wenn solche, wie zum Theil schon geschehen, nicht vollends herabstürzen soll, repariert werden. Dieser Gang hat, auf der Abendseite, zwey kleine Fenster, mit runden Scheiben, gegen Mittag aber, zwey Thüren, mit Bändern und Haaken, die eine hat, Einen Anwurf, die andere, ein Riegelschloß, beyde sind aber, von innen, mit Bretern zugeschlagen.»

Treppe von der Festsaalgalerie herab macht er im Abschnitt zum Rittersaal
– also zum obersten Palasgeschoss – transparent[178]. Von der «Gallerie» öffnet
sich eine «Fallthüre» – dieselbe Vokabel steht auch im Inventar von 1829 –
zu einer Treppe in die fürstlichen Kapellenstände.

Sältzer hält in seiner Studie von 1845/1846 fest, dass in einem Geschoss
zwischen dem zweiten und dritten Stockwerk ein Gang zur «Emporkirche»
führt[179]. Damit markiert er den Gang als ein Zwischengeschoss zwischen dem
ersten und zweiten Obergeschoss. In Aufrissen der Westseite des Palas von
1839/40[180] und 1845/1846[181] veranschaulichte er anhand der Fensterreihen
die Unterteilung der Elisabethgalerie in einen oberen und einen unteren
Gang. Die beiden im Inventar von 1829 genannten kleinen Fester des Zugangs zur Fürstenempore sind hier als schmale, hochformatige Rechtecke in
einigem Abstand voneinander unterhalb des romanischen Rundbogenfrieses
zu erkennen und zielen auf jenes Fensterchen der Empore.

II.4.3.

DIE PALASKAPELLE

Die Kapelle bildet den südlichen Abschluss des zweiten Palasgeschosses, liegt
somit über der Elisabethkemenate und gehört nicht zum originären Bau des
12. Jahrhunderts. Ihr Einbau, der den großen Saal des Stockwerks verkürzte,
wurde entweder ins 13. Jahrhundert gelegt oder nach Ritgen mit dem kurz
vor 1320 stattgefundenen Brand und der dadurch notwendigen Restaurierung verbunden[182]. Von der nachträglichen Einfügung zeugt der Standort
der Mittelsäule, die zum Pfeiler des Gewölbes darunter versetzt steht. Sie

---

177 Schöne, Wartburg 1835 (wie Anm. 135) S. 35: «Die Sitze der Landgrafen, an der westlichen Seite sind ebenfalls sehr einfach und haben ihren Zugang von oben.»
178 Schöne, Wartburg 1835 (wie Anm. 135) S. 108: «Übrigens ist noch jetzt in der Gallerie eine
   Fallthüre, durch welche man vermittelst einer Treppe in die fürstlichen Stände der Kapelle
   hinabsteigt.»
179 Sältzer, Skizze 1853 (wie Anm. 147) S. 27 f. «In dem Geschoß zwischen dem II. und III.
   Stockwerk, führt der Gang zu der Emporkirche».
180 Abbildung Sältzer-1839/1840-BE0040 [Abb. 28].
181 Abbildung Sältzer-1845/1846-BE0048 [Abb. 33]; abgebildet bei Ernst Badstübner: Zu
   den Bauzeichnungen von Johann Wilhelm Sältzer. Ein Vorbericht. In: Wartburg-Jahrbuch
   2003. 12(2004), S. 158–170, hier S. 164, Abb. 2.
182 Überblick über die beiden Versionen siehe Roland Möller: Die Stucksäulen in der
   Kapelle der Wartburg. In: Martin Hoernes (Hrsg.): Hoch- und spätmittelalterlicher Stuck.
   Material – Technik – Stil – Restaurierung. Kolloquium des Graduiertenkollegs «Kunst-
   wissenschaft – Bauforschung – Denkmalpflege» der Otto-Friedrich-Universität Bamberg
   und der Technischen Universität Berlin, Bamberg 16.–18. März 2000. Regensburg 2002,
   S. 116–125, hier S. 120f.; Wartburg-Jahrbuch 2002. 11(2003), S. 130.

trägt ebenfalls ein quadratisches, vierteiliges Kreuzgewölbe. Inzwischen gilt anhand der Bauzier[183] und der ältesten Ausmalung[184] die zweite Hälfte des 13. Jahrhunderts, etwa 1270, als ausgemachte Bauzeit.

Die Kapelle stellt wohl den am meisten besprochenen Einzelraum des Palas dar, vielleicht der gesamten Wartburg. Hier soll weder die Frage ihrer Entstehung besprochen werden, noch die an anderer Stelle bereits ausführlich abgehandelte Ausstattung[185], insbesondere nach der 1628 vollendeten Restaurierung[186], noch das bis zur Mitte des 19. Jahrhunderts raumprägende Elisabethgemälde[187] und auch nicht die angebliche Lutherstätte[188]. Vielmehr sollen die herangezogenen schriftlichen und bildlichen Zeugnisse von der zweiten Hälfte des 15. bis zur Mitte des 19. Jahrhunderts zu einem baugeschichtlichen Überblick genutzt werden.

Im schriftlichen Material lässt sich die Palaskapelle seit 1319 ausmachen und von der parallel existierenden Kirche auf der westlichen Hofseite auf dem Gelände des heutigen Kommandantengartens absetzen[189]. Zwar gestatten diese Angaben bis zum Ende des Mittelalters Einblicke in die Ausstattung mit Altären und Finanzen, aber nicht in die bauliche Beschaffenheit. Seitdem die Aktenbelege dazu in den 1480er Jahren einsetzen, wird sie sowohl als Kirche als auch als Kapelle bezeichnet. Sicherlich betrafen diese Aufzeichnungen den Gottesraum im Palas und nicht das noch 1444 bezeugte Kirchengebäude auf der Westseite.

In den Finanzabrechnungen taucht der geweihte Palasraum bis zur Mitte des 16. Jahrhunderts meist bei Angaben über Fensterreparaturen auf. Die schon bei der Elisabethgalerie erwähnten Schiebfenster von 1482 betrafen vor allem die Kapelle[190]. Die 74 Rauten in der Kirche von 1489[191] sind zwar nicht so eindeutig dem Palas zuzuordnen, dürften nach den genannten Zu-

---

183 Weber/Baumgärtel, Baugeschichte 1907 (wie Anm. 27) S. 104; Hoffmann, Arbeitsmaterialien 1979 (wie Anm. 57) Kapelle, S. 2; Möller, Stucksäulen 2002 (wie Anm. 182) bes. S. 121f.; vgl. Wartburg-Jahrbuch 2002. 11(2003), S. 130f.

184 Kilian Grüger: Das Apostelcredo in der Kapelle des Wartburg-Palas. Zugleich Miszelle zu deren Baugeschichte. In: Wartburg-Jahrbuch 2011. 20(2012), S. 33–61, bes. S. 52 und 60.

185 Lührmann/Schwarz, Wartburgkapelle 2004 (wie Anm. 170) S. 106–120.

186 Hoffmann, Arbeitsmaterialien 1979 (wie Anm. 57) Kapelle, S. 3–5; Lührmann, Gemälde 2000 (wie Anm. 187) S. 164–166; Lührmann/Schwarz, Wartburgkapelle 2004 (wie Anm. 170) S. 99–105.

187 Renate Lührmann: Das «große herrliche Gemälde» von der «gutthätigen Elisabeth» in der Kapelle der Wartburg. In: Wartburg-Jahrbuch 2000. 9(2002), S. 134–179.

188 Lührmann/Schwarz, Wartburgkapelle 2004 (wie Anm. 170) S. 124–129.

189 Weber/Baumgärtel, Baugeschichte 1907 (wie Anm. 27) S. 103f.; Hilmar Schwarz: «Die Kapelle zur rechten Hand». Zu einer vermuteten Wartburg-Kapelle und ihren Ursprüngen unter den Ludowingern. In: Wartburg-Jahrbuch 1997. 6(1998), S. 48–90, hier S. 49–52, 88f.

sammenhängen aber wohl ebenfalls das Hauptgebäude betreffen. Hingegen ist der Standort 1504 eindeutig, als die Giebelwand am Saal über längere Zeit hinweg aufgerissen war und sich seit vier oder fünf Jahren auch die Risse in der Kapelle aufgetan hatten[192]. Die Beschädigung bzw. Sicherung der südlichen Giebelwand des Palas zog sich über Jahrhunderte hin und betraf demgemäß auch die Kapelle.

Mit der Renovierung des Kruzifixes in der Kapelle wird 1507/08 einmal ein Ausstattungsstück erfasst[193], was ähnlich 1703 geschehen wird. In gewohnten Bahnen verläuft 1515/16 im Palas die Anbringung von 814 Rauten und weiterer Fensterteilen in der Kapelle und in den fürstlichen Gemachen[194]. Für die Kirche wurden 1519 etliche Lehnbänke angefertigt[195]. Zunächst zwei neue Fenster und dann nochmals eines kamen 1547 in die Kirche[196] und im Folgejahr eine unbestimmte Anzahl in die Kirche und den Kirchgang[197], womit wiederum die Elisabethgalerie und damit der Palas eindeutig hervortreten. Schließlich beinhaltet die Anweisung Gromanns von 1550 auch Glaserarbeiten zur Besserung der Fenster in der Kirche[198]. Im Bericht an den Kurfürsten aus demselben Jahre nach dem 27. März 1550 erscheint unter den Palasräumen die «gewölbte Capelle»[199].

In die nachfolgende, über 100 Jahre während Lücke archivalischer Nachrichten, die aber wahrscheinlich durch nochmalige Sichtungen einigermaßen geschlossen werden kann, fällt vor allem der reformationsgemäße Ausbau in den 1620er Jahren mit Altar, Kanzel, Orgel und Fürstenempore. Diese 1628 einen gewissen Abschluss gefundene Ausgestaltung unter dem Herzog Johann Ernst lässt sich aus zeitgenössischen Schriftzeugnissen etwas rekonstruieren, aus Beschreibungen und dann auch Abbildungen der folgenden zwei Jahrhunderte sogar recht ordentlich[200].

---

190 LATh-HstA Weimar, Reg. Bb. 1221 (wie Anm. 160) Bl. 4v; LATh-HstA Weimar, Ernestinisches Gesamt-Archiv, Reg. Bb. 1224, Rechnungen des Amtes Eisenach, 1485–1486, Bl. 12v; WStA, AbAW 3 (wie Anm. 22) zu 1482.
191 WStA, AbAW 3 (wie Anm. 22) zu 1487.
192 WStA, AbAW 2 (wie Anm. 17) zu 1504, S. 1.
193 WStA, AbAW 3 (wie Anm. 22) zu 1507/08.
194 WStA, AbAW 1 (wie Anm. 22) zu 1515 oder 1516, S. 2; WStA, AbAW 3 (wie Anm. 22) zu 1515.
195 WStA, AbAW 3 (wie Anm. 22) zu 1519.
196 WStA, AbAW 1 (wie Anm. 22) zu 1547, S. 12.
197 WStA, AbAW 3 (wie Anm. 22) zu 1548.
198 LATh-HstA Weimar, Reg. L, pag. 695–706, hier Bl. 4r; WStA, AbAW 1 (wie Anm. 22) zu 1550, S. 14.
199 WStA, AbAW 3 (wie Anm. 22) zu 1550.
200 LÜHRMANN/SCHWARZ, Wartburgkapelle 2004 (wie Anm. 170).

Neben der sonstigen Ausstattung betrafen zwei erhöhte Plätze die bauliche Substanz: die Orgelempore und die Fürstenempore. Die Orgelempore durchbrach den westlichen Bogen der Nordwand und ragte ein Stück in den nördlich angrenzenden Teilraum hinein, war aber von dort nicht erreichbar. Vielmehr gelangte man über eine kleine Wendeltreppe in der Kapelle hinauf, wie aus Abbildungen des 19. Jahrhunderts ersichtlich ist[201]. Die Fürstenempore befand sich auf der Westseite der Kapelle und wurde durch ein kleines Fenster über dem nördlichen Doppelfenster der Kapelle beleuchtet, wie im 19. Jahrhundert bezeugt ist. Erreichbar war sie über jenen Gang im oberen Teil der heutigen Elisabethgalerie, was sich ebenfalls erst aus Zeugnissen des 19. Jahrhunderts rekonstruieren lässt. Hortleder berichtet 1630, dass man über eine «kleine steinerne Treppe» in die «schöne Capell» gelangt[202]. Offenbar war sie nach der 1628 abgeschlossenen Neuausstattung noch in einem ansehnlichen Zustand. Danach setzt mit den Inventaren von 1669[203] und 1696[204] jeweils eine ausführliche Aufzählung der Ausstattungsstücke ein. «In der Kirchen Vnten» befinden sich Altar, Predigtstuhl, Elisabethgemälde, Bänke u. a. Von dieser unteren Kapellenebene sind wieder die beiden Emporen abgehoben: die Fürstenempore («Vffm Fürstl. Stande») und die Orgelempore («Vf dem Singe Chor»).

Anfang des 18. Jahrhunderts waren offenbar Wände und Fenster der Kapelle in einem bedrohlichen Zustand. 1701 war ein Stück Außenmauer unterhalb der Kirche sehr baufällig[205]. 1703 waren zwei Fenster derart zerschlissen, dass sich in der Kapelle das Kruzifix losgerissen hatte und mit einem Eisen wieder befestigt werden sollte[206]. Und 1731 waren die Mauern an der Kirche erneut höchst reparaturbedürftig[207].

Die Erwähnung der Wartburgkapelle in der Literatur jener Zeit erbringt kaum etwas zur baulichen Beschaffenheit. Pfefferkorn (1685) teilt die Erneuerung von 1628 durch Herzog Johann Ernst mit[208], wie dies auch Zedler (1747)[209] und Kurz (1757)[210] handhaben. Olearius (1704) verweist recht la-

---

201 Siehe die Abbildungen bei Lührmann/Schwarz, Wartburgkapelle 2004 (wie Anm. 170) S. 106–120.
202 Hortleder, Häuser 1630/1710 (wie Anm. 58) S. 204.
203 LATh-HstA Weimar, Inventar 1669 (wie Anm. 31) Bl. 6r+v.
204 LATh-HstA Weimar, Inventar 1696 (wie Anm. 32) Bl. 40v und 41r.
205 LATh-HstA Weimar, Nr. 1088 (wie Anm. 33) Bl. 50r vom 20.12.1701.
206 LATh-HstA Weimar, Nr. 1088 (wie Anm. 33) Bl. 50 r und 54r vom 22.6.1703.
207 LATh-HstA Weimar, Nr. 1088 (wie Anm. 33) Bl. 90r vom 17.2.1731.
208 Georg Michael Pfefferkorn: Merckwürdige und Außerlesene Geschichte von Thüringen. Frankfurt a. M. 1685 [1. Auflage 1684], S. 349.
209 Johann Heinrich Zedler (Verl.): Grosses vollständiges Universal-Lexikon Aller Wissenschaften und Künste. 52. Bd. Leipzig/Halle 1747, Sp. 2316–2318.

pidar auf ein Altartuch in der Kapelle[211]. Limberg (1712) erläutert erst den Zugang über die Treppe und beschreibt dann die Ausstattung[212], wie dies ziemlich ausführlich auch Zedler (1747) tut. Melissantes (1713)[213], der sich sonst meist an Limberg orientiert, hat mit der Hinführung zur Kapelle über eine «kleine steinerne Treppe» wohl Hortleder zitiert.

Die Inventare von 1733[214], 1754[215] und 1775[216] beschreiben zwar ausführlich die Ausstattung der Kapelle, ohne allerdings die beiden Emporen trotz der Nennung der Orgel («Ein Positiv») zu erwähnen. Bemerkenswert hingegen ist die Angabe von jeweils elf Fenstern, die mit denen im Grundriss Rabes von 1804 übereinstimmen. Dieser Grundriss weist auf der Ostseite ein Drillings- und auf der Süd- und Westseite jeweils zwei Zwillingsfenster auf, was zusammen elf einzelne (3+4+4) ergibt.

Währenddessen hatte sich erneut das leidige Problem der südlichen Giebelwand aufgetan, das beim darüber liegenden Saal nochmals ausführlich zu behandeln ist. Am 23. August 1766 ergeht eine Meldung an den Hof in Weimar zur Reparatur auf dem Schloss Wartburg, wonach «der hohe steinerne Giebel über der Kirche einen großen Spalt» aufweist, der zügig ausgebessert werden muss[217]. Am 27. Februar 1767 stößt Burgvogt Kurz nach und warnt vor dem drohenden Einsturz des «steinernen großen Hauses über der Kirche der Mittagsseite»[218]. Es zeugt von der immer noch bestehenden Wertschätzung der alten Landgrafenfeste, dass bereits am 29. Mai 1767 auf Befehl der herzoglichen Seite («Auf gnädigsten Befehl») die Reparatur angewiesen ist, um einen befürchteten Einsturz abzuwenden[219]. Eine erneute akute Schadensmeldung ergeht vom nachfolgenden Burgvogt Focke am 21. März 1780, wonach die «Windstürme ... hinten bey der Kirche» die Dachung und das Mauerwerk «sehr verschlimmert» haben und täglich einen Einsturz befürchten lassen[220]. Doch schon am 31. Juli desselben Jahres wird die entsprechende Reparatur des Gebäudes angemerkt[221].

---

210 Kurz, Festungs-Schloß 1757 (wie Anm. 40) S. 12.
211 Olearius, syntagma 1704 (wie Anm. 101) S. 73 (richtig 71).
212 Limberg, Eisenach 1712 (wie Anm. 98) S. 225.
213 Melissantes, Bergschlösser 1713 (wie Anm. 100) S. 428.
214 LATh-HstA Weimar, Inventar 1733 (wie Anm. 34) Bl. 4v und 5r.
215 LATh-HstA Weimar, Inventar 1754 (wie Anm. 35) Bl. 8v und 9r.
216 LATh-HstA Weimar, Inventar 1775 (wie Anm. 36) Bl. 15v-16v.
217 LATh-HstA Weimar 1181 (wie Anm. 39) Bl. 77v, 23.1.1766.
218 WStA, AbAW 4 (wie Anm. 38) vom 27.2.1767.
219 LATh-HstA Weimar 1181 (wie Anm. 39) Bl. 83r, 29.3.1767.
220 WStA, AbAW 4 (wie Anm. 38) zum 21.3.1780.
221 WStA, AbAW 4 (wie Anm. 38) zum 31.7.1780.

Die nachfolgende Literatur beurteilt die Kapelle verschiedenartig, doch zunehmend kritisch. Der Pfarrer Götze fand 1782, bei Bernoulli 1783 abgedruckt, die kleine Kirche oder Hofkapelle noch ganz «artig»[222]. Die Salzmannschen Zöglinge nehmen sie 1787 dann schon als «unansehnlich» wahr[223]. Thon (1792) berichtet lediglich sachbezogen von der Lage, der Anzahl der Altäre und der Restaurierung von 1628 durch Herzog Johann Ernst[224]. Wölfling (1796) bringt sie zwar mit der hl. Elisabeth und mit Luther in Verbindung, bewertet aber ihr Erscheinungsbild nicht[225].

Die Inventare von 1798/1800[226] sowie von 1803[227] listen zwar das Kircheninventar weitläufig auf, sagen aber kaum etwas zu Raumbeschaffenheit und nichts zu den beiden Emporen. Die Bemerkungen zu jenen elf Fenstern, wonach sie «mehrentheils zerbrochen» und mit «3. hölzernen Laden» versehen sind, offenbart deren schadhaften Zustand. Genau dazu passt die Genehmigung vom 16. Mai 1804 zur Erhaltung der Kirche oder Burgkapelle, die «wegen der abgegangenen Fenster zeither gar sehr gelitten hat»[228]. Eine erneute Einsturzgefahr tat sich 1806 auf, als gemäß einer Meldung vom 22. August ein Stück Grundmauer des Landgrafengebäudes von 16 Fuß Länge und 10 Fuß Höhe unter der Kirche eingestürzt war[229].

Boisserée bemerkt zu seinem Besuch von 1811, die Kapelle, in der Elisabeth so oft gebetet hat, sei nun «vergessen und verwahrlost»[230]. Gottschalck (1818) beschreibt belanglos deren Standort unter dem «Rittersaal, unter der Ecke nach Süden»[231], was Thon entnommen ist.

Deutlich aussagekräftiger ist das Wartburg-Inventar von 1829, das nicht nur die Ausstattung auflistet, sondern auch interessante Fakten zur räumlichen Beschaffenheit eröffnet[232]. Die Kapelle wird ausdrücklich als «D Martin Luthers Kirche» tituliert. Vom Gang aus führt eine Tür nach Süden («gegen Mittag») hinein. In der Mitte hat «diese kleine Kirche» einen «star-

222 BERNOULLI, Reisebeschreibungen 10, 1783 (wie Anm. 107) S. 289.
223 Salzmannsche Zöglinge 3, 1787 (wie Anm. 159) S. 226.
224 THON, Wartburg 1792 (wie Anm. 22) S. 18, 114f., 150f.
225 CHR. WÖLFLING: Reise durch Thüringen, den Ober- und Niederrheinischen Kreis, nebst Bemerkungen über Staatsverfassung, öffentliche Anstalten, Gewerbe, Cultur und Sitten. 3. Teil. Dresden/Leipzig 1796, S. 323.
226 LATh-HstA Weimar, Inventar 1798/1800 (wie Anm. 65) Bl. 39v-40v.
227 LATh-HstA Weimar, Inventar 1803 (wie Anm. 65) Bl. 63r+v.
228 WStA, AbAW 4 (wie Anm. 38) zum 16.5.1804; vgl. LATh-HstA Weimar, Eisenacher Archiv, Militär- und Kriegssachen, Nr. 1091, Bl. 5 vom 4.6.1804.
229 WStA, AbAW 4 (wie Anm. 38) zum 22.8.1806.
230 SULPIZ BOISSERÉE: Tagebücher 1808–1854. Bd. 1. 1808–1823/Hrsg.: HANS-J. WAITZ. Darmstadt 1978, S. 60.
231 GOTTSCHALCK, Ritterburgen 1818 (wie Anm. 46) S. 57.
232 LATh-HstA Weimar, Inventar 1829 (wie Anm. 42) Bl. 18v-19v.

ken Steinpfeiler». Nach Osten («gegen Morgen») besitzt sie ein «großes Fenster mit drey Abtheilungen und kleinen runden Scheiben» und über solchem ein «kleines ovales Fenster mit Tafelscheiben». Damit ist das gotische Drillingsfenster mit Butzenscheiben und einem Oculus beschrieben, wie es mehrmals in Abbildungen[233] zu erkennen ist. Nach Süden («gegen Mittag») hat sie zwei Fenster mit Butzenscheiben («zwey fenster mit runden Scheiben») und gegen Westen («gegen Abend») dergleichen drei. Nach Grundrissen und Abbildungen befanden sich an Süd- und Westseite jeweils zwei Zwillingsfenster, weshalb das Inventar im Westen wahrscheinlich das eine Fenster der Fürstenempore mitgezählt hat.

Die weiterhin aufgeführte Ausstattung mit Altar, Kanzel, Kruzifix und Kirchstühlen berührt nur bedingt die Bausubstanz. Anders verhält es sich mit der Fürstenempore auf der Westseite («Auf der Mitternachts Seite ... der vormalige Fürstliche Emporstand»), die «keine Thür mehr hat», aber einen «kleinen Fenster flügel, mit runden Scheiben». Über eine eventuelle Zugangstür vom oberen Gang aus der Elisabethgalerie ist schon etwas ausgeführt worden. Das kleine Fenster ist auf Abbildungen der Palashoffront zu sehen und befand sich über dem nördlichen Zwillingsfenster der Kapelle. Ein «zweiter Emporstand» liegt nahe der Nordseite, womit die Orgelempore gemeint ist. Weitere Aufmachungen an der Nordwand mit dem großen Elisabethbild und dem Almosenstock schließen die Kapellenbeschreibung des Inventars von 1829 ab.

Schöne (1835) beschreibt einigermaßen ausführlich und ehrfurchtsvoll die Raumarchitektur, die Ausstattung und die historischen Ereignisse der «Kirche» oder «Kapelle»[234]. Diese besitzt ein «einfaches Kreuzgewölbe», eine «beachtenswerte Säule» und einen «Chor für Sänger», wohin eine «hölzerne Treppe» führt. Zu den «Sitzen der Landgrafen an der westlichen Seite» ge-

---

233 Das spitzbogige Drillingsfenster von der Innenseite aus: «Die Kapelle auf der Wartburg», Verlag von Albert Henry Payne, Stahlstich, 10,5 × 15,5 cm, Wartburg-Stiftung Eisenach, Kunstsammlung, G1273, abgebildet bei Lührmann/Schwarz, Wartburgkapelle 2004 (wie Anm. 170) S. 107, Abb. 2; «Ansicht der Kirche auf der Wartburg. in welcher Dr. Martin Luther während seines Aufenthalts in diesem Schloss im Jahr 1521 predigte», Ernst Christian Schmidt, Kupferstich, 25,2 × 36,6 cm, Wartburg-Stiftung Eisenach, Kunstsammlung, G0629, abgebildet bei Lührmann/Schwarz, Wartburgkapelle 2004 (wie Anm. 170) S. 112, Abb. 3; «Ansicht der Kirche auf der Wartburg. in welcher Luther während seiner Gefangenschaft in diesem Schloss predigte. 1521», gestochen von Christoph Faulhaber nach Zeichnung von Wilhelm Baron von Löwenstern, Lithographie, 25,4 × 34,6 cm, Wartburg-Stiftung Eisenach, Kunstsammlung, G0631, abgebildet bei Lührmann/Schwarz, Wartburgkapelle 2004 (wie Anm. 170) S. 114, Abb. 3; Abbildung Sältzer/Puttrich-1847-Nr. 3a [Abb. 37], IV; das Fenster von der Außenseite: Abbildung Schnauss-1743 [Abb. 8]; Abbildung Darnstedt-Rittersaal-1802 [Abb. 22]; Abbildung Spittel-1841/1842-BE0029 [Abb. 31]; Abbildung Sältzer-1845/1846-BE0049 [Abb. 34].

langt man durch einen «Zugang» von oben«, worauf schon bei der Elisabethgalerie eingegangen wurde.

Die beiden Namensvetter Storch nennen die Restaurierung von 1628 durch Herzog Johann Ernst, wobei Johann Wilhelm 1837 sie als «in alterthümlicher Form» beurteilt[235], während Ludwig 1840 sie als «im ältesten Rococostyl» charakterisiert[236]. Witzschel (1845) ordnet unter die wichtigsten Ausstattungen auch den «fürstlichen Stand» ein, nimmt aber sonst keine Wertung vor[237]. Inzwischen waren 1843/44 die Fenster auf der Westseite zugemauert worden[238]. Das Spitzbogenfenster auf der Ostseite wurde 1847 entfernt und durch einen rundbogigen Nachfolger ersetzt[239], als die Fenster des gesamten zweiten Palasgeschosses auf der Ostseite erneuert wurden. Puttrich, der ansonsten im schriftlichen Teil eigentlich nichts zur Beschaffenheit der Kapelle aussagt[240], druckt 1847 nochmals eine Innenansicht mit dem Spitzbogenfenster ab. Der südliche Palasgiebel wurde 1851 bis auf die Höhe des Palasgewölbes ab- und wieder aufgemauert[241]. Die barocke Ausstattung blieb bis in die frühen 1850er Jahre noch erhalten, wie Schwerdt 1849 noch bezeugt[242]. Doch spätestens mit der 1853 einsetzenden Umgestaltung, die 1855 unter Ritgen vollendet wurde, war es damit vorbei.

II.4.4.
DAS LANDGRAFENZIMMER

Das Landgrafenzimmer am Nordgiebel des ersten Obergeschosses gilt als Wohn- und Repräsentationsraum der mittelalterlichen Landgrafen. Da sein Fußboden um einiges höher ist als der des Sängersaals, besaß er mit seiner geringeren Raumhöhe eine günstigere Beheizbarkeit, die der Eckkamin mit dem am besten erhaltenen Schornstein in der Nordostecke auch gewährte. Die Holzbalkendecke war wohl niemals von einem Gewölbe unterzogen.

---

234 SCHÖNE, Wartburg 1835 (wie Anm. 135) S. 34–36.

235 STORCH, Eisenach 1837 (wie Anm. 22) S. 275.

236 STORCH, Merkwürdigkeiten 1840 (wie Anm. 48) S. 86.

237 WITZSCHEL, Wartburg 1845 (wie Anm. 169) S. 66.

238 HOFFMANN, Arbeitsmaterialien 1979 (wie Anm. 57) Kapelle, S. 5.

239 HOFFMANN, Arbeitsmaterialien 1979 (wie Anm. 57) Kapelle, S. 6; JACOBS, Ritgen Text 2015 (wie Anm. 117) S. 179, 182.

240 PUTTRICH, Bauwerke 1847 (wie Anm. 50) S. 11; Abbildung Sältzer/Puttrich-1847-Nr. 3a [Abb. 37], VI.

241 JACOBS, Ritgen Text 2015 (wie Anm. 117) S. 262, JACOBS, Ritgen Kataloge 2015 (wie Anm. 175) Abb. 359.

242 [GEORG HEINRICH SCHWERDT]: Eisenach mit seinen Merkwürdigkeiten und Umgebungen. Eisenach 1849, S. 121f.; JACOBS, Ritgen Text 2015 (wie Anm. 117) S. 257.

Auch wenn die Ausschmückung mit der künstlerisch gediegensten Säule der Wartburg nicht bis ins Mittelalter zurückreichte, spricht seine Bezeichnung als «Fürstengemach» im 16. Jahrhundert für eine Funktion als Repräsentationsraum des Landesherrn.

In den ersten Jahrzehnten der Aktenaufzeichnungen lässt sich das Landgrafenzimmer schwer als eigenständige Räumlichkeit ausmachen und war wohl unter die sonstigen Fürstenzimmer subsummiert, so 1515/16 bei Rauten und Fensterrahmen u. a. «in den fürstlichen Gemachen»[243]. Als 1540 unter den Räumen, für die neue Schlüssel angefertigt wurden, die «obersten Fürstengemache, die Kurfürsten-Schlaf-Kammer und schließlich das «mittelen Fürstengemache» aufgezählt sind[244], meint letzteres gewiss das Landgrafenzimmer.

Der Bericht vom 27. März 1550 an den Kurfürsten enthält über einer großen gewölbten Kammer (Rittersaal) die «fürstliche Kammer, ungewölbt»[245], womit das Landgrafenzimmer erstmals räumlich zugeordnet ist. Als der Baumeister Gromann im selben Jahr 1550 am 2. Februar (Montag St. Blasii) sein Verzeichnis über die den Gewerken auferlegten Bauarbeiten aufstellte, enthielt dies einiges für den Zimmerer im Kurfürsten-Gemach («Churfurstenn gemach»)[246]. Unter den gemeinen Aufgaben weist er für den Raum eine äußerst wichtige Zahlung an Simon Hecht aus, wohl einen Fuhrunternehmer, für «fhur grosser Sandtstein Wergkstuck aus der Carthaus auf wartburg tzufueren gebenn, von i fhur v. gr: welche steine tzw einer seülenn Inn der Furstengemach gebracht.»[247] Hier wird nicht weniger mitgeteilt, als dass die prächtige Mittelsäule erst 1550 aus dem ehemaligen Kartäuserkloster auf die Wartburg gebracht und im Landgrafenzimmer aufgestellt wurde. Damit stimmt überein, dass sie für diesen Raum eigentlich zu kurz ist, einen Säulenunterbau benötigt[248] und nicht in der Mitte über der Säule des Rittersaals darunter, sondern etwas nach Westen versetzt steht[249]. Folglich dürfte ihr

---

243 WStA, AbAW 1 (wie Anm. 22) zu 1515–16, S. 2; WStA, AbAW 3 (wie Anm. 22) zu 1515–1516.

244 WStA, AbAW 1 (wie Anm. 22) zu 1540, S. 9.

245 WStA, AbAW 2 (wie Anm. 17) zu 1550, S. 18.

246 LATh-HstA Weimar, Reg. L, pag. 695–706, Bl. 8; WStA, AbAW 1 (wie Anm. 22) zu 1550, S. 16f.

247 LATh-HstA Weimar, Reg. L, pag. 695–706, Bl. 11v. Die nachfolgend genannte Literatur zur Säule stützt sich auf das Zitat bei Bachmann, Baugeschichte 1955 (wie Anm. 75) Teil 3, S. 11.

248 Roland Möller: Restauratorische Untersuchungen im romanischen Palas der Runneburg – erste Ergebnisse und Diskussion. In: Festschrift zur 825-Jahr-Feier der Runneburg in Weißensee. Schriftenreihe des Vereins zur Rettung und Erhaltung der Runneburg in Weißensee/Thür. e. V. Nr. 2. Weißensee 1993, S. 163–199, hier S. 189 und 199.

ursprünglicher Bestimmungsort andernorts gelegen haben. Die Bauplastik an
Kapitell und Basis ordnet sie der ludowingischen Bauhütte vor 1200 zu, und
deshalb dürfte auch nicht das 1378/80 gegründete Kloster der Kartäuser[250]
vor der Stadtmauer Eisenachs ihr originaler Standort[251], sondern eine Zweit-
verwendung gewesen sein. Jedenfalls entfällt die Säule als gehobene Ausstattung für die mittelalterlichen Burg- und Landesherren auf der Wartburg.

Nach demselben Archivzettel von 1574 über Bauvorhaben, auf dem erstmals die Lutherstube («doctor Martiny Kamer», «Martiny Stuben») benannt
ist, nimmt man sich auch vor, «in der Hertzogen gemach Stuben und Kammern alle Fenster zu zurichten».[252] Sicherlich erscheint hier das Landgrafenzimmer als Kern des herzoglichen Wohnbereichs. 1579/80 ist die Kehlrinne
zwischen Turm und Fürstenzimmer zu verwahren[253], wobei wahrscheinlich
die Dachrinne zwischen dem Nordhaus und dem Palas-Nordgiebel zu über-
holen war.

Mit unterschiedlicher Umschreibung ordnen die Inventare seit der zweiten Hälfte des 17. Jahrhunderts das Landgrafenzimmer ein. Die Inventare
von 1669 und 1696 führen es als das «Aschenfarbene Gemach» nach der
Küche am Aschenfarbenen Gemach und deren Vorplatz und vor der Kammer an der Kirche an[254], also zwischen dem Rittersaal (Küche) und dem Sängersaal. «Neun bunde aschenfarbichte Stühle» weisen es außerdem als einen
Gesellschaftsraum aus; 1696 sind sie nicht mehr enthalten. Am Ausgang des
Gemachs steht ein Schrank mit sechs verschlossenen Fächern; 1696 ist nur
noch ein Fach verschlossen und fünf sind offen.

Ausgestattet ist das Gemach 1669 mit fünf an die Wände genagelten großen Gemälden, die als Motive den Eisernen Landgrafen Ludwig II., den Her-

249 Sältzer, Skizze 1845/1846 (wie Anm. 147) S. 27; Hoffmann, Arbeitsmaterialien 1979 (wie Anm. 57) Landgrafenzimmer, S. 3.
250 Zur Gründung des Eisenacher Karthäuserklosters: Gottfried Kühn: Das Karthäuserkloster in Eisenach (Beiträge zur Geschichte Eisenachs. 4). Eisenach 1896, S. 7–11; Josef Kremer: Das Karthäuserkloster. In: Joseph Kremer: Beiträge zur Geschichte der klösterlichen Niederlassungen Eisenachs im Mittelalter (Quellen und Abhandlungen zur Geschichte der Abtei und Diözese Fulda. 2). Fulda 1905, S. 128-164, hier S. 129–131; Georg Voss: Die Stadt Eisenach (Paul Lehfeldt und Georg Voss: Bau- und Kunstdenkmäler Thüringens. Heft 39). Jena 1915, S. 301f.
251 Darauf verweisen: Dieter Grossmann: Zur Kapitellornamentik der Wartburg. In: Forschungen zu Burgen und Schlössern. 1(1994), S. 25–38, hier S. 37, Anm. 28, plädiert allerdings für die «originale Zugehörigkeit» der Säule zum Landgrafenzimmer; Strickhausen, Burgen 1998 (wie Anm. 14) S. 194, Anm. 1214.
252 LATh-HstA Weimar, Eisenacher Archiv, Ämter und Städte, Nr. 1189, Bl. 20r, zu 1574.
253 WStA, AbAW 3 (wie Anm. 22) zu 1579/80.
254 LATh-HstA Weimar, Inventar 1669 (wie Anm. 31) Bl. 6r; LATh-HstA Weimar, Inventar 1696 (wie Anm. 32) Bl. 40r+v.

zog Johann Ernst, dessen Gattin Christine, die sieben Laster und die Kreuzigung Christi beinhalten. Das Bildnis Ludwigs des Eisernen (†1172) füllte nicht nur die bei Koch (1710) nachempfundene lebensgroße Figur[255], sondern auch kleine Lebensszenen, von denen vor allem sein Besuch beim Schmied von Ruhla hervorstach[256]. Der sächsisch-eisenachische Herzog Johann Ernst (†1638) ließ die Wartburg ausbauen, weshalb neben seiner ebenfalls lebensgroßen Gestalt links oben eine der ältesten und vor allem sehr authentischen Burgansichten platziert ist[257]. Als Pendant entstand das Bildnis seiner Gemahlin Christine[258], einer Landgräfin von Hessen-Kassel. Beide Ölgemälde auf Leinwand sind zumindest in Weimar erhalten. Das vierte Gemälde beinhaltete das «Laster», wie es im Inventar von 1669 genannt ist, in den Inventaren von 1733 bis 1803 als «Emblema von der Unschuld und den sieben Lastern» und in Literatur aus der zweiten Hälfte des 18. Jahrhunderts als das Bildnis des Midas[259], dem alles zu Gold geriet, das er berührte. Schließlich zeigte das fünfte Bild «die Kreuzigung Christi» (1669) oder einfach das «Crucifix» (1733 bis 1803), worüber um 1840 die Literatur mitteilt, dass Christus neben den beiden «Schächtern» (Verbrechern) zu sehen[260], also die bekannte Gruppe der drei Gekreuzigten dargestellt ist.

Die Inventare von 1669 bis 1803 verzeichnen alle fünf Gemälde, bei Kurz (1757) und Götze/Bernoulli (1782/83) fehlt das Kruzifix-Bild. Dass Schöne (1835) und Storch (1840) von vier Gemälden bzw. Ölbildern berichten[261], liegt an der Verlegung des Midas-Bildes in den Saal des obersten Palasgeschosses[262]. Die Entstehung der Gemälde ist nicht genau bekannt, stand aber

---

255 Joh. Michael Koch: Beschreibung des Schloßes Wartburg ob Eisenach. Sammt noch etlichen anderen hierzu dienlichen Sachen nebst einigen Anmerkungen und vielen Kupfern/Hrsg.: Christian Juncker. Eisenach/Leipzig 1710, zwischen S. 26 und 27 in Taf. VI der Kupferstich des Landgrafen.

256 Zum Bildnis des Eisernen Landgrafen: Limberg, Eisenach 1712 (wie Anm. 98) S. 226f.; Wölfling, Reise 1796 (wie Anm. 225) S. 313; Thon, Wartburg 1826 (wie Anm. 107) S. 43; Eduard Beurmann: Deutschland und die Deutschen. Bd. 3. Altona 1840, S. 271; Hilmar Schwarz: Der Schmied von Ruhla und der Edelacker bei der Neuenburg. Die Sage vom eisernen Landgrafen Ludwig II. Eisenach 2015, ungedrucktes Manuskript, Wartburg-Stiftung Eisenach, Archiv, Ma 95, S. 57–59.

257 Abbildung Herzog-Johann-Ernst-1628 [Abb. 3].

258 Das Pendant zu Abbildung Herzog-Johann-Ernst-1628: Herzogin Christina, Christian Richter (I., gest. 1667) (od. Michael Spindler, gest. 1639), Öl auf Leinwand, vor 9.7. 1628, Klassik Stiftung Weimar, Kunstsammlungen, G 1488.

259 Kurz, Festungs-Schloß 1757 (wie Anm. 40) S. 10f.; Bernoulli, Reisebeschreibungen 10, 1783 (wie Anm. 107) S. 290f.

260 Storch, Eisenach 1837 (wie Anm. 22) S. 285f.; Storch, Merkwürdigkeiten 1840 (wie Anm. 48) S. 88.

261 Schöne, Wartburg 1835 (wie Anm. 135) S. 47: «vier große Gemälde»; Storch, Merkwürdigkeiten 1840 (wie Anm. 48) S. 88: «vier Ölbilder».

sehr wahrscheinlich im Zusammenhang mit der 1628 beendeten Neueinrichtung der Palaskapelle. Die Akten berichten über die Tätigkeit eines Malers Michael Spindler von 1613 bis 1616 auf der Wartburg[263]. Eine bemerkenswerte Notiz von 1711 informiert, dass «die Epitaphium», wahrscheinlich alle Leinwandgemälde, im Landgrafengemach hinten mit Firnis bestrichen wurden, um die Farben wieder an das Tuch zu ziehen, die sich durch den Salpeter bereits ablösten[264].

Anfang des 18. Jahrhunderts befand sich die Ummauerung in einem sehr bedenklichen Zustand. Die Akten nennen zwar einfach die Mauer oder die Mauern am «Landgraffen Gemach», doch muss es die östliche Außenmauer betroffen haben, da diese als einzige nach außen frei der Witterung ausgesetzt war. Im Jahre 1703 verzeichnet eine Spezifikation einen gefährlichen Bruch oder Riss[265]. Bereits zwei Risse sind es 1708, so dass der ganze Bau einzustürzen droht und schon Steine herausfallen[266]. Im Januar 1711 wird gleiches von den beiden Rissen und den herausfallenden Steinen gemeldet, worauf im Juli ein Finanzanschlag an die fürstliche Kammer zur Reparatur der Mauer am Landgrafengemach ergangen ist[267].

Koch (1710) bezeichnete den Aufbewahrungsraum der Gemälde des Herzogs Johann Ernst und dessen Gemahlin Christina als «Tafel-Gemach»[268], was Zedler (1747) zitiert[269] und womit gewöhnlich ein größerer Speiseraum (vgl. auftafeln) gemeint war. Der reisende Limberg nennt den Raum 1712 dann schon des «Landgrafen Gemach»[270], worin ihm 1713 Melissantes folgt[271], der schon 1711 unter seinem Klarnamen Gregorii «In dem Land-Gräflichen Gemach» formuliert hatte[272]. Den Ausschlag für die heute übliche Bezeichnung «Landgrafenzimmer» lieferte in erster Linie das dortige Gemälde mit den Taten des ludowingischen Landgrafen Ludwig II., des Eisernen, und nicht der vermeintliche Wohn- oder Amtssitz für mehrere nacheinander herrschende Landesherren[273].

262 Vgl. Storch, Eisenach 1837 (wie Anm. 22) S. 287.

263 WStA, AbAW 3 (wie Anm. 22) zu 1613–14.

264 LATh-HstA Weimar, Nr. 1088 (wie Anm. 33) Bl. 71v vom 10.1.1711.

265 LATh-HstA Weimar, Nr. 1088 (wie Anm. 33) Bl. 54r vom 22.6.1703.

266 LATh-HstA Weimar, Nr. 1088 (wie Anm. 33) Bl. 66r vom 11.6.1708 und Bl. 95r vom 29.12.1708.

267 LATh-HstA Weimar, Nr. 1088 (wie Anm. 33) Bl. 70r vom 10.1.1711 und Bl. 72r vom 4.7.1711.

268 Koch/Juncker, Beschreibung 1710 (wie Anm. 255) S. 180.

269 Zedler, Universal-Lexikon 1747 (wie Anm. 209) Sp. 2316.

270 Limberg, Eisenach 1712 (wie Anm. 98) S. 226.

271 Melissantes, Bergschlösser 1713 (wie Anm. 100) S. 428.

272 Gregorii, Thüringen 1711 (wie Anm. 99) S. 94.

273 Zu Namensbildung des Landgrafenzimmers siehe Schwarz, Schmied 2015 (wie Anm. 256) S. 59f.

Im Inventar von 1733 führt eine Tür mit mehreren eisernen Bändern linker Hand in das «Schloß Haus» hinein, woran des «Eisernen Landgraffen gemach» anschließt[274]. Ein eiserner Ofen mit erdenem Aufsatz beheizt den Raum, wonach man trotz des gut erhaltenen nördlichen Palasschornsteins vom ursprünglichen offenen Kamin abgekommen war, vermutlich aber nicht vom Rauchabzug in der nordöstlichen Ecke. Die fünf großen Gemälde sind weiterhin vorhanden, werden aber nun mit anderen Worten und Wendungen veranschaulicht. Das Inventar von 1754 stellt den Zustand annähernd identisch dar[275], der Ofen wurde laut einer Korrektur später weggeräumt. Auch das Inventar von 1775 verfährt derart mit einer nachträglichen Notiz über die Wegnahme des Ofens[276].

In der zweiten Hälfte des 18. Jahrhunderts scheint das Landgrafenzimmer wenig komfortabel und nicht so recht für fürstlichen Besuch nutzbar gewesen zu sein. Die Literatur jener Zeit mit Kurz (1757), Götze/Bernoullli (1782/83), Salzmann (1787), Thon (1792) und Wölfling (1796)[277] offenbart allerdings nichts weiter zur räumlichen Beschaffenheit, als dass das Landgrafenzimmer im großen fürstlichen Schlossgebäude existiert und vor allem durch das Gemälde vom eisernen Landgrafen ausgeschmückt ist.

Eine Aktennotiz von 1766 berichtet über das «Herzoge-Zimmer», worin über einer Fensterbrüstung «ein Stück boisserie», also eine Holztäfelung, zu sehen ist[278]. Eine weitere Notiz von 1774, also kurz vor dem 1775er Inventar, vermeldet über die Deckenbalken im «Land Grafen Zimmer» des alten Schlosses, sie seien gänzlich wüst, bereits vier seien gebrochen und es sei dringend notwendig, dafür neue einzuziehen, zu schalen und eine neue Decke zu fertigen[279]. Laut den Inventaren von 1798/1800 und 1803 waren in den «so genannten Gemachen des eisernen Landgrafen» gegenwärtig keine Fenster vorhanden, aber vier hölzerne Laden[280]. Historische Abbildungen zeigen gegen Mitte des 18. Jahrhunderts zwei große, längliche Öffnungen[281],

---

274 LATh-HstA Weimar, Inventar 1733 (wie Anm. 34) Bl. 5r.

275 LATh-HstA Weimar, Inventar 1754 (wie Anm. 35) Bl. 9v.

276 LATh-HstA Weimar, Inventar 1754 (wie Anm. 35) Bl. 17r+v.

277 KURZ, Festungs-Schloß 1757 (wie Anm. 40) S. 11: «das sogenannte Landgrafen-Zimmer»; BERNOULLI, Reisebeschreibungen 10, 1783 (wie Anm. 107) S. 288: «das eigentliche Fürstl. große Schloßgebäude. Hierinn ... das eigentliche Landgrafenzimmer»; Salzmannische Zöglinge 3, 1787 (wie Anm. 159) S. 223: «das sogenannte Landgrafenzimmer»; THON, Wartburg 1792 (wie Anm. 22) S. 18: «Das hintere Hauptgebäude ... darin das Landgrafen Zimmer»; WÖLFLING, Reise 1796 (wie Anm. 225) S. 346: «Landgrafensaale».

278 WStA, AbAW 4 (wie Anm. 38) zu 1766.

279 WStA, AbAW 4 (wie Anm. 38) zu 1774.

280 LATh-HstA Weimar, Inventar 1798/1800 (wie Anm. 65) Bl. 40v; LATh-HstA Weimar, Inventar 1803 (wie Anm. 65) Bl. 63v.

bei denen es sich um Doppelfenster handeln könnte, wie sie nach 1800 in Grundrissen und Ostfassaden-Abbildungen deutlich erscheinen[282]. Um 1800 war das Landgrafenzimmer offensichtlich nicht durch verglaste, auch bei unwirtlichem Wetter erhellende Fenster gesichert, sondern durch Holzläden.

Die Einordnung des Landgrafenzimmers erfolgt in den Inventaren von 1798/1800 und 1803 übergangslos von der Kirche. Das Zimmer beherbergt immer noch jene fünf großen Gemälde und außerdem eine lange, rundum eingefasste Schiefertafel. Anfang des 19. Jahrhunderts, wohl 1804 mit der Überführung der Prunkrüstungen aus Weimar, als vor allem das oberste oder Bodengeschoss des Palas zur Aufstellung der wertvollen Stücke hergerichtet wurde, beseitigte man sicher auch die erwähnten Mängel im Landgrafenzimmer.

Thon informiert in seinem Warburgführer von 1815, dass 1804 ein Teil der Weimarer Waffensammlung im Landgrafenzimmer Aufnahme fand[283]. Darauf stützt sich wahrscheinlich Gottschalck im entsprechenden Band seiner deutschen Ritterburgen von 1818 und teilt mit, dass im «Landgrafenzimmer» des großen oder hohen Hauses neben den bekannten Gemälden auch «Rüstungen» aufgestellt sind[284].

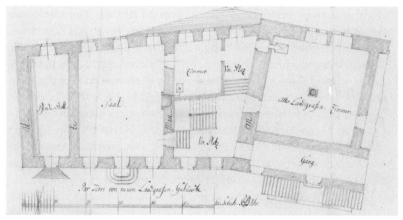

Grundrisse des «Neuen Hauses» Carl Augusts, (Ausschnitt): Erdgeschoss und Landgrafenzimmer im 1. Obergeschoss des Palas, Christian Heinrich Bähr (siehe Abb. 21, S. 150)

---

281 Abbildung Schnauss-1743 [Abb. 8] (Ostseite); Abbildung Gans-vor 1768 [Abb. 12]; Abbildung Gans-1768 [Abb. 13].

282 Abbildung Rabe-1804 [Abb. 24]; Abbildung Krauß-1805 ; Abbildung Sältzer-1840-BE0043 [Abb. 29]; Abbildung Spittel-1841/1842-BE0029 [Abb. 31]; Abbildung Sältzer-1845/1846-BE0049 [Abb. 34]; Abbildung Ritgen/Spittel-1848-BE0021.

283 Johann Carl Salomo Thon: Schloß Wartburg. Ein Beytrag zur Kunde der Vorzeit. Eisenach ³1815, S. 213f.

284 GOTTSCHALCK, Ritterburgen 1818 (wie Anm. 46) S. 57; FRIEDRICH GOTTSCHALCK: Die Ritterburgen und Bergschlösser Deutschlands. 4. Bd. Halle ²1826, S. 68.

Dagegen lässt das Wartburg-Inventar von 1829 die unzweifelhaft vorhandenen Gemälde und Rüstungen merkwürdigerweise aus, informiert jedoch über interessante Einzelheiten zur örtlichen und räumlichen Beschaffenheit[285]. Vom Haupteingang des Palas gelangte man nach Norden («gegen Mitternacht») durch eine weitere Tür und eine Stufe hinunter auf den «Vorplatz des umgebauten Flügels». Der Neubau des Nordhauses von 1792 bis 1796 wird hier folglich als Umbau empfunden. Von diesem Vorplatz aus kam man durch die erste Tür rechts in das «noch zum alten Gebäude gehörende Landgrafen-Zimmer». Demnach betrat man dieses vom Nordhaus aus durch jene gotische Spitzbogentür, die etwa in der Mitte der Nordwand noch bei Puttrich (1847) zu sehen, heute aber von Putz und Übermalung verdeckt ist[286].

Der Fußboden des Landgrafenzimmers besteht 1829 aus einem «Estrich». In der Mitte steht ein «merkwürdiger Steinpfeiler», also die Säule mit Adlerkapitell und Löwenbasis. Von Osten sorgen nunmehr «Zwey große Schubfenster mit runden Scheiben», wohl Doppelfenster mit Butzenscheiben, für die taghelle Ausleuchtung des Raumes, womit der noch um 1800 bestehende unwirtliche Zustand offenbar behoben ist. Die Tür aus dem Zimmer führt nach Süden («gegen Mittag»), offenbar an der heutigen Stelle, zu jenem kleinen Estrichgang in den «Waffensaal», zu dem der heutige Sängersaal inzwischen vereint ist.

Als 1835 Schöne seine Wartburgbeschreibung abdruckt, nennt er das Landgrafenzimmer «Erste Rüstkammer»[287] im Gegensatz zur zweiten Rüstkammer, womit er den Sängersaal bezeichnet. Nach ihm gehörte das Landgrafenzimmer «zu den Wohnzimmern der Landgrafen», was sicherlich zutraf. Nach Osten hat es wiederum «zwei hohe Fenster». Über ihnen und über der Eingangstür kann man noch «Spuren alter Malerei al fresco» wahrnehmen[288], so dass die heutige Ausmalung mindestens einen Vorgänger besessen haben muss. Auch Schöne bemerkt in der Raummitte jene «herrliche Säule». An den Wänden hängen noch vier große Gemälde, außerdem mehrere Schilder und Turnierschwerter. Vor allem sorgen «18 Originalrüstungen des Mittel-

---

285　LATh-HstA Weimar, Inventar 1829 (wie Anm. 42) Bl. 20r+v.

286　Abbildung Sältzer/Puttrich-1847-Nr. 3a [Abb. 37], VI; WEBER/BAUMGÄRTEL, Baugeschichte 1907 (wie Anm. 27) S. 101; GABELENTZ, Wartburg 1931 (wie Anm. 73) S. 173, 192; HOFFMANN, Arbeitsmaterialien 1979 (wie Anm. 57) Landgrafenzimmer, S. 3; ULRICH KLEIN: Beobachtungen am Mauerwerk des Landgrafenzimmers des Wartburgpalas. In: Wartburg-Jahrbuch 2012. 20(2013), S. 167–183, hier S. 168–170.

287　SCHÖNE, Wartburg 1835 (wie Anm. 135) S. 47.

288　GABELENTZ, Wartburg 1931 (wie Anm. 73) S. 192 und Anm. 224 bezieht sich auf Schöne und nennt dies «Spuren alter Barockmalerei».

alters» für die aktuelle Bezeichnung des Raumes[289]. Bis zum Beginn der baulichen Restaurierung von 1847[290] fungierte das Landgrafenzimmer als Waffensaal, wie es noch die Publikationen von Witzschel 1845[291] und Puttrich 1847[292] ausweisen.

II.4.5.

DER SÄNGERSAAL

Der heutige Sängersaal des Palas zwischen dem nördlichen Landgrafenzimmer und der südlichen Kapelle bildet den Mittelteil des ersten Obergeschosses. Die Holzbalkendecke stützt sich auf zwei große, etwa entlang der mittigen Nord-Süd-Achse stehende Säulen. Ursprünglich erstreckte er sich bis an die südliche Giebelwand, wurde aber wohl schon in der zweiten Hälfte des 13. Jahrhunderts durch den Einbau der Kapelle verkürzt[293]. Als die Archivaufzeichnungen in der zweiten Hälfte des 15. Jahrhunderts einsetzten, war seine große Zeit längst vorbei, diente er einem eventuellen, höchst seltenen Fürstenaufenthalt und stand im Schatten seiner beiden Nebenräume im Norden und Süden. Auf eine einstige Nutzung als Wohnraum deutet ein Gussstein im rechten Teil der nördlichen Fensterarkade des Sängersaals, unmittelbar nördlich des Schornsteins[294]. Da er laut Rabe (1804) dort liegt,

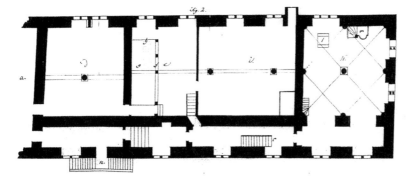

Grundrisse von zwei Palasgeschossen (Ausschnitt): 1. Obergeschoss, Friedrich Martin Rabe (siehe Abb. 24, S. 152)

289 Vgl. auch STORCH, Merkwürdigkeiten 1840 (wie Anm. 48) S. 87.
290 Zum Beginn der Restaurierung im Landgrafenzimmer vgl. HOFFMANN, Arbeitsmaterialien 1979 (wie Anm. 57) Landgrafenzimmer, S. 4.
291 WITZSCHEL, Wartburg 1845 (wie Anm. 169) S. 65.
292 PUTTRICH, Bauwerke 1847 (wie Anm. 50) S. 10, Anm. 1).
293 Zum Einbau der Kapelle im 13. Jahrhundert siehe Anm. 183 [MÖLLER] und 184 [GRÜGER].
294 Vgl. Abbildung Ritgen/Spittel-1848-BE0021 und Abbildung Spittel-1841/1842-BE0029 [Abb. 31].

wo die den Saal in Nord- und Südraum scheidende Trennwand anstößt, dürfte er vor deren Einbau eingebracht worden sein.

Der früheste, einigermaßen dem betreffenden Areal zuzuordnende Archivbeleg datiert ins Jahr 1540, als neue Schlüssel u. a. für die kurfürstliche Schlafkammer und das mittlere Fürstengemach angefertigt werden[295]. Die Zuweisung als «mittleres» Gemach deutet auf das zweite Geschoss, da aus anderen Nachrichten die Existenz weiterer Wohnräume der fürstlichen Familie im darüber liegenden obersten Stockwerk bekannt ist.

Im Jahre 1550 ordnete der Baumeister Gromann Maurerarbeiten in «des Kurfürsten Gemache» an[296]. Ob allerdings das Landgrafenzimmer oder ein Raum im Bereich des Sängersaals gemeint ist, lässt sich nicht mit Sicherheit entscheiden. Im Bericht vom 27. März 1550 erschien über den unteren Gemachen die ungewölbte fürstliche Kammer, danach «rückwärts gegenüber eine Stube», neben welcher eine Kammer mit einem Küchenherd ist, bei dem wiederum eine steinerne, ungewölbte Kammer mit einem Gitterfenster besteht[297]. Diese Situation auf dem Areal des heutigen Sängersaals lag wohl bis 1804 vor, wie aus Rabes Grundriss hervorgeht, denn dort verläuft die Trennwand derart, dass der südlich, an die Kapelle grenzende Teilraum den Kaminbereich einschließt.

Dies alles deutet auf eine mit dem heutigen Landgrafenzimmer beginnende Raumfolge bis zur Nordwand der Kapelle, wobei das Areal des Sängersaals in mehrere Räume unterteilt war. Andererseits bezieht sich Kurfürst Johann Friedrich im Brief aus der Gefangenschaft vom 8. März 1550 auf sein bei Wartburgbesuchen bewohntes Gemach, von dem aus man in die Kirche sehen kann[298]. Folglich befand sich dieses Wohngemach an der Nordwand der Kapelle, die ein entsprechendes Guckloch besitzt, das 1953 wiederentdeckt wurde[299] und im heutigen Zustand zu besichtigen ist. Wahrscheinlich lassen sich die scheinbar widersprüchlichen Nachrichten dahingehend auflösen, dass bis mindestens Mitte des 16. Jahrhunderts das Landgrafenzimmer der Wohn- und Repräsentationsraum des Kurfürsten war, der Raum an der Kapelle hingegen dessen Schlafzimmer.

---

295 WStA, AbAW 1 (wie Anm. 22) zu 1540, S. 9; WStA, AbAW 3 (wie Anm. 22) zu 1540/41.
296 LATh-HstA Weimar, Reg. L, pag. 695–706, Bl. 8; WStA, AbAW 2 (wie Anm. 17) zu 1550, Bl. 14v.
297 WStA, AbAW 2 (wie Anm. 17) zu 1550, S. 18.
298 LATh-HstA Weimar, Reg. L, pag. 695–706, Bl. 104r: «In das gemach, so wir wan wir des orts gewesen, Innen gehabt, aus welchem man fur die Kirch sehen kan, logiert»; WStA, AbAW 2 (wie Anm. 17), zu 1550, S. 23; WStA, AbAW 3 (wie Anm. 22) zu 1550.
299 HOFFMANN, Arbeitsmaterialien 1979 (wie Anm. 57) Kapelle, S. 7; HILMAR SCHWARZ: Die Bau- und Restaurierungsarbeiten auf der Wartburg von 1945 bis 1976. Eisenach 1987, S. 29. Wartburg-Stiftung Eisenach, Archiv, Ma 21, maschinenschriftlich.

Nun folgt eine zeitliche Lücke von über einhundert Jahren nahezu bis zu den ersten Wartburg-Inventaren. Kurz vor diesen notiert ein Beleg von vor 1669, dass an der Schlafkammer des Fürsten ein Schlot durchgeht, an welchem ein Kamin gemacht werden soll[300]. Dies dürfte den Mittelbereich des Sängersaals betreffen, wo der Kamin an der Ostseite erneuert werden sollte. Die Inventare von 1669 und 1696 erwähnen wenigstens eine Kammer an der Kirche, zu der man durch eine Tür vom Landgrafenzimmer gelangte. Mit einem dortigen Schrank unter der Orgel[301] beweist sich, dass die südliche Zwischenwand zur Kapelle von einer Empore mit einer darauf stehenden Orgel durchbrochen war. Jene Kammer dürfte den südlichen Bereich des Sängersaals eingenommen haben.

Ausführlicher erweist sich das Inventar von 1733, in dem auf das Landgrafenzimmer gleich daran ein Zimmer folgt, das eine Garderobe mit hölzernen Gittern rundum birgt[302]. Die Erwähnung einer Tür mit zwei eisernen Bändern lässt zunächst offen, ob sie wirklich in ein nächstes Zimmer führt, doch sollte gerade dies das Inventar von 1829 bestätigen. Die Aufzählung geht mit einem großen Viktualienschrank mit sechs Türen weiter, der auf die Raumfunktion zur Aufbewahrung von Lebensmitteln hindeutet.

Ein weiteres Zimmer gleich am vorigen beherbergt einen alten Schrank mit Eisenbeschlag und Schloss ohne Schlüssel und einen weiteren weißen, mit vier eisernen Bändern, aber ohne Schloss. Dieselben beiden Schränke waren in den Inventaren von 1669 und 1696 in jener Kammer an der Kirche und in Verbindung mit der Orgelempore vorhanden, womit sich die Zuordnung auf den zweiten, südlichen Raum auf dem Areal des Sängersaals bestätigt.

Die Ausstattung wird hier einmal ausführlicher mitgeteilt, da sie auf die Funktion der zwei bis drei Räume im Bereich des heutigen Sängersaals hinweist. In den Inventaren von 1754 und 1775 erscheinen Raumanordnung und Ausstattung nahezu unverändert. Aufschlussreich ist jedoch zu jenem weißen Schrank, dass er 1754 als alter eiserner Schrank mit vier eisernen Bändern und ohne Schloss aufgeführt und von späterer Hand hinzugesetzt ist, dass sich darin «amts acten» befinden[303]. Sicherlich wurden darin einige Bestände gelagert, die im Zusammenhang mit der Einrichtung des Archivs in der Elisabethkemenate untergebracht wurden. Jene Amtsakten sind im

300 WStA, AbAW 4 (wie Anm. 38) vor 1669.
301 LATh-HstA Weimar, Inventar 1669 (wie Anm. 31) Bl. 6r; LATh-HstA Weimar, Inventar 1696 (wie Anm. 32) Bl. 40v.
302 LATh-HstA Weimar, Inventar 1733 (wie Anm. 34) Bl. 5r+v; LATh-HstA Weimar, Inventar 1754 (wie Anm. 35) Bl. 9v.
303 LATh-HstA Weimar, Inventar 1754 (wie Anm. 35) Bl. 10r.

Inventar von 1775 nicht als späterer Zusatz, sondern von derselben Hand wie die übrige Ausstattung eingetragen[304].

Die Inventare von 1798/1800 und 1803 erwähnen hinter dem Gemach des eisernen Landgrafen (Landgrafenzimmer) eine umgehbare Handmühle[305], zwei Schränke mit zerbrochenen Türen, einen Kalkkasten und vier hölzerne Laden von Fenstern[306]. Ansonsten bieten sie keine weiteren Informationen zum Abschnitt des Sängersaals.

Bereits 1804 hatte Friedrich Martin Rabe (1765–1856), preußischer Architekt und von 1800 bis 1804 unter Heinrich Gentz als Gehilfe und ausführender Bauleiter in Weimar insbesondere beim Ausbau des Schlosses tätig[307], den Sängersaal in einem Grundriss festgehalten[308], der m. W. bisher nicht ausgewertet, worauf aber in dieser Studie schon mehrfach Bezug genommen wurde. Rabe zeichnete dabei mit dem dritten (Fig. 1.) und zweiten (Fig. 2.) Stockwerk jene beiden Geschosse des Palas, in denen die überbrachten Rüstungen und Fürstenbilder unterkommen sollten. Einige Grund- und Aufrisse aus den 1840er Jahren von Carl Spittel und Johann Wilhelm Sältzer zeigen die bis dahin vorgenommenen Veränderungen und veranschaulichen in Verbindung mit den Inventaren das Gesamtbild des Sängersaals vor dem Umbau zur heutigen Raumbeschaffenheit.

Bei Rabe (1804) führt der genannte kleine Estrichgang vom Ausgang des Landgrafenzimmers einige Meter nach Süden und endet genau mit zwei Stufen wie in den Inventaren. Die kleine Tür nach Osten ist hier nicht verzeichnet, erscheint aber in Grundrissen bei Sältzer[309] und ist besonders in dessen Längsschnitten klar zu erkennen[310]. Der nach Osten und Süden mit dünnen Zwischenwänden eingegrenzte kleine Raum ist offenbar jene Gar-

---

304 LATh-HstA Weimar, Inventar 1775 (wie Anm. 36) Bl. 18r.

305 Eine auf Herzog Johann Ernst (†1638) zurückgehende Handmühle lokaliert Thon seit seiner zweiten Auflage von 1795 im heutigen Rittersaal: Johann Carl Salomo Thon: Schloß Wartburg. Ein Beytrag zur Kunde der Vorzeit. Gotha 21795, S. 163; Thon, Wartburg 1815 (wie Anm. 283) S. 193; Thon, Wartburg 1826 (wie Anm. 107) S. 179; vgl. Gabelentz, Wartburg 1931 (wie Anm. 73) S. 181.

306 LATh-HstA Weimar, Inventar 1798/1800 (wie Anm. 65) Bl. 41r; LATh-HstA Weimar, Inventar 1798/1800 (wie Anm. 65) Bl. 64r+v.

307 Alfred Jericke und Dieter Dolgner: Der Klassizismus in der Baugeschichte Weimars. Weimar 1975, S. 98, 119f., 175; Rolf Bothe: Dichter, Fürst und Architekten. Das Weimarer Residenzschloß vom Mittelalter bis zum Anfang des 19. Jahrhunderts. Ostfildern-Ruit 2000, S. 64–66, 111.

308 Abbildung Rabe-1804 [Abb. 24], Fig. 2.

309 Grundrisse mit der Tür zur ehemaligen Garderobe: Abbildung Sältzer-1839/1840-B0060 [Abb. 27]; Abbildung Sältzer-1845/1846-BE0042 [Abb. 35].

310 Abbildung Sältzer-1845/1846-BE0041; Abbildung Sältzer/Puttrich-1847-Nr. 3a [Abb. 37], IV. Längsschnitt nach Osten zu vor der Restauration.

derobe mit Gitterwerk. Seine Maße richteten sich nach der heraufführenden Innentreppe; die Südwand entspricht etwa dem Verlauf der heutigen Sängerlaube. Er endet im Osten, wo das Treppengewölbe an das Fußbodenniveau stößt, das auf der Höhe des kleinen Ganges und der heutigen Sängerlaube liegt.

Den kleineren Nord- vom größeren Südraum trennte eine bei Rabe eingezeichnete Ost-West-Wand, die an der rechten Begrenzung des dritten Fensterbogens von Süden ausgerichtet war. Westlich von der Mitte besaß sie einen Durchgang. An der Westseite erstieg man auf einer Treppe jenen Durchbruch in die heutige Elisabethgalerie.

Der südliche Raum besitzt bei Rabe an der Südwestecke die Orgelempore und an der Südostecke einen Aborterker, der auch in den Grundrissen der 1840er Jahre einzeichnet ist. In Ansichten der Ostfassade nach Mitte der 1840er Jahre ist er gut zu erkennen[311]. Er lag innerhalb des südlichen Fensterbogens an der Mauergrenze zur Kapelle. Laut Werksteinbefund wurde dieser Bereich bis zur Oberkante des Stockwerks Mitte des 19. Jahrhunderts neu aufgemauert[312].

Die Wartburginventare verzeichnen den dortigen Abort allein 1829, wogegen die vorherigen ihn nicht erfasst haben. Auch das historische Bildmaterial erlaubt keine klare Aussage, seit wann er bestand. Bereits bei dem lange im Landgrafenzimmer befindlichen Bild des Herzogs Johann von um 1630 scheint er vorhanden gewesen zu sein[313]. Auch in den Abbildungen der ältesten Wartburgversion in der großen Eisenacher Stadtansicht von wohl 1663[314] und bei Koch 1710[315] könnte er, wenngleich ziemlich undeutlich, enthalten sein. Schnauss (1743) hatte in seiner Ostansicht zumindest an dieser Stelle eine längliche Maueröffnung platziert[316]. Demnach könnte ein dortiger Abort mindestens bis ins 17. Jahrhundert zurückreichen und dann in den meisten Darstellungen ausgelassen worden sein.

Die Entfernung der Trennmauer und die Schaffung des großen Saales, welcher der Raumgröße des heutigen Sängersaals entsprach, geschah wohl 1804 im Zusammenhang mit der Verlagerung von Gemälden und Rüstungen auf die Wartburg. Schon ein Inventar der Waffen auf der Wartburg aus die-

---

311 Abbildung Spittel-1841/1842-BE0029 [Abb. 31]; Abbildung Sältzer-1845/1846-BE0049 [Abb. 34].
312 ALTWASSER, Wartburg-Palas 2001 (wie Anm. 14) Abb. auf S. 102f.
313 Abbildung Herzog-Johann-Ernst-1628 [Abb. 3].
314 Abbildung Köhler-1663 [Abb. 4]. Das Gemälde ist als Leihgabe z. Z. im Neuen Treppenhaus der Wartburg zu sehen.
315 Abbildung Kupferstich-1710.
316 Abbildung Schnauss-1743 [Abb. 8].

sem Jahr betrifft das Landgrafenzimmer und den eigentlichen Waffensaal[317]. Auch Thon tippt diese Veränderung in der dritten Auflage seines Warburg-führers von 1815 an, wonach zur Aufnahme der Waffensammlung aus Weimar 1804 nebst dem Landgrafenzimmer ein «besonderer Waffensaal» eingerichtet wurde[318]. Die Zwischenwand fehlt demgemäß auf den Grundrissen der 1840er Jahre, ist allerdings noch im Stich bei Puttrich von 1847 und dessen Vorzeichnung von Sältzer gestrichelt dargestellt[319] und soll dort wohl einen vergangenen Zustand nachvollziehen.

Das Inventar von 1829 enthält entgegen seinen Vorgängern zahlreiche Angaben zum Sängersaal und erhellt auch einiges zum Zustand des 18. Jahrhunderts und zur Zeit um 1800 sowie zu den seitdem eingetretenen Änderungen[320]. Aus dem Landgrafenzimmer führt eine verriegelbare Tür in Richtung «Mittag» (Süden) in einen «kleinen Estrichgang» – Schöne (1835) nennt ihn einen «kleinen dunklen Gang»[321] –, in dem gleich linker Hand eine Tür in einen «Breter-Verschlag mit Gitterwerk» abgeht. Letzterer passt zur Garderobe mit hölzernen Gattern aus den Inventaren von 1733, 1754 und 1775. Vom Estrichgang ging es «zwei Tritte» hinab in den «Waffensaal», womit auch andere schriftliche Zeugnisse jener Zeit den Sängersaal bezeichnen. Schon die genannten Inventare hatten nach der Garderobe eine Tür und zwei «alte Treppen Hölzer» genannt. Wie sich im bildlichen Material bestätigt, kam man aus dem Landgrafenzimmer ein Stück geradeaus zu zwei Stufen, über die man auf das Fußbodenniveau des heutigen Sängersaals gelangte. Auf der «Morgenseite» (Ostseite) befinden sich 1829 drei Schubfenster mit Butzenscheiben, Fenstersitzen und neuen Eisenstäben an zwei Fenstern. Entsprechende Abbildungen zeigen an der Ostfassade tatsächlich drei Doppelfenster im Bereich des Sängersaals.

Die nördlichen Fenster des heutigen Sängersaals erscheinen auf den historischen Abbildungen im Vergleich zu den anderen des heutigen Sängersaals stets etwas nach unten oder oben versetzt[322], da sie nicht wie jene in erster Linie den Raum, sondern die heraufführende Treppe ausleuchten soll-

317 LATh-HstA Weimar, Nr. 1090 (wie Anm. 173) Bl. 40–43, Inventar der Waffen im Landgrafenzimmer und Waffensaal der Wartburg vom 9.7.1804.
318 THON, Wartburg 1815 (wie Anm. 283) S. 213f.; Gottschalck, Ritterburgen 1818 (wie Anm. 46) S. 54.
319 Abbildung Sältzer-1845/1846-BE0042 [Abb. 35].
320 LATh-HstA Weimar, Inventar 1829 (wie Anm. 42) Bl. 20v + 21r.
321 SCHÖNE, Wartburg 1835 (wie Anm. 135) S. 93.
322 Abbildungen zu den Fenstern gegenüber der Innentreppe: Abbildung Darnstedt-Rittersaal-1802 [Abb. 22]; Abbildung Krauß-1805; Abbildung Spittel-1841/1842-BE0029 [Abb. 31]; Abbildung Ritgen/Spittel-1848-BE0021; Abbildung Sältzer-1845/1846-BE0049 [Abb. 34].

ten. Weiterhin nennt das Inventar von 1829 «zwei Steinpfeiler» in der Mitte des Saals und führt schließlich «in der Ecke, auf Mittag zu, Ein[en] Abtritt» auf.

Als Kammerrat Storch 1834 zur Reinigung der Streitkolben, Degen und Gewehre im Waffensaal auf der Wartburg ermächtigt wird[323], war sicherlich der gesamte Raum des heutigen Sängersaals gemeint. Schöne nannte 1835 Landgrafenzimmer und Sängersaal die erste und zweite «Rüstkammer»[324]. Er informiert als einziger über zwei Fenster an der Westseite, also der Innenwand zur Elisabethgalerie, die allerdings gegenwärtig von Brettern verdeckt seien[325].

In weiterer Literatur erscheint gegen Ende der 1830er Jahre im zweiten Stockwerk des Palas der «Waffensaal», der früher Speisesaal oder -zimmer geheißen haben soll[326]. Um die Mitte der 1840er Jahre tauchen dort nochmals zwei Säle mit «Rüstungen und Waffen» auf, wobei der größere – also der Sängersaal – früher als «Bankettsaal» bestimmt gewesen wäre[327]. Als um 1850 die Restaurierung hier einsetzte[328], bestand der Sängersaal also bereits in seiner vollen Größe.

II.5.

DAS ZWEITE OBERGESCHOSS, DER DACHBODEN UND DAS DACH DES PALAS

Das oberste Geschoss des Palas war mit dem großen Saal und dem Gang auf der Hofseite viel weniger unterteilt als die unteren Stockwerke. Nach seiner Glanzzeit unter den Ludowingern im 11./12. Jahrhundert und vor der Ausgestaltung des großen Festsaals in der zweiten Hälfte des 19. Jahrhunderts stand er lange im Schatten. Durch den Brand von 1317 war er stark beschädigt, wurde wieder hergestellt und noch im 16. Jahrhundert für Angehörige der Fürstenfamilie mit Wohnräumen versehen. Im 17. und 18. Jahrhundert stieg er zum Boden und gar Heuboden herab, bis er 1804 zur Aufnahme der Fürstenbilder und eines Teils der Waffensammlung einigermaßen hergerichtet wurde und dergestalt 1817 den Burschenschaftern als Versammlungsort dienen konnte.

---

323 WStA, AbAW 4 (wie Anm. 38) zu 1834.

324 Schöne, Wartburg 1835 (wie Anm. 135) S. 47 und 93.

325 Schöne, Wartburg 1835 (wie Anm. 135) S. 93; Hoffmann, Arbeitsmaterialien 1979 (wie Anm. 57) Sängersaal, S. 3f.

326 Storch, Eisenach 1837 (wie Anm. 22) S. 274; Storch, Merkwürdigkeiten 1840 (wie Anm. 48) S. 87.

327 Witzschel, Wartburg 1845 (wie Anm. 169) S. 65; Puttrich, Bauwerke 1847 (wie Anm. 50) S. 10.

328 Hoffmann, Arbeitsmaterialien 1979 (wie Anm. 57) Sängersaal, S. 4f.

Die älteste schriftliche Nachricht zum obersten Palasgeschoss enthält die schon dargestellte Schilderung Rothes zum Brand von 1317, wonach das Dach und das Fournier mit der Einrichtung bis auf den Estrich abgebrannt seien[329]. Folglich hatte vorher ein großer, mit einer Holzdecke versehener und reichlich ausgestatteter Saal das Geschoss getragen[330]. Danach habe Landgraf Friedrich die Giebel wieder erhöht und die Gemälde teilweise erneuert.

Um die Beschaffenheit durch die Zeiten nachvollziehen zu können, müssen der Zustand des Dachs, des Dachbodens und des südlichen Giebels sowie der Anschluss an das Nordhaus einbezogen werden. Der große Saal war zeitweise, aber nicht durchgängig in seiner vollen Länge einseh- und erlebbar wie heute. In den archivalischen Nachrichten seit 1500 und später auch in der Literatur wird trotzdem fast durchgängig der Begriff «Saal» verwandt, was immerhin auf einen stets bestehenden großen Raum hindeutet.

Eine Besichtigung im Jahre 1504 erwies die «Dachung des Sales» als sehr schadhaft («wandelbar»), weshalb der Dachstuhl («Gesparre») zum Teil verfallen und die Bretter oben an den Gewölben verdorben waren[331]. Die letztere Beschreibung beweist, dass das oberste Palasgeschoss um 1500 von einem hölzernen Gewölbe überspannt war[332]. Diese eigentlich dem Steinbau zukommende Architekturform war durchaus üblich, in Thüringen etwa aus dem alten Erfurter Rathaus und der dortigen Augustinerkirche bekannt und im Wartburgpalas selbst zeitweise im Keller anzutreffen.

Wegen der Schäden im Dach, so der Bericht von 1504, sei der Regen durch die Böden und fürstlichen Wohnzimmer geflossen, und auf dem Estrich habe sich Eis gebildet. Folglich überdeckte den Fußboden des Saals wenigstens zum Teil ein Estrichbelag. Die Giebelwand, sicherlich die südliche, sei wohl schon seit Längerem an beiden Ecken an der Mauer aufgerissen. Aus allem werden die Vorschläge abgeleitet, den Saal schleunigst zu decken, die Deckensparren zu stützen und die Risse im Saal, wohl am Gewölbe, mit eichenen Stücken («eichen Schlößern») zu schließen. Ferner seien die Risse in den Mauern von innen zu verkleiden, zu klammern («verzwikket») und zu verkalken. Zudem seien die Glasfenster zu reparieren und mit hölzernen Läden zu sichern.

---

329 Siehe bei Rothe in Anm. 31.

330 Hoffmann, Arbeitsmaterialien 1979 (wie Anm. 57) Zweites Obergeschoss, S. 1.

331 WStA, AbAW 2 (wie Anm. 17) zu 1504, S. 1; Hoffmann, Arbeitsmaterialien 1979 (wie Anm. 57) Zweites Obergeschoss, S. 4.

332 Zum Holzgewölbe des Palas-Obergeschosses: Voss, Wartburg 1917 (wie Anm. 55) S. 92; Gabelentz, Wartburg 1931 (wie Anm. 73) S. 86, 200; Hoffmann, Arbeitsmaterialien 1979 (wie Anm. 57) Zweites Obergeschoss, S. 3f., 14.

Die Ausbesserung der Dachung mit Ziegeln von 1507/08 lässt sich nicht einem bestimmten Gebäude der Wartburg zuordnen und ist mit den genannten 600 Stück[333] für den gesamten Palas wohl zu gering. Als 1509 etliche Bretter unter und zwischen die Dächer eingebracht werden, könnte der Palas mit seinem Holzgewölbe betroffen gewesen sein, zumal dies nach einer Treppe vor dem Saal aufgeführt ist[334].

Die 1504 avisierten Schäden und deren Beseitigung nahm man wohl erst 1519 ernsthaft in Angriff. Nun wurde der Giebel mit Brettern beschlagen, etliche Wasserrinnen gelegt und das Mauerwerk am Saal angegangen. Vor allem erhielt das gesamte Palasdach von 1518 bis 1520 eine Eindeckung aus Schindeln[335]. Dass zudem das Eindecken über dem Keller und am Frauenzimmer erwähnt wird, könnte bedeuten, dass der Saal vor allem den südlichen Bereich umfasste.

Jedenfalls nennen die Akteneinträge der nächsten Jahrzehnte den Palas das «Schindelhaus». Die 17.600 Schindeln von 1518/19 kaufte das Amt Wartburg unter dem späteren Luthergastwirt Hans von Berlepsch in Tenneberg[336]. Aus Friedrichroda bezog man rote Erde zur Einfärbung der Schindeln, wohl um ein Ziegeldach wie auf dem anschließenden Nordhaus zu imitieren. Die Ersetzung der Dachziegel durch hölzerne Schindeln sollte sich unter den extremen Witterungseinflüssen als keine glückliche Lösung erweisen. Bereits 1525 mussten Windschäden über dem Saal repariert werden[337]. Die Bedachung über dem großen Haus wurde wegen ihrer Reparaturbedürftigkeit 1530 bestiegen[338], und 1531/32 mussten an bestimmten Stellen Schindeln und die vom Wind darunter abgeworfenen Bretter erneuert werden[339]. Diese offenbar kurzfristigen Flickschustereien versuchte man 1533 durch eine erneute Schindeleindeckung von 15.000 Stück zu beheben[340], und das nur 14 Jahre nach der ersten.

---

333 WStA, AbAW 1 (wie Anm. 22) zu 1507, S. 1; WStA, AbAW 3 (wie Anm. 22) zu 1507–08.

334 LATh-HstA Weimar, Rechnung des Amtes Eisenach, Nr. 3185, 1509, Walpurgis – Elisabeth, Bl. 98r; WStA, AbAW 1 (wie Anm. 22) zu 1509, S. 1.

335 WStA, AbAW 1 (wie Anm. 22) zu 1519, S. 3; WStA, AbAW 3 (wie Anm. 22) zu 1518–1519, 1519, 1519–1520, 1549; vgl. Gabelentz, Wartburg 1931 (wie Anm. 73) S. 89.

336 WStA, AbAW 3 (wie Anm. 22) zu 1518–1519.

337 WStA, AbAW 1 (wie Anm. 22) zu 1525, S. 4. Die Formulierung «über dem Sale auf dem neuen Hause» resultierte wohl aus der Neueindeckung von 1519 und bezog sich nicht auf das damals meist «neues Haus» genannte Nordhaus. Vgl. Gabelentz, Wartburg 1931 (wie Anm. 73) S. 91.

338 WStA, AbAW 1 (wie Anm. 22) zu 1530, S. 6.

339 WStA, AbAW 1 (wie Anm. 22) zu 1531/32, S. 6f.

340 WStA, AbAW 1 (wie Anm. 22) zu 1533, S. 7.

Einige kleine Aus- und Verbesserungen am Landgrafenhaus betrafen 1539 die Anfertigungen von Fensterriegeln im Saal, die «Verschlagung» der Giebel und schließlich kleine Reparaturen am Gang und an den Türen vor dem Saal[341]. Bemerkenswert ist daran die hier einmal vorkommende Erwähnung des Korridors auf der Hofseite. Mit den genannten Türen hing wohl die für 1540 notierte Anfertigung neuer Schlüssel vor dem Saal zusammen[342]. Bereits 1542/43 musste wieder ein Loch auf dem «Langhaus» mit 300 Schindeln geschlossen werden[343]. Von immer neuen Schäden zeugt die 1544 durchgeführte Erneuerung am Ziegeldach des benachbarten Nordhauses, die durch eine eingeschlagene Rinne des Schindelhauses verursacht worden war[344]. Der Wind beschädigte dann erneut das Schindeldach, so dass es 1546[345] und 1549[346] repariert werden musste.

Im Jahr 1549 fasste man eine generelle Veränderung ins Auge. Bei einer Besichtigung stellte man fest, dass die Schindeln auf dem Saal verfault waren, der Wind an solchen leichten Dächern gern Schaden anrichtete und das hiesige Schindeldach einige Male vom Blitz angezündet worden war[347]. Daher mündete der Vorschlag, den Saal mit Ziegeln zu decken und dazu die Dachziegel von den Klosterkirchen am Elisabethplan und dem Eisenacher Kartäuserkloster zu nutzen, in einen Befehl, dies am Schindelhaus der Wartburg zu verwirklichen. Dabei verwies man auf das frühere Ziegeldach, das vor 30 Jahren abgetragen worden war.

Auf die Eindeckung mit Schindeln und die befohlene Neueindeckung mit Ziegeln bezogen sich ein Anschlag vom 17. Januar 1550[348], der Bericht des Baumeisters vom 19. Januar[349] und das Schreiben von Kurfürst Johann Friedrich am 21. Februar[350]. Und auch der 1529 geborene Herzog Johann Friedrich der Mittlere versprach am 30. März und 3. April 1550, das mit Schindeln gedeckte Haus auf Wartburg mit Ziegeln zu versehen[351].

In einem Brief vom 8. Mai 1550 verfügte der Kurfürst, dass im Stockwerk über seinem Gemach, also im obersten Stockwerk, die Söhne mit ihrem Gesinde Wohnraum finden sollen[352]. Unter diesem Aspekt muss man wohl die

---

341 WStA, AbAW 2 (wie Anm. 17) zu 1539, S. 7.
342 WStA, AbAW 1 (wie Anm. 22) zu 1540, 8f.
343 WStA, AbAW 3 (wie Anm. 22) zu 1542/43.
344 WStA, AbAW 1 (wie Anm. 22) zu 1544, S. 11.
345 WStA, AbAW 1 (wie Anm. 22) zu 1546, S. 12.
346 WStA, AbAW 1 (wie Anm. 22) zu 1549, S. 13.
347 WStA, AbAW 2 (wie Anm. 17) zu 1549, S. 11f.
348 WStA, AbAW 2 (wie Anm. 17) zu 1550, S. 12.
349 LATh-HstA Weimar, Reg. L, pag. 695-706, Bl. 17r+v.
350 WStA, AbAW 3 (wie Anm. 22) zu 1550.
351 WStA, AbAW 2 (wie Anm. 17) zu 1550, S. 19.

Ausbauten ab 1550 über die Neueindeckung hinaus verstehen. So erwähnt der Bericht an den Kurfürsten vor dem 27. März 1550 ungewölbte Stuben und Fürstengemache über dem Landgrafenzimmer[353]. Somit war das oberste Geschoss in mehrere Räume unterteilt und das 1504 genannte Holzgewölbe[354] einer flachen Decke gewichen. Der Kurfürst selbst hatte überdies bereits am 21. Februar 1550 angewiesen, einen Estrich in der «Saalstube» anzurichten, die Feueresse im Schindelhaus über das Dach zu führen und zwei Öfen in den oberen Gemachen – einen in der Saalstube und einen über derselben – zu setzen[355]. Offenbar war das einstige Holzgewölbe beseitigt, und zum einzurichtenden Wohnzimmer auf dem Bodenniveau des heutigen Festsaals wurde im Dachgeschoss darüber nochmals Wohnraum geschaffen. Sältzers Aufrisse von Nord- und Südgiebel des Palas von 1847 lassen zwei solche Dachgeschosse übereinander erkennen[356].

In den Instruktionen Gromanns vom 2. Februar 1550 für die einzelnen Handwerker lässt sich einiges zu den Umbauarbeiten entsprechend den Intentionen des Kurfürsten nachlesen[357]. Der Maurer soll den Estrich in der Saalstube ausbessern und dergleichen in der obersten Stube. Analog ist der Töpfer angehalten, einen Ofen in die Saalstube und einen über der Saalstube ordentlich einzubauen. Die Umdeckung des Dachs präzisiert Gromann, indem er den Zimmermann mit dem Abnehmen der Schindeln und den Ziegeldecker mit einem doppelten Dach über dem Saal jeweils aus Kalk und Ziegeln beauftragt. Offenbar galt der Verbindung zwischen dem Palas und dem Nordhaus besondere Aufmerksamkeit, da dem Zimmermann detailliert aufgetragen wird, zum Giebel über dem Fürstengemach die Bretter abzuschneiden und ein Fach Schindeln darunter zu ziehen, damit das Wasser in die Rinnen abläuft, die der Zimmermann ebenfalls neu zu machen hat. Beim Glaser sind die Fenster am und unter dem Palasdach zwar nicht extra ausgewiesen, doch fielen sie mit Sicherheit unter die ihm aufgetragenen sämtlichen Fenster an großen Gebäuden der Wartburg.

Offenbar bedurfte die obere Fensterreihe einer nochmaligen Absicherung, als 1554 auf dem großen Saal die großen Fenster mit Läden verschlagen wur-

352 LATh-HstA Weimar, Reg. L, pag. 695–706, Bl. 104r; WStA, AbAW 2 (wie Anm. 17) zu 1550, S. 23.
353 WStA, AbAW 2 (wie Anm. 17) zu 1550, S. 18.
354 WStA, AbAW 2 (wie Anm. 17) S. 18; vgl. GABELENTZ, Wartburg 1931 (wie Anm. 73) S. 86.
355 WStA, AbAW 3 (wie Anm. 22) zu 1550.
356 Abbildung Sältzer/Puttrich-1847-Nr. 3a [Abb. 37], VI und VII.
357 LATh-HstA Weimar, Reg. L, pag. 695–706, Bl. 3r-12v, Glaser Bl. 4, Maurer Bl. 5v, Töpfer Bl. 7r, Zimmermann Bl. 9, Ziegeldecker Bl. 10; WStA, AbAW 1 (wie Anm. 22) zu 1550, S. 13–15.

den[358]. Zusätzliche Gewissheit für die hier vorgenommene Verortung bringt Gromanns ältester überlieferter Grundriss der Wartburg von 1558, in dem das Palasareal mit «das hohe Haus darinnen der Saal steht» beschriftet ist[359]. Als 1574 unter den Fensterreparaturen die Stube und Kammer der oder des jungen Herrn und nochmals die Stube der jungen Herrn aufgereiht sind[360], betraf dies sicherlich Räume im obersten Palasstockwerk, letztere wohl jene im Dachgeschoss.

Vor allem einer Aktenlücke geschuldet tut sich danach eine etwa hundertjährige Nachrichtenflaute auf. Immerhin vermeldet ein Zeughaus-Inventar der Wartburg vom 23. März 1653 auf dem Saal fünf gemalte Tafeln und weitere Ausstattungen[361], die sich im ersten umfassenden Inventar von 1669 bestätigen sollten. Ein Anschlag von 1663, der zwischen dem Dach über dem Gelben und Grünen Gemach einerseits und dem Dach über dem großen Saal und der Kirche andererseits unterscheidet[362], veranschaulicht die Trennung zwischen Nordhaus und Palas. Noch vor 1669 sollten der Saal zur Tafelstube ausgestaltet, die Kammer am Saal zur Stube und daran vier Kammern gemacht werden[363]. Wieweit eine solche räumliche Kleinteiligkeit

Grundrisse der Geschosse des Palas (Ausschnitt): 2.Obergeschoss, Johann Wilhelm Sältzer (siehe Abb. 27, S. 155)

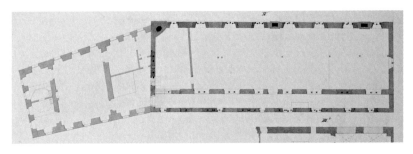

verwirklicht wurde, bleibt fraglich. Aus jener Zeit erreicht uns lediglich die Nachricht über Schäden im Dach des fürstlichen Hauses, das «ziemlich böß» und reparaturbedürftig bzw. das Dach auf dem «Kornboden» so baufällig sei, dass es hineinregnet[364].

358 WStA, AbAW 1 (wie Anm. 22) zu 1555, S. 23.
359 Abbildung Gromann-1558 [Abb. 1].
360 LATh-HstA Weimar, Nr. 1189 (wie Anm. 252) Bl. 20r; WStA, AbAW 3 (wie Anm. 22) zu 1574.
361 LATh-HstA Weimar, Eisenacher Archiv, Militär- und Kriegssachen, Nr. 1051, Inventar des Zeughauses auf der Wartburg, 1653, 1669, Bl. 3r.
362 LATh-HstA Weimar, Eisenacher Archiv, Hof und Haushalt, Nr. 3024, Inventare über Gebäude und Einrichtung Gegenstände der Wartburg, 1663–1696, Bl. 4r+v.
363 WStA, AbAW 4 (wie Anm. 38) zu vor 1669.
364 WStA, AbAW 4 (wie Anm. 38) zu 1667, 1672/73, 1686/87.

Die Funktion als Kornboden wie auch die räumliche Unterteilung wird in den Inventaren von 1669 und 1696 nicht erfasst[365]. Hier wird der Zugang vom Grünen Gemach des Nordhauses als «enger Eingang» beschrieben, der in Sältzers Abbildung des Palasnordgiebels von 1847 noch auszumachen ist[366]. Den Saal schmückten vor allem fünf große Gemälde mit Wasserfarben gestaltet, die verschiedene Schlachten beinhalteten und nicht mit den Tafeln im Landgrafenzimmer zu verwechseln sind. Danach vermerken beide Inventare ein aschenfarbenes und weißes Kabinett (1669 «Cavenet», 1696 «Cabinet») «auf dem Saal zum Abritt» und schließlich den Boden über dem Grünem Gemach. Jenes Kabinett lag zwar am Saal, aber nicht auf dem Areal des Palas, sondern im Südosten des Nordhauses.

Der zeitlich nächste Beleg findet sich in der Literatur, und zwar bei Limberg (1709/12)[367] und diesen hierzu offenbar abschreibenden Melissantes (1713)[368]. Demgemäß wurde das oberste Palasgeschoss als der «grosse Tantz-Saal» genutzt, was sich durch weitere Literatur- oder Archivbelege nicht verifizieren lässt. Aufschlussreich und ernst zu nehmen sind Limbergs Maßangaben von 48 Schritt Länge und 12 Breite. Zwar ist die veranschlagte Schrittlänge nicht genau bekannt, doch wenn man mit 0,75 m die in Deutschland übliche Obergrenze annimmt, ergeben sich 36 m Länge und 9 m Breite, was der tatsächlichen Spanne von der Nord- zur Südmauer und von der Ostmauer bis zur westlichen, dicken Innenwand entspricht[369]. Selbst falls ein unwesentlich geringeres Schrittmaß zugrunde gelegen hat, sagen die Angaben unzweifelhaft aus, dass dieser «Tanzsaal» die volle Geschossgröße einnahm und nicht durch irgendwelche Zwischenwände verkleinert oder unterteilt war.

Das folgende Inventar von 1733 steht zunächst vereinzelt, worauf die nächsten von 1754 und 1775 inhaltlich kaum abweichen, aber von weiteren archivalischen Nachrichten begleitet werden. Ziemlich kurz wird 1733 mitgeteilt, dass sich nach dem Stockwerk des Nordhauses mit dem Grünen Gemach hinter der Treppe ein überall mit Dielen belegter Boden erstreckt[370].

---

365 LATh-HstA Weimar, Inventar 1669 (wie Anm. 31) Bl. 5v; LATh-HstA Weimar, Inventar 1696 (wie Anm. 32) Bl. 40r.
366 Abbildung Sältzer/Puttrich-1847-Nr. 3a [Abb. 37], VI.
367 Limberg, Eisenach 1712 (wie Anm. 98) S. 227.
368 Melissantes, Bergschlösser 1713 (wie Anm. 100) S. 430.
369 Vgl. Baumgärtel, Wartburg 1907 (wie Anm. 27) S. 698: «Wartburg, großer Saal 36×9 m im Lichten». Eine Messung am 9.2.2016 ergab eine Innenlänge von rund 36,2 m von der Nord- zur Südmauer und eine Innenbreite von der Ost- zur Arkandenzwischenmauer von rund 9,2 m.
370 LATh-HstA Weimar, Inventar 1733 (wie Anm. 34) Bl. 6v.

Früher bezeugte Merkmale wie eine Wohnungsausstattung, ein Estrich-Fußboden oder irgendwelche Gemälde kommen nicht vor. Für einen erneut
miserablen Zustand zeugt, dass die Dachung über dem gesamten Haus «sehr
wüst» und reparaturbedürftig war. Das Inventar von 1754 wiederholt die
Angaben vollständig[371], während das von 1775 den Verweis auf das marode
Dach unterlässt[372].

Die archivalischen Nachrichten aus der zweiten Hälfte des 18. Jahrhun-
derts beschäftigen sich fast durchweg mit Witterungsschäden an Dach und
Giebeln sowie deren Beseitigung. Der seit diesem Jahr amtierende Burgvogt
Johann Christoph Kurz meldet am 4. Dezember 1754, dass ein starker Wind
auf der Wartburg dem Giebel nach der Waldseite – wohl den Südgiebel des
Palas – wie auch dem Dach durch Ziegelabdeckung Schaden zugefügt hat[373].
Am 5. April 1755 berichtet derselbe, worin ihm der Bauverwalter Straßbur-
ger am 19. April folgt, dass am Schlossgebäude der Wartburg auf dem
«Gewehr Saal» die Fenster sehr schlecht sind und auf dem Boden verschie-
dene Läden fehlen[374].

Hier fällt mit dem «Gewehr-Saal» ein neuer Begriff. Offenbar hatte man
einen Großteil der langläufigen Handfeuerwaffen, schließlich diente die
Wartburg auch als Waffenlager, in einen großen Raum des Palas umgelagert.
Die von Kurz vorgenommene Unterscheidung zwischen Gewehrsaal und
Boden könnte durch die Benennung des Dachgeschosses als Boden zustande
gekommen sein. Weitere Erwähnungen des Gewehrsaals und dann der «Gewehrkammer» machen eine Identifizierung mit dem großen Saal im obersten Palasstockwerk sehr wahrscheinlich.

Die Fenster hauptsächlich im «langen Gewehr Saal» waren laut einer Information Straßburgers vom 30. August 1757 immer noch dringend zu reparieren[375]. Die Charakterisierung als «lang» kann nicht auf einen kleinen
Raum etwa im Mittelgeschoss des Palas gemünzt sein. Im Jahre 1777 schlägt
ein Artillerie-Leutnant am 11. Februar vor, den Estrich-Fußboden mit Stroh
auf langen Holzstangen zu bedecken, um die Waffen besser aufbetten zu
können[376]. Vielleicht veranlasste das Material den Kastellan zur später
beklagten missbräuchlichen Benutzung des Bereiches als Heuboden. Um
Schäden an den Gewehren zu vermeiden, forderte erst einmal das Kriegs-
kollegium am 12. Februar 1777 die Reparatur der Dachung über der Ge-

---

371 LATh-HstA Weimar, Inventar 1754 (wie Anm. 35) Bl. 11r.
372 LATh-HstA Weimar, Inventar 1775 (wie Anm. 36) Bl. 20r.
373 WStA, AbAW 4 (wie Anm. 38) zu 1754.
374 WStA, AbAW 4 (wie Anm. 38) zu 1755.
375 WStA, AbAW 4 (wie Anm. 38) zu 1757.
376 WStA, AbAW 4 (wie Anm. 38) zu 1777.

wehrkammer, womit Baumeister Bähr am 20. Februar beauftragt wurde[377]. Den Standort verdeutlichte am 31. Juli 1780 ein Anschlag über Reparaturen in dem Gebäude, worin sich Kirche und Gewehrkammer befinden[378]. Den Begriff «Gewehrkammer» verwendet Burgvogt Focke nochmals am 9. April 1795 bei einer Meldung über die gefährliche Lagerung eines Fasses Pulver[379].

Nach den von Kurz 1754 und 1755 angezeigten Schäden am Palasdach und -giebel gab Straßburger 1757 als notwendige Maßnahmen die Neubelegung der «Doppel Dachung» und die Bretterverschlagung eines Stücks Giebel jeweils über den hochfürstlichen Zimmern an[380]. Die Doppeldachung hatte bereits Gromann 1550 angewiesen. Der hier genannte Giebel dürfte der inzwischen durch Umbauten ins Freie ragende Nordgiebel des Palas gewesen sein.

Am 28. April 1760 informierte Kurz wiederum, dass Dachung und Giebel sehr schlecht seien[381]. Als Baumeister Johann Heinrich Gärtner am 22. Juni 1766 eine Aufstellung notwendiger Reparaturen vorlegt, sind die von Winden sehr ruinierten Dächer ebenso darunter wie der Giebel über der Kirche[382]. Kritisch ist die Situation an diesem Südgiebel des Palas, denn Kurz meldet am 27. Februar 1767 mit ausführlicher Ortsbeschreibung, dass auf der Wartburg der steinerne Giebel des großen Schlosses über der Kirche an der Mittagsseite sehr gefährdet sei[383]. Damals entstand offenbar das Walmdach an der Südfassade des Palas, das bei Gans 1768 schon zu erahnen[384], in den folgenden Jahrzehnten mehrfach abgebildet ist[385] und wohl erst durch die Neuaufmauerung des Giebels von 1850/51[386] wich.

Weitere Meldungen über den schlechten Zustand der Bedachung machte Kurz am 23. April 1770, als Schnee und Wetter die Ursache waren[387], und am 12. Juli 1771, als neben Dach auch Fach und die Fenster am Hauptgebäude

---

377 WStA, AbAW 4 (wie Anm. 38) zu 1777.
378 WStA, AbAW 4 (wie Anm. 38) zu 1780.
379 WStA, AbAW 4 (wie Anm. 38) zu 1795.
380 WStA, AbAW 4 (wie Anm. 38) zu 1757.
381 WStA, AbAW 4 (wie Anm. 38) zu 1760.
382 WStA, AbAW 4 (wie Anm. 38) zu 1766.
383 WStA, AbAW 4 (wie Anm. 38) zu 1767; HOFFMANN, Arbeitsmaterialien 1979 (wie Anm. 57) Zweites Obergeschoss, S. 4 datiert daraufhin den «abgewalmten Südgiebel» auf 1767.
384 Abbildung Gans-1768 [Abb. 13]; abgebildet in WOLFGANG ALBRECHT: Hier wohn' ich nun, Liebste … Die Wartburg in Literatur und Kunst von Goethe bis Wagner 1749–1849 (Schriften der Wartburg-Stiftung Eisenach. 5). Eisenach 1986, S. 12.
385 Abbildung Goethe-Wartburg von Süden-1777; Abbildung Krauß-1778 [Abb. 16]; Abbildung Todenwarth/Horny-1784 [Abb. 17]; Abbildung Todenwarth/Thoenert-1795; Abbildung Duviver-1800; Abbildung Darnstedt-Hellthal-1802 [Abb. 23]; Abbildung Kuchenbuch-1842 [Abb. 32].
386 GABELENTZ, Wartburg 1931 (wie Anm. 73) S. 123; HOFFMANN, Arbeitsmaterialien 1979 (wie Anm. 57) Zweites Obergeschoss, S. 5; JACOBS, Ritgen Text 2015 (wie Anm. 117) S. 187.

repariert werden mussten[388]. Eine weitergehende Lösung nahm man 1774 in Angriff, als am Palas (am «alten Schloß») die Hälfte der alten Dachziegel («Hohles-Kost-Ziegel») durch neue Fittich-Ziegel ersetzt wurden[389]. Eine gewisse Verbesserung scheint dadurch eingetreten zu sein, so dass im Inventar von 1775 die Passage über die wüste, reparaturbedürftige Dachung aus den Vorgängern von 1733 und 1754 entfiel.

Lange hielt die Abdichtung gegen Regenwasser jedoch nicht, wie die Aufforderung von 1777 zur Dachreparatur wegen der dort lagernden Gewehre anzeigt. Trotz Walmdach und Neueindeckung musste am 21. März 1780 der Burgvogt Focke darüber informieren, dass die «Windstürme» hinten bei der Kirche die baufällige Dachung und Giebel sehr verschlimmert haben[390]. Baumeister Bähr berichtete am 27. September 1785 von einer Besteigung des Dachs über dem Landgrafenzimmer, wonach es sehr zusammengedrückt war und deshalb das Regenwasser häufig durch alle Stockwerke hindurchfloss[391]. Ein solcher Schadensbericht hilft zu erklären, warum sich das Landgrafenzimmer um 1800 in dem geschilderten desolaten Zustand befand. Außerdem war zu jener Zeit die nördliche Giebelmauer angegriffen, wie aus einer weiteren Darstellung Bährs hervorgeht, diesmal vom 9. Juli 1792[392]. Danach musste das Grundmauerwerk des alten Schlossgebäudes – also des Palas – an der Ecke, wo gegenwärtig das neue Gebäude umgebaut wird, repariert werden, und zwar war der Palasgiebel 30 Schuh lang teils vom alten Haus, teils von den Wurzeln beschädigt. Offenbar hatte das Mauerwerk des alten Nordhauses Schaden genommen und Pflanzenbewuchs zwischen beiden Gebäuden ihre Spuren hinterlassen.

Im Jahre 1792 erschien ebenfalls die erste Auflage von Thons Wartburgführer, in dem er über dem Landgrafenzimmer den «großen Rittersaal» verortet und daneben zum Hof die «Gallerie» erwähnt, die zur Bauzeit «prächtig und geschmackvoller» war[393]. Die Bezeichnung «Rittersaal» reicht demnach in die Zeit vor der Umgestaltung von 1804 zurück. Die Maßangaben 120 Schuh lang und 23 Schuh breit ergeben bei den üblichen 28,2 cm einer Fuß- oder Schuhlänge von 33,8 m Länge und 6,5 m Breite oder nach dem am Wartburgpalas ermittelten Fußmaß von 31,5 cm einen Saal von 37,8 × 7,2 m. Dies entspricht weder den tatsächlichen rund 36 × 9 m und auch nicht deren

---

387 WStA, AbAW 4 (wie Anm. 38) zu 1770.
388 WStA, AbAW 4 (wie Anm. 38) zu 1771.
389 WStA, AbAW 4 (wie Anm. 38) zu 1774.
390 WStA, AbAW 4 (wie Anm. 38) zu 1780.
391 WStA, AbAW 4 (wie Anm. 38) zu 1785.
392 WStA, AbAW 4 (wie Anm. 38) zu 1792.
393 Thon, Wartburg 1792 (wie Anm. 22) S. 18; Thon, Wartburg 1795 (wie Anm. 305) S. 19.

Proportionen, wobei die geringe Breite aufmerken lässt. Trotzdem muss man von der damaligen Nutzung zumindest der Gesamtlänge ohne Raumtrennungen ausgehen. Die Sachzwänge wahrnehmend beklagt Thon 1792, dass der Saal «in unseren ökonomischen Zeiten» als «Heuboden» dient. Demnach reichte die Nutzung als Heuboden in die Amtszeit des 1795 verstorbenen Kastellan Focke zurück.

Über die Zugänglichkeit zum dritten Obergeschoss des Palas informieren die Inventare von 1798/1800 und 1803[394], als das Steinhaus des Herzogs Carl August den nördlichen Fachwerk-Vorgänger abgelöst hatte. Von einem «Vorplatz» des Neubaus geht es rechter Hand durch eine «Doppelthür» auf den «Untern Boden des alten Gebäudes». Der im Aufriss Sältzers von 1847 zu sehende Eintritt in den Palasboden wurde schon erwähnt. Die wenigen Worte in den Inventaren sagen immerhin aus, dass es erstens über der unteren Ebene noch einen Boden im Dachgeschoss gegeben haben muss und zweitens der gesamte Saal nicht weiter unterteilt war. Letzteres stützt auch Rabes Grundriss mit dem obersten Stockwerk in einem Stück ohne Zwischenwände (Fig. 1.)[395].

Zeitlich folgen nun die schriftlichen Zeugnisse zur Umgestaltung von 1804, welche den Vorzustand nochmals preisgeben und in den nächsten Jahren und Jahrzehnten reflektieren. Bereits am 31. März 1804 beschrieb Rabe in Ergänzung seines Grundrisses die Raumsituation[396]. Danach bestand das obere Stockwerk nur aus einem Saal, der schmucklos und von einer sich auf eine in der Mitte verlaufende Reihe von Ständern gehaltenen Balkendecke überspannt war. Auch hier erfolgte der Hinweis auf die momentane Nutzung als Heuboden. Der Zugang war sowohl vom neuen Gebäude als auch vom benachbarten Korridor (im Grundriss «Corridor b.») aus möglich.

Doch zum Schlüsseldokument geriet ein Schreiben des damals zuständigen Burgkommandanten Carl Wolff von Todenwarth vom 16. Mai 1804 aus Eisenach an Herzog Carl August[397]. Daraus geht hervor, dass die Überbringung der Fürstenbilder aus dem Eisenacher Residenzhaus auf Thon zurückgeht und sie im «Rittersaal auf der Wartburg» aufgehängt werden sollten, der einigermaßen überholt werden musste. Dieser Saal wurde jedoch vom Kastellan «sehr unschicklich als Heuboden» genutzt. Der durchbrochene und ruinierte Estrich musste notdürftig wieder hergestellt, die Balkendecke und -seiten abgebrochen und die neun Fenster erneuert werden.

---

394 LATh-HstA Weimar, Inventar 1798/1800 (wie Anm. 65) Bl. 39r+v; LATh-HstA Weimar, Inventar 1803 (wie Anm. 65) Bl. 62r+v.
395 Abbildung Rabe-1804 [Abb. 24].
396 LATh-HstA Weimar, Nr. 1090 (wie Anm. 173) Bl. 2f.
397 LATh-HstA Weimar, Eisenacher Archiv, Bausachen, Nr. 1191, Bl. 1f.; WStA, AbAW 4 (wie Anm. 38) zu 1804.

Die letztgenannten neun Fenster erschließen sich im Grundriss Rabes mit acht an der Ostseite und einem am Südgiebel. Der Abbruch der Balkenseiten könnte auf eine Bretterwand vor der östlichen Galerie zur Aufstellung der Gewehre hindeuten, womit die unproportionale geringe Breite bei Thon (1792) eine Erklärung fände. Letztlich erhellt die Nennung des Estrichfußbodens, dass zumindest ein Teil des gesamten Saals ausgekleidet war, womit die Nachricht von 1777 zum Estrich in der Gewehrkammer bestätigt wird. Zwischen dem reinen Dielenbelag der Inventare von 1669 und 1696 und jenem Datum muss folglich ein solcher Estrich eingebracht worden sein.

Auf die vorherige Nutzung als Heuboden weisen nochmals Thon in der dritten Auflage von 1815 und Gottschalck in seinen Ritterburgen von 1818 hin[398]. Aber auch nach der Umgestaltung und Ausbesserung von 1804 war das oberste Palaststockwerk nicht sicher, weshalb im Spätherbst 1810 die Fürstengemälde zur Überwinterung eine Etage tiefer untergebracht wurden.

Das Inventar von 1829 schildert ungewöhnlich ausführlich die Beschaffenheit des dritten Palasgeschosses[399]. Von einem «Vorplatz» des Hauses Carl Augusts gelangt man nach Süden durch eine «Flügelthür» fünf Stufen hinauf zum «Vorplatz des Rittersaals», der zur Hälfte mit einem Estrich ausgegossen und zur anderen mit Diele ausgeschlagen ist[400]. «Rittersaal» meint hier den großen Saal im obersten Geschoss.

Ein Vorplatz existierte vor 1804 im Palasobergeschoss noch nicht und könnte in diesem Jahr, aber auch später durch den Einzug einer Zwischenwand geschaffen worden sein[401]. Eine solche, von Osten etwas schräg nach Süden verlaufende Zwischenwand ist in Sältzers Grundriss von 1847 auszumachen. An der Ostseite besitzt der Rittersaal-Vorplatz 1829 ein «Schubfenster mit runden Scheiben und Einen Gußstein». Dieses Fenster ist jenes einzelne, in der Fassadenreihe das nördliche. Der Gussstein ist in Bauzeichnungen der 1840er Jahre unmittelbar unterhalb des Fensters festgehalten[402], weist auf eine wirtschaftliche Nutzung hin und könnte noch aus einem Fürstenzimmer des 16. Jahrhunderts stammen.

In den Rittersaal führt 1829 eine verschließbare Tür, die auf Sältzers Grundriss durch die Zwischenwand hindurch nahe der Arkadenwand er-

---

398 THON, Wartburg 1815 (wie Anm. 283) S. 22; GOTTSCHALCK, Ritterburgen 1818 (wie Anm. 46) S. 57.
399 LATh-HstA Weimar, Inventar 1829 (wie Anm. 42) Bl. 24r-25v.
400 Vgl. SCHÖNE, Wartburg 1835 (wie Anm. 135) S. 107: «Nachdem wir eine Treppe und einige Stufen gestiegen sind, kommen wir in den großen Ritter- oder Ahnensaal.»
401 HOFFMANN, Arbeitsmaterialien 1979 (wie Anm. 57) Zweites Obergeschoss, S. 4.
402 GUSSSTEIN: Abbildung Spittel-1841/1842-BE0029 [Abb. 31]; Abbildung Ritgen/Spittel-1848-BE0021; vgl. HOFFMANN, Arbeitsmaterialien 1979 (wie Anm. 57) Zweites Obergeschoss, S. 14, Anm. 18.

scheint. Es handelt sich nicht etwa um die Eintrittsöffnung vom hofseitigen Galeriegang, der vom Nordhaus damals keinen eigenen Zugang besaß und im Inventar zum gesamten Saal gerechnet wird. Das offenbart sich aus der Angabe von je «sieben Schubfenster, mit runden Scheiben» in Osten und Westen, wozu noch eines im Süden kommt.

Die Decke ist 1829 entlang der Saalmitte durch fünf hölzerne Pfeiler gestützt, die bereits der Grundriss Rabes von 1804 enthält und in regelmäßigen Abständen wohl einen Unterzug tragen. Grundsätzlich birgt auch Sältzers Zeichnung von 1847 diese Anordnung, nur dass inzwischen beim zweiten Pfeiler von Norden eine Doppelstütze vorliegt. Ausdrücklich den schadhaften Zustand der Bretterdecke über dem Rittersaal bezeugt ein schriftlicher Beleg von 1827 über eine Neueindielung[403].

Das Inventar von 1829 beschreibt dann den bei der Elisabethgalerie ausgewerteten Zugang zur Fürstenempore der Kapelle. Er war in anderen Inventaren ebenso nicht enthalten wie die Veranschaulichung des Bodens über dem (Ritter-)Saal. Vom Vorplatz des Rittersaals führt nun eine Treppe nach Süden, an deren Ende eine Tür auf den Boden geht. Die Treppe erscheint 1847 bei Sältzer an der Nordmauer entlang nach oben[404]. Der Boden, der 1829 durchgehend gedielt ist, erstreckt sich über das gesamte Gebäude sowohl «im alten als neu gebauten Theile». Demnach waren die Böden des Hauses Carl Augusts und des Palas miteinander vereint. Dieser Boden besitzt nach Süden ein Fenster mit runden Scheiben, also ein Giebelfenster im Dachbereich. Historische Abbildungen mit dem Südgiebel des Palas sind in der Fensterzuordnung mitunter unklar, stimmen aber beim Dachfenster westlich von der Mitte überein[405].

Nach Osten verfügt der Boden über zwei Tagelöcher, deren Lade jeweils aufklappbar ist, und auch nach Westen über ein solches Tageloch. Auf der Hofseite erscheint ein Dachfenster bereits bei Gropius (1823). In den Bauzeichnungen der 1840er Jahre ist es ebenso verschwunden wie die beiden Fenster auf der östlichen Burgaußenseite, die bei Darnstedt (1802)[406] und Krauß (1805)[407] zu sehen sind. Nach Norden, und das betrifft folglich den

---

403 WStA, AbAW 4 (wie Anm. 38) zu 1827.

404 Abbildung Sältzer-1845/1846-BE0042 [Abb. 35].

405 Abbildung Goethe-Wartburg von Süden-1777; Abbildung Krauß-1778 [Abb. 16]; Abbildung Duviver-1800; Abbildung Spittel-1841/1842-BE0030; Abbildung Kuchenbuch-1842 [Abb. 32]; Abbildung Ritgen/Spittel-1848-BE0022 [Abb. 41]; Abbildung Sältzer/Puttrich-1847-Nr. 3a [Abb. 37], VII.

406 Abbildung Darnstedt-Rittersaal-1802 [Abb. 22]; Abbildung Darnstedt-Hellthal-1802 [Abb. 23].

407 Abbildung Krauß-1805.

Giebel des Nordhauses, verfügt der Boden über zwei «Flügelfenster mit Tafelscheiben». Da auch zwei frühere Abbildungen der Ostfassade, nämlich die Abbildung Herzog-Johann-Ernst-1628 und die Nordseite (1710), damit übereinstimmen und ebenfalls zwei Dachfenster am Nordgiebel zeigen, dürfte dieses Gepräge bereits mindestens einhundert Jahre früher bestanden haben. In den beiden «Feueressen» befinden sich «starke Eisenblech Thüren», womit der Inventarabschnitt von 1829 zu den Palasobergeschossen endet. Die beiden Feueressen sind jene beiden, den Dachansatz auf der Ostseite überragenden Kaminschächte in der Mitte und am nördlichen Gebäudeabschluss, die auf historischen Abbildungen häufig zu sehen sind und nach ihrem Steinmaterial ins Mittelalter zurückreichen[408]. Da ihre Außenseiten an den Außenmauern einigermaßen glatt anliegen, ragt ihr Körper ein ganzes Stück in den Dachboden hinein. Offenbar war ihr Inneres durch die Eisenblechtüren erreichbar und konnte als Räucherkammer genutzt werden.

Einige Details liefert die Literatur der 1830er und 1840er Jahre nach, bevor die Restaurierung das dritte Obergeschoss völlig verändert. Schöne (1835) verweist zum «Ritter- oder Ahnensaal» auf ein einstiges «höheres Gewölbe», das längst durch eine «niedrige, hölzerne Decke» abgelöst ist. Rätsel geben seine Innenmaße des Saals von 80 Fuß lang und 40 Fuß breit auf. Bei 28,2 cm für 1 Fuß liegt die Breite von rund 11,3 m um knapp einen Meter unter der tatsächlichen Entfernung von 12,15 m zwischen der Ost- und der Westmauer des Geschosses. Die Proportion von 2:1 könnte entstehen, wenn von der Zwischenwand des Vorplatzes, den Schöne nicht erwähnt, sich die Länge bis zum erhöhten Fußbodenpodest erstreckt, das durch die darunter befindliche Kapelle mit der größeren Raumhöhe als Sängersaal und Landgrafenzimmer hervorgerufen wird[409].

Johann Wilhelm Storch (1837) nennt für den «Rittersaal» im großen oder hohen Haus über dem «Speisesaal (jetzt Waffensaal)» eine Länge von 120 Fuß, eine Breite von 33 und eine Höhe von 11[410]. Die beiden ersten Maße hat er sicherlich bei Thon abgeschrieben und die Höhe von etwas über 3 m (11 Fuß) hinzugefügt. So stünden Länge und Breite nicht im «Ebenmaße» zur Höhe, und der Saal mag früher eine hölzerne, gewölbte Decke besessen haben, wie sich an der «massiven Giebelmauer» noch zeigt. Der Namensvetter Ludwig Storch (1840) wiederholt diese Maße und Überlegungen, bezeichnet den Rittersaal auch als «Bankettsaal» und informiert darüber, dass

---

408 Zum Alter des Steinmaterials: ALTWASSER, Wartburg-Palas 2001 (wie Anm. 14) S. 102f.

409 Zum erhöhten Fußboden im Südabschnitt des dritten Palasgeschosses vgl. Abbildung Sältzer/Puttrich-1847-Nr. 3a [Abb. 37], III und IV.

410 STORCH, Eisenach 1837 (wie Anm. 22) S. 274.

im benachbarten Korridor nun das Bett der hl. Elisabeth steht[411]. Witzschel (1845) und Puttrich (1847) liefern nichts über die beiden Storchs Hinausgehendes zu den Innenräumen im obersten Palasgeschoss[412].

II.6.

DIE SCHORNSTEINE UND
KAMINSCHÄCHTE DES PALAS

Der Palas besitzt heute an der Ostseite zwei über das Dach hinausragende Schornsteine, nämlich den mit Löwenfiguren bekrönten an der Nordostecke und den in der Mitte, die beide mittelalterliches Mauerwerk aufweisen[413]. Ein dritter Kaminschacht ist im Süden ebenfalls an seinen mittelalterlichen Werksteinen auszumachen, übersteigt aber nicht die Dachkante und schließt nicht anlog dem nördlichen am Südgiebel ab, sondern ist etwas eingerückt.

Das heutige Aussehen mit den beiden Palasessen erscheint in den Bauzeichnungen der 1840er Jahre[414], in Abbildungen um 1800 und geht frühestens bis auf Schnauss (1743) zurück[415]. Auffälligerweise stimmen aus dem 17. Jahrhundert die Darstellungen auf dem Bildnis von Herzog Johann Ernst (1628) und bei Richter (1690) mit allen drei sichtbaren Schornsteinen überein, so dass trotz der geringen Zahl an Zeugnissen ein damaliges Vorhandensein auch des südlichen, das Dach übersteigenden Exemplars anzunehmen ist.

Für eine solche Dreizahl der Palasschornsteine sprechen auch die Baubeschaffenheit und die archivalischen Zeugnisse. Ein Kaminschacht ist immer an mindestens einen darunter liegenden Heizkörper (Kamin, Ofen, Herd) gebunden. Schon in den Baunotizen des 16. Jahrhunderts (1530, 1543, 1550) ist ein Ofen in der Elisabethkemenate bezeugt[416], der wahrscheinlich am Eckkamin in der Südostecke platziert war, wofür auch die Beheizungsöffnung vom südlich anschließenden Gewölbegang spricht. Über diesem Standort,

---

411 STORCH, Merkwürdigkeiten 1840 (wie Anm. 48) S. 88f.

412 WITZSCHEL, Wartburg 1845 (wie Anm. 169) S. 65; PUTTRICH, Bauwerke 1847 (wie Anm. 50) S. 9.

413 ALTWASSER, Wartburg-Palas 2001 (wie Anm. 14) S. 102f.

414 Zwei Palasschornsteine in Bauzeichnungen der 1840er Jahre: Abbildung Spittel-1841/1842-BE0029 [Abb. 31]; Abbildung Ritgen/Spittel-1848-BE0021; Abbildung Sältzer-1845/1846-BE0049 [Abb. 34].

415 Der Palas mit Mittel- und Nordschornstein: Abbildung Schnauss-1743 [Abb. 8]; Abbildung Gans-1768 [Abb. 13]; Abbildung Kurz-1757; Abbildung Hoffmann-1750-G0228; Abbildung Todenwarth/Thoenert-1795; Abbildung Krauß-1778 [Abb. 16]; Abbildung Wiederhold-1780; Abbildung Darnstedt-Hellthal-1802 [Abb. 23]; Abbildung Krauß-1805.

416 WStA, AbAW 1 (wie Anm. 22) zu 1530 S. 6, zu 1543 S. 10, zu 1550 S. 16; WStA, AbAW 3 (wie Anm. 22) zu 1530–31, zum 21.2.1550.

also vom Südgiebel um jenen Gang plus die Mauerdicke entfernt, lag auch
der südliche Schornstein, was sowohl der Bausteinbefund als auch die genannten Abbildungen des 17. Jahrhunderts anzeigen.

Indes muss offen bleiben, wie ein entsprechender Kaminzug durch die
Kapelle über der Elisabethkemenate zum Schornstein des obersten Geschosses verlief. Die Abbildungen der Kapelle, die dafür keine Möglichkeit
zulassen, stammen erst aus der ersten Hälfte des 19. Jahrhunderts[417] und
schließen einen vorherigen Innenumbau keineswegs aus. Ein durchgehen-
der Abzug muss wohl auch nach der Kapellenerneuerung von 1628 noch
1674 vorhanden gewesen sein, weil sonst in diesem Jahr die Forderung nach
Ausbesserung des Ofens und des Ganges, von dem die Elisabethkemenate
aus beheizt wird[418], keinen Sinn ergeben hätte. Die Bezeichnung «Fräulein
Elisabethen Camin-Stube» in den Inventaren von 1669 und 1696 verweist
auf die Beheizung durch einen offenen Kamin, der aber wohl in der Vergangenheit und nicht mehr in den betreffenden Jahren bestand.

Zur Feuerstelle des mittleren Schornsteins gibt es eine Nachricht von 1550
über den Raum neben der Kapelle, der einen «Küchenherd»[419] besaß. Dabei
handelt es sich um den südlichen Wohnbereich auf dem Areal des heutigen
Sängersaals, dem auch Rabes Grundriss von 1804 die Stelle des Kamins zu-
ordnet. In der fürstlichen Schlafkammer, wohl wieder in jenem an die Kapelle anschließenden Zimmer, soll vor 1669 an dem durchgehenden Schlot
ein Kamin errichtet werden[420]. Schöne (1835) blieb es vorbehalten, eine einstige Küchenfunktion des Speisesaals im Erdgeschoss erstmals mit den Spuren eines Kamins anzusprechen[421], der folglich unter dem mittleren Palas-
schornstein gelegen haben muss.

Unter dem nördlichen Schornstein muss im Landgrafenzimmer und im
heutigen Rittersaal jeweils ein Kamin oder Ofen bestanden haben, u. zw. sicherlich an der Nordwestecke des jetzigen Nachbaus. Die Funktionen des
Rittersaals als Küche und des Landgrafenzimmers als beheizbarer Wohnraum des Fürsten machen eine solche Koch- bzw. Heizgelegenheit unent-
behrlich. In den Inventaren von 1669 und 1696 besitzt die Küche gegen das
Aschenfarbene Gemach – also der gegenwärtige Rittersaal – (natürlich) einen
«Heerd»[422]. Im Landgrafenzimmer befand sich laut Inventar 1733 ein eiser-

---

417 Siehe die Abbildungen bei Lührmann/Schwarz, Wartburgkapelle 2004 (wie Anm. 170).
418 WStA, AbAW 4 (wie Anm. 38) zu 1674.
419 WStA, AbAW 2 (wie Anm. 17) zu 1550 S. 18.
420 WStA, AbAW 4 (wie Anm. 38) zu 1669.
421 Schöne, Wartburg 1835 (wie Anm. 135) S. 6.
422 LATh-HstA Weimar, Inventar 1669 (wie Anm. 31) Bl. 5v; LATh-HstA Weimar, Inventar
    1696 (wie Anm. 32) Bl. 40r.

ner Ofen mit erdenem Aufsatz, der auch 1754 noch existierte, aber laut einer Korrektur nachträglich weggeräumt wurde[423]. Im Inventar von 1775 ist die Notiz von der Wegnahme schon mit dem übrigen Text niedergeschrieben[424]. Die Beseitigung des Ofens führte wohl neben anderen nachteiligen Umwandlungen zum desolaten Zustand des Landgrafenzimmers um 1800.

Eine Besonderheit des nördlichen Palasschornsteins sind die Löwenfiguren an den vier Ecken des oberen Abschlusses, die noch romanischen Stils und auf historischen Abbildungen zu erkennen sind[425]. Thon nennt sie 1792 «vier steinerne Katzen», die einer Sage nach von der hl. Elisabeth aus vier abfliegenden Hexen derart verwandelt worden wären[426]. Puttrich (1847) stützt sich offenbar auf Thon, nennt dieselben Fakten und fügt hinzu, eine dieser Figuren sei nicht mehr vorhanden und die eigentliche Bedeutung unbekannt[427].

III.

DAS NORDHAUS – DAS GEBÄUDE NÖRDLICH DES WARTBURGPALAS
IM WANDEL DER JAHRHUNDERTE

Anders als der Palas, der nach seiner Erbauung um 1160/70 trotz aller Veränderungen in der Grundsubstanz stabil geblieben ist, erfuhr das nördlich anschließende Gebäude, hier zusammenfassend «Nordhaus» genannt, mehrfach Um- und Neubauten. Sein Areal umfasst den höchsten Bereich des Wartburggipfels, weshalb nicht verwunderlich die älteste fassbare, spätestens in die erste Hälfte des 12. Jahrhunderts zu datierende Burganlage hier auszumachen ist[428]. Der in der zweiten Hälfte der 1150er Jahre begonnene Palas und der im frühen 13. Jahrhundert errichtete große Turm (Bergfried)[429]

---

423 LATh-HstA Weimar, Inventar 1733 (wie Anm. 34) Bl. 5r; LATh-HstA Weimar, Inventar 1754 (wie Anm. 35) Bl. 9v.

424 LATh-HstA Weimar, Inventar 1775 (wie Anm. 36) Bl. 17r.

425 Abbildung Darnstedt-Rittersaal-1802 [Abb. 22]; Abbildung Krauß-1805; Abbildung Hensel-1813/1900 [Abb. 25]; Abbildung Heerwart-1814; Abbildung Spittel-1841/1842-BE0029 [Abb. 31]; Abbildung Sältzer/Patzschke-Eingangstor-1847 [Abb. 38]; Abbildung Patzschke/Witthöft-Titelblatt-1847 [Abb. 39]; Abbildung Ritgen/Spittel-1848-BE0021; Abbildung Bleichrodt-1850; zur Restaurierung um 2001: Lehmann, Baumaßnahmen 2001 (wie Anm. 15) S. 212f.; HANS-JÜRGEN LEHMANN: Der Elisabethen- und der Margarethengang in der Vorburg der Wartburg. Ältere und neueste Baureparaturen. In: Wartburg-Jahrbuch 2002. 11(2003), S. 185–198, hier S. 179f.

426 THON, Wartburg 1792 (wie Anm. 22) S. 66f.

427 PUTTRICH, Bauwerke 1847 (wie Anm. 50) S. 9.

428 ELMAR ALTWASSER und ULRICH KLEIN: Die historischen Fundamentreste unter der Neuen Kemenate und dem Hauptturm auf der Wartburg. In: Wartburg-Jahrbuch 2013. 22(2014), S. 9–71, hier S. 18–21 und S. 37.

drängten es in den Hintergrund. Obwohl keine Zeugnisse erhalten sind, dürfte etwa anderthalb Jahrhunderte dort ein einstöckiges Gebäude gestanden haben, das aber nicht bis zum First des Palasdachs reichte, sondern den Blick auf den prächtig ausgestatteten oberen Teil des Nordgiebels frei ließ[430]. Um 1320 schloss ein Neubau nach einem Brand um den Turm herum an, der zu Recht die Bezeichnung «Haus Friedrichs des Freidigen» tragen könnte.

Doch erhielt in der Wartburgliteratur diese Bezeichnung das Haus mit den zwei Fachwerk-Etagen und dem wohl etwas über den Palasfirst hinausreichenden Dach, das erst um die Mitte des 15. Jahrhunderts auf den steinernen Unterbau aufgesetzt wurde. Über Jahrhunderte bildete es zusammen mit dem Palas einen als «Schloß» oder «Residenz» genannten Gebäudekomplex und das baulich-herrschaftliche Zentrum der Burg, das für einen tatsächlichen oder eventuellen Aufenthalt des herzoglichen Hofes bzw. seiner Angehörigen vorgesehen war. Den extremen Witterungseinflüssen in absoluter Gipfellage ständig ausgesetzt war es um 1790 derart baufällig, dass man sich zu einem stabilen, steinernen Neubau mit einem nördlichen Fachwerkgiebel entschloss, wobei die unteren Steinmauern fortexistierten. Nach dem Auftraggeber nennt man es das «Haus des Herzogs Carl August».

Kurz nach der Mitte des 19. Jahrhunderts riss man es unter dem Architekten Hugo von Ritgen aus Gründen des Zeitgeschmacks und weil es sich nicht als Wohnhaus der Fürstenfamilie eignete, ab. Von 1853 bis 1860 errichtete man in einigem Abstand zum Palas die Neue Kemenate mit den Wohnräumen des Fürstenpaares. Damit entsprach der Architekt den Intentionen des Bauherrn, die Wartburg sowohl als Museum als auch als Residenz zu gestalten.

Den Zwischenraum zum Palas füllte ein schlichter Bau, in dessen Innern eine Wendeltreppe den großen Festsaal im obersten Palasstockwerk erschloss. 1953/54 beseitigte man diesen Zwischenbau zugunsten des Neuen Treppenhauses, das funktional mit seiner Außentreppe und dem geräumigen Inneren seitdem die öffentliche Nutzung, besonders bei gesellschaftlichen Höhepunkten, bewältigen kann. In der Neuen Kemenate gestaltete man, denkmalpflegerisch teilweise zweifelhaft, die Wohnräume zu Ausstellungs- und Magazinräumen um. Jedenfalls prägen Neues Treppenhaus und Neue Kemenate am 1859 vollendeten großen Turm den mittleren Burgbereich des einstigen Nordhauses.

---

429 Zur Datierung des Bergfrieds vgl. Ulrich Klein: Die Untersuchung von Töpfers Keller neben dem Palas der Wartburg. In: Wartburg-Jahrbuch 2011. 20(2012), S. 9–32, hier S. 31; Altwasser/Klein, Fundamentreste 2013 (wie Anm. 428) S. 26f.
430 Darauf macht aufmerksam Puttrich, Bauwerke 1847 (wie Anm. 50) S. 7 und Anm. 1.

III.1.

DIE FRÜHEN FORMEN DES NORDHAUSES

Im schriftlichen Material informiert fast ausschließlich Johannes Rothe über das frühe Nordhaus, von dem das meiste den von ihm als Mußhaus bezeichneten Palas betrifft und schon im Kapitel II.1. abgehandelt wurde. Als er den 1270 erfolgten Abgang der Kaisertochter Margarethe von der Wartburg sagenhaft ausschmückte, verwandte er den ihm geläufigen Begriff Mußhaus ausdrücklich nicht. Sie verabschiedete sich von ihren Kindern, die in ihren Wiegen lagen, und suchte dazu das «bemalte Haus beim Turm» auf [431]. Hier kommt augenscheinlich jenes frühe Nordhaus ins Spiel, das 1317 abbrannte.

Zum Brand von 1317 äußert sich Rothe mehrfach, wobei er insbesondere zum Mußhaus mitunter recht unterschiedliche Aussagen macht und verschiedentlich vergröbert. Der Palas ist nachweisbar nicht abgebrannt, wie aus allen Baubefunden hervorgeht, sondern das direkt an den Turm angebaute Nordhaus. Der eigentlich als Abschreiber von Rothes Landeschronik agierende Adam Ursinus (um 1500) ersetzt beim Brand von 1318 das Mußhaus durch das «neue Haus» [432], worin ihm etwa eine bis 1422 reichende thüringische Chronik [433] und thüringische Geschichtsschreiber um 1600 [434] folgen. Offenbar war die Erkenntnis eingeflossen, dass der Vorgänger des derzeitigen Fachwerkhauses und nicht der Palas vollständig eingeäschert worden war.

Hierzu machte Thon in den Ausgaben von 1795 und 1815 die erhellende Mitteilung, dass man beim Abriss 1791 unter dem alten Mauerwerk Schichten «feiner, kleiner, schwarzgebrannter Holztrümmer» sowie «Holzkohlen» fand [435]. Ob dies auch die Fläche über dem Töpferskeller betrifft oder nur

---

431 ROTHE/WEIGELT, Landeschronik 2007 (wie Anm. 1) S. 70, 10: «Da ging sie uf das gemalte huß bie deme thorme. Da lagen ore kindere in eyner hotczin»; ROTHE/LILIENCRON, Chronik 1859/2007 (wie Anm. 3) S. 436, cap. 520: «gyngk do uff das gemolte huess bey dem torme, do yrer kynder zwe yn hotzin lagin».

432 ADAM URSINUS: Chronicon Thuringiae Vernaculum usque ad annum M CCCCC. In: JOHANN BURCHARD MENCKE: Scriptores rerum Germanicarum praecipue Saxonicarum. T. III. Leipzig 1730, Sp. 1239–1356, hier Sp. 1309 B: «das neue hauß».

433 Thüringische Chronik von Ninus und Trebeta bis zum Jahre 1322. In: KARL PETER LEPSIUS: Kleine Schriften. Beiträge zur thüringisch-sächsischen Geschichte und deutschen Kunst und Alterthumskunde. 3. Bd./Hrsg.: A. SCHULZ. Magdeburg 1855, S. 218–294, hier S. 287: «das naub haus».

434 JOHANN BANGE: Thüringische Chronick oder Geschichtbuch. Mühlhausen 1599, S. 126v-127r: «Newen Hausse»; JOHANN BECHERER: Newe Thüringische Chronica. Mühlhausen 1601, S. 333: «neuwen Hause»; JOHANN BINHARD: Newe vollkommene Thüringische Chronica. Leipzig 1613, S. 239: «newen Hauß».

abseits gelegene Bereiche, geht aus Thons Angaben nicht hervor. Die über
dem Keller gefundene Keramik des 14. Jahrhunderts[436] liefert einen terminus
ante und spricht mit gewisser Wahrscheinlichkeit für seine Zugehörigkeit
zum Haus Friedrichs des Freidigen. Dass kurz nach dem Brand von 1317
dieses neue Nordhaus entstand, erzählt Rothe in der Weltchronik zu Jahr
1319[437]. Zur Erneuerung des Verbrannten gehörte nämlich die «schöne große
Hofdornitz». Sie kann aber nicht das spätere Fachwerkhaus gewesen sein,
das den Nordgiebel verdeckte, den Rothe wie zu 1317 ersichtlich aber um
1420 gesehen haben muss.

III.2.

DAS VON VOR DER MITTE DES 15. JAHRHUNDERTS
BIS 1791 BESTEHENDE FACHWERKHAUS

Das Fachwerkhaus existierte von vor der Mitte des 15. Jahrhunderts bis zum
Abriss 1791 und bildete nach der hier verwendeten Terminologie seinerzeit
das Nordhaus. In diesen dreieinhalb Jahrhunderten war es häufig Beschädigungen ausgesetzt, welche der exponierten Lage auf dem höchsten Platz des
Wartburgfelsens und den Umbauten am Turm sowie dessen Niederlegung
im 18. Jahrhundert geschuldet waren, die umfangreiche Reparaturen und
Veränderungen erforderten. Dadurch erfuhren seine Gestalt und die Funktion seiner Räume allerlei Wandlungen. Andererseits ist es nach Gemälden
und Zeichnungen des 17. und 18. Jahrhunderts recht gut bekannt und in seiner äußeren Gestalt rekonstruierbar.

*Die Wartburghöfe
von Osten (Aus-
schnitt), Friedrich
Adolf Hoffmann
(siehe Abb. 9, S. 142)*

435 THON, Wartburg 1795 (wie Anm. 305) S. 20f.; THON, Wartburg 1815 (wie Anm. 283) S.
    210f.
436 KLEIN, Töpfers Keller 2011 (wie Anm. 429) S. 23f.
437 ROTHE/LILIENCRON, Chronik 1859/2007 (wie Anm. 3) S. 543, cap. 636: «Noch Cristus

III.2.1.

DIE DATIERUNG AUF MITTE DES 15. JAHRHUNDERTS
UND DIE FACHWERKSTRUKTUR

Seine Errichtung hat man lange mit dem Neubau um 1320 verbunden[438] und deshalb den Terminus «Haus Friedrichs des Freidigen» verwandt. Der Jenaer Museumsleiter und Volkskundler Oskar Schmolitzky (1893–1978) hat es in diesem Sinne als das älteste erhaltene Fachwerkhaus im mitteldeutschen Raum eingestuft, gleichwohl aber Vergleichsbeispiele erst von um 1450 und um 1470 benannt[439]. Auf diesen Gegensatz machte G. Ulrich Großmann im Wartburg-Jahrbuch von 2001 aufmerksam[440], der es aus bauanalytischer Sicht in die Zeit nach der Mitte des 15. Jahrhunderts rückte und mit dem dendrochronologisch auf um 1480 datierten Fachwerk des vorderen Burghofes der Wartburg zusammenbrachte.

In Abschriften seit Mitte des 15. Jahrhunderts taucht eine «Neue Dirnitz» auf der Wartburg auf, bei der es sich – um welches Gebäude sonst – um den Fachwerk-Neubau drehen muss. Genau im Jahre 1450 ordnete der Kurfürst an, diese «nuwe dornize» einzudecken[441]. Gleichzeitig und davon abgesetzt wird das Mußhaus («muß huß») aufgeführt, so dass hier das Fachwerk-Nordhaus und der Palas nebeneinander gestellt sind. Eine Zahlung für die Beseitigung von durch Sturm verursachten Innenschäden geschah 1454[442]. Um die «nuve dornitze» ging es, wenngleich der Sinn sonst unklar ist, auch 1455, als darin ein neuer Gang von der neuen Lauben-Kemenate außen gestrichen und gedeckt werden soll. Folglich muss der Bau kurz vor 1450 geschehen sein und das von Großmann anvisierte Datum etwas vorverlegt werden[443].

gebort 1319 jar do hatte lantgrave Frederich von Doryngen Warpergk weder gebuwet, das vorbrant was, unde liess is allen enden befesten unde bessern unde legete dor uf gar eyne schone grosse houfedornzin unde liess erde dor uf bey den zistern treiben unde pfantzte eynen bowngarten dor uffe durch lust unde liess dor uff ouch uss Myssen uss Plissen unde uss den Ostirlande alle seynen schatz furen, vil cleynotis unde silbers. wenn her getruwete ys do bas zu behalden denn uf eyme andirn slofs.»

438 Weber/Baumgärtel, Wartburg 1907 (wie Anm. 27) S. 134; Gabelentz, Wartburg 1931 (wie Anm. 73) S. 207f.; Asche, Wartburg 1957 (wie Anm. 71) S. 35–37; Werner Noth: Die Wartburg. Denkmal und Museum. Leipzig ²1985, S. 67.

439 Oskar Schmolitzky: Das Fachwerk der Wartburg. In: Deutsches Jahrbuch für Volkskunde. 10(1964)1, S. 1–24, hier S. 7–9 und S. 15.

440 G. Ulrich Grossmann: Das Fachwerk der Wartburg – eine Revision. In: Wartburg-Jahrbuch 2001. 10(2002), S. 53–69, hier S. 54f.

441 LATh-HstA Weimar, Ernestinsche Gesamt-Archiv, Reg. Bb. 1219, Rechnungen des Amtes Eisenach 1446–1458, Bl. 246r zu 1450; WStA, AbAW 3 (wie Anm. 22) zu 1450.

442 LATh-HstA Weimar, Reg. Bb. 1219 (wie Anm. 441) Bl. 294v zu 1454; WStA, AbAW 3 (wie Anm. 22) zu 1454.

Die Fachwerkstruktur, die Aufschluss über die Datierung geben kann, ist am besten in Goethes Zeichnung von 1777 ersichtlich und wird durch weitere historische Abbildungen bestätigt, mit der Abbildung Herzog-Johann-Ernst-1628 beginnend[444]. Die Geschosse lagern auf einer Schicht von Balken, deren Köpfe von Goethe jeweils durch eine starke Linie dargestellt sind. Darauf ruht die untere Fachwerkschicht aus Andreaskreuzen, die für die Aufnahme der größten Last als auch als Verzierung besonders geeignet sind. Darüber erhebt sich die Reihe der größten Gefache mit senkrechten Balken, welche die Fenster in ihrer vollen Höhe aufnehmen. Oben schließt eine kleinere Schicht mit nochmals senkrechten Balken ab, über der die nächsten Bodenbalken aufliegen. An der Ostfassade sind derart die beiden Fachwerkgeschosse aufgebaut, worauf das Dach ansetzt, während am Giebel ein weiteres Geschoss mit seinen Andreaskreuzen aufliegt. Da die Wehrgänge und der Vogteiaufsatz in derselben Bauweise um 1480 ausgeführt wurden, diente vor Ort wohl das vermutlich in den 1440er Jahren errichtete Fachwerk-Nordhaus als Vorbild.

Insgesamt bestätigen sich aber die schriftlichen Nachrichten und die bauhistorische Einordnung mit diesem Zeitpunkt kurz vor der Mitte des 15. Jahrhunderts gegenseitig. Somit fiele der Fachwerkbau nicht dem 1323 verstorbenen Friedrich dem Freidigen zu, sondern dem von 1440 bis 1482 in Thüringen herrschenden Wilhelm dem Tapferen. Dieser weilte in bemerkenswerter Nähe zur vermutlichen Bauzeit nachweisbar am 7. April, 14. Mai und 21. Juni 1448 sowie am 5. November 1449 auf der Wartburg[445]. Vom 14. Oktober bis 27. November 1449 hielt er sogar zusammen mit seiner Gemahlin Hof auf der Wartburg[446], die also eine entsprechend komfortable Ausstattung besessen haben musste.

---

443 WStA, AbAW 3 (wie Anm. 22) zu 1455.

444 Abbildungen zum Fachwerkhaus: Abbildung Herzog-Johann-Ernst-1628 [Abb. 3], Abbildung Schnauss-1743 [Abb. 8]; Abbildung Hoffmann-Wartburghöfe-1750 [Abb. 9] (nur Giebelseite); Goethe-Wartburg von Nordost-1777 [Abb. 14]. Bei der Abbildung Gans-1768 [Abb. 13] liegt eine andere Struktur vor.

445 Herzog Wilhelm III. von Sachsen auf der Wartburg: Johann Heinrich Zedler (Verl.): Grosses vollständiges Universal-Lexikon Aller Wissenschaften und Künste. 56. Bd. Leipzig/Halle 1748, Sp. 1181 zum 7.4.1448; Ernst Devrient (Hrsg.): Urkundenbuch der Stadt Jena und ihrer geistlichen Anstalten. Bd. 2. (1406–1525) (Thüringische Geschichtsquellen. Bd. 6,2. NF. 3,2). Jena 1903, Nr. 420 und 421 zum 14.5.1448 und Nr. 442 zum 5.11.1449; Hermann von Roques (Hrsg.): Urkundenbuch des Klosters Kaufungen in Hessen. Bd. 2. Kassel 1902, Nr. 52 zum 21.6.1448.

446 LATh-HstA Weimar, Reg. Bb. 1219 (wie Anm. 441) S. 151r und 173r; WStA, AbAW 3 (wie Anm. 22) zu 1449.

III.2.2.
DIE RAUMSTRUKTUR UND DIE AUSSTATTUNG
DES FACHWERKHAUSES

Um sich ein Bild über die Raumstruktur des Fachwerkhauses machen zu können, muss man wohl von den Bauzeichnungen Bährs aus dem Jahre 1785 ausgehen, dann die Inventare des 17. und 18. Jahrhunderts befragen, die Abbildungen derselben Jahrhunderte einbeziehen und von der so gewonnenen Gesamtansicht die Nachrichten seit dem 15. Jahrhundert und die Details über die gesamte Bestandszeit des Gebäudes auswerten.

Für die Zugänglichkeit und Funktionalität ist erst einmal festzuhalten, dass das Haus keinen eigenen Zugang besaß. Ob der Zwischenbau keine Hoftür wie in Hoffmanns Hofansicht (1750) oder doch eine aufwies wie bei Bähr (1785), ist in diesem Zusammenhang unwichtig. Eine solche konnte lediglich den Keller betreffen, der keinen Aufgang in die darüber liegenden Räume hatte, zumindest nicht innerhalb des Nordhauses selbst. Deshalb beschreiben die Inventare den vorderen Keller jeweils von den obigen Räumen getrennt und über den Hof erreichbar. Einen diesbezüglichen Innenaufgang geben auch die räumlichen Gegebenheiten und die historischen Nachrichten nicht her.

Die beiden Fachwerkgeschosse saßen auf einem steinernen Fundament auf, von dessen Räumen aus sie also im Innern nicht begehbar, sondern lediglich über den Haupteingang des Palas erreichbar waren. Die Grundstruktur mit zwei in Ost-West-Richtung verlaufenden Innenmauern muss trotzdem spürbar gewesen sein, da Hoffmann sie 1750 in seinen Wartburggrundriss einzeichnete[447]. In Bährs Grundriss von 1785 ist diese Struktur jedoch nicht enthalten. Beim Palas nannte er den westlichen Gang «Untere Gallerie» und befand sich demnach vor dem Landgrafenzimmer im ersten Obergeschoss, wogegen er den großen Palassaal mit «Grosser Boden» im zweiten Obergeschoss beschriftete und somit zwei Stockwerke in einer Zeichnung vereinte. Da die unteren Quermauern fehlen, behandelt Bährs Zeichnung offenbar das zweite Fachwerkgeschoss des Nordhauses. Die eingezeichnete Raumeinheit «Cabinet» neben dem großen Boden, wie sie auch in den Inventaren vorkommt, bestätigt dies.

Die Inventare von 1669 bis 1775 stimmen grundsätzlich darin überein, dass als Haupträume im unteren Stockwerk das Gelbe und im oberen das Grüne Gemach jeweils mit einer Kammer daran bestanden. Dies bestätigten

---

447 Abbildung Hoffmann-Grundrisse-1750 [Abb. 10].

die bereits im frühen 16. Jahrhundert erscheinende Aufzählung von «vier ziemlichen Stuben und Kammern»[448]. Nach einer Mitteilung bei Limberg (1712) und ihm folgend bei Melissantes (1713) diente das Gelbe Gemach zur Speisung der fürstlichen Herrschaften und das Grüne der Kavaliere[449], womit die ansonsten im Kavalierzimmer hinter der Lutherstube untergebrachten adligen Gäste gemeint waren.

Grundriss des sog. Hauses Friedrichs des Freidigen, Christian Heinrich Bähr (siehe Abb. 19, S. 149)

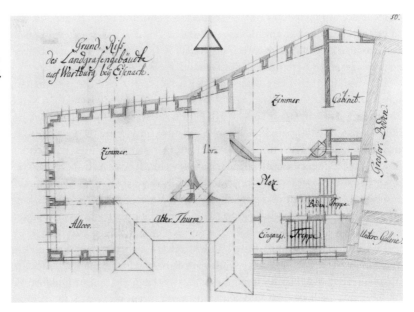

Um die Funktionalität der Etagen und Räume begreifen zu können, muss nunmehr ein Blick auf die Zugänglichkeit und somit auf die Innentreppen geworfen werden. Wie aus Bährs Grundriss von 1785 hervorgeht, besaß das Haus drei Treppen: die erste vom Eingangsbereich zum Obergeschoss, die zweite vom Obergeschoss auf das oberste Palasgeschoss und die dritte auf den eigenen Dachboden hinauf. In Verlängerung der «Unteren Gallerie», wie er den Zugang vom Haupteingang vor dem Landgrafenzimmer bezeichnete, ging es ein Stück in das Nordhaus hinein und dann geradewegs eine Treppe, die «Eingangs-Treppe», hinauf. In Bährs Durchschnitt von 1785[450] liegt sie

---

448 WStA, AbAW 2 (wie Anm. 17) zu 1516, S. 4.
449 Limberg, Eisenach 1712 (wie Anm. 98) S. 227; Melissantes, Bergschlösser 1713 (wie Anm. 100) S. 430.
450 Bähr-Durchschnitt-1785 [Abb. 20].

auf der westlichen Seite, endet auf dem Fußbodenniveau des Obergeschosses und gehört zum Kernbau, während die obere Dachabschrägung davor
zum Hofe abgeht. Jene Treppe gewährte also die Verbindung vom Eingang
zur oberen Fachwerketage. Die Inventare nennen sie nicht gesondert, sondern setzen sie mit dem Übergang vom Stockwerk des Gelben Gemachs zum
dem des Grünen einfach voraus.

Die zweite Innentreppe führte vom Fußbodenniveau bzw. dem «Vor-
Platz» des Obergeschosses über fünf Stufen auf eine kleine Fläche vor der
nördlichen Palasmauer, von der es in den «Grossen Boden» ging, in das oberste Palasgeschoss. Über den von Bähr als «Boden-Treppe» bezeichneten Aufgang erreichte man von jenem kleinen Platz nach Norden den Boden des
Nordhauses. Die Inventare von 1733, 1754 und 1775 beschreiben diese zwei-
läufige Treppenanlage derart, dass vom Stockwerk des Grünen Gemachs der
Boden (die oberste Palasetage) «hinter der Treppe» liegt, womit die besagte
kleine zweite Treppe gemeint ist. «Gleich daran» sei «ein Boden zur Treppe
hinauf»[451], worauf sich in den Inventaren eine Beschreibung des Dachbodens des Nordhauses anschließt und folglich die erwähnte dritte Treppe angesprochen war.

Eine bildliche Darstellung lieferte Goethe, der auf der Rückseite des bekannten Bildes mit dem Südgiebel des Palas die zweigliedrige Treppensitua-
tion flüchtig, aber ausreichend skizzierte[452]. Links führen fünf Stufen zu
einem Rundbogenprotal hinauf, das im Palas-Nordgiebel von Sältzer (1847)
zwar überbaut, aber in Umrissen noch als Eingang zum obersten Palasstockwerk erkennbar ist. Rechts geht es bei Goethe rückläufig auf den Boden
über der Decke hinauf. Ganz links erscheint eine Innenwand, die Bähr 1785
wahrscheinlich nicht eingezeichnet hat, weil sie nach seiner Planung beseiti-
tigt werden sollte. Als Fazit zu den Treppen im Fachwerk-Nordhaus ist die
Erreichbarkeit aller Ebenen innerhalb des Gebäudes zu konstatieren.

Ein nächster Schritt zur Rekonstruktion des Fachwerkhauses besteht in
der Ermittlung von Lage und Identität der einzelnen Räume, wobei vor
allem die Fenster, aber auch andere Zustandsangaben herangezogen werden.
Der Grundriss Bährs von 1785 verzeichnet an der Ostseite neun Fenster,
wobei das südliche hinter der Biegung auf anderen Darstellungen von Nordosten vielleicht nicht einsehbar war. Am Nordgiebel weist er fünf und an
der Nordecke der Hoffront nochmals zwei Fenster aus. Diese Vielzahl lässt

---

451 LATh-HstA Weimar, Inventar 1733 (wie Anm. 34) Bl. 6v; LATh-HstA Weimar, Inventar
1754 (wie Anm. 35) Bl. 11r; LATh-HstA Weimar, Inventar 1775 (wie Anm. 36) Bl. 20r.
452 Abbildung Goethe-Treppenhaus-1777 [Abb. 15]; abgebildet in: GERHARD FEMMEL (Bearb.):
Corpus der Goethezeichnungen. Bd. 1. Leipzig 1958, Nr. 179 Rs., S. 71, Abb. 179 R.

Treppenhaus im sog.
Haus Friedrichs des
Freidigen mit dem
alten Bergfried,
Johann Wolfgang
von Goethe (siehe
Abb. 15, S. 146)

sich weder mit den weiteren ernsthaften historischen Abbildungen noch mit den Inventaren
vereinbaren. Bährs Grundriss mit dem weitläu-
figen, winkelförmigen Vorplatz und einem großen Zimmer im Südostbereich entsprach wohl
nicht dem damaligen Ist-Zustand, sondern einer
beabsichtigten Neugestaltung.

Neun Fenster oben und unten an der Ostseite
erscheinen lediglich noch bei Richter (1690) und
Todenwarth/Horny (1784), die jedoch mehr sti-
lisiert als wahrhaftig wirken. Die seriösen und
unabhängig voneinander abbildenden Künstler
bzw. Werke sind die Abbildung Herzog-Johann-
Ernst-1628 (unten 6 Fenster plus Abtritt und
oben 7), Schnauss (1743, unten 6 + Abtritt,
oben 6), Gans (1768, oben und unten je 6) und
Goethe (1777, oben und unten je 6). Den Nordgiebel zeichneten: Schnauss
(1743, unten und oben je 4 Fenster), Hoffmann (1750, oben und unten je 3),
Gans (1768, oben und unten je 3) und Goethe (1777, oben 4). Aus allem
schält sich als wahrscheinlichste Variante heraus, dass die Ostfassade unten
und oben je sechs und der Nordgiebel je vier Fenster besaß.

Die Inventare von 1733, 1754 und 1775 nennen im unteren Stockwerk
für das Gelbe Gemach acht Fenster und für die Kammer daran zwei sowie im
oberen Geschoss für das Grüne Gemach ebenfalls acht und die Kammer
daran zwei[453]. Demnach lagen wohl Gelbes und Grünes Gemach ebenso
übereinander wie die beiden Kammern. Als weiterer Raum im Obergeschoss
informieren die Inventare von 1669 und 1696 über jenes Kabinett am Saal
des Palas[454], das auch Bähr an der Südostecke des Fachwerkhauses mit einem
Ostfenster eingetragen hat.

Dessen Begrenzungswände sind im Süden die Giebelmauer des Palas und
im Norden ein Zwischenzug, der an einem Knick der Burgmauer endet, so
dass sich seine Ostmauer an der Flucht des Palas und nicht des übrigen
Nordhauses ausrichtet. Bährs Grundriss von 1785 zeigt diese kleine, mit
«Cabinet» beschriftete Raumeinheit[455]. Von dort muss es einen Zugang zum

453 LATh-HstA Weimar, Inventar 1733 (wie Anm. 34) Bl. 6r+v; LATh-HstA Weimar, Inven-
    tar 1754 (wie Anm. 35) Bl. 10r-11r; LATh-HstA Weimar, Inventar 1775 (wie Anm. 36) Bl.
    18v-19v.
454 LATh-HstA Weimar, Inventar 1669 (wie Anm. 31) Bl. 5v; LATh-HstA Weimar, Inventar
    1696 (wie Anm. 32) Bl. 40r.
455 Abbildung Bähr-Grundriss-1785 [Abb. 19].

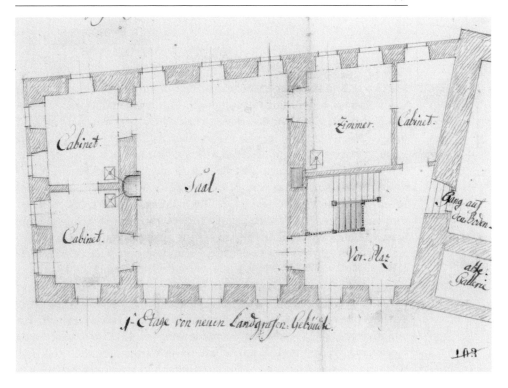

Abort ein Stockwerk tiefer gegeben haben. Ostansichten des bis 1790 bestehenden Nordhauses veranschaulichen den Aborterker nahe der Grenze zum
Palas im unteren Fachwerkgeschoss[456].

    An der diagonal gegenüber liegenden Ecke hat Bähr einen Alkoven («All-
cov.») platziert, also ein kleines Schlafzimmer, das nach den Inventaren von
1733, 1754 und 1775 jene Kammer am Grünen Gemach war, die auch «Elisabethen Cammer» genannt wurde und mit zwei Himmelbetten ausgestattet
war. Eines der beiden dürfte das angebliche Bett Elisabeths gewesen sein,
dessen Späne gegen Zahnschmerz helfen sollten. Das Zimmer am Gelben
Gemach war ebenfalls mit zwei Himmelbetten bestückt und lag sicherlich
darunter, so dass die beiden Eckzimmer an der Nordwestecke als Schlaf-
räume dienten.

*Ansicht und Grundriss
des «Neuen Hauses»
Carl Augusts (Aus-
schnitt): 1. Oberge-
schoss, Christian
Heinrich Bähr (siehe
Abb. 21, S. 150)*

---

456 Ansichten der Ostseite: Abbildung Herzog-Johann-Ernst-1628 [Abb. 3]; Abbildung
    Schnauss-1743 [Abb. 8] Ostseite; Abbildung Gans-vor 1768 [Abb. 12]; Abbildung Krauß-
    1778 [Abb. 16].

EXKURS:

DAS BETT DER HL. ELISABETH

Die älteste Kunde vom heilbringenden Bett der hl. Elisabeth geht auf die Eisenacher Kirchengeschichte des hiesigen Theologen und Magisters Nicolaus Rebhan von 1621 zurück, dessen Handschrift zwar hier nicht eingesehen werden konnte, aus der sich aber mehrere Autoren um 1700 umfassend bedient haben[457]. Demzufolge sei das Bett grün angestrichen, für ein Alter von 400 Jahren aber zu neu gewesen, jedoch möglicherweise renoviert und mit Farbe aufgefrischt worden. Nach Aberglauben bzw. Mönchsgeschwätz sollen abgetrennte Holzspäne gegen Zahnschmerz geholfen haben, wenn man mit ihnen an den Zähnen rieb. Der Eisenacher Gastwirt Georg Rudolph habe an Katholiken angeblich abgeschnittene Späne verkauft, die er in Wahrheit von einer Latrine abgerissen hatte. Nichtsdestotrotz schnitten Besucher der Wartburg vom tatsächlichen Bett immer wieder Späne ab, so dass es schon um 1700 arg abgenommen hatte.

Die erste Lokalisierung in der Elisabethkammer neben dem Grünen Gemach im oberen Fachwerkgeschoss des Nordhauses geht auf Limbergs Wartburgbesuch von 1708 zurück[458], woran Gregorii 1711 und unter dem Pseudonym Melissantes 1713 anknüpfte[459]. Das Wartburg-Inventar von 1669 beschreibt in der Kammer am Grünen Gemach zwei Himmelbetten, von denen eines grün angestrichen[460] und offenbar jenes Elisabethbett war. Während hier also weder Bett noch Raum mit Elisabeth verbunden werden, bezeichnet das Inventar von 1733 den Raum als Elisabethkammer, kennt erneut beide Betten, aber ohne eines davon Elisabeth zuzuordnen[461]. Im Inventar von 1754 sind beide Betten nachträglich durchgestrichen[462] und

457 PFEFFERKORN, Thüringen 1685 (wie Anm. 208) S. 144; CHRISTIAN FRANZ PAULLINI: Historia Isenacensis. Frankfurt a. M. 1698, S. 42; KOCH/JUNCKER, Beschreibung 1710 (wie Anm. 255) S. 96; LIMBERG, Eisenach 1712 (wie Anm. 98) S. 227f.; GREGORII, Thüringen 1711 (wie Anm. 99) S. 93f.; MELISSANTES, Bergschlösser 1713 (wie Anm. 100) S. 430; JOHANN HEINRICH VON FALCKENSTEIN: Thüringische Chronicka. Oder vollständige Alt- Mittel- und Neue Historie von Thüringen. 2. Buch. Erfurt 1738, S. 712; vgl. GABELENTZ, Wartburg 1931 (wie Anm. 73) S. 51 und 70.
458 LIMBERG, Eisenach 1712 (wie Anm. 98) S. 227f. Hier ist darauf hinzuweisen, dass Limberg sein Buch im Druckbild identisch schon 1709 unter Pseudonym herausgab: BERGENELSEN, Eisenach 1709 (wie Anm. 98).
459 GREGORII, Thüringen 1711 (wie Anm. 99) S. 93; MELISSANTES, Bergschlösser 1713 (wie Anm. 100) S. 430.
460 LATh-HstA Weimar, Inventar 1669 (wie Anm. 31) Bl. 5v.
461 LATh-HstA Weimar, Inventar 1733 (wie Anm. 34) Bl. 6v.
462 LATh-HstA Weimar, Inventar 1754 (wie Anm. 35) Bl. 10v.

können aus der nunmehrigen Elisabethkammer zeitweise entfernt worden sein, da der vor Ort amtierende Burgvogt Kurz 1757 die «hölzerne Bettstatt der heiligen Elisabeth» im Landgrafenzimmer verortet[463]. Laut Inventar von 1775 sind die beiden Betten, wenngleich sehr ruiniert, in die Elisabethkammer zurückgekehrt[464], obwohl der Pfarrer Götze bei seinem Wartburgbesuch von 1782 das Elisabethbett im Landgrafenzimmer gesehen haben will[465], aber wohl seine Formulierungen bei Kurz (1757) abgeschrieben hat.

Mit dem Abriss des Fachwerkhauses 1791 verlor es seinen Ursprungsort. Thon macht mit seiner Erstauflage von 1792 beginnend zwar keine Angaben zu Aufbewahrungsstätten, behauptet aber, im Laufe der Jahrhunderte seien in kleinen Teilen mehrere Betten weggetragen und immer wieder ersetzt worden[466]. Der aufgeklärte, französische Reisende Wölfling (1796) nennt ebenfalls keinen Standort, berichtet aber ausgiebig über das hölzerne Bett Elisabeths als «Reliquie» und spottet mit Vokabeln wie «Zahnstocher» und «Zahnstocherfabrik» über den «frommen Betrug»[467]. Nachdem es 1822 nochmals ohne Ortsangabe beschrieben wurde[468], taucht es bei Storch (1840) im Galeriegang des obersten Palasgeschosses auf, war jedoch zum «Ueberbleibsel» geschrumpft[469].

III.2.2.

DIE RAUMSTRUKTUR UND DIE AUSSTATTUNG
DES FACHWERKHAUSES (FORTSETZUNG)

Nach all dem wäre das folgende Modell der Fensterordnung auf die Räume recht plausibel: An der Ostfassade waren die beiden südlichen Fenster jeweils dem Kabinett und dem kleinen Vorraum darunter zuzuordnen. Die anderen fünf Ostfenster gehörten zum Gelben bzw. Grünen Gemach, denen auch je drei am Nordgiebel zuzuordnen waren, also jene acht der Inventare. Dass die beiden Gemache auf der Hofseite Fenster hatten, ist nicht völlig auszuschließen, doch verdeckte ehemals der Turm diese Seite. Schließlich dürften

---

463 KURZ, Festungs-Schloß 1757 (wie Anm. 40) S. 12.

464 LATh-HstA Weimar, Inventar 1775 (wie Anm. 36) Bl. 19v.

465 BERNOULLI, Reisebeschreibungen 10, 1783 (wie Anm. 107) S. 289.

466 THON, Wartburg 1792 (wie Anm. 22) S. 57; THON, Wartburg 1795 (wie Anm. 305) S. 64; THON, Wartburg 1815 (wie Anm. 283) S. 70f.; THON, Wartburg 1826 (wie Anm. 107) S. 64f.

467 WÖLFLING, Reise 1796 (wie Anm. 225) S. 333.

468 JOHANN HEINRICH MEY: Charakterzüge, Anekdoten und besondere Lebensumstände der heiligen Elisabeth, einer ungarischen Königstochter und vormaligen Landgräfin von Thüringen und Hessen. Eisenach 1822, S. 20.

469 STORCH, Merkwürdigkeiten 1840 (wie Anm. 48) S. 89.

die beiden Eck- bzw. Schlafzimmer je ein Fenster am Nordgiebel und auf der westlichen Hofseite, welches bei Hoffmann (1750) angedeutet ist, besessen haben.

Das aufgezeigte Schema lässt sich zwar nicht zwingend beweisen, da die Vorlagen sich widersprechen und unvollständig sind. Bei Fenstern und Raumzuordnungen sind Verschiebungen möglich, doch das erarbeitete Grundmodell dürfte zutreffend belegt sein: Im südwestlichen Bereich befanden sich die Treppenanlagen, denen gegenüber im Osten kleine Räumlichkeiten bestanden. Den weitaus größten Platz bis zum Nordgiebel nahmen die beiden Gemache ein, an deren Nordwestecke in jeder Etage ein Schlafraum zugeordnet war. Mit dem derart gewonnenen Raummodell ist es nunmehr möglich, die seit dem 15. Jahrhundert überlieferten Zeugnisse entsprechend dem Fachwerkhaus zuzuordnen und auszuwerten.

Um 1500, also nur ein reichliches halbes Jahrhundert nach seiner Erbauung, war das Fachwerkhaus stark beschädigt und fiel wohl mindestens ein halbes Jahrhundert für fürstliche Wohnzwecke aus. Als Hauptprobleme drängten sich ein schadhafter Kaminabzug und damit die Beheizbarkeit der Wohnräume auf. Aus einer Besichtigung der Wartburg von 1504 geht hervor, dass der Kamin zu schwach aufgemauert war und seine Steine sich zerdrückt hatten, so dass vorgeschlagen wurde, ihn vor einem drohenden Zerfall abzutragen. Später sollte er wieder aufgerichtet werden[470]. Die neuen fürstlichen Wohnzimmer («neue Wesen») könnten weiteren Schaden nehmen, da man sie ganz an den Turm herangemauert habe, wovon sie sich schon gelöst und ihre Fußböden sich gehoben haben.

Eine Besichtigung der Wartburg im Jahre 1516 erbrachte[471], dass der große steinerne Schlot aufgegangen und dann zur Rettung des Hauses abgebrochen worden war. Er hatte die Gemache auseinander geschoben und die Estriche zerrissen. Zwei Stuben waren zu einer Seite aufgebrochen. Ohne den Rat eines sachkundigen Werkmeisters sei aber an dem hölzernen Hause nichts zu machen. Wegen des fehlenden Schlotes seien die «vier ziemlichen Stuben und Kammern» im «hintern Haus» nicht als Wohnung eingerichtet. Damit ist sicherlich das Nordhaus gemeint, da die genannten Räume hierauf passen[472]. Vor allem trifft darauf die Feststellung zu, wonach das «hölzerne Haus in der Höhe keine große Last tragen» könne, was den Palas eigentlich ausschließt. Diese Unbewohnbarkeit hielt sich mindestens bis 1550, als am 17. Januar ein Anschlag von den vier Stuben ohne Öfen aus-

---

470 WStA, AbAW 2 (wie Anm. 17) zu 1504, S. 2.
471 WStA, AbAW 2 (wie Anm. 17) zu 1516, S. 4.
472 Darauf verweist GABELENTZ, Wartburg 1931 (wie Anm. 73) S. 94.

geht[473]. Ebenso informiert Baumeister Gromann, dass im großen Haus vier Stuben mit Kammer vorhanden sind, die jedoch keine Öfen und schadhafte Glasfenster besitzen[474].

Trotz allem betrieb man erheblichen Aufwand, um das Fachwerkhaus zu erhalten, auszubauen und auszubessern. Neue Dachziegel erhielt es 1518/19[475], so dass es sich darin für die nächsten drei Jahrzehnte vom mit Schindeln gedeckten Palas unterschied. Bereits 1540/41 musste es als ein «Neues Mittelhaus» mit 2.000 Hänge- und 1.000 Sturzziegeln neu eingedeckt werden[476].

Verschiedene Arbeiten betrafen die Innentreppen. Als man 1509 eine Treppe vor dem Saal machte[477], handelte es sich wohl um jene bei Goethe (1777) abgebildeten Stufen im Nordhaus zum obersten Palasgeschoss. Diese Treppe am Saal soll im Anschlag Gromanns von 1550 enger an die Stube gemacht werden[478]. Als 1529 im hohen Haus eine Treppe[479] und 1539 eine neue Treppe im Mittel- oder neuen Haus[480] gemacht werden, lässt dies den Standort zwar offen, wie auch, ob wirklich eine neue Zugänglichkeit geschaffen oder nur eine bestehende Treppe erneuert wurde, belegt aber wenigstens den fortschreitenden Innenausbau. Als laut Rechnung von 1549/50 die Treppe oder Stiege im neuen Ziegelhaus mit einer großen Klammer an die Mauer angeheftet wurde[481], verband man sicherlich die Eingangstreppe zum Obergeschoss mit der unmittelbar anliegenden Mauer zum Burghof, wie auf Bährs Durchschnitt von 1785 ersichtlich ist.

Am 1525 zugemauerten Loch in der grünen Stube[482] interessiert vor allem die Information über das später hinreichend bezeugte, hier aber demnach bereits bestehende Grüne Gemach im Obergeschoss. Da 1544 Dielen zum mittelsten Turm eingefügt und drei Böden gelegt wurden[483], behob man offenbar die 1504 berichtete Ablösung der Wohnräume vom Turm. Eine Reihe weiterer Mitteilungen aus der ersten Hälfte des 16. Jahrhunderts bezeugen zwar

473 WStA, AbAW 2 (wie Anm. 17) zu 1550, S. 12.
474 LATh-HstA Weimar, Reg. L, pag. 695-706, Bl. 17r; WStA, AbAW 3 (wie Anm. 22) zu 1550.
475 LATh-HstA Weimar, Nr. 3190 (wie Anm. 16) Bl. 82v; WStA, AbAW 3 (wie Anm. 22) zu 1518–1519 und 1519.
476 WStA, AbAW 3 (wie Anm. 22) zu 1540–41.
477 WStA, AbAW 1 (wie Anm. 22) zu 1509, S. 1.
478 LATh-HstA Weimar, Reg. L, pag. 695–706, Bl. 9; WStA, AbAW 1 (wie Anm. 22) zu 1550, S. 17.
479 WStA, AbAW 1 (wie Anm. 22) zu 1529, S. 6.
480 WStA, AbAW 2 (wie Anm. 17) zu 1539, S. 7.
481 WStA, AbAW 1 (wie Anm. 22) zu 1550, S. 19.
482 WStA, AbAW 1 (wie Anm. 22) zu 1525, S. 4; WStA, AbAW 3 (wie Anm. 22) zu 1525.
483 WStA, AbAW 1 (wie Anm. 22) zu 1544, S. 11.

den Standort des Gebäudes etwa am Mittelturm oder zu den vorderen Burg-
anlagen, sagen aber nichts weiter zum Zustand und zu den Räumlichkeiten
aus. Immerhin lassen sie erkennen, dass die herzogliche Verwaltung um den
Erhalt des Hauses bemüht war und es nicht aufgab, so dass es noch etwa
zweieinhalb Jahrhunderte bestand. Offenbar bekam man mit den von Gromann angeleiteten Reparaturen ab 1550 die Schäden längerfristig in den
Griff.

Vor allem die Inventare, aber auch verschiedene literarische Wartburgbeschreibungen vermitteln seit der zweiten Hälfte des 17. Jahrhunderts Einblicke in die Ausstattung der einzelnen Räume des Fachwerkhauses, was
wiederum ihre jeweilige Bestimmung und darüber hinaus das Funktionieren
des gesamten Schlosskomplexes besser erklärt. Vor dem Einsetzen der Wartburginventare ab 1669 liefern die Bauakten nur verstreut Einzelnachrichten,
die bereits aufgeführt sind. Im Folgenden sollen Gelbes und Grünes Gemach
mit ihren jeweiligen Kammern und abschließend der Dachboden des Hauses systematisch durchgegangen werden.

Gemäß dem Inventar von 1669[484] kam man vom Eingang des «Wohnhauses» als erstes zum Gelben Gemach, das folglich im ersten, unteren Fachwerkgeschoss lag. Reichlich ausgestattet war es mit einer eingefassten, langen
Schiefertafel, einer langen weißen Tafel, zwei Tischen, drei weißen Lehn-
bänken und elf schwarzen und weißen Stühlen und somit offenbar ein maß-
gebliches Gesellschaftszimmer der gesamten Burg. Besonders bemerkenswert
ist das Vorhandensein eines eisernen Ofens, womit offenbar die bis 1550
bedrückende Unbewohnbarkeit des Gebäudes überwunden war. Der im 16.
Jahrhundert abgerissene Schornstein muss inzwischen einen Nachfolger gefunden haben, der seltsamerweise in den seriösen Wartburgabbildungen
nicht und nur in zwei Außenansichten Hoffmanns um 1750 auftaucht[485].
Als Limberg (1712) und Melissantes (1713) darüber informieren, dass das
Gelbe Gemach zur Speisung der fürstlichen Herrschaft diente[486], bestätigen
sie die faktischen Angaben des Inventars über ein Tafelgemach, das damals
auf Schlössern und Burgen üblich dem Gastgeber zu Festmahlen und sonstigen Gelegenheiten einen würdigen Rahmen verschaffte.

Die Itinerare der Fürsten jener Zeit sind bisher nicht zusammengestellt,
was hier auch nicht schnell nachgeholt werden kann. Doch immerhin
berichtet der Herzog Friedrich I. von Sachsen-Gotha und Altenburg (1646–
1691) in seinem Tagebuch, dass er am 6. August 1670 abends um 7 Uhr auf

---

484 LATh-HstA Weimar, Inventar 1669 (wie Anm. 31) Bl. 5r.
485 Abbildung Hoffmann-1750-G0226 [Abb. 11]; Abbildung Hoffmann-1750-G0228.
486 Limberg, Eisenach 1712 (wie Anm. 98) S. 227; Melissantes, Bergschlösser 1713 (wie Anm.
    100) S. 430.

der Wartburg «In des H. Vettern selig gemach gespeiset» hat[487]. Mit dem
seligen, also verstorbenen Vetter war sicherlich der Herzog Adolf Wilhelm
von Sachsen-Eisenach (1632–1668) gemeint. Als Ort des Mahls kann durchaus das Gelbe Gemach im Fachwerkhaus gedient haben. Übrigens teilte
Friedrich I. weitere Wartburgbesuche zum 26. Februar 1670 und zum 11.
Juni 1680 jeweils mit Herzog Johann Georg I. von Sachsen-Eisenach
(1634–1686) mit[488]. So bruchstückhaft diese Mitteilungen auch sind, belegen
sie doch ausreichend den intakten Zustand der Wartburg und insbesondere
des Schlosskomplexes mit Palas und Nordhaus hinsichtlich fürstlicher Auf-
enthalte.

Laut Inventar von 1733 führte eine Tür mit Schloss ohne Schlüssel in das
Gelbe Gemach[489]. Der eiserne Ofen besitzt nun einen neuen Aufsatz, das
Gemach eine mit ihren Gestellen ringsum eingefasste Schiefertafel, die schon
1669 vorhanden war. Wohin die acht Fenster blicken, ist nicht erklärt; wahrscheinlich sind fünf nach Osten und drei nach Norden ausgerichtet. Nicht
aufgeführt sind im Gegensatz zu 1669 eine weitere Tafel, zwei Tische und die
zahlreichen Sitzgelegenheiten, was einen Bedeutungsverlust anzeigt, und
zwar, wie sich noch herausstellt, zugunsten des Grünen Gemachs. Nach dem
Inventar von 1754 hatte das Türschloss inzwischen einen Schlüssel erhalten
und der Ofenaufsatz war ein erdener, während das Übrige wie 1733 verblieben war[490]. Das Inventar von 1775 enthält zunächst dieselben Angaben zum
Gelben Gemach[491], nur dass nach einem späteren Zusatz von den Fenstern
einige ins Ritterhaus versetzt wurden, was wohl mit dem zunehmenden Verfall des Hauses zusammenhing. In der Literatur jener Zeit erwähnen Koch
(1757)[492] und Götze/Bernoulli (1782/83)[493] ohne weitere Angaben das Gelbe
Gemach.

Die Kammer am Gelben Gemach, wohl das Eckzimmer im Nordwesten,
beherbergte 1669 je ein schwarzes und ein gelbes Himmelbett, ein gelbes
Spannbett und zwei Gitterschränke[494]. Zwei rote Bänke waren mit einem
Brett versehen, auf dem allerlei Geweihe lagen, nämlich drei Hirsch-, drei
Dammhirsch- und sieben Rehgeweihe, die auf geschnitzten und bemalten

487 Roswitha Jacobsen (Bearb.): Die Tagebücher 1667–1686. Friedrich I. von Sachsen-Gotha
    und Altenburg. Bd. 1: Tagebücher 1667–1677 (Veröffentlichungen aus Thüringischen
    Staatsarchiven. 4.1). Weimar 1998, S. 148.
488 Jacobsen, Tagebücher 1, 1998 (wie Anm. 487) S. 259 und 378.
489 LATh-HstA Weimar, Inventar 1733 (wie Anm. 34) Bl. 6r.
490 LATh-HstA Weimar, Inventar 1754 (wie Anm. 35) Bl. 10r.
491 LATh-HstA Weimar, Inventar 1775 (wie Anm. 36) Bl. 18v-19r.
492 Kurz, Festungs-Schloß 1757 (wie Anm. 40) S. 10.
493 Bernoulli, Reisebeschreibungen 10, 1783 (wie Anm. 107) S. 288.
494 LATh-HstA Weimar, Inventar 1669 (wie Anm. 31) Bl. 5r.

Köpfen steckten. Die Ausstattung mit Betten, Jagdtrophäen und Mobiliar sowie die Nähe zum fürstlichen Speiseraum lässt die Kammer als Schlafzimmer des Fürstenpaares erkennen. Im Inventar von 1733 besitzt sie eine Tür mit Schloss ohne Schlüssel und einen «Anwurf mit den Globen», also eine Art Türknauf[495]. Die beiden gelb und schwarz angestrichenen Himmelbetten sind noch da. Von den zwei Fenstern zeigt wohl eines nach Norden und eines nach Westen. Die vergleichsweise reiche Ausstattung von 1669 ist verschwunden, womit sich die Entwertung aus dem Gelben Gemach fortsetzt und ein Bedeutungsrückgang des gesamten unteren Fachwerkgeschosses ablesbar ist. Die Inventare von 1754 und 1775 wiederholen zur Kammer bei unwesentlichen Wortänderungen die Angaben von 1733.

Umgekehrt hatte offenbar das obere Fachwerkgeschoss von einer zunächst bescheidenen Geltung eine Aufwertung erhalten. Vom beherrschenden Grünen Gemach erfährt man im Inventar von 1669 noch lediglich, dass es mit einem «Holzbock», also einem einfachen, vierbeinigen Holzgestell, versehen ist[496] und damit eigentlich ohne Ausstattung auskommen muss. Offenbar war es ohne Ofen unbeheizbar. Auch 1697 scheint es nicht hergerichtet zu sein, da in diesem Jahr von der Ausbesserung etlicher böser Flecke im Gelben Gemach wegen des schadhaften Dachs berichtet wird[497], ohne das dazwischen liegende Grüne Gemach zu erwähnen. Limberg (1712) teilt dann nicht nur mit, dass darin die adligen Gäste («Gavalliers»), bei Melissantes «Cavalliers», speisen, sondern dass man daraus einen «schönen Prospect» (Fernrohr oder Fernblick) auf zehn Meilen hat[498], was man sich bei dem erhöhten Standort nach Osten und Norden gut vorstellen kann.

Laut dem Inventar von 1733 ist das Grüne Gemach durch eine Tür mit Schloss und Schlüssel gesichert und durch einen eisernen Ofen mit erdenem Aufsatz bewohnbar gemacht[499]. Die acht Hirschköpfe mit Dammgeweih und die elf Rehköpfe mit Geweih dürften zumindest zum Teil aus der Kammer am Gelben Gemach von 1669 stammen. Schließlich werden die acht Flügelfenster über denen der gelben Stube angeordnet gewesen sein. Die Aufwertung gegenüber 1669 ist unübersehbar. Gemäß dem Inventar von 1754 waren dieselben Ausstattungsstücke noch vorhanden, nur wurden nachträglich die elf Rehköpfe auf acht vermindert[500]. Dafür war eine «Hack Tafel,

---

495 LATh-HstA Weimar, Inventar 1733 (wie Anm. 34) Bl. 6r.
496 LATh-HstA Weimar, Inventar 1669 (wie Anm. 31) Bl. 5v.
497 LATh-HstA Weimar, Nr. 1088 (wie Anm. 33) Bl. 46v vom 26.7.1697.
498 LIMBERG, Eisenach 1712 (wie Anm. 98) S. 227; GREGORII, Thüringen 1711 (wie Anm. 99)
    S. 96, MELISSANTES, Bergschlösser 1713 (wie Anm. 100) S. 430.
499 LATh-HstA Weimar, Inventar 1733 (wie Anm. 34) Bl. 6r.
500 LATh-HstA Weimar, Inventar 1754 (wie Anm. 35) Bl. 10v.

über drei Repositoria» hinzu gekommen. Ein Repositorium ist ein mit Fächern versehenes Gestell etwa für Bücher. Für Kurz (1757) und ihm folgend Götze/Bernoulli (1782/83) sind die Dammhirsch- und Rehbockgeweihe das einzig bemerkenswerte am «grünen Zimmer»[501].

Das Inventar von 1775 dokumentiert in seinen von anderer Hand vorgenommenen und folglich nachträglichen Korrekturen nun den fortschreitenden Verfall[502], der natürlich beim durchlässigen Dach ansetzte und deshalb zuerst das obere Geschoss erfasste. Schon bei der Nennung des Grünen Gemachs hat ein anderer Schreiber «ist verfallen» angemerkt. Die Tür mit Schloss und Schlüssel ist noch vorhanden, was auch 1780 beim Aufschließen durch den Kastellan Focke für die zwei Tagelöhner hervortritt[503]. Der Ofen mit erdenem Aufsatz ist durchgestrichen und per «Nota» erklärt, dass er jetzt in der «Wachtstube» steht. Bei den je acht Hirschköpfen mit Dammgeweih und Rehköpfen mit Geweih ist ergänzt, dass nur die Köpfe noch da sind, nicht aber die Geweihe. Bei den acht Flügelfenstern informiert eine andere Hand, dass etliche ins Ritterhaus versetzt sind. Die eichene Tafel mit den drei «Repositoria» war noch am Ort.

Die Kammer am Grünen Gemach, wie ermittelt das Eckzimmer im Nordosten, beherbergt gemäß dem Inventar von 1669 ein schwarzes und ein grünes Himmelbett[504]. Wie sich anhand der späteren Inventare bestätigt, meinte Limberg (1712) dieses mit der «St. Elisabeth Kammer», in der zwei Betten stehen, von denen das eine angeblich, aber sicher unzutreffend 400 Jahre alt sei und dessen Späne gegen Zahnschmerz helfen sollen[505]. Wir erleben hiermit innerhalb eines reichlichen Jahrzehnts, vom Inventar von 1696 bis zu Limbergs Wartburgbesuch von 1708, die Ortsverlegung des Elisabeth zugewiesenen Raumes von Südbereich des Palas in das Obergeschoss des Nordhauses. Gregorii/Melissantes (1711 und 1713) stützt sich auf Limberg zur «Kammer der H. Elisabeth», teilt aber darüber hinaus mit, dass eines der beiden Betten «Ziemlich beschnitten» ist und die Besucher («viel Passagiers»/«curieusen Passagiers») durch die Kammer geführt werden[506], womit er auf einen offiziellen Besucherrundgang hinwies.

501 Kurz, Festungs-Schloß 1757 (wie Anm. 40) S. 10; Bernoulli, Reisebeschreibungen 10, 1783 (wie Anm. 107) S. 288.
502 LATh-HstA Weimar, Inventar 1775 (wie Anm. 36) Bl. 19r+v.
503 Zu 1780 siehe Anm. 513 und 540.
504 LATh-HstA Weimar, Inventar 1775 (wie Anm. 36) Bl. 5v.
505 Limberg, Eisenach 1712 (wie Anm. 98) S. 227. Siehe dazu den Exkurs zum Bett der hl. Elisabeth in Kapitel III.2.2.
506 Gregorii, Thüringen 1711 (wie Anm. 99) S. 93; Melissantes, Bergschlösser 1713 (wie Anm. 100) S. 430.

Das Inventar von 1733 nennt sie «Elisabethen Cammer»[507]. Die Tür war mit Schloss und ohne Schlüssel versehen und die beiden Himmelbetten, wie 1669 eines grün und eines schwarz angestrichen, waren inzwischen «sehr ruiniert». Die zwei rot gefärbten Bänke standen 1669 noch in der Kammer am Gelben Gemach. Von den beiden Fenstern zeigte wohl eines nach Norden und eines nach Westen. Als Voraussetzung muss man um 1700 die Abdichtung des Dachs bewältigt haben, ohne die eine derart komfortable Ausstattung des Grünen Gemachs und seiner Nebenkammer mittelfristig nicht sinnvoll gewesen wäre.

Noch einmal zurück zur Kammer am Grünen Gemach, die man im Inventar von 1754 erneut «Elisabethen Cammer» nannte[508]. Das Türschloss besaß nun seinen Schlüssel. Die beiden wiederum sehr ruinierten Himmelbetten sind durchgestrichen, tauchen im Inventar von 1775 aber wieder auf. Die zwei Fenster sind in den beiden Inventaren enthalten, wie auch sonst 1775[509] die Angaben von 1754 wiederholt werden.

Bemerkenswert ist die um 1700 erfolgte Verlagerung des Elisabeth zugeordneten Raumes aus dem Palas in das obere Geschoss des Fachwerkhauses. Dies erfolgte offenbar wider besseres Wissen, da unter den Burgbewohnern sicher bekannt war, dass dieses Gebäude zur Zeit der Ludowinger noch gar nicht existiert hat. Gewiss zielte man auf die nun häufiger und mit geöffneter Geldbörse eintreffenden Gäste, die sowohl durch die Bemerkung von Melissantes als auch durch die Zerspanung des angeblichen Elisabethbettes fassbar sind.

Überhaupt deutet die um 1700 vorgenommene Umbewertung der beiden Stockwerke des Fachwerkhauses auf eine Akzentverschiebung der Wartburg von einer herzoglichen Residenz zum Ziel von Besuchern. Zeitlich entsprechen dem die Überwindung der schlimmsten Auswirkungen des Dreißigjährigen Krieges und das Fortschreiten des Kutschenzeitalters. Im vorderen Burghof vollzieht sich dies mit der Entstehung einer Gastwirtschaft, die zwar erst in der zweiten Hälfte des 18. Jahrhunderts klar hervortritt[510], sich aber wohl in der ersten Hälfte im Dunkel der Überlieferung anbahnt.

---

507 LATh-HstA Weimar, Inventar 1775 (wie Anm. 36) Bl. 6v.
508 LATh-HstA Weimar, Inventar 1754 (wie Anm. 35) Bl. 10v+11r.
509 LATh-HstA Weimar, Inventar 1775 (wie Anm. 36) Bl. 19v.
510 Rosemarie Domagala: Die Gaststätten auf der Wartburg. Teil I: Die Schenke im Ritterhaus. In: Wartburg-Jahrbuch 1992. 1(1993), S. 74–89, hier S. 75f.; Hilmar Schwarz: Torhaus, Ritterhaus und Vogtei auf der Wartburg. Eine baugeschichtliche Studie nach den bildlichen und schriftlichen Zeugnissen von der Mitte des 15. bis zur Mitte des 19. Jahrhunderts. In: Wartburg-Jahrbuch 2012. 20(2013), S. 61–166, hier S. 78f.

Über den Dachboden des Fachwerkhauses erfahren wir hauptsächlich etwas aus den Inventaren des 18. Jahrhunderts. Zunächst teilen die Inventare von 1669 und 1696 mit, dass sich auf dem Boden über dem Grünen Gemach eine große hölzerne Winde mit einem «Crannich» befindet[511]. Unter einem «Kranich» verstand man schon im Mittelalter den Greifarm einer Hebevorrichtung, der an den langen Hals mit dem Schnabel des Vogels erinnerte und dessen Wort später zum heutigen «Kran» verkürzt wurde. In den Inventaren von 1733 und 1775 wird diese Anlage als große hölzerne Winde mit einem Arm und Gestellen umschrieben[512], was offenbar dasselbe ist. 1754 erscheint statt Arm «miteinander»[513]. Dieser Lastarm schaute sicherlich aus dem Nordgiebel heraus, doch da er nirgends abgebildet ist, ließ man ihn offenbar nur bei Bedarf ins Freie und behielt ihn ansonsten unter dem Dach.

Nachdem die Inventare des 18. Jahrhunderts die kurze Treppe zum Palasboden erwähnen, der durchweg mit Dielen belegt ist, folgt die heraufführende, bei Goethe (1777) und in Bährs Grundriss (1785) zu sehende Treppe auf den Fachwerkhaus-Boden, der mit allerdings gänzlich ruinierten Estrich ausgelegt ist. Wie aus den Baunachrichten des Jahres 1780 und einem Streit zwischen Burgvogt und Baumeister bekannt ist, lag tatsächlich über dem Grünen Gemach ein Estrich-Fußboden[514]. Neben der Treppe vom Platz vor dem Grünen Gemach kann es einen zweiten Zugang auf den Boden des Fachwerkhauses gegeben haben, wenn nämlich der von Sältzer eingezeichnete, über eine kleine Treppe erreichbare Durchgang im Westteil des Obergeschoss-Nordgiebels aus dem Palas[515] bereits vor 1790 existiert hat.

Wie aus Bährs Durchschnitt des Fachwerkhauses von 1785 ersichtlich ist, bestand der Boden aus einer Etage und einem sehr niedrigen Spitzboden. Das deckt sich mit den Abbildungen des Nordgiebels bei Gans (1768) und Goethe (1777) mit einem Fenster im Dachgiebel, während Schnauss (1743) mit dreien und nochmals einem darüber diesen Bereich ausfüllt. In der Osttraufe zeigt die Abbildung Herzog-Johann-Ernst-1628 eine Reihe von drei Dachfenstern, wo im 18. Jahrhundert übereinstimmend Schnauss (1743), Kurz (1757), Gans (1768) und Goethe (1777) zwei auf derselben Höhe darstellen.

---

511 LATh-HstA Weimar, Inventar 1669 (wie Anm. 31) Bl. 5v; LATh-HstA Weimar, Inventar 1696 (wie Anm. 32) Bl. 4r.

512 LATh-HstA Weimar, Inventar 1733 (wie Anm. 34) Bl. 6v; LATh-HstA Weimar, Inventar 1775 (wie Anm. 36) Bl. 20r.

513 LATh-HstA Weimar, Inventar 1754 (wie Anm. 35) Bl. 11r.

514 WStA, AbAW 4 (wie Anm. 38) zum 21.3., 6.4. und 2.5.1780 sowie nochmals zu 1780.

515 Abbildung Sältzer-1845/1846-BE0041; Abbildung Sältzer/Puttrich-1847-Nr. 3a [Abb. 37], VI.

III.3.

DER KELLER DES NORDHAUSES

(TÖPFERS KELLER)

Der Gewölbekeller unter dem Nordhaus mit der südlichen Stirnseite an der Palasmauer und der Ostseite an der Ringmauer wurde bis in die jüngste Zeit nach dem Burgvogt Albin Töpfer aus der Mitte des 20. Jahrhunderts «Töpfers Keller» genannt, diente bis 2008 wirtschaftlichen Zwecken, wurde von 2009 bis in die ersten Monate von 2013 von jüngeren Einbauten entkernt und neu ausgestaltet[516]. Die den Umbau begleitende bauarchäologische Untersuchung ermittelte zusammen mit 2002 dokumentierter, darüber liegender Keramik eine Entstehung im 14. Jahrhundert[517], die im Zusammenhang mit einem Neuaufbau von um 1320 unter dem wettinischen Landgrafen Friedrich dem Freidigen nach dem Blitzschlag von 1317 gestanden haben dürfte[518]. Dessen unterster Bereich ist mit gewisser Wahrscheinlichkeit dieses Gewölbe vom Töpferskeller[519]. Die insgesamt irrige Bezeichnung des späteren Fachwerkbaus als «Haus Friedrichs des Freidigen» geht darauf zurück. Trotz des drei bis vierfachen Umbaus der obigen Gebäudeteile blieb das Tonnengewölbe in seinem annähernd rechteckigen, leicht trapezförmigen Grundriss im Wesentlichen erhalten, von der Einziehung von Zwischenwänden einmal abgesehen.

Seine Erwähnung im schriftlichen Material ist über die Jahrhunderte nicht leicht zu erkennen, blieb bis vor kurzem in Teilen unerkannt und kann sich mitunter noch verborgen halten. Die älteste Überlieferung erfasst einen Riss des Baumeisters Gromann, von dem aber auch nur die Abschrift eines

---

516 Zum Umbau vom Töpferskeller: ANNETTE FELSBERG: Die Baumaßnahmen an den Gebäuden und Anlagen der Wartburg-Stiftung Eisenach im Jahre 2009. In: Wartburg-Jahrbuch 2009. 18(2011), S. 119–135, hier S. 127f.; ANNETTE FELSBERG: Die Baumaßnahmen an den Gebäuden und Anlagen der Wartburg-Stiftung Eisenach im Jahre 2010. In: Wartburg-Jahrbuch 2010. 19(2011), S. 222–239, hier S. 225–228; ANNETTE FELSBERG: Die Baumaßnahmen an den Gebäuden und Anlagen der Wartburg-Stiftung Eisenach im Jahre 2011. In: Wartburg-Jahrbuch 2011. 20(2012), S. 185–205, hier S. 192–194; ANNETTE FELSBERG: Die Baumaßnahmen an den Gebäuden und Anlagen der Wartburg-Stiftung Eisenach im Jahre 2012. In: Wartburg-Jahrbuch 2012. 21(2013), S. 233–257, hier 239–242; ANNETTE FELSBERG: Die Baumaßnahmen an den Gebäuden und Anlagen der Wartburg-Stiftung Eisenach im Jahre 2013. In: Wartburg-Jahrbuch 2013. 22(2014), S. 237–253, hier S. 250.
517 KLEIN, Töpfers Keller 2011 (wie Anm. 429) S. 23f.
518 Zu Blitzschlag und Brand von 1317 siehe Anm. 13.
519 ALTWASSER/KLEIN, Fundamentreste 2013 (wie Anm. 428) S. 30–32; KLEIN, Töpfers Keller 2011 (wie Anm. 429) S. 23f.

Schwarz · Palas, nördlich anschließendes Haus und Hauptturm   109

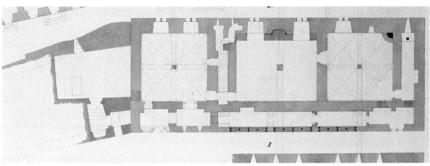

Grundrisse der Geschosse des Palas (Ausschnitt): Erdgeschoss, Johann Wilhelm Sältzer (siehe Abb. 27, S. 155)

Berichts vor dem 27. März 1550 erhalten ist[520]. Danach gab es einen Kraut-keller von 9 Ellen Länge und 7 Ellen Breite, einen Obstkeller von 19×9 Ellen und einen Käsekeller von 10×7 Ellen. Eine Treppe von der «Küchen-stube» bestätigt den Standort, da damit wohl der benachbarte, den nördli-chen Abschluss des Palaserdgeschosses bildende heutige Rittersaal gemeint war. Unklar muss dazu bleiben, wie ein runder Turm in den Krautkeller ein-gebaut gewesen war, was der Text mitteilt.

Gewissen Aufschluss können die Maße liefern, die bei rund 56 cm für eine Elle, wie sie später in Sachsen-Weimar-Eisenach galten[521], ergeben: Krautkeller 5,04×3,9 m, Obstkeller 10,64×5,05 m, Käsekeller 5,6×3,9 m. Der Gewölbekeller besitzt eine Länge von etwa 9,6 bis 9,8 m und ein Breite von etwa 5,6 bis 6,3 m, was sich vielleicht durch ein anderes Maß im 16. Jahr-hundert oder eine damalige ungenaue Messung erklärt. Kraut- und Käse-keller sind zusammen genauso lang wie der Obstkeller bzw. das gesamte Gewölbe. Bei einer Scheitelhöhe des Gewölbes von ca. 3,25 m könnte eine Zwischendecke, welche die Fensteröffnung durchschnitt, die Unterbringung im Töpferskeller ermöglicht haben. Senkrechte Einschalungen oder Regale würden die geringeren angegebenen Raumbreiten gegenüber den tatsächli-chen erklären. Wenn der Obstkeller unten, Kraut- und Käsekeller darüber lagen, erklärt sich auch die nochmals geringere Breite der beiden durch den nach oben zusammengehenden Gewölbebogen. Als Gromann auf dem erhaltenen Plan von 1558 den südlichen Teil vom «hölzern Haus» mit «das Fels» beschriftete, hatte er sicherlich den Felsboden vor und in der Keller-anlage vor Augen.

520 WStA, AbAW 2 (wie Anm. 17) zu 1550, S. 22.
521 Vgl. WERNER ROCKSTUHL und HARALD ROCKSTUHL (Bearb.): Handbuch. Alte Thüringi-sche, Preußische, Sächsische und Mecklenburgische Maße und ihre Umrechnung. Für Heimatforscher, Chronisten und Behörden. Bad Langensalza 1997, S. 101f.: Sachsen-Weimar-Eisenach, 1 Elle = 2 Fuß = 56,4 cm.

Thon (1792) griff wahrscheinlich die angeführte Beschreibung auf, oder er hatte Einsicht in Gromanns Plan von 1550. Im Jahre 1550 habe man «in dieser Gegend drey Keller bemerkt», und dann folgen dieselben Namen und Maße[522]. Die «Gegend» betraf die «unter dem vordern Hauptgebäude befindlichen Keller», womit auch er sie dem Nordhaus zuordnete. Momentan bestehe hier nur ein Keller mit einer Länge von 17 Ellen (9,52 m) und 10 Ellen (5,6 m) Breite, was ziemlich exakt den tatsächlichen Maßen entspricht und erhärtet, dass Thon die drei Keller des 16. Jahrhunderts im Töpferskeller vermutet hat.

Während etliche andere Autoren des 17. und 18. Jahrhunderts zu diesem Ort gar nichts vermelden, nannten Limberg (1712) und diesen abschreibend Melissantes (1713) immerhin, dass sich unter der Residenz neben zwei Marställen noch «4. Keller» befanden[523]. Vielleicht zählte ersterer die drei im Töpferkeller und den einen am Palassüdende hinter den beiden Stallräumen zusammen.

Inzwischen hatten die Wartburginventare eingesetzt, die das Kellergewölbe als vorderen Keller («Förderkeller», «Förder Keller», vorderster Keller», u. ä.), in den man über den Hof gelangte, im Gegensatz zum hintersten Keller (Palaskeller) betitelten. 1669 beinhaltete er «Vier Lange Höltzer», die sich 1696 auf zwei vermindert hatten[524]. Vermutlich handelte es sich um den Raum durchziehende Bretter zur Lagerung von Gegenständen oder Obst wie 1550. Etwas klarer sind die Inventare von 1733, 1754 und 1775 mit der Angabe von zwei Kellerlagern, «so lang der Keller ist»[525]. Wahrscheinlich betraf dies Wandregale jeweils entlang der Ost- und der Westseite. Außerdem nennen die drei Inventare jeweils ein kleines Kellerlager von ungefähr sechs Schuh Länge, was knapp 1,70 m ausmacht.

Übereinstimmend erwähnen sie auch zwei Türen ohne Schlösser, von denen eine wohl die Außentür vom Hof war. Die einzige Abbildung der Hofseite aus jener Zeit, nämlich die von Hoffmann (1750), zeigt an dieser Stelle keine Eingangstür, doch zeichnete er hier wohl ungenau oder einen nur kurzzeitig bestehenden Zustand. Als Bähr 1785 vor dem Neubau des Nordhauses die hiesige Hoffassade zeichnete, befand sich vor dem Töpfers-

---

522 THON, Wartburg 1792 (wie Anm. 22) S. 20.

523 LIMBERG, Eisenach 1712 (wie Anm. 98) S. 224; MELISSANTES, Bergschlösser 1713 (wie Anm. 100) S. 428.

524 LATh-HstA Weimar, Inventar 1669 (wie Anm. 31) Bl. 7r; LATh-HstA Weimar, Inventar 1696 (wie Anm. 32) Bl. 42r; zu den Inventarangaben vgl. KLEIN, Töpfers Keller 2011 (wie Anm. 429) S. 11f.

525 LATh-HstA Weimar, Inventar 1733 (wie Anm. 34) Bl. 6v; LATh-HstA Weimar, Inventar 1754 (wie Anm. 35) Bl. 11r; LATh-HstA Weimar, Inventar 1775 (wie Anm. 36) Bl. 20r+v.

keller eine rundbogige Eingangstür. In den Inventaren von 1669 und 1696 lag zwischen dem Palas und dem vorderen Keller der Hof, und in jenen von 1733 bis 1775 führt der Rundgang nicht vom Palas, sondern vom Fachwerkhaus zum vorderen Keller. Demnach betrat man ihn nicht vorrangig vom Palas aus, also nicht vom Durchgang durch den Nordgiebel vom Rittersaal, sondern durch einen eigenen Zugang vom Hof aus.

Soweit die Nachrichten und Auswertungen zum von der Mitte das 15. Jahrhunderts bis 1791 bestehenden Fachwerkhaus. Als 1796/97 das neue Haus Carl Augusts fertig war, hatte sich zwar der Gewölbekeller selbst weniger, aber die Eingangssituation verändert. Die Inventare von 1778/1800 und 1803 erfassen recht anschaulich die veränderte Zugangssituation. Nachdem sie fälschlich die Zugangstür zum heutigen Rittersaal und dessen Vorraum dem neuen Schlossgebäude zugeordnet haben, kommen sie zum einfach als «Keller» erfassten Töpferskeller[526]. Er habe oben eine doppelte Tür mit Schloss und Schlüssel vor der Treppe und unten eine einfache Tür. Die beiden Außentüren zum Töpferskeller sind sowohl in Bährs Entwurf von 1792 wie auch auf Fassadenzeichnungen und Grundrissen der 1840er Jahre[527] enthalten. Vom Hof kam man durch zwei nebeneinander liegende, demnach verschließbare Türen zur Treppe, die etwa in deren Mitte in den Töpferskeller mündete und weshalb man die nochmalige Tür unverschließbar lassen konnte.

Eigentlich reichte eine Tür völlig aus, indes erklärt sich die Einbringung der nördlichen aus einer kleinen Mitteilung Thons. Demnach fand man beim Abriss des vorderen Hauptgebäudes 1791 vor dem dortigen Keller, also vor Töpferskeller, einen «ganz in den Felsen gehauenen Gang, der wahrscheinlich mit dem Hauptturme in Verbindung gestanden hat»[528]. Dabei handelte es sich offenbar um jenen aus der Mitte vom Töpferskeller über Stufen nach Westen führenden Einschnitt, dessen Hoföffnung nunmehr vom Mauerwerk des Treppenhauses überbaut ist. Beim Bau des Hauses von Carl August hatte man wohl aus Ehrfurcht vor dem neu entdeckten Befund die Öffnung akzeptiert und als den zweiten, den nördlichen Eingang rekonstruiert. Wie aus Hofansichten der 1840er Jahre[529] und aus dem Inventar von 1829[530] ersichtlich ist, hat man die funktionale Unsinnigkeit bald erspürt und die Türfüllung vermauert.

526 LATh-HstA Weimar, Inventar 1798/1800 (wie Anm. 65) Bl. 41r; LATh-HstA Weimar, Inventar 1803 (wie Anm. 65) Bl. 65r.

527 Abbildung Bocklisch-1848-BE1432 [Abb. 40] (Grundriss); Abbildung Sältzer-1839/1840-BE0040 [Abb. 28] (Hofansicht).

528 Thon, Wartburg 1792 (wie Anm. 22) S. 19f.; Thon, Wartburg 1795 (wie Anm. 305) S. 24.

529 Abbildung Sältzer-1845/1846-BE0048 [Abb. 33]; Abbildung Sältzer-1845/1846-BE0036 [Abb. 36]; Abbildung Ritgen/Sältzer-BE0001.

Laut den beiden Inventaren von um 1800 war der Keller mit einem großen und drei kleinen Kellerlagern bestückt. Vielleicht hatte man eines der
raumlangen Regale aus den vorigen Inventaren in zwei kurze verwandelt,
worauf man bis 1829 wieder zwei lange Lager/Regale an beiden Außenseiten ausgerichtet hatte. Damit sind wir beim Inventar von 1829, in dem sich
nach der Tür zum Rittersaal im Burghof weiter nach Norden jetzt eine Tür
zum (Töpfer-)Keller befindet, die mit einem Schloss und einem kleinen
Laden in der Mitte versehen war. Der Keller selbst besitzt neben den zwei
Lagern nach Osten ein Tageloch. Tatsächlich hatte der Raum über die Jahrhunderte wohl nur das eine Fenster nahe dem südlichen Abschluss. Das
zweite Fenster wurde nach der Bauinschrift «1809» auf der Außenseite des
Sturzes erst in diesem Jahre geschaffen[531]. Die in historischen Abbildungen
eingezeichneten Lichtluken sind bis auf jene wirkliche vorhandene Öffnung
Zugaben der Bildkünstler.

III.4.
DER ZWISCHENBAU ZUM PALAS UND
DER ABRISS DES FACHWERKHAUSES

Als Hugo von Ritgen in der zweiten Hälfte der 1850er Jahre die Neue Kemenate als großherzogliches Wohnhaus errichtete, entstand zum Palas ein
Abstand, den er mit einem Zwischenbau ausfüllte, der funktional vor allem
von einer 1857 vollendeten Wendeltreppe zum obersten Palasgeschoss geprägt war. Mit dem Neuen Treppenhaus von 1953/54 wurde diese Funktion
keineswegs beseitigt, sondern vielmehr verstärkt. Der Vorgänger der Neuen
Kemenate, nämlich das von 1792 bis 1796 erbaute Steinhaus des Herzogs
August, hatte direkt an den Palas-Nordgiebel angeschlossen, wodurch zunächst der Eindruck entstehen kann, die baulich-räumliche Trennung von
herrschaftlichem Wohnhaus und Palas wäre eine Idee Ritgens gewesen. Diese
Sicht wird durch ältere Abbildungen der Ostseite der Wartburg zunächst bestätigt, auf denen wie bei Richter 1690 der Palas und das nördlich angrenzende Haus lückenlos und mit derselben Firsthöhe aneinander grenzen.
    Jedoch erscheint Mitte des 18. Jahrhunderts mit Hofansichten und detail-
lierteren Grundrissen ein Zwischenbau zwischen dem Palas und dem Nordhaus, den Ritgen sicherlich wahrgenommen und in seiner Konzeption
rezipiert hat. Und außerdem erfüllte auch das Haus Herzog Augusts in seinem südlichen, zum Palas auslaufenden Teil mit einigen Treppen dieselbe

---

530 LATh-HstA Weimar, Inventar 1829 (wie Anm. 42) Bl. 27r+v.
531 Eisenach. Wartburg. Bauhistorische Dokumentation der Wehr- und Stützmauern.
    Marburg, Dezember 2013. [Freies Institut für Bauforschung und Dokumentation e. V., un-
    veröffentlicht, computerschriftlich], S. 201.

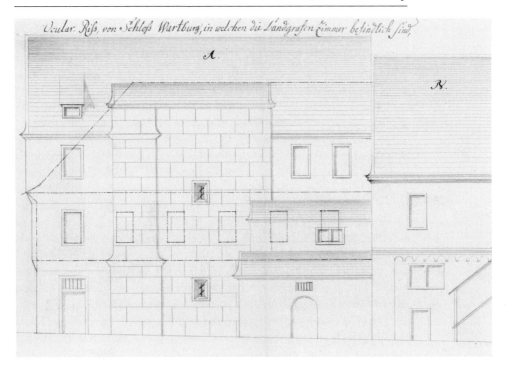

Funktion. Ob jener Zwischenbau älter oder das Ergebnis von Umbauarbeiten des 17./18. Jahrhunderts ist, muss vorerst offen bleiben und erst einmal seine Gestalt unmittelbar vor dem Abriss von 1790 ausgemacht und beschrieben werden. Am deutlichsten ist er auf der Hofansicht von Friedrich Adolph Hoffmann aus dem Jahre 1750[532] und dem ebenfalls hofseitigen Gebäudeaufriss von Christian Heinrich Bähr von 1785[533] zu erkennen. In beiden Darstellungen besteht er aus drei abgestuften Geschossen mit jeweils einem Schrägdach. Bei Hoffmann ist seine Firsthöhe niedriger als die der großen Nebengebäude, bei Bähr ist sie identisch mit dem Nordhaus und höher als der Palas. Im obersten, nach innen eingerückten Stockwerk zeigen beide zwei getrennte, große Fenster. Im mittleren Geschoss bildet Hoffmann ein kleines Fenster ab, das bei Bähr etwa einem zusammenhängenden Doppelfenster entspricht. Im unteren, aus der Häuserfront hervorspringenden Erdgeschoss präsentiert Hoffmann ein Fenster, das bei Bähr einer Rundbogentür mit darüber liegendem Fensterschlitz gewichen ist. Zwischen den

Hofansicht des sog. Hauses Friedrichs des Freidigen und des alten Bergfrieds, Christian Heinrich Bähr (siehe Abb. 18, S. 148)

---

532 Abbildung Hoffmann-Wartburghöfe-1750 [Abb. 9].
533 Abbildung Bähr-Hofansicht-1785 [Abb. 18].

beiden Bilddaten 1750 und 1785 könnte hier ein Umbau stattgefunden haben.

Damit wären wir bei der Frage, ob der Zwischenbau zwischen Nordhaus und Palas in jener Zeit auf Grundrissen und dann auf Abbildungen der äußeren Ostfassade eingezeichnet ist. Auf Hoffmanns Grundriss selbst ist kein spezielles Zwischengebäude zu erkennen[534]. Bei Gans (1768) lässt der zu grob gezeichnete Grundriss zwar diesbezüglich keine Aussage zu, doch markiert seine Ostseite durch Aufhellung und Baunähte deutlich einen gesonderten Bau zwischen Palas und Nordhaus bei allerdings einheitlicher Firsthöhe[535].

Einige weitere Ostansichten der Wartburg vor 1790 bestätigen auf unterschiedliche Weise das Vorhandensein des in Rede stehenden Zwischenbaus. Im kolorierten Titelblatt des Wartburg-Kastellans Kurz von 1757[536] fällt die betreffende Stelle an der Ostseite zwar recht undeutlich aus, doch scheinen sich dort ein kleiner Quergiebel aus der Traufe herauszuschieben und senkrechte Linien eine Unterbrechung des übrigen Mauerwerks auszuweisen. Anders als nach den bisherigen Zeugnissen betont eine Ansicht von 1784 vom Helltal aus, die von Todenwarth gezeichnet und von Horny gestochen wurde[537], den Zwischenbau, der hier höher als beide Nebengebäude ist und auf allen Geschossen je zwei nebeneinander liegende Fenster besitzt. Diese Version war wohl von einigen um 1780 entstandenen Bildern inspiriert, auf denen der Südgiebel des Nordhauses den Palas deutlich überragte.

Wie auf Bährs Hofansicht von 1785 zu erkennen ist, schloss der Zwischenbau – zumindest in der oberen Etage – mit der Kante des ehemaligen Turms ab. Wahrscheinlich war er mit dessen Abriss entstanden und dann dem fortschreitenden Verfall angepasst worden. Dabei ist immer zu beachten, dass sein Fehlen auf bildlichen Darstellungen oder in den schriftlichen Zeugnissen kein zwingendes Argument für die jeweilige Nichtexistenz ist, da häufig bauliche Details weggelassen wurden.

Nachdem die Meldungen von der Wartburg seit Mitte des 18. Jahrhunderts immer wieder Schäden an den Dächern beklagten, wurde 1774 eine größere Geldsumme veranschlagt, um in der Konsequenz das Gebäude beim eingezogenen Schlossturm abzutragen und wieder neu zu fertigen[538]. Zwar seien die einst fürstlichen Zimmer in gutem Zustand, doch das Dach sei nicht mehr reparierbar. Burgvogt Focke meldete am 21. März 1780 die Ver-

534 Abbildung Hoffmann-Grundrisse-1750 [Abb. 10].
535 Abbildung Gans-1768 [Abb. 13].
536 Abbildung Kurz-1757.
537 Abbildung Todenwarth/Horny-1784 [Abb. 17].
538 WStA, AbAW 4 (wie Anm. 38) zu 1774.

schlimmerung am vorderen Schlossgebäude durch «Windstürme» und schlug
wegen des täglich zu befürchtenden Einsturzes vor, das Dach und das obere
Stockwerk abzutragen und ein neues, niedrigeres Dach aufzusetzen[539]. Am
31. Juli desselben Jahres reichte Baumeister Bähr den Vorschlag ein, nicht
nur das Dach, sondern auch die erste und zweite Etage – mithin die beiden
Fachwerkgeschosse – gänzlich bis auf das massive (weil steinerne) Parterre
abzutragen und wieder ein Stockwerk mit einem undurchdringlichen Dach
aufzusetzen[540]. Hier äußert sich die auch bei Focke anzutreffende Grundidee, lediglich ein einstöckiges Gebäude deutlich niedriger an den dann überragenden Palas anzugliedern. Vielleicht wollte man die aufgetauchten kunst-
vollen Bauelemente am Nordgiebel des Palas sichtbar lassen.

In das Jahr 1780 fällt ein reichlich skurriler Streit zwischen dem Baumeister Bähr und dem Kastellan Focke. Der Baumeister hatte zwei Tagelöhner
losgeschickt, um den Estrich über der grünen Stube, also über dem großen
Raum im oberen Fachwerkgeschoss, aufzuhacken, worauf der Kastellan den
beiden die Stube selbst aufschloss und sie dort den Estrich bearbeiten ließ[541].
Immerhin erfahren wir dadurch von der Fußbodenabdeckung mit Estrich
sowohl in der grünen Stube als auch dem Boden darüber. Spätestens mit
dem Abriss von 1791 hatte sich die Sache erledigt.

Bährs Vorschlag wurde erst 1785 wieder aufgegriffen, als ihn am 24. Oktober der Auftrag ereilte, nun einen Bauanschlag für die Abtragung des alten,
verfallenen Dachs nebst dem oberen Geschoss sowie die Überdachung des
noch zu erhaltenden unteren Fachwerkgeschosses einzureichen[542]. Auftrags-
gemäß lieferte er am 9. November einen entsprechenden Kostenanschlag
und fügte einen Grundriss und einen Durchschnitt des «Landgrafengebäudes» an[543]. Damit entstanden die erhaltenen, für die Rekonstruktion wichti-
gen Zeichnungen des Jahres 1785, von denen Ausführungen im Weimarer
Archiv und auf der Wartburg erhalten sind[544]. Die Verwirklichung erhielt
allerdings einen erneuten Aufschub durch den Beschluss des Herzogs vom
22. November 1785, von Bau und Reparatur zunächst Abstand zu nehmen[545].

539 WStA, AbAW 4 (wie Anm. 38) zum 21.3.1780.
540 WStA, AbAW 4 (wie Anm. 38) zum 31.7.1780 an zwei verschiedenen Stellen.
541 WStA, AbAW 4 (wie Anm. 38) zum 21.3., 6.4. und 2.5.1780 sowie nochmals zu 1780.
542 WStA, AbAW 4 (wie Anm. 38) zum 24.10.1785.
543 WStA, AbAW 4 (wie Anm. 38) zum 9.11.1785.
544 Bährs Zeichnungen von 1785 befinden sich im Thüringischen Hauptarchiv Weimar (LATh-
HstA Weimar), wie sie im Abbildungverzeichnis enthalten sind. Ähnliche Zeichnungen
befinden sich im Bestand der Wartburg Stiftung Eisenach, Kunstsammlung, BE0016 und
BE0018. Hier werden die Weimarer Exemplare benutzt, da sie inhaltsreicher sind.
545 WStA, AbAW 4 (wie Anm. 38) zum 22.11.1785.

Doch sechs Jahre später, am 9. September 1791, sah sich Herzog Carl August wegen vieler Schäden bis hin zum drohenden Einsturz zur Entscheidung gezwungen, den Abbruch bis zur unteren Etage und den Aufbau eines Stockwerks nebst Dach zu genehmigen[546]. Der entsprechende Auftrag an Baumeister Bähr erging am 16. September 1791. Noch im selben Jahr muss der Abriss im Wesentlichen abgeschlossen worden sein, da Thon dies 1792 sehr zeitnah konstatieren konnte[547].

III.5.

DAS HAUS DES HERZOGS CARL AUGUST

Der 1791 angewiesene, durchgreifende Neuaufbau des Nordhauses kann nicht vor dem letzten Viertel des Folgejahres begonnen worden sein, da Bährs Bauentwurf – also die Voraussetzung – auf den 20. Oktober 1792 datiert ist. Zwischen September 1791 und Oktober 1792 muss die Entscheidung zugunsten eines zweistöckigen Neubaus wie aus Bährs Entwurf ersichtlich gefallen sein, sicherlich weil sonst zu wenige Wohnräume entstanden und der Zugang zum obersten Palasgeschoss ungeklärt geblieben wäre. Bereits am 3. September 1793, zum Geburtstag des abwesenden, vor Mainz weilenden Herzogs, wurde es nach Thon «mit verschiedenen Feierlichkeiten» gerichtet[548]. Weil damit sicherlich das Richtfest gemeint war, müssen bereits die tragenden Mauern und der Dachstuhl gestanden haben. Aus den häufigen Schäden des Vorgängerbaus hatte man den Schluss gezogen, einen Steinbau erstehen zu lassen. Nur der Nordgiebel erhielt ein Fachwerk mit mehreren angedeuteten «wilden Männern» und mit Andreaskreuzen. Der Ausbau zog sich wohl bis 1796 hin, da Spezifikationen vom 1. und 6. April 1797, für 1796 bzw. für die Jahre 1792 bis 1796 vorliegen[549]. Das auf den 17. April 1798 datierte Wartburginventar mit der vollständigen Gebäudebeschreibung bestätigt das Bauende.

---

546 WStA, AbAW 4 (wie Anm. 38) zum 9.9.1791.
547 THON, Wartburg 1792 (wie Anm. 22) S. 17.
548 THON, Wartburg 1795 (wie Anm. 305) S. 20; THON, Wartburg 1815 (wie Anm. 283) S. 210.
549 WStA, AbAW 4 (wie Anm. 38) zum 1. und 6.4.1797.
550 Abbildung Bähr-1792 [Abb. 21].
551 LATh-HstA Weimar, Inventar 1798/1800 (wie Anm. 65) Bl. 35v-39v und 41v; LATh-HstA Weimar, Inventar 1803 (wie Anm. 65) Bl. 57r-62v und 65r.
552 LATh-HstA Weimar, Inventar 1829 (wie Anm. 42) Bl. 21r-24r und 27r+v.
553 Abbildung Bocklisch-1848-BE1432 [Abb. 40]. Dies ist die informativste Zeichnung zum Haus des Herzogs Carl August mit den Grundrissen «Fundament», «Parterregrundriss» und «Etagegrundriss», Aufriss zur Hoffassade und Durchrissen in Ost-West und Nord-

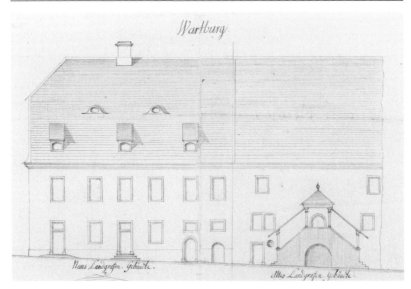

Ansicht und Grundriss des «Neuen Hauses» Carl Augusts (Ausschnitt): Christian Heinrich Bähr, (siehe Abb. 21. S. 150)

Das Haus des Herzogs Carl August wurde somit von 1792 bis 1796 erbaut und in den 1850er Jahren wieder abgerissen, so dass es zwar nicht mehr existiert, aber als Vorgänger von Neuer Kemenate und Neuem Treppenhaus in gewissem Maße fortlebt. Zwei Quermauern in West-Ost-Richtung unterteilten es in drei ungleiche Segmente, die weiterhin die Gebäudestruktur prägen, da die heutigen tragenden Mauern auf den alten Fundamenten aufsetzen. Zusammen mit seiner nördlichen Außen- und der im Süden angrenzenden Palasmauer hat Bähr in seinem Entwurf vom 20. Oktober 1792 im Erdgeschoss-Grundriss diese als «al-te Mau-ern» etikettiert[550]. Jener gut beschriftete Entwurf entstand vor der Bauausführung, doch anhand der Inventare von um 1800[551] und 1829[552] sowie der Bauzeichnungen (Grundrisse und Fassaden) von um 1840[553] als auch weiterer Abbildungen[554] lässt sich

Süd; Abbildung Sältzer-1839/1840-BE0040 [Abb. 28] mit Hoffassade (teilweise); Abbildung Sältzer-1839/1840-BE0060 [Abb. 27]. Grundrisse von Keller, Erd- und Obergeschoss; Abbildung Spittel-1841/1842-BE0025. Grundrisse von Keller und Erdgeschoss; Abbildung Sältzer-1845/1846-BE0048 [Abb. 33]. Hoffassade; Abbildung Sältzer-1845/1846-BE0049 [Abb. 34]. Ostfassade; Abbildung Sältzer-1845/1846-BE0042 [Abb. 35]. Grundrisse von Keller, Erd- und Obergeschoss.

554 Abbildung Heerwart-1814; Abbildung Sältzer-1845/1846-BE0048 [Abb. 33]; Abbildung Sältzer-1845/1846-BE0049 [Abb. 34]; Abbildung Arnswald-1853 [Abb. 42], abgedruckt in GÜNTER SCHUCHARDT (Hrsg.): Romantik ist überall, wenn wir sie in uns tragen. Aus Leben und Werk des Wartburgkommandanten Bernhard von Arnswald. Regensburg 2002, Nr. 471, S. 95; Abbildung Arnswald-1842-G1636.

Aufriss der Westseite
des Palas, Johann
Wilhelm Sältzer
(siehe Abb. 28,
S. 156)

die Gestalt des verschwundenen Hauses überzeugend rekonstruieren und aussagen, dass Bährs Entwurf ziemlich genau verwirklicht wurde.

Das südliche Gebäudesegment von der Palas-Nordmauer bis zur ersten Querwand, welche der Südmauer der Neuen Kemenate entspricht, bildete das trapezartige Areal des Neuen Treppenhauses. Sein zweistöckiges Inneres war mit mehreren Treppen, Vorplätzen und kleinen Zimmern angefüllt. Das mittlere Segment barg übereinander zwei große Räume, die deshalb bei Bähr und in den Inventaren «Saal» genannt wurden. In der Neuen Kemenate wiederholten sie sich in den Wohnräumen des Großherzogspaares, und zwar unten der Fürstin und oben des Fürsten (heute Sammlungsraum 1), allerdings im Westen verkürzt durch den Einbau des Turms, der zur Zeit des Hauses von Carl August nicht existierte.

Das nördliche und schmalste Segment beherbergte im Erdgeschoss den Pferdestall, dessen Grundfläche heute größtenteils das Gemäldemagazin einnimmt. Er wurde offenbar als Ersatz für den wenige Jahre zuvor aufgehobenen Stall im Palaskeller in den Bauplan aufgenommen. Seine Tür benötigte einige Stufen vom Hofniveau hinauf. An der Nordseite war er fensterlos, wie er auch keine Innentür besaß, und sein einziges Fenster richtete sich nach Osten. Das Obergeschoss jenes Nordsegments war in zwei gleich große Räume unterteilt, die heute dem Schlafraum des Großherzogs und dem Sammlungsraum 2 entsprechen.

Vertikal besaß das Bauwerk eine funktional ausgerichtete Drei- bis Viergliedrigkeit in Keller/Pferdestall, Wohnung und Dachboden. Der Kellerbereich war durch die beiden Hoftüren nahe dem Palas erreichbar, besaß aber im Innern keine direkte Verbindung zu den Stockwerken darüber, die entweder über den Hof oder sehr umständlich durch den Palas herzustellen war. Ebenfalls über keine Verbindung zu den anderen Räumen verfügte der Pferdestall. Der Wohnbereich in Erd- und Obergeschoss war von außen entweder durch die eigene Hoftür, die zweite Tür von Norden, oder durch den Haupteingang des Palas und den Gang vor dem Landgrafenzimmer zugänglich. Schließlich verfügte es im Dachbereich über zwei übereinander liegende Böden.

Im Folgenden gilt es, die innere Raumstruktur detailliert und mit ihren Treppenläufen, Türen und Zugängen sowie Fenstern zu rekonstruieren. Interessanterweise vollziehen die Inventare den Zugang zum Haus von Herzog Carl August nicht über die Hoftür zum unteren Saal, sondern über den Haupteingang des Palas. Somit kommt man zuerst zum Vorplatz vor dem Landgrafenzimmer, der sich nur eine Stufe niedriger auf nahezu demselben Fußbodenniveau wie die angrenzenden Palasräumlichkeiten erstreckte und hauptsächlich den Übergang vom Palaseingang zum Landgrafenzimmer und mithin den einzigen Weg zu den Wohnräumen des ersten Palas-Obergeschosses ermöglichte. Deshalb hätte eine Treppe wie heute vom Gang vor dem Landgrafenzimmer hinunter gestört. Des Weiteren informieren die Inventare, dass dieser Vorplatz mit Backsteinen ausgelegt war, zwei Fenster nach Westen, ein Fenster nach Osten – wohl ein Innenfenster ins Gebäude hinein – und zwei steinerne «Treppchen» aufwies. Die beiden kleinen Westfenster über den beiden Kellertüren sind bei Bähr (1792) und in Bauzeichnungen vorhanden[555], fehlen jedoch seltsamerweise in einigen Handzeichnungen[556]. Die beiden kleinen Treppen überbrückten den Weg zur niedrigeren Ebene der Erdgeschossräume. Nach Norden gelangte man laut dem Inventar von 1829 über fünf Stufen zum Saal, vor dem nochmals eine Tür zu durchqueren war. Nach Osten gingen die Stufen zu einem weiteren Vorplatz oder einer kleinen Kammer, die ebenfalls mit Backsteinen ausgelegt war und ein Fenster nach Osten hatte. Dies war der südliche Bereich auf der Ostseite des Erdgeschosses.

---

555 Vgl. Abbildung Bähr-1792 [Abb. 21]; Abbildung Bocklisch-1848-BE1432 [Abb. 40]; Abbildung Sältzer-1839/1840-BE0040 [Abb. 28]; Abbildung Sältzer-1845/1846-BE0048 [Abb. 33]; Abbildung Sältzer/Patzschke-Eingangstor-1847 [Abb. 38]; Abbildung Sältzer-1845/1846-BE0036 [Abb. 36]; Ritgen/Sältzer-BE0001.

556 Vgl. Abbildung Patzschke/Loeillot-1847; Abbildung Arnswald-1853 [Abb. 42]; Abbildung Arnswald-1837-G3355; Abbildung Arnswald-1837-G3366.

Der Saal besaß auf der Ostseite drei große Fenster und auf der Hofseite zwei, die rechts und links neben der Tür angeordnet waren, über der noch ein kleines Fenster bestand. Dieser Eingang war vom Hofniveau über einige Stufen hinauf begehbar und besaß laut den Inventaren von um 1800 zwei, offenbar hintereinander angeordnete Türen bzw. Türblätter. Im Inventar von 1829 war die vordere Tür vom Winde zerschlagen, so dass nun die Innentür alles abhalten musste.

Ein Kamin in der Mitte der Südwand des Saals sorgte für Wärme und damit eine ganzjährige Bewohnbarkeit[557]. Östlich des Kamins machte eine Tür ein Zimmer im Osten des Erdgeschosses zugänglich, das eine weitere Tür zum südlichen, schon erwähnten Vorplatz besaß. Das Zimmer selbst beleuchteten zwei Fenster durch die östliche Mauer hindurch. In seiner Nordwestecke und damit an den Rauchabzug des Saalkamins angebunden stand ein eiserner Ofen mit erdenem Aufsatz. Aus dem Inventar von 1829 geht hervor, dass in diesem Raum zunächst das von Louise Seidler geschaffene, im August 1826 auf der Wartburg eingetroffene Elisabethbild hing, dann aber in das darüber befindliche Zimmer des Obergeschosses umgelagert wurde.

Übrigens hatte Bährs Entwurf von 1792 die Beheizung eines Ofens im Landgrafenzimmer von dem südöstlichen kleinen Vorplatz des neuen Hauses aus vorgesehen. Die Nachrichten vom desolaten Zustand des Landgrafenzimmers um 1800 und das Fehlen einer solchen Befeuerung in den Inventaren und Grundrissen verdeutlichen, dass jene im Grunde richtige Idee, den nördlichen Kaminschacht des Palas zu nutzen, in dieser Form nicht verwirklicht wurde. Damit wäre das Erdgeschoss abgehandelt.

Die Beschreibung des Hauses von Herzog Carl August kann am Vorplatz vor dem Landgrafenzimmer fortgesetzt werden. Von hier ermöglichte eine Treppe mit Geländer, die 1829 zerbrochen war, den Aufstieg zur oberen Etage. Unter der Treppe nutzte ein Verschlag mit eigener Tür wie häufig in solchen Fällen den sonst nutzlosen Leerraum. Sie lag gegenüber dem Eingang zum Landgrafenzimmer und bestand aus zwei gleich langen, gegeneinander laufenden Teilen und in der Mitte einem kleinen Podest zur Umkehr, das an die dicke Zwischenmauer anstieß[558]. Eine ebensolche doppelgängige Treppe führte genau darüber zum Dachboden; eine solche Anlage gibt es in der Vogtei von der Lutherstube nach oben und ist heute im Häuserbau üblich.

557 Siehe besonders im Ost-West-Durchschnitt von Abbildung Bocklisch-1848-BE1432 [Abb. 40].
558 Gut zu sehen im Nord-Süd-Durchschnitt auf Abbildung Bocklisch-1848-BE1432 [Abb. 40].

In der oberen Etage des Hauses von Carl August erreichte man zuerst einen Vorplatz vor dem Aufgang ins oberste Palasgeschoss, das man nach Süden durch eine Flügeltür und über fünf Stufen hinauf betrat. Die Situation mit dem Vorplatz und den fünf Stufen bestand schon vor 1790 beim Fachwerk-Nordhaus und wurde beim Neubau beibehalten. Schöne (1835) beschreibt den Weg zum «Ritter- oder Ahnensaal» genau so: «eine Treppe und einige Stufen gestiegen»[559]. Den Vorplatz erhellten zwei Fenster nach Westen, die senkrecht über den beiden Kellertüren angeordnet waren. Nahe der Westmauer führte nach Norden eine mit Schloss und Riegel gesicherte Tür in den Saal, der sowohl auf der Ost- als auch auf der Westseite drei Fenster besaß, demnach die gesamte Breite des Gebäudes überspannte und von einem Kamin in der Mitte der Nordwand beheizt wurde.

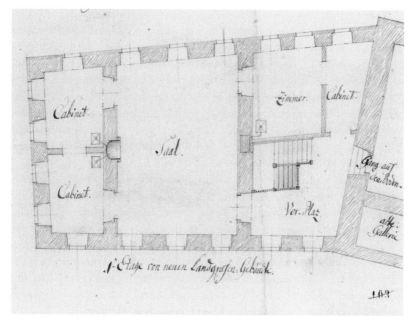

Ansicht und Grundriss des «Neuen Hauses» Carl Augusts (Ausschnitt): 1. Obergeschoss, Christian Heinrich Bähr (siehe Abb. 21, S. 150)

An der Decke dieses oberen Saals zeigte eine Windrose mit ihrem Pfeil die Windrichtung an, die sie durch die mit ihr verbundenen Windrose auf dem Dach übertragen erhielt[560]. Auf Goethes Wunsch hatte Großherzog Carl August dies zu meteorologischen Beobachtungen anlegen lassen, die nach

---

559 Schöne, Wartburg 1835 (wie Anm. 135) S. 107.
560 Schöne, Wartburg 1835 (wie Anm. 135) S. 148.

Goethes Tod eingestellt wurden. Dennoch ist der Windanzeiger auf dem Dachfirst zwischen beiden Essen, der wie ein Kreuz wirken konnte, in Abbildungen aus den 1840er Jahren noch gut auszumachen[561].

Die Nordwand des Saals durchbrachen im Osten und Westen jeweils ein Türdurchgang zu zwei gleich großen Zimmern, die über dem Pferdestall lagen, nach Norden je zwei Fenster und entsprechend je eines nach Osten bzw. Westen besaßen und untereinander ebenfalls mit einer Tür verbunden waren. An der sie trennenden Zwischenwand und der starken Mauer zum Saal verfügten sie jeweils über einen Ofen, die beide unmittelbar am Kamin des Saales lagen und sicherlich denselben Rauchabzug nutzten. Da der Kamin des Erdgeschosses an der gegenüberliegenden Wand lag, benötigte das Haus zwei das Dach überragende Essen, wie sie auf mehreren Abbildungen aus der ersten Hälfte des 19. Jahrhunderts auch zu sehen sind[562].

Vom Saal des Obergeschosses ging es nahe der Ostmauer durch die südliche dicke Wand in ein weiteres Zimmer, nun auf das Areal des heutigen Treppenhauses, das nach Osten zwei Außenfenster hatte und in dem sich, wie bereits bemerkt, nach 1829 das Elisabethbild der Louise Seidler befand. In der Nordwestecke stand ein Ofen, der offenbar an den Abzugsschacht des Kamins aus dem Erdgeschosssaal angeschlossen war. All diese vier Wohnräume der oberen Etage besaßen also einen Heizkörper, waren untereinander mit abschließbaren Flügeltüren verbunden und – wie das Inventar von 1803 mitteilt – grün angestrichen, womit sie gewissermaßen dem Grünen Gemach des Vorgängerhauses nachfolgten.

Vom letztgenannten Zimmer an der Ostseite ging es nach Süden ebenfalls durch eine verschließbare Flügeltür in ein kleines «Cabinett», wofür sowohl Bähr als auch die drei Inventare diesen Begriff nutzten. Dieser südöstliche Raum auf dem Grundriss des heutigen Treppenhauses besaß ein Fenster nach Osten. Nach Westen ging es durch die «Commodität» zurück auf den Vorplatz vor dem Aufgang zum Palasobergeschoss. Jene Commodität ist bei Bähr 1792 noch nicht eingezeichnet, in den drei Inventaren und in späteren Grundrissen[563] jedoch vorhanden. Offenbar handelte es sich um einen Raum mit einer tragbaren Toilette, worauf neben dem Begriff auch die Tatsache

561 Die Windrose ist besonders gut zu sehen bei: Abbildung Arnswald-1837-G3366; Abbildung Patzschke/Witthöft-Titelblatt-1847 [Abb. 39]; Abbildung Kuchenbuch-1842 [Abb. 32].
562 Abbildung Patzschke/Witthöft-Titelblatt-1847 [Abb. 39]; Abbildung Hensel-1813/1900 [Abb. 25]; Abbildung Kuchenbuch-1842 [Abb. 32]; Abbildung Krauß-1805; Abbildung Bleichrodt-1850.
563 Abbildung Bocklisch-1848-BE1432 [Abb. 40]; Abbildung Sältzer-1839/1840-BE0060 [Abb. 27]; Abbildung Sältzer-1845/1846-BE0042 [Abb. 35].

hindeutet, dass das gesamte Gebäude trotz der zahlreichen Wohnräume keinen Abtritt nach außen besaß.

Vom Vorplatz des Obergeschosses führte eine sehr ähnliche, gegenläufige Treppe wie darunter in den unteren Boden des Dachgeschosses, das nach den beiden Fensterreihen Bährs wohl in zwei Böden unterteilt war. An dem in Fachwerk ausgeführten und mit einem Walm bekrönten Dachbereich des nördlichen Giebels zeigten zwei Fenster aus dem unteren Dachboden und eines aus dem oberen[564]. Beide Dachböden müssen durch eine Treppe oder Stiege miteinander verbunden gewesen sein, da die Inventare von um 1800 jene drei Fenster dem Boden zuordnen und somit beide Böden als einen ansahen. Während der untere Boden vom Vorplatz des Obergeschosses erreichbar war, gewährte die Treppe am Nordgiebel im Vorraum des damaligen Palas-Rittersaals Zugang zum obersten Dachboden des Hauses von Carl August. Dieser war nämlich laut dem Inventar von 1829 mit dem obersten Boden des Palas vereint, übrigens gänzlich gedielt und verfügte am Nordgiebel über ein Fenster[565].

Das Gebäude erhielt 1798 nach Angaben der Inventare von um 1800 29 hölzerne Fensterläden, die offenbar sämtliche großformatigen Fenster betrafen, wenn man nämlich die 14 der Westseite, die 7 des Nordgiebels und die 8 der Hofseite zusammenzählt.

Um 1840, also zu Beginn der Wartburgrestaurierung unter dem Erbgroßherzog Carl Alexander, war das Haus außer mit dem Elisabethgemälde der Louise Seidler weiterhin künstlerisch ausgestaltet durch Bilder des Großherzogs Carl August und des ehemaligen Oberaufsehers über die Burg Johann Carl Salomo Thon sowie einen Stammbaum des Weimarischen Herzogshauses in Form eines fünfstöckigen Gebäudes («Pentazonium»), welches immerhin der Oberbaudirektor des Großherzogtums Clemens Wenzeslaus Coudray (1775-1845) gezeichnet hatte[566]. Auch das Modell des Grimmensteins hatte hier seinen Platz gefunden. Da der thüringische Romanschriftsteller Ludwig Storch (1840) diese Angaben machte[567], konnten offenbar

---

564 Abbildung Hensel-1813/1900 [Abb. 25]; Abbildung Heerwart-1814; Abbildung Sältzer-1845/1846-BE0048 [Abb. 33]; Abbildung Arnswald-1837-G3366.

565 LATh-HstA Weimar, Inventar 1829 (wie Anm. 42) Bl. 25r.

566 Zu Coudrays Pentazonium von 1824/25 als Denkmalsentwurf für Herzog Carl August vgl. Pentazonium Vimarense, dem dritten September 1825 gewidmet, vom Oberbaudirektor Coudray gezeichnet, gestochen vom Hofkupferstecher Schwerdgeburth. In: Goethe's Werke. Vollständige Ausgabe letzter Hand. 4. Bd. (Goethe's Werke. 64. Bd.). Stuttgart/Tübingen 1833, S. 161–165; ROLF BOTHE: Clemens Wenzeslaus Coudray. 1775-1845. Ein deutscher Architekt des Klassizismus. Köln/Weimar/Wien 2013, S. 551–554.

567 Vgl. Abbildung Hensel-1813/1900 [Abb. 25]; Abbildung Heerwart-1814.

Wartburgbesucher in Abwesenheit des Fürstenpaares die Wohnräume besichtigen. Das belegt auch der Sagensammler Ludwig Bechstein im Wanderbuch von 1838, als er mit seiner Besuchergruppe nach der Besichtigung von Kapelle und den beiden Sälen im Palasobergeschoss «einigen modern sich darstellenden Zimmern» einschließlich Seidlers Elisabethbild zugeführt wurde[568].

Dieses Haus Carl Augusts wirkte weitaus dominanter als die heutige Neue Kemenate, da es nicht vom Turm auf dem Hof abgedrängt und in der Silhouette überragt wurde. Da außerdem an der Nordseite das Jägerstübchen fehlte, stand es von drei Seiten unverdeckt frei. Der nördliche Ziergiebel mit seinem Fachwerk beherrschte den Anblick sowohl von der Schanze[569] als auch nach dem Durchschreiten des Burgeingangs[570]. Da andererseits besonders die östliche Fassade monoton wirkte, erschien es eher als Fremdkörper in mittelalterlichem Umfeld und musste kurz nach Mitte des 19. Jahrhunderts der Ausgestaltung der Wartburg als Denkmal und Residenz weichen.

Als Wohnhaus für das Fürstenpaar war es durchaus komfortabel ausgestattet, berücksichtigt man außerdem, dass sämtliche Wohnräume mit Kaminen oder Öfen versehen waren. Anders als seine Vorgänger fiel es nicht baulichen Schäden zum Opfer, sondern dem Zeitgeschmack und wohl auch den gewachsenen Komfortbedürfnissen. Die beiden Storchs (1837 und 1840) drückten die damalige Ablehnung mit der Feststellung aus, es sei leider in «moderner» und nicht wie die übrigen Wartburggebäude in «mittelalterlicher» Bauart errichtet worden[571]. Und auch Adolf Stahr erblickte 1852 im einstigen Neubau den «kleinlichen Geschmack» des 18. Jahrhunderts[572]. Die Entwürfe zur Neugestaltung der Wartburg von Ferdinand von Quast (1846) und Hugo von Ritgen (1847 und 1853) setzen gerade hier mit ihren abwechslungsreichen Fassaden einen Kontrapunkt zur Schlichtheit des Hauses Carl Augusts. Der ab 1853 forcierte Aufbau der Neuen Kemenate lief wohl schon einige Jahre vorher an, übernahm offenbar teilweise die Mauersubstanz und geriet streckenweise mehr zum Um- als zum Neubau. Erb-

---

568 LUDWIG BECHSTEIN: Wanderungen durch Thüringen. Leipzig 1838, S. 238.
569 Vgl. Abbildung Arnswald-1853 [Abb. 42].
570 STORCH, Eisenach 1837 (wie Anm. 22) S. 273; STORCH, Merkwürdigkeiten 1840 (wie Anm. 48) S. 84.
571 STAHR, Tagebuch 1, 1852 (wie Anm. 116) S. 149.
572 Wartburg-Stiftung Eisenach, Bauzeichnungen, Inv.-Nr. BE0379, CARL DITTMAR, «Zustand des Mauerwerks vom Neuen Haus bis zum 25. März 1856»; vgl. GRIT JACOBS: Die Wiederherstellung der Wartburg und ihre Vorgeschichte im Wartburg-Werk. In: Wartburg-Jahrbuch 2008. 17(2010), S. 226–265, hier S. 249, Anm. 90; ALTWASSER/KLEIN, Fundamentreste 2013 (wie Anm. 428) S. 23f.

großherzog Carl Alexander und seine Gemahlin nutzten zu Wohnzwecken schon seit den 1840er Jahren die Räume hinter der Lutherstube, die späteren Reformationszimmer und heutigen Bibliotheksräume. Mit Vollendung der Neuen Kemenate 1860 war das großherzogliche Domizil stilvoller, aber am selben Ort wie früher wieder auferstanden.

IV.

DER MITTLERE ODER HAUPTTURM

DER WARTBURG

Die Überreste des mittelalterlichen Hauptturms wurden beim Neubau der Neuen Kemenate 1856 aufgefunden und vom Baubeamten Karl Dittmar bauzeichnerisch festgehalten[573], was im Wartburgwerk Baumgärtels von 1907 veröffentlicht wurde[574]. Strickhausen (1998) hat auf Grundlage der gedruckten Darstellungen die Maße des Turms auf «ca. 9,75 × 9,75 m» rekonstruiert[575]. Durch jüngere, genauere Untersuchungen gelangten Altwasser/Klein (2013) zur Länge der östlichen Seite auf zwischen 9,25 und 9,50 m, nach dem am Wartburgpalas ermittelten Fußmaß von 31,5 cm wahrscheinlich von 9,45 m bei 30 Fuß[576]. Die Mauerstärke des Erdgeschosses von etwa 2,55 m ergibt eine innere Weite von ca. 4,50 m im Quadrat. Wichtig ist auch die bei Großmann (1999) angemerkte Entfernung von jeweils etwa sechs Metern sowohl zur äußeren Ringmauer als auch zum Palas.

In oder zu älteren Nachrichten wird nur unbestimmt zu Bergfrieden oder Türmen der Wartburg geschrieben, etwa bei den zwei Bergfrieden zur Gründungssage[578] oder den Türmen in einer Urkunde von 1306[579]. Eine genauere Lokalisierung erscheint erst mit den Angaben zum Brand von 1317. Im spä-

573 Wartburg-Stiftung Eisenach, Bauzeichnungen, Inv.-Nr. BE 0379, CARL DITTNER, «Zustand des Mauerwerks vom Neuen Haus bis zum 25. März 1856»; vgl. GRIT JACOBS: Die Wiederherstellung der Wartburg und ihre Vorgeschichte im Wartburg-Werk. In. Wartburg-Jahrbuch 2008. 17(2010), S. 226–265, hier S. 249, Anm. 90; ALTWASSER/KLEIN, Fundamentreste 2013 (wie Anm. 428) S. 23f.

574 BAUMGÄRTEL, Wartburg 1907 (wie Anm. 27) S. 347f., 417 (Grundriss); 713.

575 STRICKHAUSEN, Burgen 1998 (wie Anm. 14) S. 203.

576 ALTWASSER/KLEIN, Fundamentreste 2013 (wie Anm. 428) S. 25f.

577 G. ULRICH GROSSMANN: Wartburg – Tore und Türme. Offene Fragen zur Bauforschung der Wartburg. In: Wartburg-Jahrbuch 1999. 8(2000), S. 11–27, hier S. 26.

578 ROTHE/LILIENCRON, Chronik 1859/2007 (wie Anm. 3) cap. 344, S. 265; HILMAR SCHWARZ: Die Sage von der Gründung der Wartburg und ihr historiographischer Hintergrund. In: Wartburg-Jahrbuch 2013. 22(2014), S. 72–133, hier S. 81f.

579 In einer Urkunde zu Fulda, 9.7.1306: «castrum nostrum Wartburg cum turribus eiusdem», «castrum et turres»: Abdruck bei JULIUS FICKER: Die Überreste des deutschen Reichs-

ten Teil der Erfurter Peterschronik von um 1340 kommt der «große Turm auf der Wartburg» («in maiori turri in Warperc»)[580] vor. Die darauf aufbauenden Schilderungen des Johannes Rothe bestätigen die Nähe zum Palas und zum Nordhaus. Schon in die Sage von Margarethes Flucht aus dem Jahre 1270 hatte er das Haus am Turm untergebracht, schrieb jedoch erst anderthalb Jahrhunderte später. Beim Brand von 1317 ließ er in seinen ersten Chroniken neben dem Turm auch den bei ihm Mußhaus genannten Palas abbrennen, in seiner Weltchronik aber nur dessen oberen Bereich, dafür aber 1319 die neue Hofdornitz aufbauen, jene Fassung des Nordhauses.

Immerhin bestätigen diese Nachrichten, dass der Hauptturm vor dem Brand von 1317 und vor jenem um 1320 errichteten Haus Friedrichs des Freidigen gestanden hat. Damit stimmen die neueren archäologischen Befunde überein, wonach der Turm zwar nicht schon um 1200 unter den Ludowingern, aber sicherlich in der frühwettinischen Herrschaftszeit über Thüringen vor 1300 errichtet wurde[581].

Der Hauptturm stand nicht nur in der Mitte der Burganlage, sondern wurde bis zur Hälfte des 16. Jahrhunderts vom Torturm am Burgeingang und dem hinteren Turm eingerahmt, so dass er als «mittlerer» oder «mittelster» Turm bezeichnet wurde. Als kurz vor der Mitte des 15. Jahrhunderts die Rechnungen des Amtes Eisenach/Wartburg einsetzen, liefern sie sogleich aufschlussreiche Informationen über ihn. Als 1447 ausgiebig am Turm gearbeitet wurde[582], wechselte man offenbar vor allem die Turmhaube aus. Mit 46 Blechen beschlug man den Knauf neu und mit 6.800 Dachziegeln die Haube. Bereits zur Zeit Rothes um 1420 war der Turm mit Ziegeln gedeckt, wie aus dessen Ausführungen zu 1317 hervorgeht[583]. Mit teilweise beachtlichen Leistungen waren im Jahr 1447 Zimmerleute, Dachdecker und Steinmetze involviert und entsprechendes Gerüst beteiligt. Offenkundig wurde der Turm von einem gotischen Spitzdach mit Turmknauf bekrönt, wie es auf den ältesten Abbildungen zu sehen ist.

Archives zu Pisa. Wien 1855, S. 56 f., Nr. 32; Jacobus Schwalm (Ed.): Constitutiones et acta publica imperatorum et regum. T. 4, 2 (Monumenta Germaniae Historica. [Leges]. 4,2). Hannover/Leipzig 1909, Nr. 1205; Teilabdruck in Karl H. Lampe (Hrsg.): Urkundenbuch der Deutschordensballei Thüringen. Bd. 1. (Thüringische Geschichtsquellen. Bd. 10. NF. 7). Jena 1936, Nr. 705a.

580 Holder-Egger, Cronica s. Petri 1899 (wie Anm. 11) S. 348,2.

581 Klein, Töpfers Keller 2011 (wie Anm. 429) S. 31; Altwasser/Klein, Fundamentreste 2013 (wie Anm. 428) S. 26f.

582 LATh-HstA Weimar, Reg. Bb. 1219 (wie Anm. 441) Bl. 53v zu 1447; WStA, AbAW 3 (wie Anm. 22) zu 1448.

583 Rothe/Liliencron, Chronik 1859/2007 (wie Anm. 3) S. 542, cap. 635.

Die älteste Wartburgansicht von angeblich 1590 zeigt den Turm noch die
Gebäude überragend[584], einen spitzwinkligen Dachaufsatz und einen nur angedeuteten Knauf, der in den darauf beruhenden Wartburgabbildungen des
17. und 18. Jahrhunderts[585] greifbarer erscheint und wohl bis zum Abriss um
1666/67 vorhanden war. Auch schriftliche Nachrichten deuten in diese Richtung. Schon im August/September 1485/86 geschah die nächste Eindeckung
des Turms[586]. Wieder waren neben dem (Ziegel-)Decker vor allem Zimmerleute einbezogen. Bei der längeren Berappung (Verputzung) des Schlosses
von 1507 bis 1512 war sicher auch der Hauptturm einbegriffen[587]. Als 1539
der mittelste Turm gedeckt und kleine Besserungen vorgenommen wurden[588], erneuerte man offenbar eine bestimmte Anzahl von Dachziegeln.

Im Jahre 1561 hingegen wurde der Turm mit Schiefer gedeckt[589], so dass
man die Ziegeleindeckung von 1447 korrigierte. Gleichzeitig wurde ein «gelber Knauf» aufgesetzt, offenbar ein neues Stück. Als 1563 schon zwei Jahre
später der Turm erneut eingedeckt wurde[590] und 1564 ein Maurer Ausbesserungen vornahm[591], handelte es sich sicherlich um Nacharbeiten. Als
1583/84 bei der Dachreparatur der Schieferturm[592] und 1584/85 die Reparatur auf dem Turm durch den Schieferdecker[593] erwähnt werden, bestätigt
sich die nun vorhandene Eindeckung mit Schiefer. Auf dem nun «großer
Turm» genannten Bauwerk musste 1608/09 ein neuer Knauf von 16 Pfund
Gewicht aufgesetzt werden[594].

Die Schieferdeckung des Turms fand verspäteten Eingang in die Literatur. Zur Wartburggründung hatte Rothe in seiner Weltchronik von der Eindeckung der zerstörten Dächer mit Ziegeln nach dem Brand von 1317
berichtet[595], was sowohl Abschreiber um 1500[596] als auch thüringische Geschichtsschreiber um 1600[597] übernahmen. Die Version, damals seien nur

---

584 Abbildung Kupferstich-1590 [Abb. 2].

585 Abbildung Köhler-1663 [Abb. 4]; Abbildung Kupferstich-1710; zu den Nachfolgern des
   Stichs von 1590 vgl. Hilmar Schwarz: Zu den ältesten bildlichen Darstellungen der Wartburg. In: Wartburg-Jahrbuch 1993. 2(1994), S. 90–101.

586 LATh-HstA Weimar, Reg. Bb. 1224 (wie Anm. 190) Bl. 11r; WStA, AbAW 3 (wie Anm. 22)
   zu 1485–86.

587 WStA, AbAW 3 (wie Anm. 22) zu 1512, von 1507 an.

588 WStA, AbAW 2 (wie Anm. 17) zu 1539, S. 7.

589 WStA, AbAW 1 (wie Anm. 22) zu 1561, S. 24.

590 WStA, AbAW 1 (wie Anm. 22) zu 1563, S. 25.

591 WStA, AbAW 1 (wie Anm. 22) zu 1564, S. 25.

592 WStA, AbAW 3 (wie Anm. 22) zu 1583-84.

593 WStA, AbAW 3 (wie Anm. 22) zu 1584-85.

594 WStA, AbAW 3 (wie Anm. 22) zu 1608-09.

595 Rothe/Liliencron, Chronik 1859/2007 (wie Anm. 3) S. 542, cap. 635.

die Häuser mit Ziegeln, der Turm hingegen mit Schiefer überdacht worden, konnte bisher erstmals bei Pfefferkorn (1685) gefunden werden, worin ihm spätere Autoren folgten[598]. Dies reflektierte offenbar die Schieferbedeckung von 1561.

Inzwischen hatten sich wenige, dafür umso instruktivere Mitteilungen zur Beschaffenheit des Turms unterhalb der Turmhaube eingestellt. So wurde 1539 am Turm eine Tür gemacht und am langen Turm einige Kleinigkeiten gebessert[599]. Folglich besaß er eine Eingangstür ins Innere, was sich 1544 bestätigt, als am mittelsten Turm Dielen und drei Böden gelegt werden[600]. Demnach war er im Innern über mehrere Stockwerke zu besteigen, die ohne Zu- und Aufgang keinen Sinn hätten. Irgendwelche Hinweise auf Turmzimmer, also bewohnbare Räume innerhalb des Turms, sind hingegen nicht überliefert, so dass er offenbar kein Wohnturm war. Auch wehrtechnisch gibt er eigentlich keinen Sinn, denn was sollte von ihm aus verteidigt werden? Somit gehörte er offenbar zu den in der Burgenforschung als «Bergfried» bezeichneten Turmbauten zur Repräsentation und als Statussymbol[601].

Ein Fenster auf dem mittleren Turm, in welches das Wetter geschlagen hatte, wurde 1545 zugemauert[602]. Dass der Turm mit Fenstern versehen war, machen historische Abbildungen wahrscheinlich, wie der Stich von 1590 mit seinen Nachbildungen, die Abbildung Herzog-Johann-Ernst-1628 und die Abbildung Richter (1690). Zum Rechnungsjahr 1630/31 melden die Akten das Aufmalen einer Sonnenuhr[603], die wahrscheinlich auf der Südseite des Turms am einsichtigsten Ort der Burg aufgetragen wurde. Thon berichtet

---

596 Ursinus/Mencke, Chronicon 1730 (wie Anm. 432) Sp. 1257 AB; Landeschronik von Thüringen und Hessen bis 1247 und von Hessen seit 1247. In: Hermann Diemar: Die Chroniken des Wigand Gerstenberg von Frankenberg (Veröffentlichungen der Historischen Kommission von Hessen und Waldeck [7,1]. Chroniken von Hessen und Waldeck. 1). Marburg 1909, S. 1-318, hier S. 93; Lepsius, Chronik bis 1322, 1855 (wie Anm. 433) S. 243.

597 Bange, Chronick 1599 (wie Anm. 434) Bl. 45v; Binhard, Chronica 1613 (wie Anm. 434) S. 87; auch Olearius, syntagma 1704 (wie Anm. 101) S. 70.

598 Koch/Juncker, Beschreibung 1710 (wie Anm. 255) S. 139f.; Thon, Wartburg 1792 (wie Anm. 22) S. 17; Storch, Merkwürdigkeiten 1840 (wie Anm. 48) S. 92.

599 WStA, AbAW 2 (wie Anm. 17) zu 1539, S. 7.

600 WStA, AbAW 1 (wie Anm. 22) zu 1544, S. 11.

601 Joachim Zeune: Burgen – Symbole der Macht. Ein neues Bild der mittelalterlichen Burg. Darmstadt ²1997, S. 42 und 44; Stefan Uhl und Joachim Zeune: Der Bergfried. In: Horst Wolfgang Böhme, u. a. (Hrsg.): Burgen in Mitteleuropa. Ein Handbuch. Bd. 1. Bauformen und Entwicklung. Stuttgart 1999, S. 237–245; G. Ulrich Grossmann: Die Welt der Burgen. Geschichte, Architektur, Kultur. München 2013, S. 75–80 und 289.

602 WStA, AbAW 1 (wie Anm. 22) zu 1545, S. 12.

603 WStA, AbAW 3 (wie Anm. 22) zu 1630–31.

zum Brand von 1317, die Uhr, mit welcher der mittlere oder Hauptturm versehen war, sei ebenfalls stark beschädigt worden[604]. Als dann die beiden Storchs (1837 und 1840) von einer «Schlaguhr» berichten[605], die vor diesem Brand angebracht worden wäre, greifen sie den erst seit Mitte des 14. Jahrhunderts in Italien bezeugten mechanischen Anlagen vor.

Im erhaltenen Grundriss Gromanns von 1558 ist der Turm enthalten, jedoch fälschlich unmittelbar an den Palas angefügt[606]. Als bei Hortleder 1630 ein «gewaltiger 4. eckichter Thurm» erscheint, ist damit sicherlich der große Mittelturm beschrieben, wenngleich er hier fälschlich an den Toreingang verlegt wird[607]. In den Plänen von 1666 ist er zweifellos noch vorhanden, wenngleich seine Höhe in der reinen Draufsicht nicht auszumachen ist[608]. Aus den Jahren 1666 und 1667 liegen einige Anschläge zum Teilabriss und niedrigerem Wiederaufbau vor. Aufschlussreich ist vor allem die Aufstellung des Andres Rudlof vom 23. Oktober 1666[609], welche die Abnahme des Dachs durch den Zimmermann vorsah. Der Lohn des Ziegeldeckers beinhaltete sicherlich die vorherige Entfernung der Schieferplatten oder Dachziegel, wonach der Zimmermann den Dachstuhl abzubauen hatte. Anschließend sollte der Maurer die Turmmauern bis auf den unteren Absatz abtragen, womit wohl etwa die Höhe des anstoßenden Fachwerkgebäudes gemeint war. Andererseits sollte die Dachung ausgebessert werden[610].

Mindestens drei weitere Überschläge zu Ab- und Wiederaufbau gingen um 1667 ein[611]. Welcher wirklich zum Zuge kam, muss dahingestellt bleiben, doch teilt ein Verzeichnis von 1670 immerhin mit, dass der Turm abgehoben ist[612]. Das betraf wohl in erster Linie das Dach und die vordere Mauer, denn der Turm sollte nochmals um acht Schuh verkürzt werden, um ihn auf das Niveau des anstoßenden Dachs zu bringen. Auf der anderen, der Hofseite war die Mauer ganz geborsten und sollte mit einer veran-

---

604 Thon, Wartburg 1792 (wie Anm. 22) S. 17.

605 Storch, Eisenach 1837 (wie Anm. 22) S. 273; Storch, Merkwürdigkeiten 1840 (wie Anm. 48) S. 92.

606 Abbildung Gromann-1558 [Abb. 1]; vgl. WStA, AbAW 2 (wie Anm. 17) zu 1558, S. 31f.

607 Hortleder, Häuser 1630/1710 (wie Anm. 58) S. 203.

608 Abbildung Befestigungsplan-1666A; Abbildung Befestigungsplan-1666B, abgedruckt in Hilmar Schwarz: Das Bollwerk (Barbakan) vor der Zugbrücke der Wartburg. In: Wartburg-Jahrbuch 2013. 22(2014), S. 134–173, hier S. 143.

609 LATh-HstA Weimar, Eisenacher Archiv, Militär- und Kriegssachen, Nr. 1086, 1649–1672, Bl. 20r; LATh-HstA Weimar, Nr. 1189 (wie Anm. 252) Bl. 17r; WStA, AbAW 3 (wie Anm. 22) zu 1666.

610 WStA, AbAW 3 (wie Anm. 22) zu 1666.

611 WStA, AbAW 4 (wie Anm. 38) zu 1667.

612 LATh-HstA Weimar, Nr. 1086 (wie Anm. 609) Bl. 77r-78v.

schlagten Menge Kalk von neuem aufgeführt werden. Außerdem kommt im Wartburg-Inventar von 1669 der Turm nicht vor, so dass er derzeit als Bauwerk nicht wahrnehmbar war.

Nach bruchstückhaften Aktenmitteilungen muss in der zweiten Hälfte der 1670er Jahre erneut ein Mittelturm gestanden haben. Laut einer Aufstellung vom 2. Oktober 1676 waren zur Bedeckung des Turms auf der Wartburg acht Fichten für Balken, zwei starke Fichten zu Trägern und 38 Birken zu Sparren auf die Burg gebracht worden[613]. Während Balken und Träger offenbar statisch notwendige Teile austauschten oder verstärkten, dienten die Birkensparren zur Reparatur kleinerer, aber zahlreicher Schäden.

Am 20. Juni 1679 verweist ein Schreiben an Herzog Johann Ernst II. (1627–1683) auf die vordringliche Aufrichtung des Turms[614]. Am 22. Juli 1679 schlüsselt ein weiterer Anschlag die durch Fronfuhren heraufzubringenden Materialien und die vor Ort gebrauchten Handfroner auf[615]. Am 7. Juli 1679 schlägt ein Baukonzept vor, zur Erzielung geringer Kosten ein flaches Dach auf den Turm zu setzen, ihn nur 10 Schuh zu erhöhen und eine Breite von 30 Schuh einzuhalten, was mit einer beigelegten Bauskizze untermauert wird[616]. Auch ein Verzeichnis der Handwerkeranteile aus jener Zeit nennt für den Zimmerer am abgehobenen Turm eine Weite von «30 Schuh im Geviert»[617]. Auffälligerweise ergab die bei Altwasser/Klein (2013) ermittelte Seitenlänge im bauarchäologischen Befund 30 Fuß nach dem am Palas ermittelten Fußmaß[618].

Ob jener 1679 vorgeschlagene Turm mit dem flachen Dach bereits in diesem Jahr verwirklicht wurde oder erst 1690, lässt sich vorerst nicht bestimmen. Wie die bei Koch 1710 abgebildete Nordansicht der Burg erkennen lässt, kam er jedenfalls zur Ausführung. Zum Jahre 1690 tauchen in den Akten erneut Spezifikationen über Leistungen und Materialien für die «Erbauung des Turms auf Wartburg» auf[619]. Vor allem befindet sich darunter eine Notiz über zahlreiche Personen, die vom 10. September bis 19. November am «Turmbau» beteiligt waren, so dass über die Verwirklichung Gewissheit besteht.

---

613 LATh-HstA Weimar, Eisenacher Archiv, Militär- und Kriegssachen, Nr. 1074, Die Bedeckung des Thurms uff Wartenburg Item Das Zeughauß, 1676, Bl. 3r+v, Bl. 5v, Bl. 6r.

614 LATh-HstA Weimar, Eisenacher Archiv, Bausachen, Nr. 1178, Bauakten der Wartburg, 1679-88, Bl. 8r.

615 LATh-HstA Weimar, Eisenacher Archiv, Militär- und Kriegssachen, Nr. 1093, Bl. 5r.

616 LATh-HstA Weimar, Nr. 1178 (wie Anm. 614) Bl. 9r+v, Zeichnung Bl. 10v-11r; Abbildung Entwurf-1679 [Abb. 5].

617 LATh-HstA Weimar, Eisenacher Archiv, Nr. 1176, Wartburger Bau-Acten 1667. 1672. 1687, Bl. 3r: [wohl 1676] «weite des Thurn so 30 schue in gevierte».

618 Altwasser/Klein, Fundamentreste 2013 (wie Anm. 428) S. 25f.

619 LATh-HstA Weimar, Nr. 1178 (wie Anm. 615) Bl. 1r-3v.

Die Mitteilungen aus den Akten und die genannten Abbildungen sind zum Turm um 1690/1700 offenbar glaubwürdiger als bestimmte historische Abbildungen. So zeigt die 1690 bei Merian abgedruckte Graphik von Richter eine die Gebäude überragende Spitze, die damals sicher nicht mehr existierte. Offenbar hatte der Künstler auf eine Vorlage aus älterer Zeit zurückgegriffen. Umgekehrt enthält das Gemälde von Abbildung Herzog-Johann- Ernst-1628 eine Dachform, die dem Turmaufbau um 1679/1690 nachempfunden ist. Hier wäre am Originalbild eine Übermalung zu prüfen. Zumindest erscheint eine solche Möglichkeit plausibel, da sich das Gemälde bis Mitte des 19. Jahrhunderts auf der Wartburg befand und dort eine Anpassung an einen späteren Zustand durchaus folgerichtig erscheint, etwa im Zusammenhang mit der für 1711 bezeugten Farbsicherung der Gemälde im Landgrafenzimmer[620].

Angesichts des Verschwindens des erst 1690 neu errichteten oder gründlich überholten Turms erweist sich der spätere Hinweis von Thon (1792) als sehr nachhaltig, dass die Kenntnis über eine langwierig sichernde Bauweise inzwischen verloren gegangen war: «Allein es wurde auch hier durch die Erfahrung bestätigt, daß die neuere Bauart, in Ansehung der Dauer, der in den älteren Zeiten gar nicht beykommt.»[621] Die weitere Existenz des Turms konnte offenbar nicht gesichert werden, worüber neben historischen Wartburgansichten auch Grundrisse Auskunft geben.

Die Wartburgansicht der Nordseite (1710) ist wohl eine der letzten eigenständigen Abbildungen mit dem Hauptturm der Wartburg. Auf dem Grundriss von Zernelli (1740)[622] fehlt er jedenfalls, und in denen von Schnauss (1743) und Gans (1768) ist an seiner Stelle eine kleine Einrückung in das Fachwerkhaus eingezeichnet, die in Bährs Grundriss von 1785 mit dem ehemaligen Innenraum des Turms erklärt wird. Auffälligerweise fehlt eine Erwähnung eines aktuellen Turms in der Literatur nach 1700, und zwar nicht nur in den die Wartburganlage lediglich bruchstückhaft erwähnenden Büchern von Olearius (1704), Koch (1710) oder Gregorii (1711).

Koch berichtet also nichts von einem gegenwärtigen Mittelturm, doch immerhin einiges über den Brand von 1317 nach Rothes Weltchronik. Zum alten Aussehen verweist er auf zwei Gemälde in Eisenach, wobei das aus dem Rathaus heute im Neuen Treppenhaus der Wartburg hängt und woraus sein Kupferstich («Figur 16») ein Ausschnitt ist[623]. Zu Kochs Zeiten hat folglich ein derartiger, die Gebäude überragender Turm nicht mehr existiert.

620 Zu 1711 siehe Anm. 264.
621 THON, Wartburg 1792 (wie Anm. 22) S. 17f.
622 Abbildung Zernelli-1740.
623 KOCH/JUNCKER, Beschreibung 1710 (wie Anm. 255) S. 139f. und Figur XVI.

Besonders schwer wiegt das Fehlen eines seinerzeitigen Turms in Limbergs Bericht zu 1708, worin der Reiseschriftsteller einen inventarartigen Überblick über die Wartburg liefert[624]. Das Inventar von 1733 und die Nachfolger tun es ihm gleich. In Hoffmanns Innenhofansicht von 1750 ist wenigstens noch ein schräg abfallender Rest der Nordmauer zu sehen, der wie ein Stützpfeiler am Fachwerkhaus wirkt. Die bei Thon (1792) angegebene Mitte des 18. Jahrhunderts für den Turmabriss[625] dürfte um Jahrzehnte zu spät angesetzt sein, wobei er richtig bemerkt, Ende des 17. Jahrhunderts sei er mit beträchtlichen Kosten repariert worden. Ganz zu schweigen ist hier von Schöne (1835) und Storch (1840), die beim Abriss gar bis zum Ende des 18. Jahrhunderts gehen[626].

V.

SCHLUSSBEMERKUNGEN

Die vorliegende Studie hat also den Wartburgkomplex von Palas, Nordhaus und Hauptturm für die Zeit von der Mitte des 15. bis zur Mitte des 19. Jahrhunderts transparenter gemacht, als es bisher in der Wartburgliteratur der Fall war. Die vielen Einzelheiten können abschließend nicht noch einmal verdeutlicht oder zusammengefasst werden, doch lassen sich einige markante Stränge nachverfolgen.

Das erste Palasobergeschoss als eine Art mittleres Stockwerk schälte sich immer mehr zum hauptsächlichen Bereich heraus, während die Geschosse darunter und darüber an Bedeutung einbüßten. Folgerichtig erhielt es spätestens seit den 1620er Jahren den Haupteingang. Zunächst durch die fürstlichen Wohnräume, dann zunehmend als Besucherdomäne erlangte es den Vorrang, wobei die Kapelle als öffentlicher und repräsentativer Raum besonderen Stellenwert besaß.

Die Funktionen von Fürstenwohnung und Besucherbereich wirkten gebäudeübergreifend zwischen Palas und Nordhaus, die auch durch die Treppen im Süden des Nordhauses miteinander verbunden waren und wobei die heutige Dreiteilung in Palas, Neues Treppenhaus und Neue Kemenate vorausgeprägt war. Der Hauptturm war zwar bautechnisch, aber nicht funktional angeschlossen, da er kein Wohnturm war und folglich vor allem der Repräsentation diente. Somit war er letztlich entbehrlich und sein Verfall

---

624 LIMBERG, Eisenach 1712 (wie Anm. 98).

625 THON, Wartburg 1792 (wie Anm. 22) S. 17f.

626 SCHÖNE, Wartburg 1835 (wie Anm. 135) S. 5; STORCH, Merkwürdigkeiten 1840 (wie Anm. 48) S. 92.

bis zum Abriss um 1700 vorgegeben. Wohl nicht ganz zufällig fiel in dieselbe Zeit der Umschwung von der vorwiegenden Residenzrolle der Wartburg zum Anziehungsort für Besucher.

Abkürzungen
LATh-HstA Weimar – Landesarchiv Thüringen – Hauptstaatsarchiv Weimar
WStA – Wartburg-Stiftung Eisenach, Archiv

Begriffe historischer Räume
und Räumlichkeiten

Archiv

Nach der Einlagerung der Archivbestände aus dem Eisenacher Rathaus in den 1740er Jahren in die heutige Elisabethkemenate wird diese vereinzelt als «Archiv» bezeichnet. Nach der Auslagerung in den heutigen Speisesaal von 1781 wird auch dieser Raum bis um 1850 derart gekennzeichnet.

Aschenfarbenes Gemach

in den Inventaren von 1669 und 1696 für das Landgrafenzimmer im Norden des ersten Obergeschosses des Palas

Bär

Der «Bär» ist der Gang am Südgiebel des Palas im Kellergeschoss. Den Namen erhielt er durch einen von 1856 bis 1889 bestehenden Bärenzwinger im davor liegenden Hofbereich.

Bankettsaal

Die Bezeichnung «Bankettsaal» taucht erst in den 1840er Jahren für eine angebliche frühere Bestimmung auf. Während Storch (1840) sie auf den Saal im obersten Palasgeschoss bezieht, ordnen sie Witzschel (1845) und Puttrich (1847) dem heutigen Sängersaal zu.

Boden

Neben den Dachböden von Palas und Nordhaus wurde auch der Saal im zweiten Obergeschoss des Palas, wo sich heute der große Festsaal befindet, als «Boden» bezeichnet, bis er 1804 für die Aufnahme von Fürstenbildern und Rüstteilen hergerichtet wurde.

Fräulein Elisabethen Camin Stuben

Die Bezeichnung der Elisabethkemenate, dem Raum im Süden des Palaserdgeschosses, in den Wartburginventaren von 1669 und 1696.

Elisabethen-Kammer

Der Schlafraum im oberen Geschoss des Fachwerk-Nordhauses neben dem Grünen Gemach wird von kurz nach 1700 bis zum Abriss von 1791 der historischen Wahrheit widersprechend und dem zunehmenden Besucherinteresse nachgebend als die Kammer der hl. Elisabeth ausgegeben.

Fachwerkhaus

In dieser Studie bevorzugte Bezeichnung für das wahrscheinlich in den 1440er Jahren errichtete Haus am Nordgiebel des Palas und Hauptturm, das durch zwei Fachwerkgeschosse auf dem steinernen Fundament geschaffen und 1791 abgerissen wurde. Die Literatur bezeichnet es fälschlich als das «Haus Friedrichs des Freidigen».

Gelbe Stube, Zimmer, Gemach

Der große Raum im unteren Fachwerkgeschoss des Nordhauses wird bis zum Abriss 1791 als Gelbes Gemach u.ä. bezeichnet.

Gewehrkammer, Gewehrsaal

In der zweiten Hälfte des 18. Jahrhunderts neben anderen Termini als Bezeichnung für den Saal im obersten Palasgeschoss wegen der dort lagernden Schusswaffen gebraucht.

Haus Friedrichs des Freidigen

Anstelle eines 1317 abgebrannten Vorgängers entstand um 1320 unter dem Landgrafen Friedrich dem Freidigen (1257–1323) über dem Gewölbekeller (Töpferskeller) an Palas und Hauptturm ein Gebäude, das wahrscheinlich in den 1440er Jahren dem Fachwerkhaus weichen musste. Die Wartburgliteratur bezeichnet bisher dieses Fachwerkgebäude als «Haus Friedrichs des Freidigen».

Haus des Herzogs Carl August

Unter Herzog Carl August wurde das Steinhaus von 1792 bis 1796 als Nachfolger des Fachwerkhauses nördlich des Palas errichtet und 1856 wieder abgerissen.

Heuboden

Als «Heuboden» bezeichnen Thon (1792), archivalische Zeugnisse und etwas spätere Literatur den Saal im obersten Stockwerk des Palas, womit seine tatsächliche Nutzung umschrieben wird, bis er 1804 baulich überholt und für die Ausstellung von Fürstenbildern und einem Teil der Waffensammlung hergerichtet wird.

Holzstall

Die Inventare von 1798/1800 und 1803 bezeichnen die hofseitig zugemauerte untere Arkade des Palas als «Holzstall». Er besaß eine Tür zum Burghof und bestand mindestens seit 1674, aber wohl schon wesentlich früher als Holzlager und verschwand mit der Freilegung der Arkadenbögen in der ersten Hälfte der 1840er Jahre.

Nordhaus

Der Begriff «Nordhaus» existiert bisher in der Wartburgliteratur nicht und wurde in dieser Studie als Sammelbegriff für die verschiedenen, zeitlich nacheinander bestehenden Gebäude eingeführt, die unmittelbar an den Nordgiebel des Palas anschlossen.

Orgelraum

Unterhalb der Orgel in der Kapelle. Südlichster Raum im Erdgeschoss des Palas, nach der Elisabethkemenate.

Pferdestall

Als der bisherige Pferdestall unter dem Gademvorgänger für die Einlagerung von Waffen und somit als Zeughaus gebraucht wird, richtet man 1552 in den beiden großen Kellerräumen des Palas einen neuen Stall ein. Dieser wird im späten 18. Jahrhundert unbrauchbar, weswegen im nördlichen Erdgeschossraum des von 1792 bis 1796 errichten Haus Carl Augusts wiederum ein Pferdestall geplant und geschaffen wird.

Rittersaal

Heute wird der nördliche Raum im Erdgeschoss des Palas als Rittersaal bezeichnet, was bis zur Mitte des 19. Jahrhunderts nicht üblich war. Etwa von 1780 bis in die 1830er fungiert die Bezeichnung «Rittersaal» neben anderen zur Benennung des Saals im zweiten Obergeschoss des Palas.

Tafel-Gemach

Koch (1710) bezeichnete den Aufbewahrungsraum der Gemälde des Herzogs Johann Ernst und dessen Gemahlin Christina als «Tafel-Gemach», was gewöhnlich einen größeren Speiseraum bezeichnet. Vor 1669 sollten nach einer Aktennotiz der Saal im obersten Palasgeschoss zur Tafelstube ausgestaltet werden.

Töpfers Keller, Töpferskeller

Der Gewölbekeller unter dem heutigen Neuen Treppenhaus und der Neuen Kemenate mit der südlichen Stirnseite am nördlichen Palasgiebel und der Ostseite an der Ringmauer wurde bis in die jüngste Zeit nach dem Burgvogt Albin Töpfer aus der Mitte des 20. Jahrhunderts «Töpfers Keller» oder Töpferskeller genannt. Da die darüber liegende Keramik ins frühe 14. Jahrhundert gehört, wird er dem Bau von um 1320 unter Friedrich dem Freidigen zugeordnet.

Waffensaal

Nach dem Eintreffen der Waffen- und Rüstsammlung und der Unterbringung in Landgrafenzimmer und Sängersaal werden beide als «Waffensaal» oder Synonym als erste und zweite «Rüstkammer» (Schöne 1835) bezeichnet.

Abbildungen

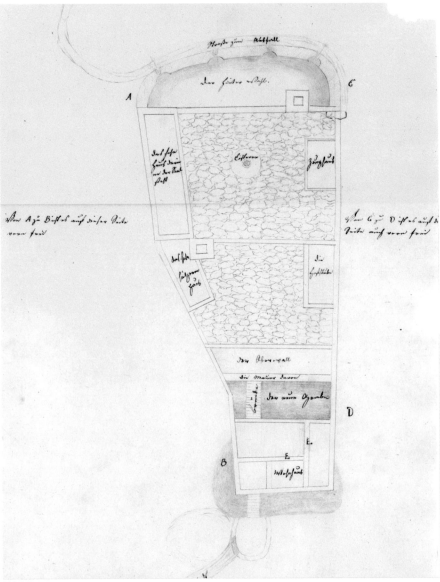

Abb. 1

Abb. 2

Abb. 3

Abb. 4

⇐ *Abb. 1: Befestigungsplan der Wartburg, Nickel Gromann (bezeugt 1537–1574), 1558, [nur als Durchzeichnung des 19. Jahrhunderts erhalten], Wartburg-Stiftung Eisenach, Kunstsammlung, Inv.-Nr. BE0012.*

Abb. 2: Die Gefangennahme Luthers 1521, anonym, [Ausschnitt], Kupferstich, um 1590, Sparkassen-Kulturstiftung Hessen-Thüringen, Dauerleihgabe für die Wartburg, Inv.-Nr. DL-G001.

Abb. 3: Herzog Johann Ernst von Sachsen-Eisenach, Christian Richter (I., gest. 1667) (od. Michael Spindler, gest. 1639), [Ausschnitt], Öl auf Leinwand, vor 9. 7. 1628, Klassik Stiftung Weimar, Kunstsammlungen, Inv.-Nr. G 1488.

Abb. 4: Eisenach um 1589, Johannes Köhler (?), [Ausschnitt], Öl auf Leinwand, 1663 (oder 1668, oder 1683), Thüringer Museum Eisenach, Inv.-Nr. a 2.

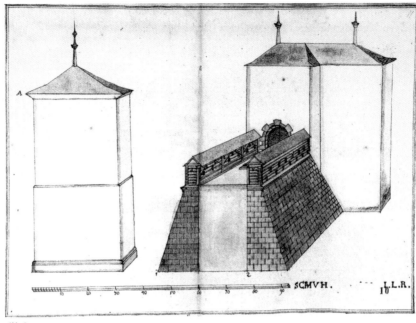

Abb. 5

*Abb. 5: Entwurf für einen befestigten
Ausbau der Zugbrücke und des Turms (A),
I. L. R., Zeichnung, 1679,
LATh–HstA Weimar, Nr. 1178, (wie
Anm. 614), Bl. 10v-11r.*

*Abb. 6: Schloss und Festung Wartburg,
von J. S. (Jakob von Sandrart ?),
Kupferstich nach Zeichnung von Wilhelm
Richter (1626–1702), Kupferstich, 1690,
Wartburg-Stiftung Eisenach,
Kunstsammlung, Inv.-Nr. G0220.*

*Abb. 7: Wartburg - Ost- und Nordseite,
anonym, Kupferstich, aus: Koch/Juncker,
Beschreibung 1710 (wie Anm. 255)
Tafel IX.*

Abb. 8

Abb. 7

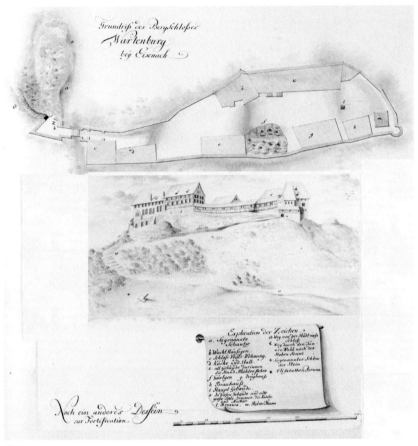

Abb. 8

Abb. 9

Abb. 8: Eisenach, Wartburg,
Grundriss des Bergschlosses
[mit Ostansicht und Grundriss],
Christian Friedrich Schnauss, 1743,
kolorierte Zeichnung,
Klassik Stiftung Weimar,
Inv.-Nr. Gr-2008/2069.

Abb. 9: Die Wartburghöfe von Osten
und von Westen [nur Ostseite],
«Conspectus sive Scenographia
Wartburgensis Interior», Friedrich
Adolph Hoffmann, Pinsel- und
Federzeichnung, um 1750,
Wartburg-Stiftung Eisenach,
Kunstsammlung, Inv.-Nr. G0227.

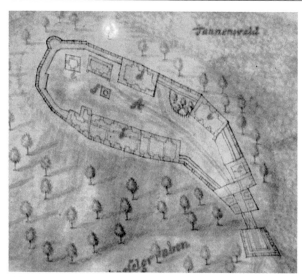

Abb. 10:
«Grundrisse von der
Wartenburg, Viehburg
und Mädelstein, mit
umliegenden Gegenden»
[Ausschnitt], Friedrich
Adolph Hoffmann,
Pinselzeichnung, um 1750,
Wartburg-Stiftung Eisenach,
Kunstsammlung,
Inv.-Nr. G0096.

Abb.10

Abb. 11:
Die Wartburg von Osten,
«Prospect des Schlosses
Wartburg aus dem heiligen
Bäte» [Ausschnitt],
Friedrich Adolph Hoffmann,
Pinsel-/Federzeichnung,
um 1750,
Wartburg-Stiftung Eisenach,
Kunstsammlung,
Inv.-Nr. G0226.

Abb. 11

Abb. 12:
Die Wartburg von Osten,
Johann Philipp Gans
(geb. 1746), Tuschezeichnung,
vor 1768,
Wartburg-Stiftung Eisenach,
Kunstsammlung,
Inv.-Nr. G0231.

Abb. 12

Abb. 13

Abb. 14

Abb. 13: Die Wartburg von Osten (und Grundriss), gezeichnet und gestochen Johann Philipp Gans (geb. 1746), Kupferstich, 1768, aus: [Carl Wilhelm Schumacher]: Vermischte Nachrichten und Anmerkungen zur Erläuterung und Ergänzung der Sächsischen besonders aber der Eisenachischen Geschichte. Fünfte Sammlung. Eisenach 1769.

Abb. 14: Wartburg von Nordost – das Haus Friedrichs des Freidigen, Johann Wolfgang von Goethe, Bleistift, Tuschlavierung, Klassik Stiftung Weimar, Goethe-Nationalmuseum, Inv.-Nr. IN 1929 B.

Abb. 15

Abb. 15: Treppenhaus in perspektivischer Wiedergabe, Johann Wolfgang von Goethe, 1777, Bleistiftskizze, Klassik Stiftung Weimar, Goethe-Nationalmuseum, Inv.-Nr. 1157 R.

Abb. 16: «die Warthburg von Seiten der Eisenacherburg», Georg Melchior Krauß, Kupferstich, 1778, Wartburg-Stiftung Eisenach, Kunstsammlung, Inv.-Nr. G0250.

Abb. 17: Die Wartburg von Südosten («im Helltal»), gezeichnet Carl Wolff von Todenwarth, gefertigt von Conrad Horny (1764-1807), kolorierte Radierung, 1784, Wartburg-Stiftung Eisenach, Kunstsammlung, Inv.-Nr. G3265.

Abb. 16

Abb. 17

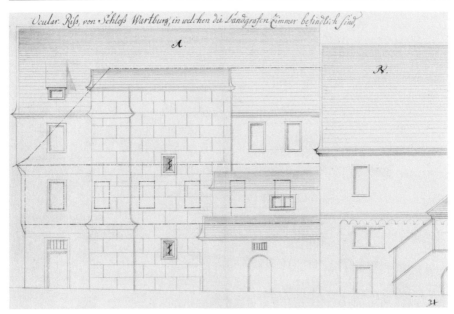

Abb. 18

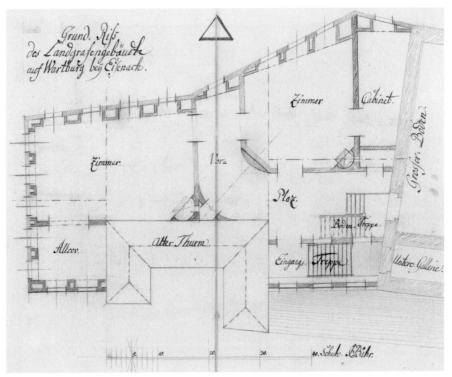

Abb. 19

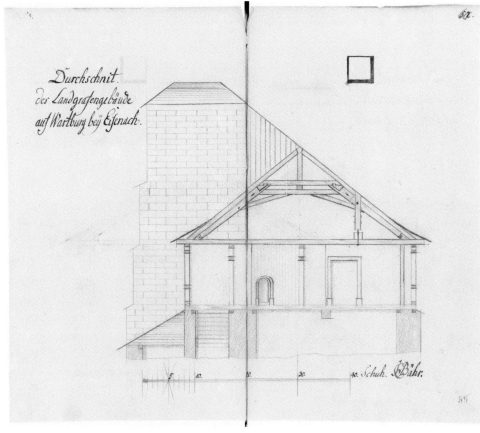

Abb. 20

Abb. 18: Hofansicht des sog. Hauses Friedrichs des Freidigen und des alten Bergfrieds, Christian Heinrich Bähr, Federzeichnung, 1785, LATh–HstA Weimar, Eisenacher Archiv, Bausachen Nr. 1187, Bl. 32.

Abb. 19: Grundriss des sog. Hauses Friedrichs des Freidigen mit dem alten Bergfried, Christian Heinrich Bähr, Federzeichnung, 1785, LATh–HstA Weimar, Eisenacher Archiv, Bausachen Nr. 1187, Bl. 55v-56r.

Abb. 20: Durchschnitt des sog. Hauses Friedrichs des Freidigen mit dem alten Bergfried, Christian Heinrich Bähr, Federzeichnung, 1785, LATh–HstA Weimar, Eisenacher Archiv, Bausachen Nr. 1187, Bl. 58v-59r.

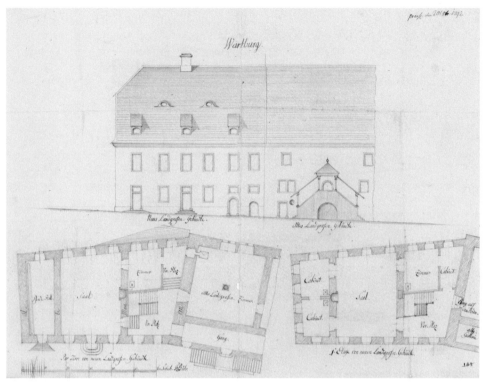

Abb. 21

Abb. 21: Ansicht und Grundriss des «Neuen Hauses» Carl Augusts, Christian Heinrich Bähr, Federzeichnung, 1792, LATh-HstA Weimar, Eisenacher Archiv, Bausachen Nr. 1187, Bl. 104.

Abb. 22: Die Ostseite des Palas («Rittersaal»), Johann Adolph Darnstedt (1769-1844), Kupferstich, 1802, gedr. in: Stieglitz, Wartburg 1802 (wie Anm. 137).

Abb. 23: Die Wartburg von Südosten («Das Hellthal»), Johann Adolph Darnstedt, Kupferstich, 1802, Wartburg-Stiftung Eisenach, Kunstsammlung, Inv.-Nr. G0088.

Abb. 22

Abb. 23

Abb. 24: Grundrisse von zwei Palasgeschossen,
Friedrich Martin Rabe, 1804, LATh-HstA Weimar,
Eisenacher Archiv, Militär- und Kriegssachen,
Nr. 1090, Bl. 5r.

Abb. 25: Eingangstor der Wartburg mit Blick zum
Haus Karl Augusts, H. Hensel, Federzeichnung,
um 1900, nach einem Aquarell von 1813,
Federzeichnung, Wartburg-Stiftung Eisenach,
Kunstsammlung, Inv.-Nr. G0700.

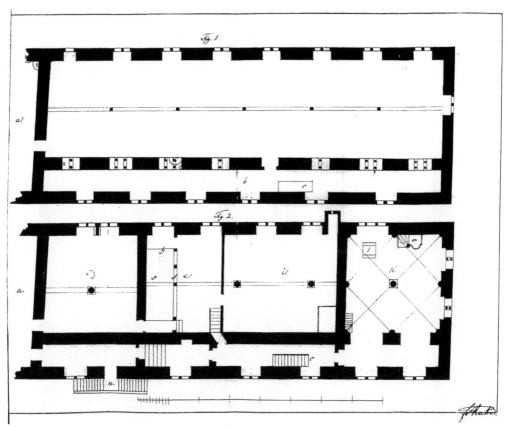

Abb. 24

Abb. 25

Abb. 26

Abb. 26: Wartburg, zweiter Burghof nach Süden,
Ferdinand Gropius, Farblithographie, 1823,
Wartburg-Stiftung Eisenach, Kunstsammlung, Inv.-Nr. G3274.

Abb. 27: Grundrisse der Geschosse des Palas
und des Neuen Hauses, Johann Wilhelm Sältzer,
1839/1840?, Feder- und Pinselzeichnung,
Wartburg-Stiftung Eisenach, Kunstsammlung, Inv.-Nr.BE0060.

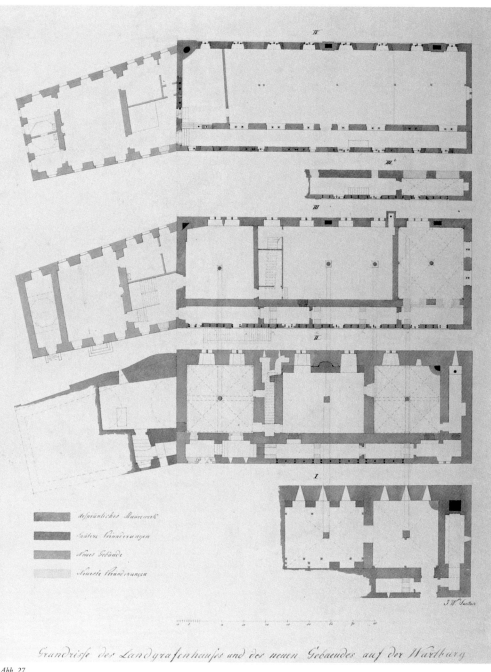

Abb. 27

Abb. 28

Abb. 29

Abb. 28: Aufriss der Westseite des Palas, Johann Wilhelm Sältzer, Federzeichnung, 1839/1840, Wartburg-Stiftung Eisenach, Kunstsammlung, Inv.-Nr. BE0040.

Abb. 29: Aufriss der Westseite des Palas, Johann Wilhelm Sältzer, lavierte Feder- und Pinselzeichnung, 1840, Wartburg-Stiftung Eisenach, Kunstsammlung, Inv.-Nr. BE0043.

Abb. 30: Schnitte durch Süd- und Nordteil des Palas und Südturms, Carl Spittel, lavierte Feder- und Pinselzeichnung, 1841/1842, Wartburg-Stiftung Eisenach, Kunstsammlung, Inv.-Nr. BE0028.

Abb. 31: Ostseite des Palas, Carl Spittel, Federzeichnung, 1841/1842, Wartburg-Stiftung Eisenach, Kunstsammlung, Inv.-Nr. BE0029.

Abb. 30

Abb. 31

Abb. 32: Der Wartburg-Palas von Süden,
Franz Kuchenbuch, lavierte Tuschzeich-
nung, 1842,
Wartburg-Stiftung Eisenach,
Kunstsammlung, Inv.-Nr. G1264.

Abb. 32

Abb. 33: Aufriss der Westseite des Palas
und des Neuen Hauses vor der Wiederher-
stellung 1838 [Ausschnitt],
Johann Wilhelm Sältzer, aquarellierte
Federzeichnung, 1845/1846,
Wartburg-Stiftung Eisenach,
Kunstsammlung, Inv.-Nr. BE0048.

Abb. 33

Abb. 34: Aufriss der Ostseite des Palas
und des Neuen Hauses vor der Wiederher-
stellung 1838, Johann Wilhelm Sältzer,
aquarellierte Federzeichnung, 1845/1846,
Wartburg-Stiftung Eisenach,
Kunstsammlung, Inv.-Nr. BE0049.

Abb. 35: Grundrisse der Geschosse
des Palas und des Neuen Hauses
vor der Wiederherstellung 1838,
Johann Wilhelm Sältzer, Feder-
und Pinselzeichnung, 1845/1846,
Wartburg-Stiftung Eisenach,
Kunstsammlung, Inv.-Nr. BE0042.

Abb. 34

Grundrisse des Landgrafenhauses der Wartburg mit dem neuen Angebäude

vor der Wiederherstellung. 1838.

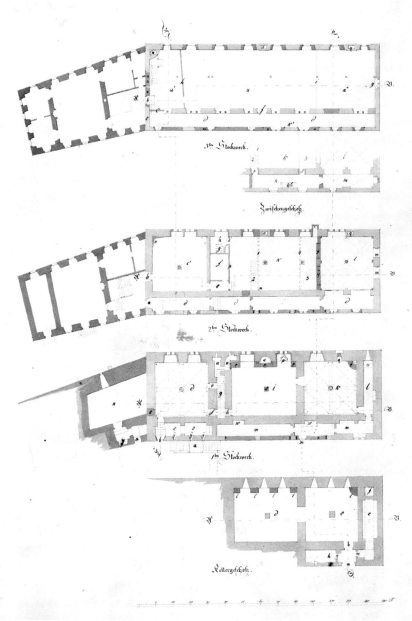

3tes Stockwerk.

Zwischengeschoß.

2tes Stockwerk.

1tes Stockwerk.

Kellergeschoß.

Abb. 35

*Abb. 36: Aufriss der Bauten von der Hofseite vor
1838, Johann Wilhelm Sältzer, lavierte Feder- und
Pinselzeichnung, 1845/1846,
Wartburg-Stiftung Eisenach,
Kunstsammlung, Inv.-Nr. BE0036.*

*Abb. 37: Grundrisse nebst Durchschnitten des
Landgrafenhauses vor der ersten Restauration,
gez. Johann Wilhelm Sältzer, gest. G. Feldweg,
Stahlstich, gedr. in: Puttrich, Bauwerke 1847
(wie Anm. 50), Taf. Nr. 3a.*

Abb. 36

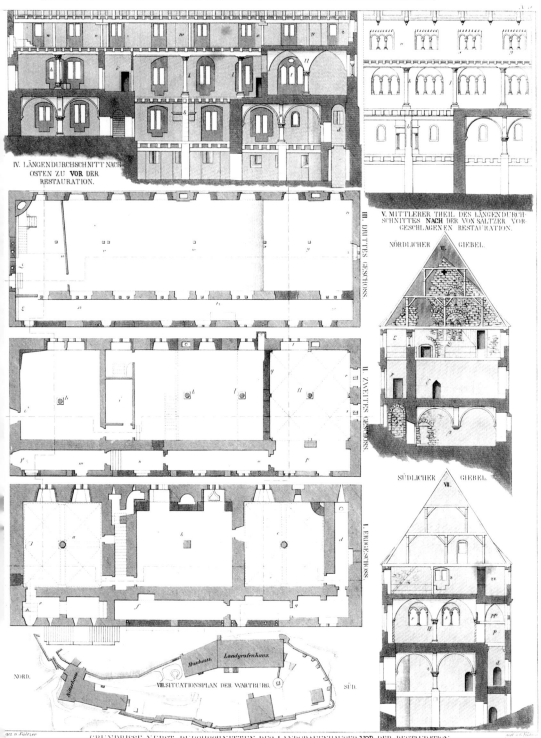

IV. LÄNGENDURCHSCHNITT NACH OSTEN ZU **VOR DER** RESTAURATION.

V. MITTLERER THEIL DES LÄNGENDURCH-SCHNITTES **NACH** DER VON SALTZER VOR-GESCHLAGENEN RESTAURATION.

NÖRDLICHER VI. GIEBEL.

III. DRITTES GESCHOSS.

II. ZWEITES GESCHOSS.

SÜDLICHER VII. GIEBEL.

I. ERDGESCHOSS.

NORD.

VII. SITUATIONSPLAN DER WARTBURG.

SÜD.

GRUNDRISSE NEBST DURCHSCHNITTEN DES LANDGRAFENHAUSES **VOR DER** RESTAURATION, UND SITUATIONSPLAN DER WARTBURG.

Abb. 37

Abb. 38

Abb. 38: Eingangstor der Wartburg, gez. v. Friedrich Wilhelm Sältzer und Carl Friedrich Patzschke, lit. C. Patzschke, nach 1840, Lithographie, gedr. in: Puttrich, Bauwerke 1847 (wie Anm. 50), Taf. 3c,C, Wartburg-Stiftung Eisenach, Kunstsammlung, Inv.-Nr. G1268.

Abb. 39

Abb. 39: Wartburg von Osten, gez. v. Carl Friedrich Patzschke, gest. v. Wilhelm Witthöft, Stahlstich, gedr. in: Puttrich, Bauwerke 1847 (wie Anm. 50), Titelblatt, Wartburg-Stiftung Eisenach, Kunstsammlung, Inv.-Nr. G1272.

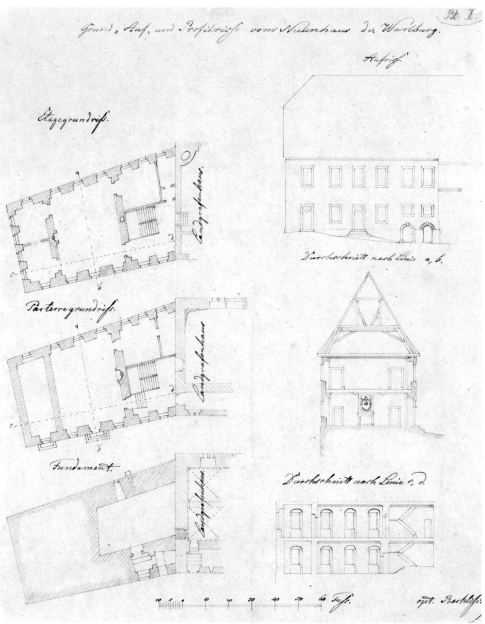

Abb. 40

Abb. 40: Westseite, Grundrisse und Schnitte durch das Haus Carl Augusts,
Johann Samuel Bocklisch, Federzeichnung, vor 1848, Wartburg-Stiftung Eisenach,
Kunstsammlung, Inv.-Nr. BE1432.

II. B.

Ansicht der Südseite des Landgrafenhauses
vor der Wiederherstellung.

Südlicher Giebel.   Tafel 13.

Abb. 41

Abb. 42

*Abb. 41: Aufriss der Südseite des Palas vor der Wiederherstellung,
Hugo von Ritgen nach Carl Spittel, Federzeichnung, um 1848,
Wartburg-Stiftung Eisenach, Kunstsammlung, Inv.-Nr. BE0022.*

*Abb. 42: Geselliges Treiben auf dem zweiten Burghof der Wartburg,
Bernhard von Arnswald, aquarellierte Bleistiftzeichnung, um 1853,
Wartburg-Stiftung Eisenach, Kunstsammlung, Inv.-Nr. G1651.*

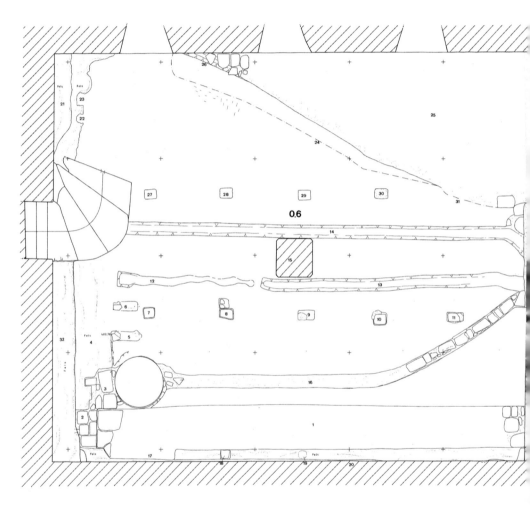

Abb. 43

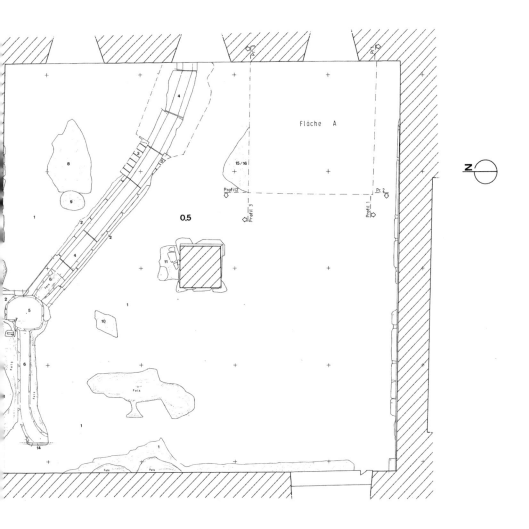

Abb. 43: Die beiden großen Kellerräume des Wartburgpalas, Bauzeichnung des Freien Instituts für Bauforschung und Dokumentation e. V. (IBD) Marburg, Dezember 2000.

ABBILDUNGSVERZEICHNIS

Gromann-1558 (Abb. 1)
Befestigungsplan der Wartburg, Nickel
Gromann (bezeugt 1537–1574), 1558, [nur
als Durchzeichnung des 19. Jahrhunderts
erhalten], Wartburg-Stiftung Eisenach,
Bauzeichnungen, Inv.-Nr. BE0012.
Abdruck: Weber/Baumgärtel, Bauge-
schichte 1907 (wie Anm. 27) S. 154;
Gabelentz, Wartburg 1931 (wie Anm. 73)
Abb. 2; Schwarz, Torhaus 2012
(wie Anm. 510) S. 66, Abb. 3.

Kupferstich-1590 (Abb. 2)
Die Gefangennahme Luthers 1521,
anonym, Kupferstich, um 1590.
Abdruck: Schwarz, Darstellungen 1993
(wie Anm. 585) S. 93, Abb. 1 (Ausschnitt);
Schuchardt, Welterbe 2000
(wie Anm. 146) S. 30.

Herzog-Johann-Ernst-1628 (Abb. 3)
Herzog Johann Ernst von Sachsen-Eisen-
ach, Christian Richter (I., gest. 1667)
(od. Michael Spindler, gest. 1639), Öl auf
Leinwand, vor 9.7.1628, 283×217 cm,
Klassik Stiftung Weimar, Kunstsamm-
lungen, G1488.
Abdruck: Gabelentz, Wartburg 1931
(wie Anm. 73) Abb. 7 oben (Detail);
Burg und Stadt 1971 (wie Anm. 54)
Abb. 2 (Detail); Badstübner,
Bauzeichnungen 2003 (wie Anm. 181)
S. 5 (Detail).

Köhler-1663 (Abb. 4)
Eisenach um 1589, Johannes Köhler (?),
Öl auf Leinwand, 1663 (oder 1668, oder
1683), 103×367 cm, Thüringer Museum
Eisenach, a2.
Das Gemälde ist als Leihgabe z. Z. im
Neuen Treppenhaus der Wartburg zu

sehen. Abdruck: Schwarz, Darstellungen
1993 (wie Anm. 585) S. 94 (Detail).

Befestigungsplan-1666A
Befestigungsplan, aus dem Jahre 1666,
LATh-HstA Weimar, Eisenacher Militär-
und Kriegssachen, Nr. 1086, Bl. 18.
Abdruck: Weber/Baumgärtel, Bauge-
schichte 1907 (wie Anm. 27) S. 157.

Befestigungsplan-1666B
Befestigungsplan der Wartburg von 1666,
mit großzügig geplanter Bastion,
LATh-HstA Weimar, Eisenacher Militär-
und Kriegssachen, Nr. 1086, Bl. 19.
Abdruck: Gabelentz, Wartburg 1931
(wie Anm. 73) Abb. 3; Schwarz, Bollwerk
2013 (wie Anm. 608) S. 143.

Entwurf-1679 (Abb. 5)
Entwurf für einen befestigten Ausbau der
Zugbrücke und des Turms (A), I. L. R.,
Zeichnung, 1679, LATh-HstA Weimar,
Nr. 1178 (wie Anm. 614) Bl. 10v-11r.
Abdruck: Gabelentz, Wartburg 1931
(wie Anm. 73) Abb. 4; Schwarz, Torhaus
2012 (wie Anm. 510) S. 86, Abb. 8.

Richter-1690 (Abb. 6)
Schloss und Festung Wartburg, von J. S.
(Jakob von Sandrart ?), Kupferstich nach
Zeichnung von Wilhelm Richter
(1626–1702), 1690, aus: M.(artin) Z.(iller):
Topographia Superioris Saxoniae,
Thuringiae, Misniae, Lusatiae, etc./Hrsg.:
Matthaeus Merian. Frankfurt 1650.
[2. Auflage, um 1690], nach S. 50.
Abdruck: Baumgärtel, Wartburg 1907
(wie Anm. 45) S. 6; Gabelentz, Wartburg
1931 (wie Anm. 73) Abb. 8; Burg und
Stadt 1971 (wie Anm. 54) Abb. 3.

Kupferstich-1710
Die Wartburg mit Viehburg und Mädelstein [Ausschnitt], anonym, Kupferstich,
aus: Koch/Juncker, Beschreibung 1710
(wie Anm. 255) Tafel XVI.
Abdruck: Schwarz, Darstellungen 1993
(wie Anm. 585) S. 97, Abb. 4 (Ausschnitt).

Nordseite-1710 (Abb. 7)
Wartburg – Ost- und Nordseite, anonym,
Kupferstich, aus: Koch/Juncker, Beschrei-
bung 1710 (wie Anm. 255) Tafel IX.
Abdruck: Schwarz, Torhaus 2012
(wie Anm. 510) S. 151, Abb. 31.

Zernelli-1740
Plan der Wartburg, Stephan Zernelli
(Burgvogt), um 1740, [Original im
LATh-HstA Weimar].
Abdruck: Weber/Baumgärtel, Wartburg
1907 (wie Anm. 27) S. 158; Gabelentz,
Wartburg 1931 (wie Anm. 73) Abb. 6.

Schnauss-1743 (Abb. 8)
Eisenach, Wartburg, Grundriss des Berg-
schlosses [mit Ostansicht und Grundriss],
Christian Friedrich Schnauss, 1743,
kolorierte Zeichnung, Klassik-Stiftung
Weimar, Inv.-Nr. Gr-2008/2069.
Abdruck: Gabelentz, Wartburg 1931
(wie Anm. 73) Abb. 7 unten; Schwarz,
Torhaus 2012 (wie Anm. 510) S. 82, Abb. 7.

Hoffmann-Wartburghöfe-1750 (Abb. 9)
Die Wartburghöfe von Osten und von
Westen [nur Ostseite], «Conspectus
sive Scenographia Wartburgensis Interior»,
Friedrich Adolph Hoffmann, Pinsel-
und Federzeichnung, um 1750,
Wartburg-Stiftung Eisenach,
Kunstsammlung, G0227.
Abdruck: Weber/Baumgärtel, Bauge-
schichte 1907 (wie Anm. 27) S. 121;
Gabelentz, Wartburg 1931 (wie Anm. 73)
Abb. 10; Schwarz, Torhaus 2012 (wie
Anm. 510) S. 77, Abb. 5.

Hoffmann-Grundrisse-1750 (Abb. 10)
«Grundrisse von der Wartenburg,
Viehburg und Mädelstein, mit umliegen-
den Gegenden» [Ausschnitt], Friedrich
Adolph Hoffmann, Pinselzeichnung,
um 1750, Wartburg-Stiftung Eisenach,
Kunstsammlung, G0096.
Abdruck: Weber/Baumgärtel, Wartburg
1907 (wie Anm. 27) S. 84.

Hoffmann-1750-G0226 (Abb. 11)
Die Wartburg von Osten, «Prospect des
Schlosses Wartburg aus dem heiligen Bäte»
[Ausschnitt], Friedrich Adolph Hoffmann,
Pinsel-/Federzeichnung, um 1750,
11,1 × 17,4 cm, Wartburg-Stiftung
Eisenach, Kunstsammlung, G0226.
Abdruck: Weber/Baumgärtel, Wartburg
1907 (wie Anm. 27) S. 159.

Hoffmann-1750-G0228
Die Wartburg von Südosten, «Prospect
des Schlosses Wartburg von der Viehburg»
[Ausschnitt], Friedrich Adolph Hoffmann,
Pinsel- und Federzeichnung, um 1750,
22,2 × 15,0 cm, Wartburg-Stiftung
Eisenach, Kunstsammlung, G0228.

Kurz-1757
Johann Christoph Kurz: Kurz doch
gründliche Nachricht von dem Festungs-
Schloß Wartburg, bey Eisenach, wie dessen
Lage, Prospecte, Gebäute und darinnen
befindliche Antiquitäten würcklich zu
ersehen sind. Eisenach 1757, Titelblatt:
Die Ostseite der Wartburg. Abdruck:
Wartburg-Jahrbuch 2005. 14(2007),
S. 10 und Umschlag.

Gans-vor 1768 (Abb. 12)
Die Wartburg von Osten, Johann Philipp
Gans (geb. 1746), Tuschezeichnung,
vor 1768, Wartburg-Stiftung Eisenach,
Kunstsammlung, G0231.

Gans-1768 (Abb. 13)
Die Wartburg von Osten (und Grundriss),
gezeichnet und gestochen Johann Philipp
Gans (geb. 1746), Kupferstich, 1768, aus:
[Carl Wilhelm Schumacher]: Vermischte
Nachrichten und Anmerkungen zur
Erläuterung und Ergänzung der Sächsi-
schen besonders aber der Eisenachischen
Geschichte. Fünfte Sammlung.
Eisenach 1769. Abdruck: Weber/Baum-
gärtel, Wartburg 1907 (wie Anm. 27)
S. 137; Albrecht, Hier wohn' ich 1986 (wie
Anm. 384) S. 12; Schwarz, Torhaus 2012
(wie Anm. 510) S. 97, Abb. 13.

**Goethe-Wartburg von Nordost-1777
(Abb. 14)**
Wartburg von Nordost – das Haus Fried-
richs des Freidigen, Johann Wolfgang von
Goethe, Bleistift, Tuschlavierung, 1777,
37,3 × 53,8 cm, Klassik Stiftung Weimar,
Goethe-Nationalmuseum, IN 1929 B.
Abdruck: Femmel, Corpus 1, 1958 (wie
Anm. 452) Nr. 183; Burg und Stadt 1971
(wie Anm. 54) Abb. 7; Albrecht, Hier
wohn' ich 1986 (wie Anm. 384) S. 29;
Schwarz, Darstellungen 1993 (wie Anm.
585) S. 94.

Goethe-Wartburg von Süden-1777
Die Wartburg von Süden, Johann Wolf-
gang von Goethe, Kreidezeichnung, 1777,
39,3 × 33,4 cm, Klassik Stiftung Weimar,
Goethe-Nationalmuseum, IN 1157.
Abdruck: Femmel, Corpus 1, 1958
(wie Anm. 452) Nr. 179; Albrecht,
Hier wohn' ich 1986 (wie Anm. 384) S. 26.

Goethe-Treppenhaus-1777 (Abb. 15)
Treppenhaus in perspektivischer Wieder-
gabe, Johann Wolfgang von Goethe, 1777,
Bleistiftskizze, Klassik Stiftung Weimar,
Goethe-Nationalmuseum, Inv.-Nr. 1157 R.
Abdruck: Femmel, Corpus 1, 1958 (wie
Anm. 452) Nr. 179 Rs., Abb. 179 R.

Krauß-1778 (Abb. 16)
«die Warthburg von Seiten der Eisenacherburg», Georg Melchior Krauß, Kupferstich,
1778, 23,1 × 15,4 cm, Wartburg-Stiftung
Eisenach, Kunstsammlung, G0250.

Wiederhold-1780
Wartburg von Südosten «Die Wartburg»
gedruckt bei Wiederhold in Göttingen,
um 1780, 13,1 × 7,2 cm, Wartburg-Stiftung
Eisenach, Kunstsammlung, G0232.

Todenwarth/Horny-1784 (Abb. 17)
Die Wartburg von Südosten («im Helltal»),
gezeichnet Carl Wolff von Todenwarth,
gefertigt von Conrad Horny (1764–1807),
kolorierte Radierung, 1784, 10,2 × 13 cm,
Wartburg-Stiftung Eisenach,
Kunstsammlung, G3265.
Abdruck: Albrecht, Hier wohn' ich 1986
(wie Anm. 384) S. 44.

Bähr-Hofansicht-1785 (Abb. 18)
Hofansicht des sog. Hauses Friedrichs
des Freidigen und des alten Bergfrieds,
Christian Heinrich Bähr, Federzeichnung,
1785, LATh-HstA Weimar, Eisenacher
Archiv, Bausachen Nr. 1187, Bl. 32.
Abdruck: Weber/Baumgärtel, Wartburg
1907 (wie Anm. 27) S. 53; Klein, Töpfers
Keller 2011 (wie Anm. 429) S. 26, Abb. 14;
Altwasser/Klein, Fundamentreste 2013
(wie Anm. 428) S. 25, Abb. 7.

Bähr-Grundriss-1785 (Abb. 19)
Grundriss des sog. Hauses Friedrichs des
Freidigen mit dem alten Bergfried, Chris-
tian Heinrich Bähr, Federzeichnung, 1785,
LATh-HstA Weimar, Eisenacher Archiv,
Bausachen Nr. 1187, Bl. 55v-56r.
Abdruck: Weber/Baumgärtel, Wartburg
1907 (wie Anm. 27) S. 136; Klein, Töpfers
Keller 2011 (wie Anm. 429) S. 27, Abb. 15;
Altwasser/Klein, Fundamentreste 2013
(wie Anm. 428) S. 26, Abb. 8.

Bähr-Durchschnitt-1785 (Abb. 20)
Durchschnitt des sog. Hauses Friedrichs
des Freidigen mit dem alten Bergfried,
Christian Heinrich Bähr, Federzeichnung,
1785, LATh-HstA Weimar, Eisenacher
Archiv, Bausachen Nr. 1187, Bl. 58v-59r.
Abdruck: Weber/Baumgärtel, Wartburg
1907 (wie Anm. 27) S. 53.

Bähr-1792 (Abb. 21)
Ansicht und Grundriss des «Neuen Hau-
ses» Carl Augusts, Christian Heinrich
Bähr, Federzeichnung, 1792, LATh-HstA
Weimar, Eisenacher Archiv, Bausachen
Nr. 1187, Bl. 104.
Abdruck: Weber/Baumgärtel, Wartburg
1907 (wie Anm. 27) S. 160 oben;
Altwasser/Klein, Fundamentreste 2013
(wie Anm. 428) S. 33, Abb. 10.

Todenwarth/Thoenert-1795
Im Hellthal, gez. Carl Wolf von
Todenwarth, gestoch. Martin Thoenert,
Abbildung auf dem Titelblatt von Thon,
Wartburg 1795 (wie Anm. 305).

Duviver-1800
Vue de Chateau de Wartburg, Ignace
Duviver, Tusche und Aquarell, um 1800,
26,0 × 41,5 cm, Sparkassen-Kulturstiftung
Hessen-Thüringen, Dauerleihgabe für die
Wartburg-Stiftung Eisenach, DL-G005.

Darnstedt-Rittersaal-1802 (Abb. 22)
Die Ostseite des Palas («Rittersaal»),
Johann Adolph Darnstedt (1769–1844),
Kupferstich, 1802, 9 × 14 cm, gedr. in:
Stieglitz, Wartburg 1802 (wie Anm. 137).
Abdruck: Wartburg 1912 (wie Anm. 137)
S. 10; Burg und Stadt 1971 (wie Anm. 54)
Abb. 10; Albrecht, Hier wohn' ich 1986
(wie Anm. 384) S. 70.

Darnstedt-Hellthal-1802 (Abb. 23)
Die Wartburg von Südosten («Das Hell-

thal»), Johann Adolph Darnstedt, Kupfer-
stich, 1802, 9 × 14 cm, gedr. in: Stieglitz,
Wartburg 1802 (wie Anm. 137).
Abb.: Wartburg 1912 (wie Anm. 137)
S. 22.

Rabe-1804 (Abb. 24)
Grundrisse von zwei Palasgeschossen,
Friedrich Martin Rabe, 1804, LATh-HstA
Weimar, Eisenacher Archiv, Militär- und
Kriegssachen, Nr. 1090, Bl. 5r, Fig. 1.
[drittes Obergeschoss], Fig. 2. [zweites
Obergeschoss].

Krauß-1805
Die Wartburg von Südosten, Georg
Melchior Kraus, Aquarell, 1805,
41,2 × 34,8 cm, Klassik Stiftung Weimar,
KK 858. Abdruck: Burg und Stadt 1971
(wie Anm. 54) Nr. 14; Albrecht, Hier
wohn' ich 1986 (wie Anm. 384) S. 49.

Hensel-1813/1900 (Abb. 25)
Eingangstor der Wartburg mit Blick zum
Haus Karl Augusts, H. Hensel, Federzeich-
nung, um 1900 nach einem Aquarell von
1813 (vgl. Voss, Wartburg 1917 – wie
Anm. 70 – S. 239), Federzeichnung,
25,2 × 19,2 cm, Wartburg-Stiftung
Eisenach, Kunstsammlung, G0700.

Heerwart-1814
Erinnerungsfeier zum ersten Jahrestag der
Völkerschlacht bei Leipzig am 18. Oktober
1814 auf der Schanze der Wartburg, Fried-
rich Heerwart, 1814, Aquarell, Wartburg-
Stiftung Eisenach, Kunstsammlung,
G0409.
Abdruck: Gabelentz, Wartburg 1931
(wie Anm. 73) Abb. 14.

Gropius-1823 (Abb. 26)
Wartburg, zweiter Burghof nach Süden,
Ferdinand Gropius, Farblithographie,
1823, 24,0 × 37,4 cm, Wartburg-Stiftung

Eisenach, Kunstsammlung, G3274.
Abdruck: Gabelentz, Wartburg 1931
(wie Anm. 73) Abb. 15; Burg und Stadt
1971 (wie Anm. 54) Abb. 21; Schuchardt,
Welterbe 2000 (wie Anm. 146) S. 17.

Arnswald-1837-G3355
«Die Ausgrabungen und der Pallas auf
Wartburg», Bernhard von Arnswald,
lavierte Pinselzeichnung, 1837,
15,4 × 13,4 cm,
Wartburg-Stiftung Eisenach,
Kunstsammlung, G3350.
Abdruck: Schuchardt, Romantik 2002
(wie Anm. 554) Abb. 617, S. 470.

Arnswald-1837-G3366
«Wartburgs Scheidegruß», Bernhard von
Arnswald, lavierte Pinselzeichnung, 1837,
15,4 × 13,4 cm, Wartburg-Stiftung
Eisenach, Kunstsammlung, G3366.
Abdruck: Schuchardt, Romantik 2002
(wie Anm. 554) Abb. 636, S. 479.

Sältzer-1839/1840-BE0060 (Abb. 27)
Grundrisse der Geschosse des Palas und
des Neuen Hauses, Johann Wilhelm
Sältzer, 1839/1840?, Feder- und Pinsel-
zeichnung, 63,2 × 51,5 cm, Wartburg-
Stiftung Eisenach, Kunstsammlung,
BE0060.
Abdruck: Jacobs, Ritgen Kataloge 2015
(wie Anm. 175) Nr. 33.

Sältzer-1839/1840-BE0040 (Abb. 28)
Aufriss der Westseite des Palas, Johann
Wilhelm Sältzer, Federzeichnung, 1839/
1840, 39,7 × 54,8 cm, Wartburg-Stiftung
Eisenach, Kunstsammlung, BE0040.
Abdruck: Gabelentz, Wartburg 1931 (wie
Anm. 73) Abb. 24; Jacobs, Ritgen Kataloge
2015 (wie Anm. 175) Nr. 31.

Sältzer-1840-BE0043 (Abb. 29)
Aufriss der Westseite des Palas, Johann

Wilhelm Sältzer, lavierte Feder- und
Pinselzeichnung, 1840, 26,0 × 29,2 cm,
Wartburg-Stiftung Eisenach, Kunst-
sammlung, BE0043.
Abdruck: Schuchardt, Welterbe 2000
(wie Anm. 146) S. 17; Jacobs, Ritgen
Kataloge 2015 (wie Anm. 175) Nr. 32.

Spittel-1841/1842-BE0028 (Abb. 30)
Schnitte durch Süd- und Nordteil des
Palas und Südturms, Carl Spittel, lavierte
Feder- und Pinselzeichnung, 1841/1842,
41 × 53 cm, Wartburg-Stiftung Eisenach,
Kunstsammlung, BE0028.
Abdruck: Jacobs, Ritgen Kataloge 2015
(wie Anm. 175) Nr. 40.

Spittel-1841/1842-BE0025
Grundrisse der unteren Geschosse des
Palas und des Keller- und Erdgeschosses
des Neuen Hauses, Carl Spittel, Feder-
und Pinselzeichnung, 1841/1842,
63 × 80 cm, Wartburg-Stiftung Eisenach,
Kunstsammlung, BE0025.
Abdruck: Jacobs, Ritgen Kataloge 2015
(wie Anm. 175) Nr. 37.

**Spittel-1841/1842-BE0029
(Abb. 31)**
Ostseite des Palas, Carl Spittel, Feder-
zeichnung, 1841/1842, 41,6 × 54,0 cm,
Wartburg-Stiftung Eisenach,
Kunstsammlung, BE0029.
Abdruck: Gabelentz, Wartburg 1931
(wie Anm. 73) Abb. 26;
Jacobs, Ritgen Kataloge 2015
(wie Anm. 175) Nr. 41.

Spittel-1841/1842-BE0030
Südseite des Palas, Carl Spittel, Feder-
zeichnung, 1841/1842, 38,5 × 27,2 cm,
Wartburg-Stiftung Eisenach,
Kunstsammlung, BE0030.
Abdruck: Jacobs, Ritgen Kataloge 2015
(wie Anm. 175) Nr. 42

Arnswald-1842-G1636
Einzug des erbgroßherzoglichen Paares
in den Burghof der Wartburg, Bernhard
von Arnswald, lavierte Bleistift- und
Tuschzeichnung, 1842, 13,8 × 17,2 cm,
Wartburg-Stiftung Eisenach,
Kunstsammlung, G1636.
Abdruck: Schuchardt, Romantik 2002
(wie Anm. 554) Abb. 461, S. 155.

Kuchenbuch-1842 (Abb. 32)
Der Wartburg-Palas von Süden, Franz
Kuchenbuch, lavierte Tuschzeichnung,
1842, 15,4 × 19,2 cm, Wartburg-
Stiftung Eisenach, Kunstsammlung,
G1264.
Abdruck: Burg und Stadt 1971
(wie Anm. 54) Abb. 23.

Sältzer-1845/1846-BE0048 (Abb. 33)
Aufriss der Westseite des Palas und des
Neuen Hauses vor der Wiederherstellung
1838 [Ausschnitt], Johann Wilhelm
Sältzer, aquarellierte Federzeichnung,
1845/1846, 36,3 × 49,2 cm (Zeichnung),
47,5 × 59,2 cm (Blatt), Wartburg-Stiftung
Eisenach, Kunstsammlung, BE0048.
Abdruck: Gabelentz, Wartburg 1931
(wie Anm. 73) Abb. 23; Badstübner,
Bauzeichnungen 2003 (wie Anm. 181)
S. 164, Abb. 2; Jacobs, Ritgen Kataloge
2015 (wie Anm. 175) Nr. 89.

Sältzer-1845/1846-BE0049 (Abb. 34)
Aufriss der Ostseite des Palas und des
Neuen Hauses vor der Wiederherstellung
1838, Johann Wilhelm Sältzer, aquarellierte Federzeichnung, 1845/1846,
36,3 × 49,0 cm (Zeichnung), 47,3 × 59,0 cm
(Blatt), Wartburg-Stiftung Eisenach,
Kunstsammlung, BE0049.
Abdruck: Gabelentz, Wartburg 1931
(wie Anm. 73) Abb. 25; Badstübner, Bauzeichnungen 2003 (wie Anm. 181) S. 165,
Abb. 3; Jacobs, Ritgen Kataloge 2015
(wie Anm. 175) Nr. 90.

Sältzer-1845/1846-BE0042 (Abb. 35)
Grundrisse der Geschosse des Palas und
des Neuen Hauses vor der Wiederherstel-
lung 1838, Johann Wilhelm Sältzer,
Feder- und Pinselzeichnung, 1845/1846,
60,2 × 48,2 cm, Wartburg-Stiftung
Eisenach, Kunstsammlung, BE0042.
Abdruck: Puttrich, Bauwerke 1847 (wie
Anm. 50) Taf. 3a, II. [Grundriss] Zweites
Geschoss; Gabelentz, Wartburg 1931
(wie Anm. 73) Abb. 17 und 18; Badstüb-
ner, Bauzeichnungen 2003 (wie Anm. 181)
S. 166, Abb. 4; Jacobs, Ritgen Kataloge
2015 (wie Anm. 175) Nr. 91.

Sältzer-1845/1846-BE0036 (Abb. 36)
Aufriss der Bauten von der Hofseite vor
1838, Johann Wilhelm Sältzer, lavierte
Feder- und Pinselzeichnung, 1845/1846,
36,0 × 49,3 cm, Wartburg-Stiftung
Eisenach, Kunstsammlung, BE0036.
Abdruck: Schuchardt, Welterbe 2000
(wie Anm. 146) S. 18; Jacobs, Ritgen
Kataloge 2015 (wie Anm. 175) Nr. 5.

Sältzer-1845/1846-BE0041
Längs- und Querschnitte des Palas vor
und nach der Wiederherstellung,
Johann Wilhelm Sältzer, lavierte Feder-
und Pinselzeichnung, 1845/1846,
59,3 × 48,0 cm, Wartburg-Stiftung
Eisenach, Kunstsammlung, BE0041.
Abdruck: Jacobs, Ritgen Kataloge 2015
(wie Anm. 175) Nr. 95.

Sältzer/Puttrich-1847-Nr. 3a (Abb. 37)
Grundrisse nebst Durchschnitten des
Landgrafenhauses vor der ersten Restauration, gez. Johann Wilhelm Sältzer,
gest. G. Feldweg, Stahlstich,
34,5 × 25,7 cm, gedr. in: Puttrich,
Bauwerke 1847 (wie Anm. 50) Taf. Nr. 3a.
Abdruck: Gabelentz, Wartburg 1931
(wie Anm. 73) Abb. 19 und 20.

**Sältzer/Patzschke-Eingangstor-1847
(Abb. 38)**
Eingangstor der Wartburg, gez. v. Friedrich
Wilhelm Sältzer und Carl Friedrich
Patzschke, lit. C. Patzschke, nach 1840,
Lithographie, gedr. in: Puttrich, Bauwerke
1847 (wie Anm. 50) Taf. 3c,C, Wartburg-
Stiftung Eisenach, Kunstsammlung,
G1268.

**Patzschke/Witthöft-Titelblatt-1847
(Abb. 39)**
Wartburg von Osten, gez. v. Carl Friedrich
Patzschke, gest. v. Wilhelm Witthöft,
Stahlstich, 13,6 × 24 cm, gedr. in: Puttrich,
Bauwerke 1847 (wie Anm. 50) Titelblatt,
Wartburg-Stiftung Eisenach, Kunstsamm-
lung, G1272.

Patzschke/Loeillot-1847
Westseite des Wartburgpalas, gez. v.
Carl Friedrich Patzschke, lith. v. Wilhelm
Loeillot, Lithographie, 22 × 26,9 cm,
gedr. in: Puttrich, Bauwerke 1847
(wie Anm. 50) Nr. 4a,
Wartburg-Stiftung Eisenach,
Kunstsammlung, G1270.

Bocklisch-1848-BE1432 (Abb. 40)
Westseite, Grundrisse und Schnitte durch
das Haus Carl Augusts, Johann Samuel
Bocklisch, Federzeichnung, vor 1848,
31,8 × 26,3 cm, Wartburg-Stiftung
Eisenach, Kunstsammlung, BE1432.
Abdruck: Jacobs, Ritgen Kataloge 2015
(wie Anm. 175) Nr. 28.

Ritgen/Spittel-1848-BE0021
Aufriss der Ostseite des Palas vor der
Wiederherstellung, Hugo von Ritgen nach
Carl Spittel, Federzeichnung, um 1848,
33,8 × 42,8 cm, Wartburg-Stiftung
Eisenach, Kunstsammlung, BE0021.
Abdruck: Jacobs, Ritgen Kataloge 2015
(wie Anm. 175) Nr. 44.

Ritgen/Spittel-1848-BE0022 (Abb. 41)
Aufriss der Südseite des Palas vor der
Wiederherstellung, Hugo von Ritgen nach
Carl Spittel, Federzeichnung, um 1848,
30,4 × 19,5 cm, Wartburg-Stiftung
Eisenach, Kunstsammlung, BE0022.
Abdruck: Jacobs, Ritgen Kataloge 2015
(wie Anm. 175) Nr. 45.

Ritgen/Sältzer-1848-BE1599
Westansicht des Palas 1840, Hugo
von Ritgen? nach Johann Wilhelm
Sältzer, Graphitzeichnung, um 1848,
17,5 × 22,0 cm, Wartburg-Stiftung
Eisenach, Kunstsammlung, BE1599.
Abdruck: Jacobs, Ritgen Kataloge 2015
(wie Anm. 175) Nr. 51.

Ritgen/Sältzer-1848-BE0039
Westansicht des Palas vor der Wiederher-
stellung, Hugo von Ritgen nach Johann
Wilhelm Sältzer, Federzeichnung,
um 1848, 33,0 × 43,3 cm,
Wartburg-Stiftung Eisenach,
Kunstsammlung, BE0039.
Abdruck: Jacobs, Ritgen Kataloge 2015
(wie Anm. 175) Nr. 50.

Ritgen/Sältzer-BE0001
Grundriss der Wartburg und Aufrisse der
Bauten von der Hofseite [Ausschnitt],
Hugo von Ritgen? nach Johann Wilhelm
Sältzer, Federzeichnung, undatiert,
43,8 × 33,5 cm,
Wartburg-Stiftung Eisenach,
Kunstsammlung, BE0001.
Abdruck: Jacobs, Ritgen Kataloge 2015
(wie Anm. 175) Nr. 7.

Bleichrodt-1850
Der Palas der Wartburg von Osten,
Wilhelm Günther Bleichrodt, 1850,
aquarellierte Blei-Kohle-Zeichnung,
21,7 × 31,4 cm, Wartburg-Stiftung
Eisenach, Kunstsammlung, G0195.

Hecht-1850
Schnitt durch die Kapelle, Blick auf die
Nordwand, Heinrich August Hecht?,
lavierte Feder- und Pinselzeichnung,
um 1850, 22,2 × 57,2 cm, Wartburg-
Stiftung Eisenach, Kunstsammlung,
BE0130.
Abdruck: Jacobs, Ritgen Kataloge 2015
(wie Anm. 175) Nr. 358.

Arnswald-1853 (Abb. 42)
Geselliges Treiben auf dem zweiten Burghof der Wartburg, Bernhard von Arnswald,
aquarellierte Bleistiftzeichnung, um 1853,
16,3 × 23,4 cm, Wartburg-Stiftung
Eisenach, Kunstsammlung, G1651.
Abdruck: Schuchardt, Romantik 2002
(wie Anm. 554) Abb. 471 S. 95.

Kellerräume-IBD-2000 (Abb. 43)
Die beiden großen Kellerräume des
Wartburgpalas, Bauzeichnung des Freien
Instituts für Bauforschung und Dokumen-
tation e.V. (IBD) Marburg, Dezember
2000.

Meister Eckhart auf der Wartburg. Fundbericht anlässlich der Wiederentdeckung einer frühen Eckhart-Handschrift aus dem Prämonstratenserinnenstift Altenberg im Bestand der Wartburg-Stiftung*

Balázs J. Nemes

«Eckhart und Anselmus begaben sich zum Haus ihres Ordens in Eisenach, um dort Unterkunft zu nehmen, besuchten aber, noch bevor sie an Anderes denken mochten, erst einmal die schöne Kirche der Dominikaner, dankbar wieder in einem ordentlich geweihten Gotteshaus beten zu dürfen. Im Anschluss empfing sie der Prior, dem sie berichteten, worin Ziel und Zweck ihre (sic!) Reise bestand, und Eckhart erhielt die Erlaubnis, den Landgrafen aufzusuchen, wenn er denn anwesend wäre und ihn empfangen wollte. Man schickte einen Boten hinauf zur Burg, der wenig später schon mit der Nachricht zurück kam, dass man den ehrwürdigen Bruder bereits am folgenden Tag zur Morgenandacht erwarte.»

Mit diesen Worten leitet Bernd Kaufmann im zweiten Buch seiner dem Landgrafen Albrecht II. von Thüringen (*1240–1314) gewidmeten historischen Romanbiografie «Der Verleumdete»[1] eine Episode ein, die das Wiedersehen des Landgrafen Albrecht und jenes Eckharts schildert, dem Albrecht «in sehr jungen Jahren» als «durchziehende[m] Mendikantenbruder» (S. 175) in einer Schenke in der Nähe von Eckartsberga schon einmal begegnete und dessen Bildung und Eloquenz insofern einen nachhaltigen Eindruck auf den zukünftigen Landgrafen hinterlassen haben, als dieser daraufhin anfing, «sich stärker seiner eigenen Bildung zu widmen» (ebd.). Un-

---

* Der vorliegende Beitrag geht auf einen Vortrag («Verschollen, vergessen, wieder aufgefunden. Eine frühe Eckhart-Handschrift aus dem Prämonstratenserinnenstift Altenberg auf der Wartburg») zurück, den ich zusammen mit Beate Braun-Niehr (Berlin) und Markus Vinzent (London/Erfurt) im Rahmen des internationalen Workshops «Konzeption, Materialität und Rezeption von Meister Eckharts Raum- und Zeitvorstellungen» am 26. Januar 2016 in Erfurt gehalten habe.

1 BERND KAUFMANN: Der Verleumdete. Die Geschichte des Landgrafen Albrecht II. von Thüringen (1240–1314). Eine Romanbiografie. 2. Buch. 1270–1314: Zeit der Stürme. Zweibrücken 2011, S. 182f.

mittelbarer Anlass für diese Entscheidung war Albrechts Unterlegenheit in einem «um Gott und die Welt» kreisenden Gespräch, das «bei einem fröhlichen, bäuerlich handfesten Mahl im Hof des Gasthauses» stattfand: Während Albrechts Gemahlin, Margaretha von Staufen, «sichtliches Vergnügen an der weitschweifenden Unterhaltung gefunden hatte», musste Albrecht feststellen, dass er der «geradezu atemberaubenden Bildung und Weltklugheit» des Dominikanermönchs «nichts annähernd gleichwertiges [!] entgegensetzen konnte» (ebd.). Wir erfahren, dass Eckhart diese Bildung der Förderung durch das landgräfliche Haus verdankt (Kaufmann denkt an Heinrich den Erlauchten, den Vater des seit 1265 als Landgraf von Thüringen regierenden Albrecht). Außerdem wird mitgeteilt, dass Eckhart seine Kenntnisse und Fähigkeiten sozusagen auf dem ‹zweiten Bildungsweg› erwarb. Denn:

> «[…] als man auf der Wartburg auf den begabten Junker des Hochheimers aufmerksam wurde, ließ man seiner Erziehung die volle Unterstützung des landgräflichen Hauses zu Teil angedeihen (sic!). Neben den ritterlichen Fertigkeiten, wie reiten (sic!), mit Schild und Schwert kämpfen, sowie der Courtoisie zu pflegen, erlernte der Knabe auch das Lateinische. Bald stellte sich allerdings heraus, dass sein sanftes Wesen nur einer theologischen Laufbahn wirklich eignen würde (sic!). Auf dieser Erkenntnis fußend trat der hoffnungsvolle junge Zögling, auf Anraten des Kaplans der Wartburg, hinter der sich, nicht gleich erkennbar aber doch zweifellos, der Landgraf verbarg, den Erfurter Dominikanern bei. Bedingung war, eigentlich eher Wunsch des Wohltäters denn wirkliche (sic!) bindende Verpflichtung für den Zögling, dass der junge Geistliche von Zeit zu Zeit, je nach Möglichkeit und Verstattung durch seine (sic!) Ordensvorstand, seinem ehemaligen Landesherren in beratender Funktion zur Verfügung stände.» (S. 176)

Tatsächlich sucht der nach seinem Studium an der Kölner Ordenshochschule nach Erfurt zurückgekehrte Eckhart die Gelegenheit, sich bei dem aktuellen Vertreter des landgräflichen Hauses, also bei Albrecht, dafür zu bedanken, dass er, Eckhart, in Köln bei dem «damals schon berühmten, Albrecht aber noch vollständig unbekannten Albertus Magnus» in die Lehre gehen durfte. Nun will Eckhart den Landgrafen treffen. Und er erhält Audienz, wie dem Anfangszitat entnommen werden kann. Daraufhin heißt es: «Eckhart stapfte also, um dieser herrschaftlichen Einladung wie geheißen nachzukommen, in aller Frühe und noch in vollständiger Dunkelheit, zu Beginn des darauffolgenden Tages ohne Begleitung den Weg zur Wartburg hinauf» (S. 182f.).

Anlässlich seines Wartburg-Besuches, der ihn in die Kapelle und ins Landgrafenzimmer des Palas führt, kann Eckhart seinem Dank Ausdruck verleihen. Zudem gibt er einen Ratschlag, der auf die zum Zeitpunkt des Ge-
sprächs – wir sind in den Jahren nach 1286 (vgl. S. 189) – immer noch
anhaltenden Familienstreitigkeiten um die Erbanteile der Söhne von
Albrecht Bezug nimmt und das biblische Gleichnis vom verlorenen Sohn
referiert. Damit kann Eckhart auch dem oben zitierten Wunsch seines ehemaligen Wohltäters nachkommen, er möge dem Landesherrn, wann immer
nötig und möglich, «in beratender Funktion» zur Verfügung stehen.

Sieht man von der von Bernd Kaufmann präsentierten literarischen Fik-
tion einmal ab, deren literarische Qualitäten und historische Stimmigkeit
hier nicht zur Debatte stehen,[2] scheint bislang niemand auf die Idee gekommen zu sein, den um/vor 1260 in Thambach geborenen und der Familie von Hochheim (bei Gotha) entstammenden Eckhart mit der Wartburg in
Verbindung zu bringen. Anlass dazu hätte etwa die Tatsache geboten, dass
Martin Luther seit 1521 nachweislich selbst über eine mit Eckhart-Predigten
angereicherte Druckausgabe der Predigten von Johannes Tauler verfügte, den
er sich auf die Wartburg hatte kommen lassen.[3] Allerdings lässt sich nicht
mehr mit Sicherheit feststellen, ob es sich hierbei um den Augsburger Taulerdruck von 1508 oder um jenen aus Basel von 1521 handelte. Im Bezug auf
die Frage nach der durch Luther vermittelten Präsenz Eckharts auf der Wartburg ist dies insofern wichtig, als die Augsburger Ausgabe die in sie einge-
gangenen Eckhart-Predigten – sie stehen als Zyklus am Beginn der nach dem
Lauf des Kirchenjahres geordneten Predigtsammlung – nicht als solche identifiziert, während der Basler Taulerdruck den Großteil der in ihm enthaltenen Predigten, um die der Textbestand der Augsburger Ausgabe angereichert
wurde, Eckhart ausdrücklich zuweist. Sollte sich also Luther im Dezember
1521 anders als von der Forschung angenommen[4] nicht ein Exemplar des
nur wenige Monate zuvor (im August) erschienenen Basler, sondern des
Augsburger Taulerdrucks angeschafft haben, so wären zumindest die darin
enthaltenen Eckhart-Texte als Texte auf der Wartburg präsent gewesen.

---

2 Zum letztgenannten Punkt folgender Hinweis: Aus chronologischen Gründen wirkt die
  Szene im Gasthof irritierend, denn sie findet vor der 1270 erfolgten Flucht von Margaretha
  von Staufen von der Wartburg statt und damit zu einem Zeitpunkt, als der als «durchziehende[r] Mendikantenbruder» apostrophierte Eckhart kaum mehr als 10 Jahre alt war und
  daher keineswegs ein Dominikaner gewesen sein kann, war doch das Mindesteintrittsalter in
  den Orden in der Regel das 18. Lebensjahr.
3 Vgl. Henrik Otto: Vor- und frühreformatorische Tauler-Rezeption. Annotationen in Drucken des späten 15. und frühen 16. Jahrhunderts (Quellen und Forschungen zur Reformationsgeschichte. 75). Gütersloh 2003, S. 176, Anm. 8.

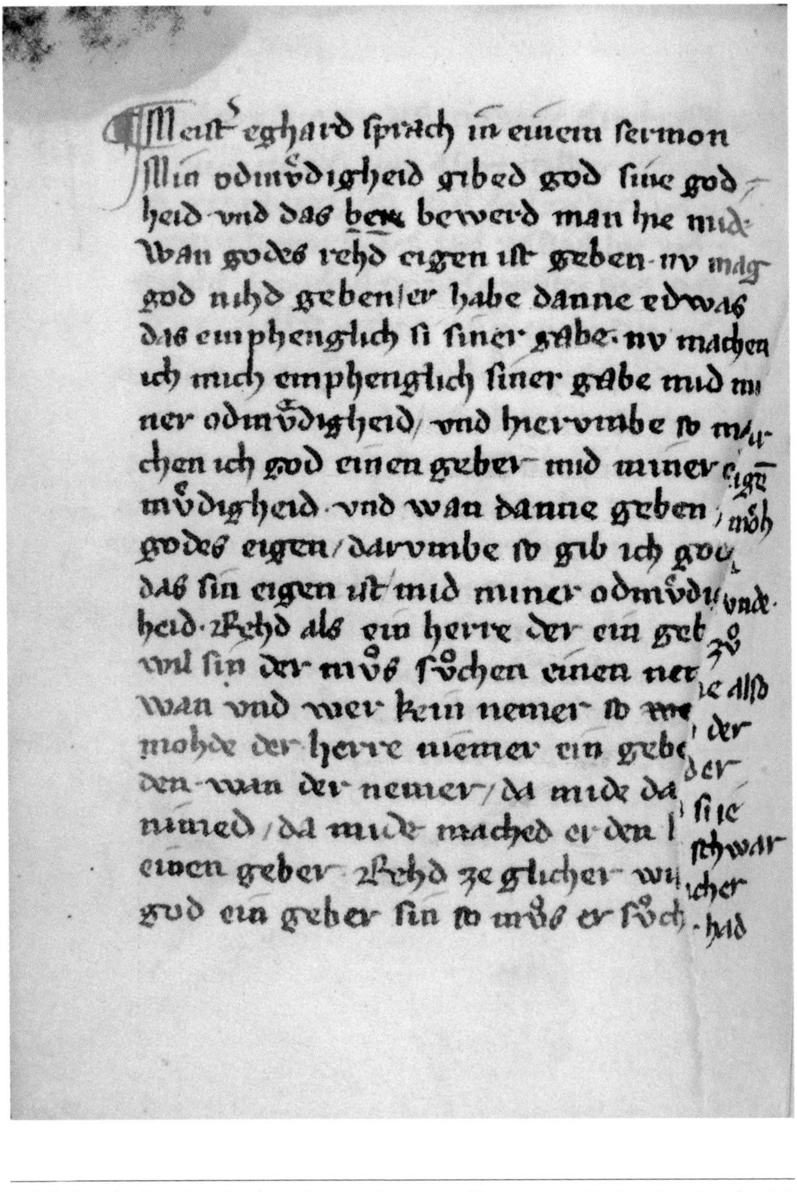
Meist eghard sprach in einem sermon
Min odmůdigheid gibed god sine god-
heid vnd das bewerd man hie mid.
Wan godes rehd eigen ist geben nv mag
god nihd geben er habe danne edwas
das emphenglich si siner gabe. nv machen
ich mich emphenglich siner gabe mid miner odmůdigheid vnd hiervmbe so machen ich god einen geber mid miner
můdigheid vnd wan danne geben
godes eigen darvmbe so gib ich god
das sin eigen ist mid miner odmůdigheid. Rehd als ein herre der ein geb
wil sin der můs sůchen einen ne
wan vnd wer kein nemer so
mohde der herre niemer ein geb
den wan der nemer da mide da
nimed da mide mached er den
einen geber. Rehd ze glicher wi
god ein geber sin so můs er sůch

Abb. 1
Meister Eckhart: Spruch Pfeiffer Nr. 46, Wartburg-Stiftung Eisenach, Bibliothek, Sign. Ms. 1361–50, Bl. 107v.

4 Vgl. ebenda, S. 183 und zuletzt Gilbert Fournier: Unus pro multis. La réception de Maître Eckhart dans les Sermons de Jean Tauler (Bâle, Adam Petri, 1521). In: Nicole Bériou u.a. (Hrsg.): Entre stabilité et itinérance. Livres et culture des ordres mendiants, XIIIe–XVe siècle (Bibliologia. Elementa ad librorum studia pertinentia. 37). Turnhout 2014, S. 375–438, hier S. 429.

Einen sicheren Anhaltspunkt, der die Verbindung des Namens (nicht jedoch der historischen Person!) Eckhart mit der Wartburg rechtfertigt, liefert eine mittelalterliche Handschrift, die im 19. Jahrhundert für die Wartburg erworben wurde und der der folgende, als Fundbericht konzipierte Beitrag gewidmet sein soll. Einschränkend gilt es allerdings schon an dieser Stelle festzuhalten: Auch wenn die Handschrift Texte enthält, die nicht nur von Eckhart stammen, sondern diesem auch ausdrücklich zugeschrieben sind *(vgl. Abb. 1)*, war die demonstrativ anmutende Setzung des Namens nicht der Anlass, der zur Erwerbung der Handschrift für die Wartburg im 19. Jahrhundert führte. Was der eigentliche Grund für ihre Anschaffung war, und welche Funktion sie an ihrem Aufbewahrungsort zu erfüllen hatte, soll aus den folgenden Ausführungen genauso deutlich werden wie ihr Überlieferungsschicksal im 19. Jahrhundert und die Umstände ihrer 2015 erfolgten ‹Wiederentdeckung›.

«Sammlung geistlicher Sprüche, Legenden und Lehren der Mystiker, darunter Meister Eckhart.» Mit diesen Worten wird in dem von RENATE SCHIPKE und KURT HEYDECK herausgegebenen «Handschriftencensus der kleineren Sammlungen in den östlichen Bundesländern Deutschlands»[5] der Inhalt einer im Besitz der Wartburg-Stiftung befindlichen und als Westmitteldeutsch ausgewiesenen Handschrift beschrieben, die sich auch und vor allem für die Eckhart-Forschung als eine bedeutende Entdeckung – eigentlich eine Wieder-Entdeckung – erwiesen hat. Auf die von SCHIPKE/HEYDECK gebotene Kurzbeschreibung und die Handschrift selbst bin ich durch Klaus Klein Ende 2014 aufmerksam gemacht worden. Der Kollege aus Marburg teilte mit, dass es sich um eine Handschrift handeln könnte, die in der einschlägigen Literatur bisher keine Beachtung fand. Wie es sich herausgestellt hat, trifft diese Diagnose nur teilweise zu. Denn anders als die 2000 erschienene Kurzbeschreibung von SCHIPKE/HEYDECK, die der Eckhart-Forschung in der Tat entgangen ist, fand die beschriebene Handschrift bei überlieferungs- und rezeptionsgeschichtlich interessierten Eckhart-Forschern durchaus Beachtung, seit FRANZ PFEIFFER ausgewählte Textpartien in der Abteilung «Sprüche» der von ihm veranstalteten Eckhart-Ausgabe von 1857 abgedruckt hatte,[6] und es seit HEINRICH DENIFLE und JOSEF KOCH gelungen war,[7] einen

---

5 RENATE SCHIPKE, KURT HEYDECK: Handschriftencensus der kleineren Sammlungen in den östlichen Bundesländern Deutschlands. Bestandsaufnahme der ehemaligen Arbeitsstelle «Zentralinventar mittelalterlicher Handschriften bis 1500 in den Sammlungen der DDR» (ZIH) (Staatsbibliothek zu Berlin – Preußischer Kulturbesitz. Kataloge der Handschriftenabteilung. Sonderband). Wiesbaden 2000, S. 68, Nr. 66.

6 Vgl. FRANZ PFEIFFER (Hrsg.): Deutsche Mystiker des vierzehnten Jahrhunderts. Bd. 2: Meister Eckhart. Leipzig 1857 (Nachdruck Aalen 1962), S. 606–614, Nr. 31–48.

Großteil der von PFEIFFER mitgeteilten Exzerpte als bearbeitende Übersetzungen aus Eckharts lateinischem exegetischem Werk zu identifizieren.[8] Diese Erkenntnisse haben LORIS STURLESE dazu veranlasst, den Concepteur der Sammlung in jenem Kreis von Kölner Dominikanern, Mitbrüdern und Anhängern von Eckhart zu verorten, der unbeeindruckt von der päpstlichen Verurteilungsbulle von 1329 «sich um das Vermächtnis des verstorbenen Meisters jahrzehntelang intensiv bemühte.»[9] Die Frage, ob wir uns im Umfeld der Kölner Eckhartisten bewegen[10] oder es gar mit von Eckhart selbst angefertigten Übersetzungen zu tun haben[11] – beides muss sich nicht ausschließen –, gilt es genauso zu klären, wie jene von BURKHARD HASEBRINK angemahnte Untersuchung in Angriff zu nehmen ist, die Aufschluss «über die literarische Leistung, den Überlieferungskontext und die Gebrauchsfunktion»[12] der in der Ausgabe von PFEIFFER ihrem handschriftlichen Kontext gänzlich entrissenen «Sprüche» bietet.

---

7 Vgl. HEINRICH DENIFLE: Meister Eckeharts lateinische Schriften und die Grundanschauung seiner Lehre. In: Archiv für Litteratur- und Kirchengeschichte des Mittelalters. 2(1886), S. 417–652, hier S. 429–432 und JOSEF KOCH: Meister Eckeharts Weiterwirken im deutsch-niederländischen Raum im 14. und 15. Jahrhundert. In: La Mystique Rhénane. Colloque de Strasbourg 16–19 mai 1961. Travaux du Centre d'Études Supérieures Spécialisé d'Histoire des Religions de Strasbourg. Paris 1963, S. 133–156, bes. S. 148f.

8 Keine Übersetzungen, sondern einzelne Aussagen der Eckhart-Predigt QUINT Nr. 14 argumentativ verteidigende Kommentare stellen die infolge von Blattverlust heute teilweise nur noch fragmentarisch überlieferten Sprüche Nr. 46 (vgl. Abb. 1), 47 und 48 (!) dar, die die Exzerptsammlung abschließen.

9 LORIS STURLESE: Die Kölner Eckhartisten. Das Studium generale der deutschen Dominikaner und die Verurteilung der Thesen Meister Eckharts (1989). In: LORIS STURLESE: Homo divinus. Philosophische Projekte in Deutschland zwischen Meister Eckhart und Heinrich Seuse. Stuttgart 2007, S. 119–135, hier S. 131f. Vgl. auch LORIS STURLESE: Meister Eckharts Weiterwirken. Versuch einer Bilanz (1992). In: ebenda, S. 107–118, hier S. 117: «Die ›Eckhartisten‹ arbeiteten, als ob die Bulle ›In agro dominico‹ überhaupt nicht existiert hätte.» – Einen Überblick über die Produktion geistlicher Literatur auf Deutsch bzw. auf Latein in Köln im ersten Drittel des 14. Jahrhunderts bietet MARTIN SCHUBERT: Köln. In: MARTIN SCHUBERT (Hrsg.): Schreiborte des deutschen Mittelalters: Skriptorien, Werke, Mäzene. Berlin 2013, S. 217–261, hier S. 256–260.

10 Seit DENIFLE 1886 (wie Anm. 7) scheint es Konsens darüber zu geben, dass wir es mit einer von fremder Hand herrührenden bearbeitenden Übersetzung zu tun haben (so auch GEORG STEER: Die Schriften Meister Eckharts in den Handschriften des Mittelalters. In: HANS-JOCHEN SCHIEWER, KARL STACKMANN [Hrsg.]: Die Präsenz des Mittelalters in seinen Handschriften. Ergebnisse der Berliner Tagung in der Staatsbibliothek zu Berlin – Preußischer Kulturbesitz, 6.–8. April 2000. Tübingen 2002, S. 209–302, hier S. 281). Man beachte jedoch die von DENIFLE ebenda, S. 432, Anm. 1 referierte gegenteilige Position von E. KRAM, die DENIFLE ex cathedra und in einem von Polemik keineswegs freien Ton als «subjective Regung» abtut.

11 Vgl. MARKUS VINZENT: Eckharts deutsche Übersetzung seiner lateinischen Bibelkommentare. In: Meister-Eckhart-Jahrbuch. 10 (2016) (in Druckvorbereitung).

Allem Anschein nach ist der im «Handschriftencensus» beschriebene Kodex in der Eckhart-bezogenen Literatur durchaus präsent. Allerdings gilt er spätestens seit Adolf Spamers grundlegendem Beitrag zur «Überlieferung der Pfeiffer'schen Eckeharttexte» von 1909 als verschollen.[13] Zu der Erkenntnis, dass es sich im Falle der als verschollen gemeldeten Handschrift um den von Schipke/Heydeck beschriebenen Wartburg-Kodex handelt, hat mir nicht die (inzwischen erfolgte) Autopsie der Handschrift verholfen, sondern die Einsicht einer von Renate Schipke im Jahre 1990 erstellten und unveröffentlicht gebliebenen maschinenschriftlichen Handschriftenbeschreibung, die die Basis der im «Handschriftencensus» erschienenen Kurzbeschreibung bildete und die mir von der Wartburg-Stiftung Eisenach zur Verfügung gestellt wurde (mein Dank gilt Petra Schall für die Überlassung des Typoskripts). Wohl hat Renate Schipke die von Pfeiffer bekannt gemachten Zitate anhand der Pfeifferschen Ausgabe von 1857 als sogenannte «Sprüche» Meister Eckharts identifizieren können, doch scheint es, als wäre ihr nicht bewusst gewesen, jene seit Spamer als verschollen geltende Handschrift in der Hand zu halten, aus der Pfeiffer Spruch 31 bis 48 abgedruckt hatte. Mir selbst hat sich die wahre Identität der Wartburg-Handschrift erst erschlossen, als ich die von Schipke gebotenen Angaben zur Lagenzählung und die Lagenformel mit den Daten verglichen habe, die Eckhart Triebel auf seiner Homepage (http://eckhart.de) über jene Handschriften bietet, die die Spruchfolge Nr. 31–48 oder Teile davon überliefern.[14] Um welche Handschriften handelt es sich? Zum einen um die in der Eckhart-Forschung als ‹Codex Buxheimensis› bekannte Berliner Handschrift Ms. germ. fol. 986 aus der Mitte des 15. Jahrhunderts[15] und den erst 1996 bekannt gewordenen

---

12 Burkhard Hasebrink: Grenzverschiebung. Zu Kongruenz und Differenz von Latein und Deutsch bei Meister Eckhart. In: Zeitschrift für deutsches Altertum und deutsche Literatur. 121(1992), S. 369–398, hier S. 383.

13 Vgl. Adolf Spamer: Zur Überlieferung der Pfeiffer'schen Eckeharttexte. In: Beiträge zur Geschichte der deutschen Sprache und Literatur. 34(1909), S. 307–420, hier S. 313, Nr. 3. Ähnlich zuletzt Nadia Bray: The Reception of Meister Eckhart in 14th-Century Germany. In: Jeremiah M. Hackett (Hrsg.): A Companion to Meister Eckhart (Brill's Companions to the Christian Tradition. 36). Leiden/Boston 2013, S. 481–508, hier S. 483, Anm. 11 und Dagmar Gottschall: Eckhart and the Vernacular Tradition: Pseudo-Eckhart and Eckhart Legends. In: ebenda, S. 509–552, hier S. 535.

14 Im Eichstätter Repertorium «Predigt im Kontext» (http://pik.ku-eichstaett.de) war zu dem Zeitpunkt nur eine dieser Handschriften (das Berliner Ms. germ. fol. 986) erfasst.

15 Die Handschrift ist erst seit 1940 der Eckhart-Forschung bekannt, vgl. Josef Quint: Neue Handschriftenfunde zur Überlieferung der deutschen Werke Meister Eckharts und seiner Schule. Ein Reisebericht (Meister Eckhart. Untersuchungen. 1). Stuttgart/Berlin 1940, S. 7–10. Sie gehört zu einer Gruppe von schwäbisch-alemannischen Mystikhandschriften, die sich Mitte des 15. Jahrhunderts in der Kartause Buxheim bei Memmingen befanden und

Münchener cgm 5235 aus dem letzten Viertel des 14. Jahrhunderts,[16] zum anderen um jene von PFEIFFER benutzte Handschrift aus dem 14. Jahrhundert, genauer: von um 1330, die im Vorwort seiner Ausgabe als Gießener Privatbesitz ausgewiesen ist.[17] Die inhaltliche Aufschlüsselung des Eckhart-bezogenen Teils der letztgenannten Handschrift durch Triebel, die mit den aus der Forschungsliteratur bekannten Blattangaben ergänzt wurde,[18] ließ auf die Identität der Wartburg- und der PFEIFFER bekannten Handschrift aus Gießen schließen, die neben einer umfangreichen Zitatensammlung (Bl. 33r–108v)[19] geistliche Kurztexte in fragmentarischer Form (Bl. 1r–v), eine glossierende Übersetzung der sieben Bußpsalmen und weiterer Psalmen (Bl. 2r–24v)[20], eine bislang nicht identifizierte und allem Anschein nach unikal überlieferte Predigt auf Mariä Himmelfahrt über Eccl 24,17ff. (Bl. 25r–33r) sowie die Sprüche Bischof Albrechts in einer offenbar ebenfalls unikal überlieferten 10-Punkte-Fassung (Bl. 109v–110v)[21] enthält. Damit galt die Handschrift nach 160jähriger Verschollenheit als wieder entdeckt.

---

vielleicht auch dort entstanden sind, vgl. meine Beschreibung der Handschrift Berlin, Staatsbibliothek Preußischer Kulturbesitz, Ms. germ. oct. 700 bei «Manuscripta mediaevalia» (online: http://www.manuscriptamediaevalia.de/?xdbdtdn!%22obj%2031257534%22&dm ode;=doc#|4 [21. September 2016], mit weiterführender Literatur) und demnächst den überlieferungsgeschichtlichen Teil in der Einleitung folgender Edition: FABRICE FLÜCKIGER und RENÉ WETZEL in Verbindung mit HANS-JOCHEN SCHIEWER und mit Beiträgen von BALÁZS J. NEMES und MATHIAS STAUFFACHER (Hrsg.): Die «Engelberger Predigten». Edition und Textgeschichte (Kulturtopographie des alemannischen Raums). Berlin/Boston: (in Druckvorbereitung).

16 Zu dieser im Zuge der Katalogisierungsarbeiten der Handschriftenbestände der Bayerischen Staatsbibliothek identifizierten Handschrift vgl. KARIN SCHNEIDER: Die deutschen Handschriften der Bayerischen Staatsbibliothek München. Die mittelalterlichen Handschriften aus Cgm 4001–5247 (Catalogus codicum manu scriptorum Bibliothecae Monacensis. V,7). Wiesbaden 1996, S. 557–565, hier S. 559.

17 Vgl. PFEIFFER 1857 (wie Anm. 6) S. IX, Nr. 15.

18 Vgl. SPAMER 1909 (wie Anm. 13) S. 400 und die Beschreibung der Handschrift Wien, Österreichische Nationalbibliothek, Cod. 15380 (Sammlung von Abschriften für die Eckhart-Ausgabe von PFEIFFER) bei HERMANN MENHARDT: Verzeichnis der altdeutschen literarischen Handschriften der Österreichischen Nationalbibliothek. Bd. 3 (Veröffentlichungen des Instituts für deutsche Sprache und Literatur. 13). Berlin 1961, S. 1411–1413, hier S. 1412.

19 Siehe dazu demnächst VINZENT 2016 (wie Anm. 11).

20 Zu diesem Texttyp vgl. HANS VOLLMER: Die Psalmenverdeutschung von den ersten Anfängen bis Luther (Bibel und deutsche Kultur. 2). Potsdam 1932 und KURT ERICH SCHÖNDORF: Die Tradition der deutschen Psalmenübersetzung. Untersuchungen zur Verwandtschaft und Übersetzungstradition der Psalmenverdeutschung zwischen Notker und Luther (Mitteldeutsche Forschungen. 46). Köln 1967, S. 20–29.

21 Vgl. RUTH MEYER: Magister – Mystiker – Magier? Das Bild Alberts des Großen in volkssprachigen Texten des Mittelalters. In: THOMAS BEIN (Hrsg.): Autor – Autorisation – Authentizität. Beiträge der IX. Internationalen Fachtagung der Arbeitsgemeinschaft für germanis-

Von einer wirklichen Wiederentdeckung kann freilich nur im Hinblick
auf die Eckhart-Forschung die Rede sein, denn verschollen war die Handschrift in den Jahrzehnten vor Spamers Beitrag von 1909 eigentlich nicht.
Nur fand sie in allem anderen als wissenschaftlichen Gebrauchszusammen-
hängen Verwendung: Sie gehörte zum Inventar der sog. Elisabethkemenate
auf der Wartburg[22] und galt als eine Art ‹Kontaktreliquie›, die dem 1863 eingerichteten und der heiligen Elisabeth von Thüringen gewidmeten Memo-
rialort historische Aura verleihen sollte[23] – ein faszinierendes Beispiel, wie
Materialität, Rezeption und Präsenzerzeugung im Zuge semantischer Ope-
rationen, genauer: von Bedeutungszuschreibungen, miteinander verschränkt
werden können. Denn die funktionale Einbindung unserer Handschrift und
von anderen (vermeintlich) authentischen Gegenständen in der Elisabethkemenate der Wartburg *(Abb. 2)* zielte im Grunde darauf ab, dem Rezipien-
ten eine Art von Immersionserfahrung in einer bestimmten raum-zeitlichen
Matrix zu ermöglichen, damit dieser in einem historisch als bedeutsam ausgewiesenen[24] und ostentativ historisierend gestalteten Raum in eine zwar
vergangene, aber durch Inszenierung wieder präsent gemachte und daher
nicht nur imaginativ erfahrbare Zeit, konkret: in eine «hochmittelalterliche[-]
Erlebniswelt»[25], eintauchen kann.[26] Es stellt sich die Frage, wie sich eine
Handschrift überhaupt dazu eignet, einen solchen Effekt zu erzielen. Ihre
Funktionalisierung verdankte die wieder aufgefundene Eckhart-Handschrift

Abb. 2
Elisabethkemenate
im Palas der
Wartburg,
2. Hälfte 19. Jh.,
Fotografie.

nicht etwa ihrer aus kunsthistorischer Perspektive durchaus bemerkenswerten Ausstattung und schon gar nicht der Lektüre der darin enthaltenen, nicht weniger beachtenswerten Texte,[27] sondern ihrer Provenienz aus dem Prämonstratenserinnenstift Altenberg bei Wetzlar.

Ich möchte an dieser Stelle auf die überaus interessanten Parallelen nicht näher eingehen, die zwischen der Tradition und der Gestaltung der Wart-

tische Edition in Verbindung mit der Arbeitsgemeinschaft philosophischer Editionen und der Fachgruppe Freie Forschungsinstitute in der Gesellschaft für Musikforschung, Aachen, 20. bis 23. Februar 2002 (editio. Beihefte. 21). Tübingen 2004, S. 115–130, hier S. 127f. und BEN MORGAN: Rhetorical transformations. The meaning of scribal errors in Munich Bayerische Staatsbibliothek Cgm 133. In: CORA DIETL, DIETMAR MIETH (Hrsg.): Sprachbilder und Bildersprache bei Meister Eckhart und in seiner Zeit (Meister-Eckhart-Jahrbuch. 9). Stuttgart 2015, S. 179–194, hier S. 189f.

22 Zur Einrichtung der Kemenate vgl. HUGO VON RITGEN: Der Führer auf der Wartburg. Ein Wegweiser für Fremde und ein Beitrag zur Kunde der Vorzeit. 2. vermehrte und verbesserte Auflage. Leipzig 1868 und die noch nicht veröffentlichte Dissertation von GRIT JACOBS: «Ein treues Bild aus früher Zeit.» Das Werk des Architekten Hugo von Ritgen auf der Wartburg. 2 Bde. Diss. Jena 2015, hier Bd. 1, S. 283–287.

23 Zu diesem für die Rezeption der wieder entdeckten Eckhart-Handschrift im 19. Jahrhundert überaus interessanten Kontext vgl. zuletzt JENS HAUSTEIN: Vorwärts ins Mittelalter! Rekonstruktion, Ausbau und Funktionalisierung der Wartburg in der zweiten Hälfte des 19. Jahrhunderts. In: MATHIAS HERWEG, STEFAN KEPPLER-TASAKI (Hrsg.): Das Mittelalter des Historismus. Formen und Funktionen in Literatur und Kunst, Film und Technik (Rezeptionskulturen in Literatur- und Mediengeschichte. 3). Würzburg 2015, S. 209–224.

24 Vgl. VON RITGEN 1868 (wie Anm. 22) S. 82: «Hier hatten die kleine Elisabeth und ihr Verlobter Ludwig wohl die heitersten Stunden ihrer Kindheit verlebt [...].»

25 HILMAR SCHWARZ: «Durch finstre, winklichte Plätze zu Luthers Wohnzimmer» – Das Vogteigebäude vor 1860. In: JUTTA KRAUSS (Hrsg.): Luthers Bilderbiografie – Die einstigen Reformationszimmer der Wartburg. Regensburg 2012, S. 8–15, hier S. 12. Zur «beabsichtigte[n] Totalwirkung» der wiederhergestellten Wartburg im Zusammenspiel verschiedener Medien (Architektur, Malerei, Handwerkskunst, Dichtung, Musik) äußert sich auch von Ritgen selbst, vgl. die entsprechenden Zitate bei JUTTA KRAUSS: Die Wiederherstellung der Wartburg im 19. Jahrhundert (Kleine Schriftenreihe der Wartburg-Stiftung. 1). Kassel 1990, S. 24 und JUTTA KRAUSS: Konservatismus trifft Revolution – die Idee vom Gesamtkunstwerk in der Wartburg und bei Wagner. In: JUTTA KRAUSS (Hrsg.): Wie der Tannhäuser zum Sängerkrieg kam. Eine Begleitschrift zur Sonderausstellung anlässlich des 200. Geburtstages Richard Wagners, 18. Mai 2013 bis 31. März 2014 auf der Wartburg. Regensburg 2013, S. 124–145, hier S. 126f.

26 Zu dem vor allem aus den Medien- und Bildwissenschaften bekannten Theorem ‹Immersion› (vom lat. immergere ‹eintauchen›), das sich wegen der im Kontext der Elisabethkemenate bewusst historisierend eingesetzten Medien (wie Teppiche, Stühle, Handschriften etc.) allerdings nur eingeschränkt als Theoriekonzept eignet, um die Wahrnehmungssteuerung durch Inszenierung und die rezipientenseitige Wahrnehmung zu beschreiben, vgl. die Beiträge in: HARTMUT BLEUMER unter Mitarbeit von SUSANNE KAPLAN (Hrsg.): Immersion im Mittelalter (Zeitschrift für Literaturwissenschaft und Linguistik. 42/167). Stuttgart 2012.

27 Zu beiden Themenbereichen vgl. demnächst den Aufsatz zu dem in Anm. * genannten Vortrag von BEATE BRAUN-NIEHR, BALÁZS J. NEMES, MARKUS VINZENT (in Vorbereitung).

burg im 19. Jahrhundert als Erinnerungsort der heiligen Elisabeth[28] und des Stiftes Altenberg als Zentrum der Elisabeth-Verehrung im Mittelalter bestehen:[29] Letzteres lässt sich damit erklären, dass dem Kloster in der zweiten Hälfte des 13. Jahrhunderts die Elisabeth-Tochter Gertrud als «magistra» vorstand, die von ihren Zeitgenossen als eine Art «lebende Berührungsreliquie»[30] angesehen wurde: Zusammen mit anderen «Geschichtszeugnissen»[31] (Reliquien und vermeintlichen oder authentischen Sekundärreliquien) war Gertrud dazu bestimmt – und das entsprach durchaus ihrem eigenen Selbstverständnis –, die enge persönliche Bindung des Klosters zur Heiligen Elisabeth zu demonstrieren. Ein weiteres Bindeglied zwischen der im 19. Jahrhundert unter Carl Alexander von Sachsen-Weimar-Eisenach (1818–1901) erneuerten Wartburg und der mittelalterlichen Geschichte von Altenberg bildet die Tatsache, dass der Wartburg im Verständnis des Großherzogs die Funktion zukam, Ort der Repräsentation «eines historisch grundierten Anspruch[s] auf das Erbe der ludowingischen Landgrafen»[32] zu sein. Ähnliche

---

28 Siehe dazu etwa Volker Leppin: Dreifaches Gedächtnis. Elisabeth, Luther, Burschenschaften – die Wartburg als deutscher Erinnerungsort. In: Theologische Zeitschrift. 63(2007), S. 310–330.

29 Zur Geschichte des Klosters grundlegend: Thomas Doepner: Das Prämonstratenserinnenkloster Altenberg im Hoch- und Spätmittelalter. Sozial- und frömmigkeitsgeschichtliche Untersuchungen (Untersuchungen und Materialien zur Verfassungs- und Landesgeschichte. 16). Marburg 1999 und Ders.: Zwischen Desinteresse und Unterstützung. Kloster Altenberg und Wetzlar im Wandel der frömmigkeitsgeschichtlichen Entwicklung des 12.–17. Jahrhunderts. In: Mitteilungen des Wetzlarer Geschichtsvereins. 41(2003), S. 25–42. Bislang nicht ausgewertete Quellen stellen folgende Kodizes dar: ein vom Prior Petrus Diederich 1648 zusammengestelltes Kopialbuch (= New York, Union Theological Seminary Library, Ms. 20), das nicht nur Abschriften von mittelalterlichen Urkunden sondern auch Originalurkunden aus dem 15. Jahrhundert enthält, und eine neuzeitliche Handschrift (= New York, Union Theological Seminary Library, Ms. 22), die einen von 1694 bis 1802 reichenden Nekrolog bzw. eine 1735 erstellte Abschrift der Ordensregel des hl. Augustinus überliefert, vgl. Milton Mcc. Gatch (Hrsg.): «so precious a foundation.» The Library of Leander van Ess at the Burke Library of Union Theological Seminary in the City of New York / «welch kostbarer Grundstock.» Die Bibliothek von Leander von Ess in der Burke Library des Union Theological Seminary in New York. New York 1996, S. 154f. (Nr. II.9) mit Abb. und S. 156f. (Nr. II.10) mit Abb.

30 Stefanie Seeberg: Textile Bildwerke im Kirchenraum: Leinenstickereien im Kontext mittelalterlicher Raumausstattungen aus dem Kloster Altenberg/Lahn. Petersberg 2014, S. 58. Vgl. auch Christian Schuffels: «Beata Gerdrudis, filia sancte Elyzabeth.» Gertrud, die Tochter der heiligen Elisabeth, und das Prämonstratenserinnenstift Altenberg an der Lahn. In: Dieter Blume, Matthias Werner (Hrsg.): Elisabeth von Thüringen – eine europäische Heilige. Aufsätze. Petersberg 2007, S. 229–244, S. 239.

31 Seeberg 2014 (wie Anm. 30) S. 97.

32 Haustein 2015 (wie Anm. 23) S. 223f. Vgl. in diesem Zusammenhang auch Dieter Blume: Regionalisierung – die Wartburg. In: Dieter Blume, Matthias Werner (Hrsg.): Elisabeth von Thüringen – Eine europäische Heilige. Katalog. Petersberg 2007, S. 571f.

Funktionalisierung erfuhr das Kloster Altenberg im 13. Jahrhundert, wurde
es doch von den Elisabeth-Töchtern Gertrud und Sophia als Ort der Memoria der Landgrafen von Thüringen und Hessen begriffen und entsprechend in Szene gesetzt.[33] Diese Verweise sollen genügen, um das Interesse
und das Bemühen von Carl Alexander an historischen Objekten zu erklären,
die einen tatsächlichen oder vermeintlichen Bezug zur hl. Elisabeth aufweisen und aus dem Prämonstratenserinnenstift an der Lahn stammen. Zu diesen Objekten gehören nicht nur Textilien (ein Altartuch[34] und die Stoffreste

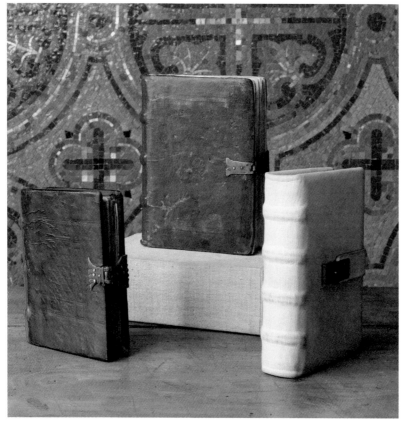

Abb. 3
Die drei mittelalter-
lichen Handschriften
aus Altenberg auf-
gestellt in der Elisa-
bethkemenate der
Wartburg, Wartburg-
Stiftung Eisenach,
Bibliothek, Ms.
1358-60 (hinten),
1360-50 (rechts)
und 1361-50 (links).

33 Vgl. Seeberg 2014 (wie Anm. 30) S. 58–65 und 122f.
34 Siehe dazu Stefanie Seeberg: Women as makers of church decoration. Illustrated textiles
at the monasteries of Altenberg/Lahn, Rupertsberg, and Heiningen (13th–14th c.). In: The-
rese Martin (Hrsg.): Visualising the Middle Ages 7: Reassessing the roles of women as makers of medieval art and architecture. Bd. 1. Leiden usw. 2012, S. 355–391 und Seeberg
2014 (wie Anm. 30) S. 167–205.

eines Teppichs[35]), sondern auch und vor allem Handschriften *(Abb. 3)*, die der seit 1849 mit der ‹Wiederherstellung› der Wartburg betraute Architekt und Professor an der Gießener Universität Hugo von Ritgen (1811–1889) dem seit 1853 als Großherzog regierenden Carl Alexander vermittelt hat. Die berühmteste unter den Handschriften, die über Hugo von Ritgen in den Besitz von Carl Alexander gelangt ist, stellt das sog. ‹Gebetbuch der hl. Elisabeth› dar: Ms. 1360-50 *(Abb. 4)*. Diese Titulatur verdankt die mit französischen Rubriken zu den Tagzeiten und mit Gebeten versehene, in der Gegend von Reims oder Lüttich[36] entstandene Psalterhandschrift (Pergament, II + 113 + I Blätter, 13,5 × 9 cm) dem Großherzog zufolge Hugo von Ritgen selbst. Auf einem zwischen Vorderdeckel und Schmutzblatt eingeklebten Papierblatt macht Carl Alexander folgende Mitteilung:

> «Der Architect der Wartburg Geheimrath und Professor Hugo von Rittgen, welcher dieses Buch geschenkt bekommen hat von den Fürsten von Braunfels ungefehr im J. 1856 und mir es dann überließ, glaubt daß dasselbe der heiligen Elisabeth gehört hat. Dies niedergeschrieben von mir Carl Alexander Wartburg den 5 August 1886.»

In der diesem Eintrag vorangestellten zeitgenössischen Bleistiftnotiz heißt es dagegen: «Gebetbuch der h. Gertrud aus dem Kloster Altenberg bei Wetzlar». Von wem diese Notiz stammt, ist zwar unbekannt, doch scheint die darin geäußerte Ansicht älter als der auf 1886 datierte Eintrag von Carl Alexander zu sein, wird doch die Handschrift in den erhaltenen früheren Inventarbänden

---

35 Vgl. Jacobs 2015 (wie Anm. 22) S. 285f. Erfolglos ist Carl Alexanders Versuch geblieben, den in den Besitz der Fürsten von Solms-Braunfels übergangenen, angeblich authentischen Mantel der heiligen Elisabeth aus Altenberg zu erwerben, vgl. den Brief des Erbherzogs vom 10. Oktober 1849 in: Carl Alexander und die Wartburg in Briefen an Hugo von Ritgen, Moritz von Schwind und Hans Lucas von Cranach. Zweites Heft der Freunde der Wartburg. Hannover 1925, S. 9.

36 Zur Lokalisierung der Handschrift vgl. die unveröffentlicht gebliebene maschinenschriftliche Handschriftenbeschreibung von Renate Schipke vom 25. November 1989 und Günter Schuchardt: Gebetbuch (das sog. Gebetbuch der hl. Elisabeth). In: Renate Petzinger (Red.): Hessen und Thüringen. Von den Anfängen bis zur Reformation. Eine Ausstellung des Landes Hessen, Landgrafenschloß Marburg 27.5.1992 – 26.7.1992, Wartburg, Eisenach 26.8.1992 – 25.10.1992. Marburg 1992, S. 176, Nr. 251 mit Abb. (= Bl. 98v–99r). Um die Lokalisierung zu begründen, weist Schipke auf einen in Köln um 1280 entstandenen Psalter von «verwandte[r] Ausstattung» hin (vgl. Joachim M. Plotzek: Andachtsbücher des Mittelalters aus Privatbesitz. Katalog zur Ausstellung im Schnütgen-Museum. Köln 1987, S. 85f., Nr. 9 und ferner Judith Oliver: The French Gothic Style in Cologne: Manuscripts before Johannes von Valkenburg. In: Miscellanea Neerlandica. Opstellen voor Dr. Jan Deschamps ter Gelegenheid van Zijn Zeventigste Verjaardag. Leuven 1987, S. 381–396), dessen «Malstil intensiv vom hochgotischen nordfranzösischen Miniaturenstil vorrangig Reimser Provenienz um 1270 und von maasländischer Buchmalerei (Lüttich) beeinflußt wurde.»

der Wartburg wie folgt charakterisiert: «Ein Gebetbuch (der heiligen Gertrud), geschrieben und mit bunten Initialen verziert» (Wartburg-Inventar 1883)[37] bzw. «Gebetbuch aus dem 13ten Jahrhundert, wahrscheinlich das Gebetbuch der hl. Gertrud, aus dem Kloster Altenberg bei Wetzlar. H. v. R.» (Wartburg-Inventar 1855).[38] Die Vermutung, dass wir es mit einem Gebetbuch der Elisabeth-Tochter Gertrud zu tun haben, dürfte auf Hugo von Ritgen zurückgehen, findet man doch seine Namenskürzel am Ende des oben zitierten Eintrags im Inventar von 1855. Die Vermutung ist einige Jahre später der Gewissheit gewichen, dass es sich um das Gebetbuch der hl. Elisabeth handelt. Darauf lässt die nach (!) der Fertigstellung der Elisabeth-Kemenate erschienene «zweite, vermehrte und verbesserte» Auflage des Wartburg-Führers schließen. Im Zusammenhang der Ausführungen zur mobilen Ausstattung der Kemenate heißt es dort: «Ferner sind zu erwähnen ein Gebetbuch der heiligen Elisabeth [= Ms. 1360-50!] und eines der Gertrud, ehemals in Altenberg [= eine der beiden anderen mittelalterlichen Handschriften der Wartburg-Stiftung, siehe weiter unten].»[39] Die Ansicht, Ms. 1360-50 hätte ursprünglich der hl. Elisabeth gehört, geht wohl auf die Annahme zurück, Gertrud könnte das Gebetbuch nicht nur besessen, sondern von ihrer heiligen Mutter geerbt haben. Darauf lässt die oben zitierte Mitteilung des Großherzogs schließen, wenn es heißt: «[Hugo von Rittgen] glaubt daß dasselbe der heiligen Elisabeth gehört hat.»

Wie es um die Spekulationen bezüglich der Herkunft des Gebetbuches auch bestellt sein mag, fest steht, dass die Annahme, wir hätten es mit einem Buch der Elisabeth-Tochter Gertrud zu tun, schon wegen der Datierung der Handschrift auf das letzte Drittel des 13. Jahrhunderts[40] wahrscheinlicher ist als die Annahme, dass es sich um das Gebetbuch der hl. Elisabeth handelt.[41] Dass der Band aus dem 1803 aufgehobenen Altenberg stammt,

---

37 Wartburg-Stiftung Archiv (im Folgenden: WSTA), Landgrafenhaus, Bl. 149v, Nr. 67.

38 Landesarchiv Thüringen, Hauptstaatsarchiv Weimar (im Folgenden: LATh–HstA Weimar), Hofmarschallamt Nr. 1701, Bl. 7v, Nr. 49. Vgl. auch die etwas ausführlichere Charakterisierung der Handschrift im Wartburg-Inventar von 1906 (WSTA, Bd. III, Raum 143, Nr. 3258): «Gebetbuch, aus Pergamentblättern bestehend, mit kleinem Kalendarium. Angeblich von der (heiligen) Gertrud, der Tochter der heiligen Elisabeth geschrieben. Mit großen bunten Miniaturinitialen auf Goldgrund und […] angeblich 13. Jahrhundert» (ich danke Grit Jacobs für die Überlassung von Abbildungen aus den hier genannten Inventarbänden von 1883 und 1906).

39 Vgl. von Ritgen 1868 (wie Anm. 22) S. 82f.

40 Vgl. die in Anm. 36 referierte Beschreibung von Renate Schipke und Schuchardt 1992 (wie Anm. 36) S. 176, Nr. 251.

41 Seeberg 2014 (wie Anm. 30) S. 61 mit Anm. 556 und S. 65 mit Anm. 605 weist auf Sophia, die ältere Schwester von Gertrud, hin, die als Herzogin von Brabant Kunstwerke, Formen und Motive aus Brabant in den hessischen und mittelrheinischen Raum vermittelt hat: Seeberg zufolge könnte auch das sog. ‹Gebetbuch der hl. Elisabeth› der Wartburg-Stiftung über Sophia nach Altenberg gekommen sein.

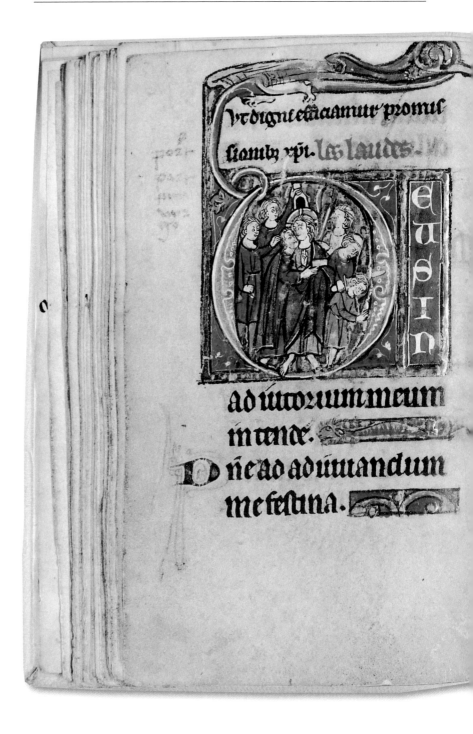

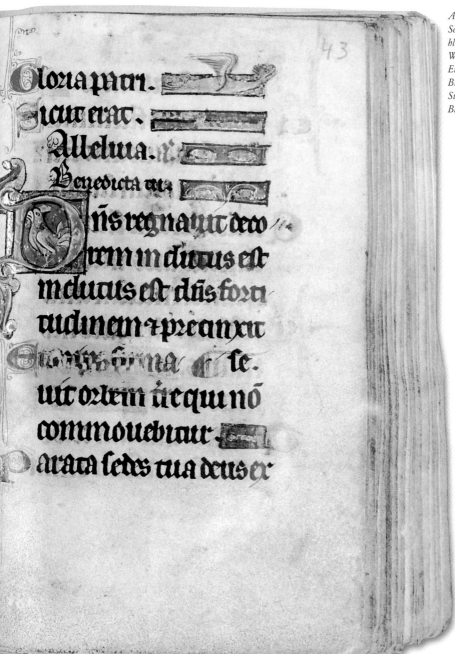

erscheint auch und vor allem wegen des oben zitierten Eintrags im Wartburg-Inventar von 1855 als ebenfalls plausibel, fiel doch das Stift im Zuge
der Säkularisation an die Fürsten von Solms-Braunfels,[42] von denen wir wissen, dass sie weite Teile der Altenberger Bibliothek an interessierte Sammler
der Zeit (etwa an den umtriebigen Leander van Ess aus Marburg, an Hugo
von Ritgen selbst und einen weiteren unten zu nennenden Sammler ebenfalls aus Gießen) veräußert haben.

Einen ersten systematischen Versuch, die Altenberger Bibliothek partiell zu
rekonstruieren, hat PAULA VÄTH unternommen.[43] Weitere Handschriften
Altenberger Provenienz findet man in der Union Theological Seminary
Library in New York: Zu den in Anm. 29 genannten Bänden kommt Ms.
42A, eine 1518 geschriebene Handschrift der Vita der Elisabeth von Thüringen in rheinhessischer Schreibsprache hinzu, die allerdings erst Mitte des
17. Jahrhunderts nach Altenberg kam.[44] Im Besitz des Prämonstratenserin-
nenstiftes dürften auch zwei von BEATE BRAUN-NIEHR beschriebene klein-
formatige Handschriften gewesen sein: Berlin, Staatsbibliothek Preußischer
Kulturbesitz, Ms. theol. lat. oct. 103 (Gebet- und Andachtsbuch, lat./dt.)
und 104 (Diurnale Praemonstratense).[45] Von zwei Stundenbüchern und zwei
Psalterhandschriften, die sich in Schloss Braunfels, Fürst Solms'sche Rentkammer (ohne eigene Signatur) befinden, berichtet THOMAS DOEPNER.[46]
STEFANIE SEEBERG zufolge enthält die Rentkammer auch «zahlreiche» Hand-
schriftenfragmente als Makulatur in den aus Altenberg stammenden Archivalien.[47] Ein womöglich bereits Mitte des 17. Jahrhunderts in Altenberg

---

42 Vgl. MARCEL MONING: Altenberg als Hauskloster der Grafen von Solms. In: Mitteilungen
des Wetzlarer Geschichtsvereins. 44(2008), S. 7–27.

43 Vgl. PAULA VÄTH: Die selige Gertrud von Altenberg und das Skriptorium im Kloster der
Prämonstratenserinnen. In: PETER JÖRG BECKER u. a. (Hrsg.): Scrinium Berolinense. Tilo
Brandis zum 65. Geburtstag. Bd. 1. Berlin 2000, S. 74–90.

44 Vgl. HELMUT LOMNITZER: Zu deutschen und niederländischen Übersetzungen der Elisabeth-
Vita Dietrichs von Apolda. In: Zeitschrift für deutsche Philologie. 89(1970), S. 53–65, hier
S. 60–64.

45 Vgl. BEATE BRAUN-NIEHR: Die theologischen lateinischen Handschriften in Octavo der
Staatsbibliothek zu Berlin Preußischer Kulturbesitz. T. 1 (Staatsbibliothek zu Berlin – Preußischer Kulturbesitz, Kataloge der Handschriftenabteilung. Erste Reihe: Handschriften.
3,1). Wiesbaden 2007, S. 200–208, 209–212.

46 Vgl. DOEPNER 1999 (wie Anm. 29) S. 84, Anm. 130 und ferner KARL-HEINZ SCHELLENBERG:
Schloß Braunfels (Große Baudenkmäler. 309). 4. Auflage. München 1996, S. 10. Bei
DOEPNER findet sich auch eine kritische Durchsicht der von SIGRID KRÄMER: Handschrif-
tenerbe des deutschen Mittelalters. Teil 1–3 (Mittelalterliche Bibliothekskataloge Deutschlands und der Schweiz. Ergänzungsband. 1). München 1989/1990, hier Teil 1, S. 9
gebotenen Liste von Altenberger Handschriften.

vorhandenes liturgisches Gewand mit eingenähten Fragmenten einer lateinischen Pergamenthandschrift wird in Paris, Musée de Cluny, Acq. 1922, CL 20367 aufbewahrt.[48] Eine 1461 geschriebene Handschrift (u. a. mit Texten von Cicero und Horatius Flaccus) findet sich in Troyes, Bibliothèque municipale, Ms. 1948.[49] Von einer Reihe von Handschriften mit der lateinischen und deutschsprachigen Vita der Elisabeth von Thüringen berichtet Mitte des 17. Jahrhunderts der bereits genannte Altenberger Prior, Peter Diederich, in seinen «Antiquitates monasterii Aldenbergensis.»[50] Auch wenn mit der Möglichkeit gerechnet werden muss, dass Handschriften wie die oben genannte Elisabeth-Vita von 1518 auch in der Neuzeit nach Altenberg gelangt sein können, ist es schwer vorstellbar, dass das Stift im 13. Jahrhundert über keine Vita der Heiligen verfügt hat, zumal Altenberg höchstwahrscheinlich der Ort ist, wo die Verslegende «Das Leben der heiligen Elisabeth», eine deutsche Versbearbeitung der Elisabeth-Vita des Dietrich von Apolda, entstanden ist.[51] Tatsächlich lässt sich die Existenz einer (näher freilich nicht datierbaren) Handschrift der Elisabeth-Vita des Dietrich von Apolda für Altenberg nachweisen, die am Schluss der Vita einen unter dem Namen «Sermo angeli» bekannten Auszug aus Elisabeth von Schönaus «Liber viarum Dei» Sermo 1 enthielt.[52] Altenberg könnte zudem die mittelalterliche Bibliotheksheimat auch jener Handschriften aus dem Besitz der Wartburg-Stiftung sein, die im vorliegenden Aufsatz behandelt werden (vgl. die Hinweise zu den einzelnen Handschriften in Anm. 41, 58 und 73).

Dass die Fürsten von Solms-Braunfels es waren, die das mit Elisabeth von Thüringen in Verbindung gebrachte Gebetbuch Hugo von Ritgen «überlassen» haben, geht nicht nur aus dem zitierten Provenienzvermerk hervor, sondern (indirekt) auch aus dem Erwerbsnachweis des Burgkommandanten

---

47 Vgl. SEEBERG 2014 (wie Anm. 30) S. 65–67 (mit Abb.).
48 Vgl. SEEBERG ebenda, S. 24f. (mit Abb.).
49 Vgl. ALBERT DEROLEZ: The palaeography of Gothic manuscript books. From the twelfth to the early sixteenth century (Cambridge studies in palaeography and codicology. 9). Cambridge 2003, Abb. 108.
50 Vgl. DOEPNER 1999 (wie Anm. 29) S. 66, Anm. 51.
51 Vgl. BARBARA LENZ-KEMPER: Die Hessischen Reimpredigten. 2 Bde. (Deutsche Texte des Mittelalters. 89/1–2). Berlin 2008, hier Bd. 1, S. 43–47.
52 Vgl. KURT KÖSTER: Elisabeth von Schönau. Werk und Wirkung im Spiegel der mittelalterlichen handschriftlichen Überlieferung. In: Archiv für mittelrheinische Kirchengeschichte. 3(1951), S. 243–315, hier S. 282, Nr. 51. Siehe in diesem Zusammenhang auch KURT KÖSTER: Das visionäre Werk Elisabeths von Schönau. Studien zu Entstehung, Überlieferung und Wirkung in der mittelalterlichen Welt. In: Archiv für mittelrheinische Kirchengeschichte. 4(1952), S. 79–119, hier S. 99.

Bernhard von Arnswald (1807–1877) in dem 1854 angelegten «Verzeichnis der Wartburgsbibliothek»,[53] wenn es heißt: «durch von Ritgen angekauft 1854. Aus dem Kloster Altenberg» (Bl. 6v).[54] Dieser Eintrag gilt nicht nur dem «Kalendarium» (Nr. 9), hinter dem sich das oben behandelte sog. ‹Gebetbuch der hl. Elisabeth› verbirgt, sondern auch dem vorangehenden «Gebetbuch» (Nr. 8), das mit einer kleinformatigen, in der Forschung bislang weitgehend unbeachtet gebliebenen Handschrift der Wartburg-Stiftung identisch sein dürfte: Ms. 1358-60 *(Abb. 5)*.[55] Dafür spricht das bereits mehrmals referierte Inventarium von 1855, in dem an mittelalterlichen Kodizes außer Ms. 1360-50 und dem in Anm. 54 genannten (heute verschollenen) Brevier nur noch diese Handschrift genannt und wie folgt vorgestellt wird: «Gebetbuch aus dem Kloster Altenberg. Historie von den Eilf Tausend Mägden» (LATh–HstA Weimar, Hofmarschallamt Nr. 1701, Bl. 8v, Nr. 50). Diese in der zweiten Hälfte des 15. Jahrhunderts wohl in Altenberg selbst (vgl. Anm.

---

53 Vgl. Akte Bibliothek 1854–1921, WSTA, o. Sign., Bl. 6r–8r (für Auskunft und Abbildungen danke ich Grit Jacobs und Petra Schall).

54 Hier sei auf zwei nicht identifizierte Gebetbücher hingewiesen, die unmittelbar im Anschluss an die von Ritgen erworbenen Handschriften genannt werden: «Ein kleines Gebetbuch französisch» (Nr. 10) und «des neuen Testamentes Mittlers. Kleines Gebetbuch» (Nr. 11). Ob es sich hierbei um mittelalterliche Handschriften handelt, lässt sich nicht feststellen. Jedenfalls verfügt die Wartburg-Stiftung aktuell außer den hier behandelten Kodizes nur noch über eine (erst 1996 erworbene) mittelalterliche Handschrift, genauer: ein Brevierfragment des späten 13. Jahrhunderts (mit dem Reimoffizium «Laetare Germania»), vgl. FELIX HEINZER: Das Reimoffizium «Laetare Germania» zu Ehren der heiligen Elisabeth. In: DIETER BLUME, MATTHIAS WERNER (Hrsg.): Elisabeth von Thüringen – eine europäische Heilige. Katalog. Petersberg 2007, S. 193f., Nr. 123 (mit Abb.). Verschollen ist dagegen jenes «Brevier aus Pergament, geschrieben, 210 Blätter mit Musiknoten», von dem das Inventarium von 1855 (vgl. Anm. 38) auf Bl. 8v (Nr. 53) und der Katalog der Karl-Alexander-Bibliothek von 1910 berichten. Im letzteren findet man bei der Signatur Ku 43 folgende Inhaltsbeschreibung: «Brevier (Hdschrft.) 210 Bl. Pergament. Mit Initialen, Randleisten, Noten. (15. Jahrh.)», vgl. Teil-Katalog II der Karl Alexander-Bibliothek Eisenach. Abteilung: Wartburg-Bibliothek. Jena 1910, S. 65. Nach 1910 verliert sich die Spur der Handschrift. Die bei der Rückkehr der Karl-Alexander-Bibliothek von Eisenach auf die Wartburg angefertigten Übergabeprotokolle von 1957 weisen sie nicht auf (freundliche Auskunft von Grit Jacobs).

55 Auf die Handschrift hat KLAUS KLEIN in seiner Rezension zu SCHIPKE/HEYDECK 2000 (wie Anm. 5) zum ersten Mal hingewiesen, vgl. Zeitschrift für deutsches Altertum und deutsche Literatur. 131(2002), S. 79–82, hier S. 81. Außerdem macht KLEIN darauf aufmerksam, «daß die bisher unbekannte Eisenacher Handschrift vom Inhalt her offensichtlich ganz eng mit der schwäbischen ‹Heiligenleben›-Handschrift H2 [Heidelberg, Universitätsbibl., Cpg 108] verwandt zu sein scheint.» Dies trifft zu, doch fehlen Ms. 1358-60 die letzten drei Texte von Cpg 108. Eine ausführliche inhaltlich-kodikologische Erschließung der Heidelberger Handschrift findet man bei KARIN ZIMMERMANN unter Mitwirkung von SONJA GLAUCH, MATTHIAS MILLER, ARMIN SCHLECHTER: Die Codices Palatini germanici in der Universitätsbibliothek Heidelberg (Cod. Pal. germ. 1–181) (Kataloge der Universitätsbibliothek Heidelberg. VI). Wiesbaden 2003, S. 246–248.

58) geschriebene Handschrift (I + 198 Blätter, Papier, 15 × 10,5 cm) überliefert neben der Legende der hl. Cordula (Bl. 91r–93v)[56] und der hl. Dorothea (Bl. 151r–178v)[57] die deutsche Übersetzung des „Liber revelationum de sacro exercitu virginum Coloniensum" der Elisabeth von Schönau (Bl. 93v–137v)[58] und andere Ursula-Materialien in deutscher Übersetzung (das erste Buch der „Revelatio nova itineris et passionis undecim milium virginum" auf Bl. 1r–91r,[59] Gebete zu Ursula und den 11000 Jungfrauen zu den sieben Tagzeiten auf Bl. 138r–151r[60] und Exempla von den 11000 Jungfrauen auf Bl. 180r–197v[61]), Texte, die in vergleichbarer Zusammensetzung auch in anderen Handschriften überliefert sind.[62] Auch in Ms. 1358-60 findet sich ein Provenienzeintrag von der Hand Carl Alexanders, diesmal auf einem lose beiliegenden Papierblatt:

«Dieses buch stammt aus dem Kloster Altenberg und wurde von den

---

56 Vgl. WERNER WILLIAMS-KRAPP: Die deutschen und niederländischen Legendare des Mittelalters. Studien zu ihrer Überlieferungs-, Text- und Wirkungsgeschichte (Texte und Textgeschichte. 20). Tübingen 1986, S. 429. Textabdruck nach der Handschrift St. Gallen, Stiftsbibliothek, Cod. 591 bei EMIL SPIESS: Ein Zeuge mittelalterlicher Mystik in der Schweiz. Rorschach o.J. [Imprimatur: 1935], S. 219f.
57 Vgl. WILLIAMS-KRAPP 1986 (wie Anm. 56) S. 403, Nr. 8 und Werner WILLIAMS-KRAPP: [Art.] Dorothea. In: KURT RUH (Hrsg.): Die deutsche Literatur des Mittelalters. Verfasserlexikon. Bd. 2. Berlin 1980, Sp. 211–216, hier Sp. 216, B XVI.
58 Nicht verzeichnet bei KÖSTER 1951 (wie Anm. 52) und URSULA RAUTENBERG: [Art.] Ursula und die elftausend Jungfrauen. In: KURT RUH (Hrsg.): Die deutsche Literatur des Mittelalters. Verfasserlexikon. Bd. 10. Berlin 1999, Sp. 131–140. Zum Text vgl. auch WILLIAMS- KRAPP 1986 (wie Anm. 56) S. 466, Nr. 6. Textabdruck nach der Handschrift St. Gallen, Stiftsbibliothek, Cod. 591 bei SPIESS 1935 (wie Anm. 56) S. 120–206. – Bemerkenswert ist das Layout dieses Textes, denn die Ursula-Legende wird in den Kolumnen der einzelnen Seiten wie folgt überschrieben: «Von sanct Elizabeth.» Damit wird suggeriert, dass es sich um einen Text von der hl. Elisabeth von Thüringen handelt. Für diese Lesart dürfte folgende Angabe des mit Rubrum geschriebenen Prologs beigetragen haben: «in dem lande zuo sachssen ist gewesen die heilige iungfrowe vnd closterfrouwe Elizabeth Die do het von got gehebet wunderlich gesicht vnd offenbarunge» (Bl. 93v, vgl. SPIESS 1935 [wie Anm. 56] S. 120). Freilich heißt es einige Zeilen weiter: «Ich elizabeth […] zuo schönouwe» (Bl. 93v, vgl. SPIESS ebenda, S. 120). Angesichts der in Altenberg auch noch im 15. Jahrhundert greifbaren Verehrung der hl. Elisabeth von Thüringen scheint nicht ausgeschlossen, dass die Abschrift der Ursula-Legende und aller anderen Texte in Altenberg selbst stattfand: Als Vorlage dürfte eine oberdeutsche Handschrift vergleichbaren Inhalts (vgl. Anm. 55) gedient haben.
59 Vgl. WILLIAMS-KRAPP 1986 (wie Anm. 56) S. 466, Nr. 4.
60 Vgl. Textabdruck (nach der 1870 verbrannten Handschrift G 93 der Straßburger Stadtbibliothek) bei PHILIPP WACKERNAGEL: Das deutsche Kirchenlied von der ältesten Zeit bis zu Anfang des XVII. Jahrhunderts. Bd. 2. Leipzig 1867, S. 647–650, Nr. 840.
61 Vgl. WILLIAMS-KRAPP 1986 (wie Anm. 56) S. 466, Nr. 5 und den Textabdruck nach der Handschrift St. Gallen, Stiftsbibliothek, Cod. 591 bei SPIESS 1935 (wie Anm. 56) S. 208–216.
62 Vgl. KÖSTER 1951 (wie Anm. 52) S. 301–303, Nr. 106–110 und RAUTENBERG 1999 (wie Anm. 58) Sp. 137f.

94.

Elizabeth

zu ist ouch wirdig funden
werden zu offenbaren vil her
deß dinges von den eilff tu
it iungfrouwen noch dem
so daß denne von got geordet
ineß Alß hie noch geschriben
et xx

Ich elizabeth ein vnder
tan der dienerin deß
herren Die do mit zu
schonouwe tu offlich
ne gute begirde habent zu
eiligen dingen Die dinc
ie mir durch die genoda
otteß geoffenbaret sint do
am iungfrouwelichem her

189

Fürsten zu Braunfels dem Geh. Medicinal Rath und Professor Nebel in Giessen überlaßen nach dessen Tod Herr GeheimRath von Rittgen dasselbe kauft und für die Wartburg bestimmt. Dies zur Nachricht von mir geschrieben Carl Alexander Wartburg d. 5 August 1886.»[63]

Der Hinweis auf die Gießener Zwischenstation ist auch im Hinblick auf die bislang ungeklärte Provenienz der dritten mittelalterlichen Handschrift der Stiftung, der neu aufgefundenen Eckhart-Handschrift (Ms. 1361-50) von Bedeutung,[64] denn auch sie war laut FRANZ PFEIFFER im Gießener Privatbesitz.[65] ADOLF SPAMER äußerte die Vermutung, die Handschrift könnte im Besitz des Medizinprofessors Nebel in Gießen gewesen sein.[66] Gemeint ist jener Ernst Ludwig Wilhelm Nebel (1772–1854),[67] der weniger durch seine klinischen Studien als durch seine Interessen für historische Fragen auffiel[68] und von

---

63 Dass die Handschrift aus Altenberg stammt, lässt sich außer dem oben zitierten Eintrag im Inventarium von 1855 dem Provenienzvermerk im Innenspiegel des vorderen Deckels entnehmen: «Aus dem Kloster Altenberg bei Wetzlar. 1816.» Ein weiterer Eintrag aus dem 18. Jahrhundert informiert über den damaligen Vorbesitzer: «Iste liber pertinet fratri Michael Colsk.»

64 Nähere Angaben zur neuzeitlichen Provenienz der Handschrift findet man weder in der unveröffentlicht gebliebenen maschinenschriftlichen Handschriftenbeschreibung von RENATE SCHIPKE (datiert auf 23. Juli 1990) noch in der von SCHIPKE/HEYDECK 2000 (wie Anm. 5) S. 68 gebotenen Kurzbeschreibung. Vgl. auch BERNHARD FABIAN (Hrsg.): Handbuch der historischen Buchbestände in Deutschland. Bd. 21. Hildesheim 1999.

65 Vgl. PFEIFFER 1857 (wie Anm. 6) S. IX, Nr. 15 und die Schlussnotiz zum Teilabdruck eines Traktats aus unserer Handschrift durch den Gießener (!) Universitätslehrer FRIEDRICH LUDWIG KARL WEIGAND: Weinhauszeichen. In: Zeitschrift für deutsches Alterthum. 6(1848), S. 531f. (der Abdruck entspricht Bl. 105r/Z. 10–106v/Z. 12). Von der Hand von WEIGAND («Prof. Weigand aus Gießen»), der seit 1849 als Privatdozent, ab Sommersemester 1852 als außerordentlicher Professor für deutsche Philologie und Literatur an der Universität Gießen tätig war, stammen laut MENHARDT 1961 (wie Anm. 18) S. 1412 auch die im Wiener Cod. 15380, Bl. 154r–157v enthaltenen Abschriften aus Ms. 1361-50, die PFEIFFER in sprachlich normalisierter Form in seine Eckhart-Ausgabe aufgenommen hat. Diese Ansicht von MENHARDT ließ sich durch einen Schriftvergleich mit dem von Weigand an Rudolf Hildebrand adressierten Brief vom 1. Juni 1856 (Leipzig, Universitätsbibliothek, NL 161U W57) verifizieren. Zu Weigands Biographie vgl. JÜRGEN WAGNER: Der Wörtersammler Karl Weigand (1804–1878) und seine Zeit (Schriften des Historischen Archivs der Gemeinde Florstadt. 4). Florstadt 2004.

66 Vgl. SPAMER 1909 (wie Anm. 13) S. 313, Anm. 3. Die Annahme gründet wohl auf der Tatsache, dass WEIGAND, der die in Anm. 65 genannte Mitteilung aus unserer Handschrift gemacht hat, in einer anderen gleichzeitig erschienenen Publikation eine Handschrift (Gießen, Universitätsbibliothek, Hs. 705a) beschrieben hat, die sich im Besitz von Nebel befand, vgl. Zweite Handschrift von Grieshabers altdeutschen Predigten. In: Zeitschrift für deutsches Alterthum. 6(1848), S. 393–397.

67 Vgl. LOUIS und MAGDALENE MERCK (Hrsg.): Wilhelm Egid Nebel, Mittheilungen aus dem Leben des Geheimraths und Professors der Medicin zu Gießen Dr. Ernst Ludwig Wilhelm Nebel, 1865. Darmstadt 1940.

dem von Ritgen die eben genannte Legendenhandschrift aus Altenberg erwarb. Dass auch die Eckhart-Handschrift Teil seiner Bibliothek war, ist denkbar und dies auch deswegen, weil weder die Eckhart-Handschrift noch die Legendenhandschrift im Auktionskatalog der am 24. September 1855 versteigerten Sammlung zu finden ist.[69] Beide Kodizes wird der mit Nebel befreundete von Ritgen[70] vor oder unmittelbar nach dessen Tod im Jahr 1854 erworben haben.[71] Ich erinnere an den oben zitierten Erwerbsnachweis: «durch von Ritgen angekauft 1854.» Wie die Legendenhandschrift und das sog. ‹Gebetbuch der hl. Elisabeth›, die nach dem Ausweis der Erwerbsnotiz des Burgkommandanten Bernhard von Arnswald «Aus dem Kloster Altenberg» stammen, war auch die Eckhart-Handschrift im Besitz des Stiftes.[72] Ob es auch als mittelalterliche Bibliotheksheimat gelten darf, wird noch zu untersuchen sein.[73] Nach der Auflösung desselben im Jahre 1803 dürfte sie mit dem Altenberger Bibliotheksbestand den Fürsten von Solms-Braunfels zugefallen sein. Wegen der bezeugten Zwischenstation in Gießen scheint

---

68 Vgl. Hedi Bijok: Adolf Carl Gustav Wernher (1809–1883). Sein Leben und Wirken am Gießener Akademischen Hospital (Arbeiten zur Geschichte der Medizin in Gießen. 1). Gießen 1979, S. 10.

69 Vgl. Verzeichniß der von dem Herrn Geh. Rath Prof. Dr. Nebel nachgelassenen Bibliothek, besonders reichhaltig in den Fächern der Medicin, Geschichte und Philologie, welche [...] versteigert wird. Gießen 1855. An mittelalterlichen Handschriften konnte ich in diesem Katalog nur folgende verzeichnet finden: Nr. 9475 (identisch mit der in Anm. 66 genannten Gießener Handschrift), Nr. 9526 (Stephanus de Colonia: «Confessionale seu Libellus de poenitentia» ?), Nr. 10199 (enthält unter anderem das «Cordiale» des Gerhard von Vliederhoven und ein Homiliar «scripsit F. Ulricus Ebinger lector Constantiensis 1449») sowie Nr. 11431 (enthält unter anderem Eberhardus Bethunensis/Eberhard der Deutsche: «Labyrinthum sive carmen de miseriis rectorum scolarum»). Zum letztgenannten Band vgl. Guillaume Libri: Catalogue of Splendid Manuscripts. Chiefly Upon Vellum, in Various Languages of Europe and the East. London: Forgotten Books. London 1859, S. 77, Nr. 328. Zu einem weiteren Handschriftenfragment, das Nebel Wilhelm Grimm überließ, vgl. Hans Hornung: Die Fragmente von Athis und Prophilias. In: Archiv für Geschichte des Buchwesens. 10(1970), Sp. 679–684, hier Sp. 681f.

70 Vgl. Merck 1940 (wie Anm. 67) S.120f.

71 Dass Ms. 1361-50 «möglicherweise» zu den 1854 erworbenen Handschriften gehört, hat auch Grit Jacobs vermutet, «wenn auch die Provenienz nicht geklärt werden kann», vgl. Kaiserkunst auf der Wartburg. Das Glasmosaik in der Elisabethkemenate. In: Dieter Blume, Matthias Werner (Hrsg.): Elisabeth von Thüringen – Eine europäische Heilige. Aufsätze. Petersberg 2007, S. 565–582, hier S. 581, Anm. 12.

72 Das lässt sich nicht nur Pfeiffer 1857 (wie Anm. 6) S. IX, Nr. 15, sondern auch der in Anm. 65 genannten Publikation von Karl Weigand sowie einer kurzen Mitteilung desselben Verfassers entnehmen, vgl. Zeitschrift für deutsches Alterthum. 7(1849), S. 557f.

73 Einband, Schreibsprache, ein auf das 15. Jahrhundert datierbarer Namenseintrag auf Bl. 110v und vor allem die Initiale auf Bl. 3r (thronende Maria mit auf ihrem Schoß stehendem [!] Jesuskind und eine neben Maria knieende Figur [eine Nonne?] in Gebetshaltung) sowie die bis Bl. 25 reichenden Fleuronnéinitialen könnten entscheidende Hinweise zur

nicht ausgeschlossen, dass auch sie von den Fürsten von Solms-Braunfels
dem Gießener Medizinprofessor Nebel «überlassen» wurde, aus dessen Nach-
lass Hugo von Ritgen, Nebels Gießener Universitätskollege, den Band im
Jahr 1854 käuflich erwarb und der Wartburg vermacht hat.

Den hier genannten Altenberger Handschriften kam auf der Wartburg des
Großherzogs Carl Alexander im Grunde dieselbe Funktion zu wie dem sog.
Pirckheimer-Studierstübchen und dem Erker des Harsdörferschen Hauses,
ebenfalls aus Nürnberg: Als authentische Zeitzeugnisse des Humanismus
wurden sie 1867 beziehungsweise 1872 auf die Wartburg gebracht und wie
Spolien in die dem Andenken Luthers und der Reformationsgeschichte re-
servierte Vogtei eingebaut, so dass sie im unmittelbaren räumlichen Umfeld,
genauer: im Vorfeld der Lutherstube beziehungsweise der neu eingerichteten
Reformationszimmer angeordnet,[74] ein Bild vom Humanismus «als atmos-
phärische Vorgeschichte der Reformation»[75] vermitteln konnten. Testimo-
niale Objekte mit historischer Aura waren auch die Handschriften aus
Altenberg, denn sie gehörten wohl bis Anfang des 20. Jahrhunderts zur be-
weglichen Ausstattung der Elisabethkemenate, wo sie in einem der durch
von Ritgen «nach alten Miniaturen entworfen[en]»[76] Schränken aufbewahrt
worden sein dürften.[77] Später befanden sie sich in einem der hinter der
Lutherstube gelegenen Reformationszimmer _(Abb. 6).[78]_ Danach wurden sie
im Zuge der Anfang der 1950er Jahre vollzogenen Auflösung dieser Zimmer

---

Ermittlung der mittelalterlichen Provenienz der um 1330 entstandenen Handschrift liefern.
Im Kontext der um 1330 beobachtbaren Bemühungen um die künstlerische Gestaltung der
Altenberger Stiftskirche wird sie erwähnt bei STEFANIE SEEBERG, FABIAN WOLF: «Ecce quod
concupivi iam video» Zur Bedeutung des Sehens in der Altenberger Altarausstattung. In:
JOCHEN SANDER (Hrsg.): Schaufenster des Himmels. Der Altenberger Altar und seine Bild-
ausstattung. Berlin 2016, S. 67–77, hier S. 68f. (mit Abb. von Bl. 3r).

74 Zu diesem Ensemble vgl. MARTIN STEFFENS: Luthergedenkstätten im 19. Jahrhundert.
Memoria – Repräsentation – Denkmalpflege. Regensburg 2008, S. 161–235.

75 JUTTA KRAUSS: Einführung. In: JUTTA KRAUSS (Hrsg.): Luthers Bilderbiografie – Die einstigen Reformationszimmer der Wartburg. Regensburg 2012, S. 6–7, hier S. 6. Zur Wartburg
als «Denkmal und Museum» vgl. KRAUSS 1990 (wie Anm. 25) S. 43–60.

76 VON RITGEN 1868 (wie Anm. 22) S. 83.

77 Wo genau die Handschriften innerhalb des Zimmers lagen bzw. aufgestellt waren, geht aus
VON RITGENS Beschreibung nicht hervor. Auch werden nur zwei Handschriften ausdrücklich genannt (vgl. VON RITGEN 1868 [wie Anm. 22] S. 82f.): «Ferner sind zu erwähnen ein
Gebetbuch der heiligen Elisabeth [identisch mit Ms. 1360-50] und eines der Gertrud, ehemals in Altenberg [wohl nicht die Eckhart-Handschrift Ms. 1361-50, sondern die Legendenhandschrift Ms. 1358-60].» Vgl. dazu auch JACOBS 2007 (wie Anm. 71) S. 565.

78 Auskunft über die spätere Aufbewahrung der Handschriften liefern die nachträglichen No-
tizen zu Nr. 3258–3260 in dem Inventarband von 1906 (Wartburg-Inventar 1906, WSTA,
Bd. III, Raum 143). In welchem der drei Reformationszimmer die Handschriften lagen,
wird nur bei Nr. 3259 (= Ms. 1361-50) und 3260 (= Ms. 1358-60) mitgeteilt: «im südlichen

als Gedenkorte der 1955 von Eisenach auf die Wartburg zurückgekehrten und in den Räumlichkeiten der ehemaligen Reformationszimmer aufgestellten Bibliothek auch räumlich zugeordnet, wo sie sich seit 1967 befinden.[79] Durch ihre Funktionsbestimmung beziehungsweise Aufbewahrung waren die Handschriften dem Zugriff der Forschung entzogen, gehörten doch sowohl die Reformationszimmer in der Vogtei als auch die Elisabethkemenate im Palas zu den großherzoglichen Privaträumen, so dass diese Räumlichkeiten – anders als der Festsaal, der Sängersaal oder das Landgrafenzimmer – für Besucher der Burg nicht zu besichtigen waren: Die Elisabethkemenate war selbst nach 1906, als sie mit einem das Leben der Heiligen darstellenden Glasmosaik ausgestattet wurde, nur auf Wunsch den Besuchern

Abb. 6
Der Blick vom mittleren in das südliche Reformationszimmer in der Vogtei der Wartburg, 1936, Wartburg-Stiftung Eisenach, Fotografie.

Ref. Zimmer.» Bei Nr. 3258 (= Ms. 1360-50) heißt es dagegen: «in [der] Vitrine im Ref. Zimmer.» Hier sei darauf hingewiesen, dass die Inventarnummern «3259» und «3260» im vorderen Innenspiegel von Ms. 1361-50 und 1358-60 wiederkehren (Grit Jacobs danke ich für diesen Hinweis und die Abbildungen aus dem Inventarband).

79 Zur Geschichte der bibliothekarischen Sammlungen auf der Wartburg vgl. Ursula Wenke: Kurzer Abriß zur Geschichte der Wartburg-Bibliothek. In: Wartburg-Jahrbuch 1993. 2(1994), S. 181–194, Jens Haustein: Bibliothekar ohne Bücher. Der Wartburgbibliothekar Richard Voß. In: Berthold Heinecke u.a. (Hrsg.): Residenz der Musen. Das barocke Schloss als Wissensraum (Schriften zur Residenzkultur. 7). Berlin 2013, S. 213–220 und Ulman Weiss: Die «Luther-Bibliothek» der Wartburg. In: Ulman Weiss und Ulrich Bubenheimer, Schätze der Lutherbibliothek auf der Wartburg. Studien zu Drucken und Handschriften. Hrsg. v. Grit Jacobs. Regensburg 2016, S. 10–97.

der Wartburg zugänglich.[80] Das Gleiche gilt für die Reformationszimmer.[81] Es scheint nun an der Zeit, die in Vergessenheit geratene Eckhart-Handschrift wie auch die beiden anderen mittelalterlichen Kodizes der Wartburg-Stiftung wieder zu entdecken und in den Forschungsdiskurs einzuspeisen.

80 Vgl. Jacobs 2007 (wie Anm. 71) S. 566.
81 Vgl. Günter Schuchardt: «Luther nur am Rande ...» – Das Ende der Reformationszimmer. In: Jutta Krauss (Hrsg.): Luthers Bilderbiografie – Die einstigen Reformationszimmer der Wartburg. Regensburg 2012, S. 60–66, hier S. 60–62.

Das Schweizer Zimmer
auf der Wartburg

Marc Höchner

Der heutige Besucher der Wartburg gerät bei seinem Rundgang durch das Museum, nachdem er die Schätze der Reformationszeit bewundern konnte, in einen Raum, der nicht stärker mit der neutralen Gestaltung der Ausstellungssäle kontrastieren könnte. Unvermittelt findet man sich in einem Zimmer wieder, das mit seiner dunklen Wandvertäfelung, mit gekacheltem Ofen und ausladendem Buffet die Gemütlichkeit der guten Wirtshausstube ausstrahlt. Ein aufmerksamer Beobachter entdeckt möglicherweise auch das Herstellungsjahr der Wandvertäfelung. Die Jahreszahl 1682 ist über der Tür zum Nebenzimmer eingeschnitzt *(Abb. 1)*. Trotz ihres respektablen Alters befindet sich die Holzverkleidung samt Ofen und Buffet erst seit knapp 150 Jahren auf der Wartburg. Am 16. Mai 1865 schrieb der Großherzogliche Sekretär Carl Vent an den Burghauptmann Bernhard von Arnswald, dass die im vorherigen Jahr in der Schweiz gekaufte Zimmervertäfelung gemeinsam mit seinem Ofen und passendem Buffetschrank in Kürze in Eisenach eintreffen werde. Der Hofstukkateur Hütter habe die Vertäfelung auseinander genommen und in 19 Stücke mit einem Gesamtgewicht von 48 ½ Zentner aufgeteilt – fast 2 ½ Tonnen![1] Am darauf folgenden Tag, den 17. Mai 1865, erhielt Kommandant von Arnswald die Nachricht, dass die beachtliche Fracht angekommen sei und im Eisenacher Stadtschloss zwischengelagert werde.[2]

Die Wandvertäfelung war für die Wohnungen der Prinzen und Prinzessinnen im Dirnitz-Obergeschoss gedacht, welche mit «fürstlicher Einrichtung im Geschmack des 17. Jahrhunderts» ausgestattet werden sollten.[3] Der Einbau erfolgte wahrscheinlich 1867 im Zuge der Abschlussarbeiten an der Dirnitz. Im Sommer 1866 ließ Vent von Arnswald bereits eine Zeichnung des Hofstukkateurs vom Originalzimmer zukommen und erwähnte, dass

1 Wartburg-Stiftung Eisenach, Archiv, Akte KM 133: C. Vent an Burghauptmann v. Arnswald, Weimar, 16. Mai 1865; Landesarchiv Thüringen – Hauptstaatsarchiv Weimar (LATh–HstA Weimar), Hofmarschallamt Nr. 1635, Bl. 135.

2 Wartburg-Stiftung, Archiv, Akte KM 133: H. Liehr an Burghauptmann v. Arnswald, Eisenach, 17. Mai 1865.

3 MAX BAUMGÄRTEL (Hrsg.): Die Wartburg. Ein Denkmal deutscher Geschichte und Kunst […], Berlin 1907, S. 474.

jener gedenke, das Zimmer zu erhöhen.[4] Der Einbau der Vertäfelung war
offenbar nicht ganz einfach, zumindest schilderte Max Baumgärtel 1907 im
Wartburg-Werk, dass er «viel Hemmnisse und Aufenthalt bot».[5]

---

4 Wartburg-Stiftung, Archiv, Akte KM 133, C. Vent an Burghauptmann v. Arnswald, Weimar,
   16. August 1866.
5 BAUMGÄRTEL 1907 (wie Anm. 3), S. 477.

AUS DER MITTE DEUTSCHLANDS IN DEN OSTEN DER SCHWEIZ

Die Spur dieses außergewöhnlichen Zimmers führt in die Schweiz, doch wohin? Hugo von Ritgen schreibt in der 1868 erschienenen zweiten Auflage seines Wartburg-Führers, dass die Vertäfelung aus dem Schloss der Herren von Salis-Soglio in «Cruche» stamme.[6] Diese Zuschreibung findet sich praktisch wortgleich im Wartburg-Werk und nur leicht abgewandelt im Kunstdenkmalband von Lehfeldt und Voss, wo nun von einem Schloss nahe Chur die Rede ist.[7] Nun, Chur ist die Hauptstadt des heutigen Kantons Graubünden und die Salis sind eine bekannte Bündner Aristokratenfamilie. Die Fährte führt also in den Südosten der Schweiz. Etwa 25 km nördlich von Chur, im Prättigau, einem Seitenarm des Rheintals, befindet sich Grüsch. Könnte mit «Cruche» dieser Ort gemeint sein?

Der historische Kern des Dorfs ist noch heute von vier repräsentativen Anwesen geprägt, die in unmittelbarer Nachbarschaft zueinander stehen: Das «Hohe Haus» oder «Gross Hus», das «Haus von Ott», auch «zum Rosengarten» genannt, das «Pfrundhaus» und das wegen der späteren Nutzung so genannte «Gasthaus zur Krone». Diese Dichte von herrschaftlichen Bauten weist auf die außergewöhnliche Geschichte des Kantons Graubünden hin, der in der Frühen Neuzeit selbst für die Alte Eidgenossenschaft ein äußerst bemerkenswertes Gebilde war. Der «Freistaat der Drei Bünde», wie der Kanton damals genannte wurde, war ein Staatenbund im Kleinen. Er bestand, wie der Name sagt, aus drei politischen Gemeinschaften: Die Zehn Gerichte, beziehungsweise dem Zehngerichtebund, dem Gotteshausbund und dem Grauen Bund. Jeder dieser Bünde setzte sich seinerseits aus Hochgerichten und Gerichtsgemeinden zusammen. Letztere entschieden die wichtigsten Geschäfte im Mehrheitsprinzip und sandten Boten an das oberste Gremium des Freistaates, den Bundstag.[8]

Trotz dieser scheinbar urdemokratischen Verfassung lag die Macht seit etwa 1600 in den Händen einiger weniger Familien. Diese heirateten vorzugsweise untereinander, bemühten sich um mehrfache Bürgerrechte und suchten durch den Erwerb von Land, prestigereichen Ämtern und vor allem durch den Dienst als Söldneroffiziere Reichtum, Macht und Einfluss zu

6 Hugo von Ritgen: Der Führer auf der Wartburg, Leipzig ²1868, S. 220.
7 Baumgärtel 1907 (wie Anm. 3), S. 475; Paul Lehfeldt, Georg Voss: Großherzogtum Sachsen-Weimar-Eisenach, Teil 3,2: Verwaltungsbezirk Eisenach II: Die Wartburg (Bau- und Kunstdenkmäler Thüringens. 6). Jena 1917, S. 232.
8 Randolph C. Head: Die Bündner Staatsbildung im 16. Jahrhundert: zwischen Gemeinde und Oligarchie. In: Verein für Bündner Kulturforschung (Hrsg.): Handbuch der Bündner Geschichte, Band 2: Frühe Neuzeit, Chur 2000, S. 85–112, hier S. 93, 106.

erwerben.[9] Diese Familien, Geschlechter und Sippschaften schlossen sich zu
so genannten «Parteien» zusammen, die mit Unterstützung fremder Mächte
– deswegen auch die Rede von der «französischen» oder «spanischen» Partei
– Einfluss auf die Politik Graubündens auszuüben versuchten.[10] Das führte
in Ausnahmesituationen zu blutigen Rivalitäten. Die schillernde Figur aus
Conrad Ferdinand Meyers gleichnamigen Roman, Jürg Jenatsch, Pfarrer,
Politiker und Söldnerführer zur Zeit des Dreißigjährigen Kriegs, plante in
Grüsch die Ermordung seines Rivalen Pompejus von Planta.[11]

EIN ALTES HERRENHAUS

Das sichtbare Zeichen für die Macht und den Reichtum der Bündner Aristokratie waren ihre repräsentativen Wohnsitze. So auch in Grüsch, wo die
vier Herrenhäuser bis ins 19. Jahrhundert praktisch ausschließlich im Besitz
der Familien von Ott und Salis verblieben, die ohnehin miteinander ver-
schwägert waren, denn das «Gross Hus» war eine Folge der Heirat von Hercules von Salis und Margaretha von Ott im Jahr 1588. Zusammen mit einem
weiteren aristokratischen Geschlecht, der Sprecher, besaßen diese zwei
Familien um 1800 die Hälfte des Grüscher Gemeindevermögens und die
wertvollsten Landwirtschaftsflächen.[12]

Eines der ältesten Herrenhäuser von Grüsch ist die spätere «Krone» *(Abb.
2)*. Das Haus wurde 1537 zum ersten Mal urkundlich erwähnt, doch archä-
ologische Untersuchungen belegen schon im 14. und 15. Jahrhundert eine
Bebauung an der Stelle. 1622 wurde der Bau in den «Bündner Wirren» zerstört. Der darauf errichtete Neubau bildete den Ursprung der heutigen
Krone. Unter Einbezug von vorhandenem Mauerwerk entstand ein stattli-
cher giebelständiger Bau mit einem Mittelkorridor in Firstrichtung, die nach
Süden gerichtete Fassade ist verputzt und mit aufgemalten Säulen geglie-
dert. Es handelte sich dabei um einen Haustyp, der um 1600 in Graubünden

---

9 Jon Mathieu: Die ländliche Gesellschaft. In: Verein für Bündner Kulturforschung 2000 (wie
  Anm. 8), S. 11–54, hier S. 46; Silvio Färber: Politische Kräfte und Ereignisse im 17. und
  18. Jahrhundert. In: Verein für Bündner Kulturforschung 2000 (wie Anm. 8), S. 113–140,
  hier S. 116f.
10 Ebd., S. 120.
11 Ulrich Obrecht, Ulrich Niggli: Grüsch, Land und Leute. Ein Beitrag zur Landeskunde,
  Schiers 1929, S. 12.
12 Stefan Niggli: Im Grüscher Herrennest. Der Grüscher Adel und seine Bauten, unveröffentl. Manuskript [1990], Abb. 3, [S. 3]; Florian Hitz: Ott, von (GR). In: Historisches
  Lexikon der Schweiz, URL: http://www.hls-dhs-dss.ch/textes/d/D21925.php, (26. Juli
  2016); Silvio Färber: Salis, Hercules (Grüsch). In: Historisches Lexikon der Schweiz, URL:
  http://www.hls-dhs-dss.ch/textes/d/D16943.php, (26. Juli 2016).

Abb. 2:
Das ehemalige
Gasthaus «Zur
Krone» in Grüsch

als aristokratische Distinktionsform entstand: Den Mittelkorridorbau, bei
dem der Dachfirst parallel zum Korridor verläuft und der steile Dachgiebel
nun die Fassade und den Haupteingang gegen das Dorf betont.[13] 1671 erwarb
Ulrich Enderli Davatz (1631–1716), der später als Bundeslandamtmann der
Zehn Gerichte ein hohes Amt ausübte, durch seine Heirat mit Elisabeth von
Ott, das Anwesen.[14] Davatz erweiterte 1676 das Gebäude nach Norden, indem er einen Bau errichten ließ, der mit seinem quer zum First platzierten
Mittelkorridor dem gesamten Haus einen T-förmigen Grundriss gibt. Wohl
um 1694 wurde dieser Gebäudeteil um ein Stockwerk erhöht und durch
einen kleineren Fachwerkgiebel mit Sparrenwerk und einem Türmchen ergänzt.[15] Damit war die Fassade des Südtrakts um 90° gedreht, was durchaus
als Versuch Davatz' verstanden werden kann, als Bauherr einen eigenen herrschaftlichen Akzent zu setzen *(Abb. 3, 4, 5)*.[16]

13 Ludmila Seifert-Uherkovich: Die Luzeiner Häuser der Familie von Sprecher im Kontext
   – Bemerkungen zum Bauverhalten der Bündner Aristokratie. In: Florian Hitz, Ludmila
   Seifert-Uherkovich: Die Sprecher-Häuser in Luzein. Baudenkmäler als Zeugen von Fa-
   milien- und Regionalgeschichte, Zürich 2008, S. 124–164, hier S. 146–150.
14 Otto Clavuot: Davatz. In: Historisches Lexikon der Schweiz, URL: http://www.hls-dhs-
   dss.ch/textes/d/D21904.php (26. Juli 2016); M[athias] Thöny, U[lrich] Niggli: Der Stammbaum der Grüscher Walser, zusammengestellt von M. Thöny und U. Niggli, In: Bündner
   Monatsblatt (1954)8, S. 273–280, hier S. 277.
15 A[rthur]G[redig]: Grüsch, Hotel Krone. In: Archäologischer Dienst Graubünden (Hrsg.):
   Archäologie in Graubünden. Funde und Befunde, Chur [1992], S. 371–377, hier S. 372.
16 Vgl. Seifert-Uherkovich 2008 (wie Anm. 13), S. 154.

Abb. 3:
Grundriss des Erdge-
schosses des ehemali-
gen Gasthauses
«Zur Krone»,
nach: Poeschel 1956
(wie Anm. 18),
Tafel 84.

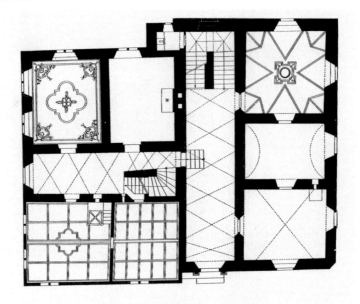

2. *Krone.* Erdgeschoß 1 : 300

Abb. 4:
Grundriss der ersten
Etage der »Krone«,
nach: Poeschel 1956
(wie Anm. 18),
Tafel 84.

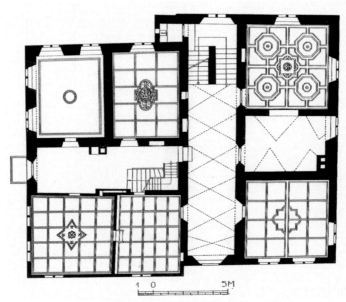

4. *Krone.* I. Stock 1 : 300

Höchner · Schweizer Zimmer auf der Wartburg　　　209

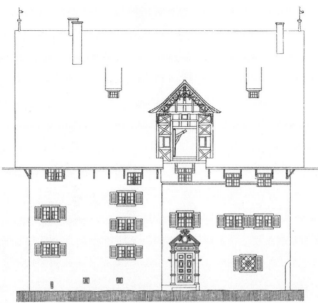

1. *Krone.* Eingangsfassade 1 : 200

Das steile Dach und das Sparrenwerk erinnern an das nahe gelegene «Hohe Haus», welches nach Beschädigungen im Jahr 1622 ebenfalls in der zweiten Hälfte des 17. Jahrhunderts ausgebaut wurde.[17] Erwin Poeschel schreibt dazu: «*Diese steilen, pittoresken Dächer der ‹Krone› und des ‹hohen Hauses› mit den gekerbten, zu einer Art Schmuckleiste ausgebildeten Giebelverzierungen sind Zimmermannskünste von besonderer Merkwürdigkeit.*»[18] Der untypische Fachwerkaufbau an der Ostseite findet dagegen ein Gegenstück im Sprecherhaus am Landsgemeindeplatz in Luzein, einem etwa 18 Kilometer talaufwärts gelegenen Ort. Da alle drei Häuser um 1680 er- oder umgebaut wurden, darf über die Tätigkeit derselben Zimmermannswerkstatt an allen drei Orten spekuliert werden.[19]

Ulrich Enderli Davatz sorgte in seinem Neubau auch für eine repräsentative Innenausstattung. An Bausubstanz noch vorhanden sind unter ande-

---

17 ERWIN POESCHEL: Herrschaft, Prätigau, Davos, Schanfigg, Churwalden, Albulatal (Die Kunstdenkmäler des Kantons Graubünden. 2). Basel 1937, S. 75f.

18 ERWIN POESCHEL: Nördliche Talschaften B (Das Bürgerhaus in der Schweiz. 16). Zürich ²1956, S. 31.

19 Siehe: CHRISTIAN STOFFEL: Das Sprecherhaus in Luzein. Zur Baugeschichte eines Bündner Herrschaftshauses unter besonderer Berücksichtigung der Täferausstattung. Unveröffentl. Masterarbeit, Universität Freiburg (Schweiz), 2010, S. 42.

rem im Erdgeschoss eine *Saletta* mit frühbarocken Stuckaturen, während im
ersten Obergeschoß ein prächtiges Holztäfer aus der Zeit um 1680 zu sehen
ist: Geschnitzte Rautenmuster, Trauben, Meerweibchen, Greifen und Fratzen
verzieren die Wände, die durch eine Kassettendecke mit dem Allianzwappen des Erbauers und seiner Frau ergänzt wird.[20] Das Allianzwappen an der
Decke liefert einen entscheidenden Hinweis: Es ist mit demjenigen identisch, dass über die Tür des «Schweizer Zimmers» eingeschnitzt ist *(Abb. 6)*.
Zusammen mit der Datierung liegt der Schluss nahe, dass das Zimmer auf
der Wartburg zusammen mit der noch *in situ* vorhandenen Wandvertäfelung
vom Bauherrn des Nordtrakts in Auftrag gegeben wurde *(Abb. 7, 8)*. Der
Kunsthistoriker Christian Stoffel schreibt aufgrund stilistischer Merkmale,
etwa den figürlichen Schnitzereien am Buffet des Schweizer Zimmers, aber
auch der speziellen Fertigungstechnik, die 1679 entstandene Kanzel der

*Abb. 6: Das Wappen
über der Tür des
Schweizer Zimmers*

Grüscher Kirche ebenfalls einem Handwerker zu, der in der Krone tätig war.
Das erlaubt es, mindestens einen der in der «Krone» tätigen Kunsthand-
werker zu identifizieren: Die Kanzel wurde nachweislich von einem Chris-
tian Pfeifer dem Jüngeren hergestellt. Er war der Sohn eines aus dem
Württembergischen eingewanderten Tischlermeisters, welcher 1624 in den
Quellen auftauchte, als seine Frau in Grüsch ein Haus erbte. Der Sohn,
Christian Pfeifer d. J., ist seit 1675 in Grüsch nachweisbar und starb 1717
im 68. Lebensjahr. Offenbar besaß er einen Bruder, Ulrich, der ebenfalls
Schreiner war.[21]

*Abb. 7:
Die vorhandene Vertäfelung im ehemaligen Gasthaus «Zur Krone»*

Abb. 8: Die geschnitzte Decke mit der Wappenkartusche im ehemaligen Gasthaus «Zur Krone»

Anhand stilistischer Merkmale gehen die Kunsthistoriker Erwin Poeschel und Christian Stoffel davon aus, dass die Tischlerwerkstatt Pfeifer für zahlreiche andere Inneneinrichtungen im heutigen Graubünden verantwortlich war. Stoffel spricht gar von einem für den Kanton einzigartigen Umfang der vorhandenen Werke.[22]

---

20 POESCHEL 1956 (wie Anm. 18), S. 31; POESCHEL 1937 (wie Anm. 17), S. 77f.
21 STOFFEL 2010 (wie Anm. 19), S. 76–78.
22 POESCHEL ²1956 (wie Anm. 18), S. 31; STOFFEL 2010 (wie Anm. 19), S. 74–76, siehe bei Stoffel auch Anm. 319.

Zur originalen Zimmereinrichtung des «Schweizer Zimmers» gehört auch
der ausgestellte Kachelofen, ein Werk der bedeutenden Winterthurer Haf-
nerfamilie Pfau, der David II Pfau (1644–1702) zugeschrieben wird, der auch
die Kacheln bemalt hat. Der Ofen ist am Abschlussgesims des Heizkörpers
mit der Jahreszahl 1689 datiert. Im Nachbarort von Grüsch, Malans, steht in
der Ratsstube ein weiterer Ofen aus derselben Winterthurer Werkstatt, welcher mit «David Pfaw 1690» signiert ist.[23] Auch hier wird anhand stilistischer
Ähnlichkeiten vermutet, dass die 1685 entstandene Vertäfelung des Rathau-
ses aus der Tischlerwerkstatt Pfeifer stammen könnte.[24]

VON ARISTOKRATEN, GROSSHERZÖGEN UND GASTWIRTEN

Ursprung und Urheberschaft der Raumeinrichtung wären nun geklärt, doch
war die «Krone» tatsächlich ein Schloss der Familie von Salis-Soglio? Die
Salis, die ursprünglich aus dem Ort Soglio im Bergell, heute an der Grenze
zu Italien, stammten, teilten sich im Laufe des 16. Jahrhunderts in verschiedene Zweige auf, die sich in ganz Graubünden niederließen und nach
ihrem Wohnort benannt wurden. Im 17. und 18. Jahrhundert gehörten die
Salis zusammen mit der Familie Planta zum mächtigsten Familienverband
des Freistaates, sie waren «omnipräsent und omnipotent.»[25] In Grüsch waren
die Salis, wie schon erwähnt, seit 1588 mit einem Zweig vertreten. 1698 kam
eine zweite Linie dazu. In diesem Jahr heiratete Albert Dietegen von Salis-
Seewis (1669–1740), der im Spanischen Erbfolgekrieg gekämpft hatte und
zum Hauptmann in französischen Diensten aufgestiegen war, Anna Catha-
rina Davatz, die Tochter des «Krone»-Ausbauers, und erwarb damit auch
gleich das Haus.[26] Auf diese Weise begründete Albert Dietegen einen neuen

23 Ueli Bellwald: Winterthurer Kachelöfen. Von den Anfängen des Handwerks bis zum Nie-
   dergang im 18. Jahrhundert, Bern 1980, S. 275 f., Nr. 80 (Wartburg), 81 und 82; Zum Ofen
   folgende Randbemerkung: Als sich der Schweizer Kunsthistoriker Robert L. Wyss im Rahmen seiner Forschungen zur Winterthurer Keramik an die Wartburg wendet, bietet Direktor Siegfried Asche im Januar 1958 den Ofen dem Schweizerischen Landesmuseum im
   Tausch beispielsweise gegen «sächsische Rüstungen oder sächsische Waffen, oder norddeut-
   sche mittelalterliche Wandbehänge» an. Das Landesmuseum lehnt das Angebot mit der
   Begründung ab, dass man keine geeigneten Objekte zum Tausch habe. Wartburg-Stiftung,
   Archiv, Akte. KK 45: Fritz Gysin an Siegfried Asche, Zürich, 22. Februar 1958.
24 Poeschel ²1956 (wie Anm. 18), S. 31.
25 Im Verlauf der Frühen Neuzeit erwarben einige Linien der Salis Adelstitel, deswegen wird
   nicht durchgängig das Adelsprädikat verwendet. Ernst Heinrich Kneschke (Hrsg.): Neues
   Deutsches Adels-Lexikon, Band VIII, Hildesheim/Zürich/New York 1996, S. 19; Peter
   Conradin von Planta: Salis [von]. In: Historisches Lexikon der Schweiz, URL:
   http://www.hls-dhs-dss.ch/textes/d/D20157.php, (26. Juli 2016); Handbuch, Bd. 2, S. 116.

Familienzweig der Salis, nämlich die sogenannte «neue» Grüscher Linie. Bis in die Mitte des 19. Jahrhunderts verblieb das Haus im Besitz dieser Familie. 1849 verkauften die Ururenkel Meinrad (1810–1886) und Albert (1815–1896) von Salis die Liegenschaft an zwei Einheimische, die aus dem Haus einen Gasthof machten. Aus dieser Zeit stammt der heutige Name. Doch nach wenigen Jahren gingen die beiden Besitzer offenbar in Konkurs, denn 1855 erwarb Andreas Gredig, ein Gastwirt aus Davos, die «Krone», ob von den Vorbesitzern oder aus der Konkursmasse, lässt sich nicht mehr feststellen. 1876 wurde das Haus von Andreas' Sohn Lorenz an die Familie Jäger verkauft und wechselte in den Jahren danach in verschiedene Hände.[27] Die «Krone» in Grüsch wurde bis 2008 weiter als Hotel und Restaurant genutzt und steht zum jetzigen Zeitpunkt zum Verkauf.[28]

Doch zurück ins 19. Jahrhundert: Wenn die Raumausstattung also nicht aus einem Schloss ist, und wenn die Wandvertäfelung 1864 erworben wurde, wie aus dem eingangs zitierten Brief zu schließen ist, dann konnte die Familie Salis nicht der Verkäufer sein. Wie kam also das Zimmer aus Grüsch nach Eisenach? Die Antwort liegt in einer Reise des Großherzogs Carl Alexander von Sachsen-Weimar-Eisenach, der sich im Sommer 1864 mit seiner Frau in der Schweiz im Urlaub befand. Über Augsburg, Lindau und den Bodensee reisten sie ins heutige Bad Ragaz, wo sie am Abend des 27. Juli 1864 ankamen.[29] Ragaz, wie der Ort damals hieß, liegt in der Rheinebene, etwa 15 km westlich von Grüsch und war in der Mitte des 19. Jahrhunderts dabei, ein Kurort von internationalem Rang zu werden. 1840 hatte man begonnen, das warme Thermalwasser aus der nahegelegenen Quelle von Pfäfers, seit dem Mittelalter als Badeort bekannt, dahin zu leiten, das Hotel Hof Ragaz wurde gebaut, und 1858 erhielt der Ort Anschluss an die Bahnlinie St. Gallen-Chur.[30]

Dem Großherzog schien es an diesem Ort gut gefallen zu haben. In seinem Tagebuch schwärmte er von der imposanten Bergkulisse, seine Beschäftigung bestand in regelmäßigen Ausflügen zu Fuß oder in der Kutsche in die Umgebung. Er besuchte die Festung in St. Luzisteig, das Thermalbad in Pfäfers, oder das nahegelegene Prättigau. Auf einer dieser Fahrten, am Nachmittag des 7. August 1864, machte die Gesellschaft in Grüsch Halt, wo

26 POESCHEL ²1956 (wie Anm. 18), S. 46; OBRECHT, Niggli 1929 (wie Anm. 11), S. 40.
27 Mitteilung von GEORG NIGGLI, Grundbuchamt Prättigau, Schiers vom 28. Januar 2016; Niggli 1990 (wie Anm. 12), [S. 21], Anm. 31; Obrecht, Niggli 1929 (wie Anm. 11), S. 70.
28 Inserat auf Homegate.ch, URL: http://www.homegate.ch/kaufen/105774085, (26. Juli 2016).
29 LATh–HstA Weimar, Großherzogliches Hausarchiv A XXVI Nr. 1962, Bl. 50r.
30 WERNER VOGLER: Bad Ragaz. In: Historisches Lexikon der Schweiz, URL: http://www.hls-dhs-dss.ch/textes/d/D1352.php, (26. Juli 2016).

der Großherzog in der «Boulangerie», also der Bäckerei, einige Zimmer mit geschnitzten Vertäfelungen entdeckte. Dabei beschloss er kurzerhand, die aus seiner Sicht schönste Zimmereinrichtung zu erwerben. Während die Verträge aufgesetzt wurden, schaute er sich die anderen Herrenhäuser des Dorfes an, darunter auch das «Haus von Ott», in dem ihm die «Salle de famille» mit der Sammlung von Porträts und Waffen eine Erwähnung wert war.[31] Der Großherzog handelte für diese Zeit nicht ungewöhnlich, denn in der zweiten Hälfte des 19. Jahrhunderts wurden im Zuge eines erneuerten Interesses an Renaissance und Barock unzählige Vertäfelungen, vornehmlich aus der Schweiz und aus Tirol, ausgebaut und an Museen oder private Sammler verkauft.[32]

Der erwähnte Kaufvertrag konnte leider weder in der Schweiz, noch in den Thüringischen Archiven ausfindig gemacht werden. Als Verkäufer des Zimmers kommt jedoch nur Andreas Gredig in Frage, denn dessen Sohn, Lorenz Gredig, war zu dem Zeitpunkt des Handels im Bergdorf Pontresina beschäftigt, wo er das Gasthaus «Rössli» zum mondänen Grand Hotel Kronenhof ausbauen sollte, das heute noch als Luxushotel existiert![33]

Carl Alexander verließ am 9. August in der Früh Bad Ragaz und kehrte über Liechtenstein und Österreich wieder in sein Großherzogtum zurück. Dank ihm, der als «leidenschaftlicher Reisender» ein guter Beobachter war und in seinen Aufzeichnungen den Betrachtungen über persönliche Eindrücke, Bauwerke und Kunst viel Platz ließ[34], kam das Zimmer acht Monate später auf die Wartburg. Wenn auch der ursprüngliche Charakter der «guten Stube», einem zentralen Repräsentationszimmer des Hauses, durch den Einbau einer Treppe zum darunter liegenden Geschoss und der Nutzung als Ausstellungsraum massiv verändert worden ist, so bewahrt die Wartburg dennoch ein wichtiges Stück Schweizer Lokalgeschichte und ein künstlerisches Kleinod des 17. Jahrhunderts.

---

31 LATh – HstA Weimar, Großherzogliches Hausarchiv A XXVI Nr. 1962, Bl 58v; Die «Krone» wurde zu dieser Zeit auch als Bäckerei genutzt, siehe: Niggli 1990 (wie Anm. 12), [S. 21], Anm. 31; bei Obrecht, Niggli 1929 (wie Anm. 11), S. 70 tragen Bäckereibesitzer und Kronenwirt den identischen Namen.

32 Sabine Ziegler: Holzvertäfelte Stuben der Renaissance zwischen Main und südlichem Alpenrand. Studien zur Innenarchitektur des 16. und 17. Jahrhunderts, Frankfurt a. M. 1995, S. 62f., 66f.

33 Grand Hotel Kronenhof, Tradition & Geschichte, URL: http://www.kronenhof.com/hotel-portrait/tradition-geschichte.html, (26. Juli 2016); Dolf Kaiser: Gredig, Lorenz, In Historisches Lexikon der Schweiz, http://www.hls-dhs-dss.ch/textes/d/D30129.php, (26. Juli 2016).

34 Angelika Pöthe: Carl Alexander. Mäzen in Weimars ‹Silberner Zeit›, Köln/Weimar/Wien 1998, S.17.

Verlagert und verschollen: Zum Schicksal der Klausner Pavesen aus der Waffensammlung der Wartburg

Krista Profanter

Die 1867 im neogotischen Stil errichtete Dirnitz der Wartburg beherbergte in ihrem Rüstsaal bis zum Ende des Zweiten Weltkriegs eine bedeutende Waffensammlung. Der ursprünglich geringe Bestand der Rüstkammer war zu Beginn des 19. Jahrhunderts um die kostbarsten Stücke des ehemaligen Zeughauses in Weimar vermehrt worden. Die Sammlung umfasste Rüstungen, Pferdeharnische, Schwerter, Armbrüste, Gewehre, Fahnen und vieles mehr aus dem 12. bis 19., vorwiegend aber aus dem 16. Jahrhundert. Unter den späteren Ankäufen Ende des 19. Jahrhunderts befanden sich auch mehrere sogenannte Klausner Pavesen.

Wie zeitgenössische Aufnahmen zeigen, waren diese an der Balustrade der Empore beziehungsweise unterhalb derselben aufgehängt *(Abb. 1)*.[1]

Abb. 1:
Ansicht der Rüst-
kammer der Wartburg.
Louis Glaser, Leipzig,
um 1900

1 ALFONS DIENER-SCHÖNBERG: Die Waffen der Wartburg. Beschreibendes Verzeichnis der Waffensammlung S. K. H. des Großherzogs Wilhelm Ernst von Sachsen-Weimar-Eisenach. Berlin 1912, S. 80–84 mit Taf. 52, 53; vgl. ROSEMARIE DOMAGALA (Hrsg.): Die Rüstkammer der Wartburg (Kleine Schriftenreihe der Wartburgstiftung 3), Eisenach 1990.

Diese spätmittelalterlichen Schilde stammen ursprünglich aus der Stadt Klausen im heutigen Südtirol und sind Teil einer Gruppe von insgesamt 59 Pavesen, die dort bis zum Jahr 1871 in der Rüstkammer in einem der Stadttürme untergebracht waren *(Abb. 2).* Noch 1786 hatte der Klausner Stadtrat verordnet, die Schilde als Antiquitäten sorgsam zu verwahren.[2] Bald gerieten sie jedoch in Vergessenheit und wurden erst im Frühjahr 1871 wiederentdeckt.[3] Sie wurden nur noch gering geschätzt und so auf Beschluss des Gemeindeausschusses kurze Zeit später veräußert.[4] Die meisten sind wohl über den Bozner Kunsthändler Alois Überbacher an den Münchner Antiquar Josef Ferdinand Spengel, Brienner Straße 47, weiterverkauft worden.

2 Stadtarchiv Klausen, Ratsprotokoll 28.4.1768: «Gleicher gestalten [wie die Archivalien, die ebenfalls in diesem Stadtturm untergebracht waren] Seint die oben auf [im Turm] vorhandene Pfeil und Shilt als eine antiquitet auf das fleissigste zu verwahrn, letzteres aber beschaidenlich durch einen Verständigen abzupuzen, auf das man die hieran gemahlene Wappen noch lengers conserviere.»
3 Heraldisch-genealogische Zeitschrift. Organ des heraldischen Vereines «Adler» in Wien 1(1871)8, S. 83.
4 Dem Gemeindeausschussprotokoll vom 12. März 1871 zufolge sollten 15 der 20 vorhandenen Schilde pro Stück für 15 Gulden österreichischer Währung verkauft werden, vier sollten einstweilen weiterhin im Besitz der Stadt bleiben und einen sollte jener Stadtrat erhalten, der den Verkauf veranlasst hatte (StAK, Gemeindeausschussprotokoll 12.3.1871; vgl. die verzeichneten Einnahmen in: StAK, Kassajournal 30.3.1871 bzw. die Paralleleintragung in: Stadtkassier-Rechnung für die Stadtgemeinde Klausen pro 1871). Im Bericht der «Heraldisch-genealogischen Zeitschrift» über den Fund der Klausner Pavesen im Frühjahr 1871 war

Bald darauf waren sie in zahlreichen namhaften Privatsammlungen und Museen nachzuweisen (darunter bei Hans Wilczek auf Burg Kreuzenstein, Bashford Dean in New York, Edwin J. Brett in London, Albert Figdor in Wien oder im Ferdinandeum in Innsbruck und dem Germanischen Nationalmuseum in Nürnberg). Heute sind sie unter anderem im Kunsthistorischen Museum Wien, im Metropolitan Museum in New York, im Philadelphia Museum of Art sowie im Museo Nazionale del Palazzo di Venezia in Rom vertreten.[5]

Zehn Klausner Pavesen sind in den Besitz der Wartburg gelangt, wann und wie ist allerdings ungeklärt. Dem Inventar der Rüstkammer aus dem Jahr 1906 ist nur zu entnehmen, dass die Pavesen pro Stück für 300 Mark erworben wurden; ein Vermerk zur Herkunft fehlt.[6] Laut Alfons Diener-Schönberg, der 1912 einen Bestandskatalog der Rüstsammlung der Wartburg veröffentlichte, sollen sie im 19. Jahrhundert aus einem nicht näher benannten Schloss in Süddeutschland für die Wartburg angekauft worden sein.[7]

TECHNOLOGISCHER BEFUND UND KATEGORISIERUNG

Bei den für die Rüstkammer der Wartburg erworbenen Klausner Schilden handelt es sich um sieben große Pavesen sowie drei Handpavesen. Die großen Pavesen, die dem Typ der böhmischen Pavesen entsprechen, charakterisiert eine leicht gewölbte, hochrechteckige Form mit abgerundeten Schultern und ein vertikaler Mittelgrat, der sich nach oben hin verjüngt und in einem vierkantigen, schnabelartigen Fortsatz endet. Sie sind 109–119 cm hoch, 49–60 cm breit und rund 6–9 kg schwer. Der Holzkern dieser Pavesen ist aus drei Teilen – zwei leicht konvexen Brettern und dem aus einem Stück

---

allerdings von 59 Exemplaren die Rede (wie Anm. 3). Die übrigen 39 waren bereits vier Tage vor(!) dem Beschluss des Gemeindeausschusses veräußert worden (StAK, Kassajournal 8.3.1871). 1874 wurden schließlich auch die letzten vier Schilde verkauft (StAK, Kassajournal 25.11.1874 bzw. die Paralleleintragung in: Stadtkassier-Rechnung für die Stadtgemeinde Klausen pro 1874: «4 Stk. alte Schilder (die letzten)»).

5 Vgl. ausführlich KRISTA PROFANTER: Die spätmittelalterlichen Schilde aus der ehemaligen Rüstkammer von Klausen. In: Der Schlern. Monatszeitschrift für Südtiroler Landeskunde, 91 (2017) [im Erscheinen]; DIES.: Die Pavesen aus der ehemaligen Rüstkammer von Klausen – eine Spurensuche. In: WOLFGANG AUGUSTYN, RAPHAEL BEUING (Hrsg.): Schilde des Spätmittelalters (Veröffentlichungen des Zentralinstituts für Kunstgeschichte in München; Schriften der Forschungsstelle Realienkunde). München 2017 [im Erscheinen]; OSWALD TRAPP: Klausener Tartschen. In: Zeitschrift für historische Waffen- und Kostümkunde. Organ des Vereins für Historische Waffenkunde, N. F. 3(1930)7, S. 156–166.

6 Freundlicher Hinweis von Grit Jacobs (Wartburg-Stiftung Eisenach).

7 DIENER-SCHÖNBERG 1912 (wie Anm. 1), S. 84.

gearbeiteten Mittelgrat – mittels Leim und Holzdübeln zusammengefügt. Diener-Schönberg hat für diese Schilde Rotbuchenholz, für zwei Tannenholz (Nr. 1 und 3) als Material angegeben, wobei dies aufgrund mangelnder holzanatomischer Untersuchungen bislang noch nicht verifiziert werden konnte. Die Vorderseite der Schilde ist mit grober Leinwand überzogen und über Kreidegrund in Tempera farbig gefasst. Die Rückseite ist mit Rohhaut (Schweinshaut) bespannt, die im Ganzen oder überlappend in Teilen in nassem Zustand direkt auf den Holzkern geleimt und dabei einige Zentimeter nach vorne über die Kanten gezogen wurde. Auf der Innenseite von drei Pavesen (Nr. 1, 6 und 7) ist noch die T-förmige Handhabe erhalten, die aus einem gespaltenen Ochsenziemer gefertigt und über dem ausgehöhlten Mittelgrat befestigt ist. Zu beiden Seiten der Handhabe waren ursprünglich senkrecht verlaufende, wahrscheinlich lederne Tragegurte montiert, von denen jedoch nur mehr Ansätze vorhanden sind.

Die sieben großen Klausner Pavesen auf der Wartburg lassen sich ihrer Bemalung entsprechend verschiedenen Kategorien zuordnen. Der Gruppe A.I,[8] die – den Bindenschild darstellend – rot mit einem schmalen weißen Querbalken in der Mitte bemalt ist, sind drei Pavesen (Nr. 1–3) zuzurechnen, wenngleich bei Nr. 3 der weiße Querbalken fehlt. Die roten Flächen sind mit einer dunkelroten Damaszierung in Form von Rankenornamenten versehen. Auf dem Mittelgrat unterhalb der Nase befindet sich ein gespaltener Wappenschild mit – heraldisch rechts – rotem Kreuz auf weißem Grund und – heraldisch links – gelbem, sechsstrahligen Stern auf blauem Grund.

Bei den beiden Pavesen der Gruppe A.III (Nr. 4 und 5) ist der weiße Querbalken des Bindenschildes erheblich breiter, zudem sind sie von einem ca. 3–4 cm breiten schwarzen Streifen eingefasst. Die beiden, die Mittelrippe flankierenden tartschenförmigen Wappenschilde mit Kreuz und Stern sind schräg zueinander gestellt. Die Pavese der Unterkategorie A.III.a (Nr. 4) weist eine dunkelrote Damaszierung mit einem Rankenmuster auf, das sich sowohl über die roten Felder als auch über das weiße Feld erstreckt. Bei der Pavese der Unterkategorie A.III.b (Nr. 5) tritt an die Stelle der Ranken in den roten Feldern ein dunkelrotes und im weißen Feld ein schwarzes, rautenförmiges Gittermuster. Abweichend von allen anderen Schilden zeigt das linke Wappen hier einen nur fünfstrahligen gelben Stern.

Zwei Pavesen (Nr. 6 und 7) zählen zur Gruppe A.IV. Sie sind gänzlich schwarz und ohne jegliche Ornamentierung bemalt und tragen drei kleine, gerade gestellte Wappenschilde. Oben, links und rechts der Mittelrippe sind die beiden Wappenschilde mit rotem Tatzenkreuz in Weiß und gelbem Stern

---

8 Zur Kategorisierung vgl. Profanter 2017 (wie Anm. 5).

in Blau aufgemalt. Mittig auf der Rippe befindet sich ein kleiner Binden-schild. Darüber, auf der Höhe der beiden anderen Wappen, verläuft zudem schräg über den Mittelgrat von rechts oben nach links unten ein schmales weiß-rotes Band.

Drei Pavesen (Nr. 8–10) gehören der zweiten, wenngleich zahlenmäßig bedeutend kleineren Hauptgruppe B der Handpavesen an. Sie sind kleiner, rund 90 cm hoch und etwa 45 cm breit, ebenfalls hochrechteckig und kon-vex gewölbt, jedoch an allen vier Ecken abgerundet. Ihr abgerundeter Mit-telgrat verjüngt sich nach oben hin nur leicht und endet in keinem spitzen Fortsatz. Auch diese kleinen Pavesen sind auf der Vorderseite mit Leinwand und auf der Rückseite mit Rohhaut überzogen. Die Handhabe ist bei keiner der drei Klausner Handpavesen auf der Wartburg erhalten. Die Vorderseite der Schilde dieser Gruppe ist über Kreidegrund dunkelrot bis braun mit Randverzierungen und Rankenornamenten bemalt. Im Zentrum der Mittel-rippe befindet sich ein kleiner Bindenschild, der bei zwei Pavesen von vier Strahlenbündeln umgeben ist. Bei Pavese Nr. 8 sind die Randornamente sowie sechs nelkenartige Blumen in Gelb ausgeführt, der Bindenschild ist nicht von Strahlenbündeln umgeben. Das Rankenwerk der Handpavese Nr. 9 ist hingegen in Gelb, Grün und Rot ausgeführt. Unterhalb des Binden-schildes, das von zwei gelben und zwei roten Strahlenbündeln umgeben ist, befindet sich zudem ein großes «s». Die Rankenornamente der Pavese Nr. 10 sind schließlich in Weiß und Gelb gehalten und unterhalb des mit gelben Strahlen umgebenen Bindenschildes sind groß die Buchstaben «h s» gemalt.

Anders als Trapp annahm, stammen nicht elf, sondern nur zehn Pavesen der Wartburg aus Klausen. Die bei ihm unter Nr. 30 beziehungsweise bei Diener-Schönberg unter Nr. 259 angeführte und dort auf Tafel 53 abgebil-dete Handpavese (W.-G.-I.-Nr. 4292; Lost Art ID: 167717) kann aufgrund ihrer Form und Bemalung mit großer Sicherheit aus der Gruppe der Klaus-ner Handpavesen ausgeschlossen werden. Sie ist zwar auch mit gelben Ornamenten auf braunem Grund bemalt, aber auf der Mittelrippe und zu beiden Seiten derselben befindet sich sechsmal der je von vier Strahlen-büscheln umgebene Buchstabe «m». Der Bindenschild, der allen anderen Pavesen aus Klausen gemein ist, fehlt völlig. Stattdessen ziert den Mittel-grat das Wappen mit rotem Tatzenkreuz auf weißem Grund, das – wie das Wappen mit dem gelben Stern auf blauem Grund – ansonsten nur auf den großen Klausner Pavesen, nicht aber auf den Handpavesen erscheint.

OFFENE FRAGEN ZUR PROVENIENZ

Die beiden Wappen – rotes Kreuz in Weiß und gelber, sechsstrahliger Stern in Blau –, die auf den großen Pavesen (Nr. 1, 2, 3, 5, 6, 7) zusätzlich zum Bindenschild auftreten, lassen sich nicht eindeutig identifizieren. Diener-Schönberg sieht im Sternwappen auf den Pavesen – deren Klausner Herkunft bei ihm allerdings keine Erwähnung findet – das Wappen eines Ritters Sixt von Schinen (oder Schinaw) aus Schwaben.[9] Doch schon Trapp zweifelt diese Zuschreibung an, kann das Wappen jedoch auch nicht auflösen.[10] Auch das rote Kreuz auf weißem Grund ist nicht zweifelsfrei zu bestimmen. Sowohl Diener-Schönberg als auch Trapp vermuten darin das Feldzeichen der schwäbischen Gesellschaft vom St. Georgenschild beziehungsweise – in Kombination mit dem Bindenschild – das Wappen des 1488 daraus entstandenen Schwäbischen Bundes.[11]

Die Buchstaben «h s» und «s», die zwei der Handpavesen der Wartburg (Nr. 9, 10) aufweisen, deutet Diener-Schönberg als «‹Herr Sigmund› resp. ‹Sigmund›»[12] und bringt damit die Klausner Pavesen mit Herzog Sigmund von Tirol (1427–1496) in Verbindung, welcher Gründungsmitglied des Schwäbischen Bundes war, aus dessen Bestand auch die Schilde stammen sollen.[13] Trapp hat die Zuschreibung in der Folge für sämtliche Klausner Schilde übernommen, löst das «h s» jedoch mit «Herzog Sigmund» auf und setzt das Jahr 1477, Sigmunds Ernennung zum Erzherzog, als terminus ante quem an.[14] Er ist der Annahme, dass es sich bei den Pavesen um die Ausrüstung landesfürstlicher Söldner unter Herzog Sigmund handelt.[15] Denkbar wäre aber auch, dass ein Klausner Aufgebot durch Kaiser Maximilian I. (1459–1519) mit Schilden aus dem Ausrüstungsfundus der Gesellschaft vom

---

9 Diener-Schönberg 1912 (wie Anm. 1), S. 82f.
10 Trapp 1930 (wie Anm. 5), S. 165f. Gegen diese Zuschreibung spricht laut Trapp vor allem die Tatsache, dass das Wappen der Herren von Schienen zusätzlich zum Stern einen Dreiberg aufweist.
11 Diener-Schönberg 1912 (wie Anm. 1), S. 82f.; Trapp 1930 (wie Anm. 5), S. 165; zu den Gesellschaften vom St. Georgenschild vgl. Herbert Obenaus: [Art.] St. Jörgenschild. In: Norbert Angermann, Robert-Henri Bautier (Hrsg): Lexikon des Mittelalters. Bd. 7. München 1995, Sp. 1170. Eine Parallele gibt es zu den Pavesen der Stadt Winterthur, die um die Mitte des 15. Jahrhunderts datiert werden und links das Stadtwappen von Winterthur und rechts das Wappen vom St. Georgenbund zeigen.
12 Diener-Schönberg 1912 (wie Anm. 1), S. 82f.
13 Diener-Schönberg 1912 (wie Anm. 1), S. 84.
14 Trapp 1930 (wie Anm. 5), S. 165.
15 Trapp 1930 (wie Anm. 5), S. 165f.

St. Georgenschild ausgestattet wurde, um 1499 in der Schlacht an der Calven gegen die Schweizer Bünde anzutreten.[16] In diesem Zusammenhang hat sich eine Urkunde Maximilians I. an die Stadt Klausen erhalten, mit der Aufforderung, 40 gerüstete Fußknechte zur Unterstützung zu entsenden.[17] Nicht gänzlich auszuschließen wäre außerdem, dass die Handpavesen (Nr. 8, 9, 10), die weder Stern- noch Kreuzwappen, sondern lediglich einen kleinen Bindenschild zeigen, zeitlich bereits vor den großen Pavesen, zur Zeit von Herzog Sigmund, in den Besitz der Stadt gelangt sein könnten. Als Datierung lässt sich aufgrund der schwierigen Quellenlage nur grob das letzte Drittel des 15. Jahrhunderts ansetzen.

SPUREN NACH DEM ZWEITEN WELTKRIEG

Am 8. Februar 1946 wurde die Waffensammlung der Wartburg von der Sowjetischen Militäradministration beschlagnahmt. In Kisten verpackt, fand die Beutekunst im ehemaligen Ballhaus «Clemda» in Eisenach ihr Zwischenlager, bis der Großteil der Sammlung schließlich im Februar 1947 abtransportiert und in die Sowjetunion verbracht wurde.[18] Dort verliert sich großteils ihre Spur. Von den ursprünglich zehn Pavesen befinden sich heute wieder zwei auf der Wartburg (Nr. 1 [Inv.-Nr. KW0137; ehem. W.-G.-J.-Nr. 4297] und Nr. 6 [Inv.-Nr. KW0136; ehem. W.-G.-I.-Nr. 4287]). Eine der beiden wurde 1958 von der Sowjetunion an das Museum für Deutsche Geschichte in Berlin restituiert. Ein Schreiben des Ministeriums für Kultur, Abteilung Bildende Kunst und Museen der DDR vom 4. Februar 1961 setzt den damaligen Direktor der Wartburg-Stiftung Werner Noth in Kenntnis, dass im Museum eine Pavese der Wartburg zur Abholung bereit läge *(Abb. 3 und 4)*.[19] Es handelt sich dabei um die rot-weiß-rot bemalte Pavese (Nr. 1),

---

16 FRANZ-HEINZ VON HYE: Der Bischof von Brixen und sein geistliches Reichsfürstentum. In: Der Schlern 75(2001)7, S. 464.
17 StAK (wie Anm. 2), Urkunde Maximilians I. vom 07.03.1499.
18 Vgl. Dokumente zum Verbleib der Rüstkammer der Wartburg. Auszüge aus der Akte: Wartburg-Stiftung Eisenach, Archiv, Akten-Nr. 522: Akten der Stadtverwaltung Eisenach 0094/2. In: Wartburg-Jahrbuch 1994, 3(1995), S. 154–163 sowie den Zeitzeugenbericht von Kurt Oertel in: Die Rüstkammer der Wartburg. In: Wartburgland. Mitteilungen des Heimatkreises Eisenach der Landsmannschaft der Thüringer e.V. (1991)12, S. 47–48; KONSTANTIN AKINSCHA, GRIGORI KOSLOW, CLEMENS TOUSSAINT: Operation Beutekunst. Die Verlagerung deutscher Kulturgüter in die Sowjetunion nach 1945. Zusammengestellt nach bisher unveröffentlichten Dokumenten aus Archiven der russischen Föderation (Wissenschaftliche Beibände zum Anzeiger des Germanischen Nationalmuseums, Bd. 12), Nürnberg 1995, S. 35; HANS-JOACHIM REHM, RENATE SABROWSKY: Das Schicksal der Waffen und Rüstungen aus dem Rüstsaal der Wartburg bei Eisenach – Beutekunstraub oder Entmilitarisierung?, URL: http://www.ruestsaal.de/ (15. Juli 2016).

Abb. 3:
WSTA, Akte Rüst-
kammer, Bl. 75

REGIERUNG DER
DEUTSCHEN DEMOKRATISCHEN REPUBLIK
Ministerium für Kultur
~~Allgemeine Verwaltung~~
Abteilung Bildende Kunst
und Museen

An den
Direktor der Wartburgstiftung
Genossen Noth

E i s e n a c h
Wartburg

Ihre Zeichen	Ihre Nachricht vom	Hausruf	Unsere Zeichen	BERLIN C 2 Molkenmarkt 1-3
Betreff		2094018	Scho/Wr	4.2.1961

Werter Genosse Noth !

Genosse Heese bat mich, Ihnen folgendes mitzuteilen:
Im Museum für Deutsche Geschichte in Berlin liegt zur Abholung

1 große P a v e s e   15. Jahrh.
Literatur: Alfons Diener-Schönberg,
Die Waffen der Wartburg,
Berlin 1912, S. 81, Nr. 254, Tafel 52

für die Wartburg bereit. Ich möchte Sie bitten, wegen des Termins
direkt mit dem Genossen Kiau vom Museum für Deutsche Geschichte
zu verhandeln.
Wenn Sie dann in Berlin sind, bittet Genosse Heese, daß Sie ihn
einmal in seiner Privatwohnung aufsuchen.

Bei dieser Gelegenheit teilen wir Ihnen mit, daß der Genosse Heese
mit der Fassung des Protokolls der Ausschuß-Sitzung einverstanden
ist.

Mit sozialistischem Gruß
i.A.

(Schoder)
Hauptreferent

Bankkonto: Deutsche Notenbank Berlin Nr. 1130000	Telefon 22 53 61 23 11 18 71	Fernschreiber Berlin 13 03	Telegramm-Anschrift Kulturministerium Berlin	Besuchszeit Mittwoch 13-18 Uhr Freitag 9-13 Uhr

Bei Rückantwort ist die Angabe unserer Geschäftszeichen unbedingt erforderlich

20806 a

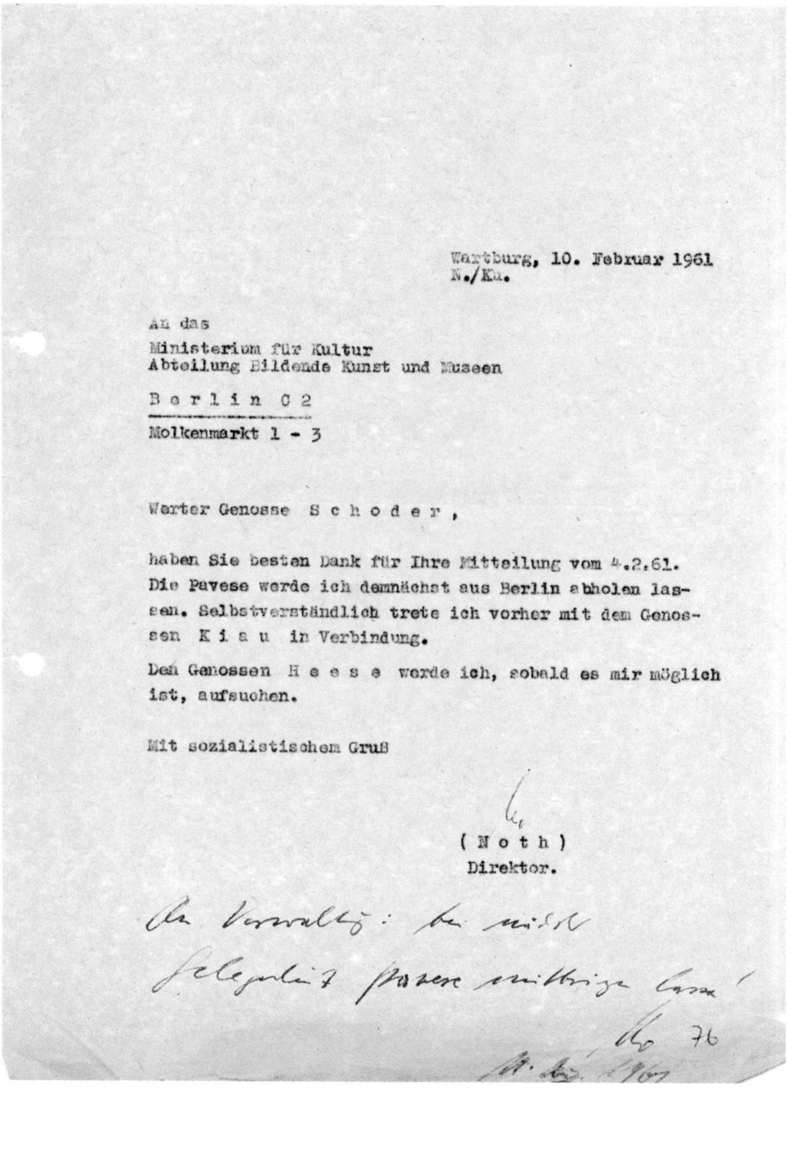

Abb. 4:
WSTA, Akte Rüst-
kammer, Bl. 76

Wartburg, 10. Februar 1961
N./Ku.

An das
Ministerium für Kultur
Abteilung Bildende Kunst und Museen

B e r l i n C 2

Molkenmarkt 1 - 3

Werter Genosse S c h o d e r ,

haben Sie besten Dank für Ihre Mitteilung vom 4.2.61.
Die Pavese werde ich demnächst aus Berlin abholen lassen. Selbstverständlich trete ich vorher mit dem Genossen K l a u in Verbindung.

Den Genossen H e e s e werde ich, sobald es mir möglich
ist, aufsuchen.

Mit sozialistischem Gruß

(N o t h)
Direktor.

19 Wartburg-Stiftung, Archiv, Akte Rüstkammer, Bl. 75: Mitteilung des Ministeriums für Kultur, Abteilung Bildende Kunst und Museen, Berlin an den Direktor der Wartburg-Stiftung
vom 4.2.1961; vgl. Bl. 76: Antwortschreiben von Werner Noth an das Ministerium für Kultur, Abteilung Bildende Kunst und Museen, Berlin vom 10.2.1961.

MUSEUM FÜR DEUTSCHE GESCHICHTE

BERLIN W 8
UNTER DEN LINDEN 2
RUF: 20 05 91

IHR ZEICHEN	IHRE NACHRICHT VOM	UNSER ZEICHEN ABTLG. Mi/Kr Sammlung	DATUM 9.11.1961

Empfangsbescheinigung

Vom Museum für deutsche Geschichte habe ich heute

1 Pavese

für die Sammlung der Wartburg übernommen.
Die Pavese stammt aus den Beständen der Wartburg und wurde von der
Sowjetunion im Jahre 1958 übergeben.

Meisel

BANKVERBINDUNG: DEUTSCHE NOTENBANK BERLIN, KTO.-NR. 11 27 616. TELEGR.-ANSCHR.: GESCHICHTSMUSEUM BERLIN

(120) BbG 023 59 3

obwohl im Schreiben irrtümlich auf die bei Diener-Schönberg abgebildete, ähnliche Pavese Nr. 254 verwiesen wird. Am 09. November 1961 wird die Pavese letztlich an die Wartburg übergeben _(Abb. 5)_.[20] Wann und unter welchen Umständen die zweite, schwarze Pavese zurück in den Besitz der Wartburg gelangt ist, ist dagegen noch unklar.

Zwei der verschollenen und als kriegsbedingt verbrachte und verlagerte Kulturgüter geltenden Pavesen befinden sich heute im Military-Historical Museum of Artillery, Engineer and Signal Corps in St. Petersburg (Nr. 3 [Inv.-Nr. 0138/417; ehem. W.-G.-I.-Nr. 4285] und Nr. 7 [Inv.-Nr. 0137/258; ehem. W.-G.-I.-Nr. 4290]).[21] Sie lassen sich durch die Abbildungen im Sammlungskatalog von Diener-Schönberg eindeutig identifizieren _(Abb. 6)_.[22] Näheres zu den Umständen, wie sie dorthin gelangt sind, ist indes nicht bekannt. Neben den genannten Schilden befindet sich dort aus dem Bestand der Waffensammlung der Wartburg auch ein durchbrochener Rossharnisch (Diener-Schönberg, Nr. 65 [ehem. W.-G.-I.-Nr. 4152]), vermutlich Augsburg,

20 WSTA (wie Anm. 19), Akte Rüstkammer, Bl. 59: Empfangsbescheinigung des Museums für Deutsche Geschichte, Berlin vom 9.11.1961.

21 Sergei V. Efimov, Sergei S. Rymsha: Оружие Западной Европы XV–XVII вв. [Waffen in Westeuropa. XV.–XVII. Jahrhundert]. Bd. 2, St. Petersburg 2009, S. 18.

22 Diener-Schönberg 1912 (wie Anm. 1), Taf. 52, Nr. 256 und 257.

Abb. 6:
Pavesen der Wartburg
(W.-G.-I.-Nr. 4285
und 4290, heute
Military-Historical
Museum of Artillery,
Engineer and Signal
Corps, St. Petersburg),
nach: Diener-Schön-
berg 1912
(wie Anm. 1), Taf. 52,
Nr. 256 und 258

um 1550–60 (Inv.-Nr. 0137/268). Außerdem wird ein Rossharnisch ausge-
stellt, der aus der Rossstirn, dem Kanz, dem Flankenpanzer und dem Hin-
tersteg des Kürisssattels des Rossharnischs Herzog Johann Wilhelms von
Weimar (Diener-Schönberg, Nr. 63 [ehem. W.-G.-I.-Nr. 4158]) sowie dem
Fürbug des Rossharnischs Herzog Johann Friedrichs II. von Gotha (Diener-
Schönberg, Nr. 61 [ehem. W.-G.-I.-Nr. 4164]), beide von Kunz Lochner,
Nürnberg, um 1550–60 (Inv.-Nr. 0137/278) zusammengesetzt ist.[23]

Der Verbleib der übrigen sechs Klausner Pavesen ist nach wie vor unbekannt. Vier von diesen (Nr. 2, 5, 9 und 10) sind im Katalog von 1912 durch
Abbildungen dokumentiert (ehem. W.-G.-I.-Nr. 4289, 4286, 4293 und
4291).[24] Die beiden anderen (Nr. 4 [ehem. W.-G.-I.-Nr. 4288] und Nr. 8
[ehem. W.-G.-I.-Nr. 4294])[25] sind immerhin partiell auf einer Ansicht der
Rüstkammer der Wartburg in Voss' und Lehfeldts «Bau- und Kunstdenkmä-

---

23 EFIMOV/RYMSHA 2009 (wie Anm. 21), Bd. 1, S. 90–103.
24 Vgl. die Einträge in der Datenbank Lost Art: ID 167702, 167692, 167727 und 167722, URL:
http://www.lostart.de (15. Juli 2016).
25 Vgl. Lost Art ID 167697 und 167732.

ler Thüringens» von 1917 zu erkennen *(Abb. 7)*,[26] sodass zumindest ausgeschlossen werden kann, dass sie nicht mit ähnlich aussehenden Klausner
Schilden identisch sind.

Abb. 7:
Ehemalige Präsenta-
tion der Klausner
Pavesen an der Nord-
seite der Rüstkammer
der Wartburg, um
1917, nach: Voss/
Lehfeldt 1917
(wie Anm. 26),
Taf. nach S. 230

Es sei noch darauf hingewiesen, dass bei zwei Pavesen eine Verwechslung
vorgelegen hat. Die heute wieder auf der Wartburg befindliche rot-weiß-rote
Pavese Nr. 1 (Inv.-Nr. KW0137) hatte man bislang für die ähnlich bemalte,
allerdings verschollene Pavese mit der alten W.-G.-I.-Nr. 4289 (Diener-
Schönberg, Nr. 254) gehalten. Eine fehlerhafte Reihenfolge im Katalog der
Wartburg aus dem Jahr 1912 hat außerdem den Anschein erweckt, es gäbe
nur eine schwarze Pavese. Ein Blick ins Inventar von 1906 jedoch zeigt, dass
es neben der unter der W.-G.-I.-Nr. 4287 ausführlich beschriebenen schwarzen Pavese (Nr. 6; Inv.-Nr. KW0136) noch eine zweite (Nr. 7) gibt, die dort
unter der W.-G.-I.-Nr. 4290 als «1 Pavese wie 4287» angeführt ist. Demnach
müsste in Diener-Schönbergs Katalog die Beschreibung der Pavese Nr. 257
eigentlich nach Nr. 258 folgen. Außerdem ist dort auch der Nr. 258 eine
falsche Abbildung zugeordnet. Diese zeigt nämlich zweifelsohne die heute
in St. Petersburg befindliche, schwarze Pavese (Nr. 7).

---

26 Georg Voss, Paul Lehfeldt (Hrsg.): Bau- und Kunstdenkmäler Thüringens, Bd. 3,2: Amtsgerichtsbezirk Eisenach, Die Wartburg, Jena 1917, (Taf.) nach S. 230.

Die folgende Zusammenstellung vereint die Klausner Pavesen der Wartburg
zumindest auf dem Papier wieder:

Nr. 1
Wartburg-Stiftung
Eisenach,
Inv.-Nr. KW0137
W.-G.-I.-Nr. 4297 [sic]
H. 116 cm, B. 52 cm,
9,300 kg

Diener-Schönberg 1912,
Nr. 255;
Trapp 1930, Nr. 6;
Profanter 2017, A.I.4
(Vorder- und Rückseite)

Nr. 2
Verbleib unbekannt
W.-G.-I.-Nr. 4289
Lost Art ID: 167702
H. 110 cm, B. 53 cm,
9,450 kg

Diener-Schönberg 1912,
Nr. 254, Taf. 52;
Trapp 1930, Nr. 5;
Profanter 2017, A.I.5
(nach: Diener-Schönberg
1912, Taf. 52, Nr. 254)

Nr. 3
Military-Historical Museum of
Artillery, Engineer and Signal Corps,
St. Petersburg, Inv.-Nr. 0138/417
W.-G.-I.-Nr. 4285
Lost Art ID: 167707
H. 119 (107?) cm, B. 50,5 cm,
8,800 kg

Diener-Schönberg 1912, Nr. 256, Taf. 52
Trapp 1930, Nr. 7;
Sergei V. Efimov und Sergei S. Rymsha:
Орчжие Западной Европы XV–XVII вв.
[Waffen in Westeuropa. XV.–XVII. Jahrhundert].
Bd. 2. St. Petersburg 2009, S. 18 mit Abb.;
Profanter 2017, A.I.20

Nr. 4
Verbleib unbekannt
W.-G.-I.-Nr. 4288
Lost Art ID: 167697
H. 111 cm, B. 55 cm, 8,690 kg

Diener-Schönberg 1912, Nr. 253;
Trapp 1930, Nr. 20;
Profanter 2017, A.III.a.6
(Detail der Text-Abb. 7)

Nr. 5
Verbleib unbekannt
W.-G.-I.-Nr. 4286
Lost Art ID: 167692
H. 109 cm, B. 60 cm,
8,760 kg

DIENER-SCHÖNBERG 1912,
Nr. 252, Taf. 52;
TRAPP 1930, Nr. [19];
PROFANTER 2017, A.III.b.
(nach: DIENER-SCHÖNBERG
1912, Taf. 52, Nr. 252)

Nr. 6
Wartburg-Stiftung
Eisenach,
Inv.-Nr. KW0136
W.-G.-I.-Nr. 4287
H. 111 cm, B. 49 cm,
6,070 kg

DIENER-SCHÖNBERG 1912,
Nr. 258 [sic], Taf. 52 [Abb.
der Rückseite fälschlicher-
weise als Nr. 257 bezeichnet];
TRAPP 1930, Nr. 27;
PROFANTER 2017, A.IV.1
(Vorder- und Rückseite)
(Abb. rechts nach: DIENER-
SCHÖNBERG 1912; Taf. 53,
Nr. 257[sic])

Nr. 7
Military-Historical Museum of Artillery, Engineer
and Signal Corps, St. Petersburg, Inv.-Nr. 0137/258
W.-G.-I.-Nr. 4290
Lost Art ID: 167712
H. 115 cm, B. 52 cm,
9,800 kg

Diener-Schönberg 1912, Nr. 257 [sic], Taf. 52
[Abb. fälschlicherweise als Nr. 258 bezeichnet];
Trapp 1930, Nr. 8;
Sergei V. Efimov und Sergei S. Rymsha:
Орчжие Западной Европы XV–XVII вв.
[Waffen in Westeuropa. XV.–XVII. Jahrhundert].
Bd. 2. St. Petersburg 2009, S. 18 mit Abb.;
Profanter 2017, A.IV.2

Nr. 8
Verbleib unbekannt
W.-G.-I.-Nr. 4294
Lost Art ID: 167732
H. 92 cm, B. 46 cm,
9,980 kg

Diener-Schönberg 1912, Nr. 262;
Trapp 1930, Nr. 33;
Profanter 2017, B.3
(Detail der Text-Abb. 7)

Nr. 9
Verbleib unbekannt
W.-G.-I.-Nr. 4293
Lost Art ID: 167727
H. 90 cm, B. 42 cm,
6,640 kg

Diener-Schönberg 1912, Nr. 261, Taf. 53;
Trapp 1930, Nr. 32;
Profanter 2017, B.6
(nach: Diener-Schönberg 1912,
Taf. 53, Nr. 261)

Nr. 10
Verbleib unbekannt
W.-G.-I.-Nr. 4291
Lost Art ID: 167722
H. 91 cm, B. 43 cm,
7,200 kg

Diener-Schönberg 1912, Nr. 260, Taf. 53;
Trapp 1930, Nr. 31;
Profanter 2017, B.7
(nach: Diener-Schönberg 1912,
Taf. 53, Nr. 260)

Eine Übersicht der Entwicklung des Gesamthaushaltes der Wartburg-Stiftung

Gerhard Keute

Wie im Beitrag des Wartburg-Jahrbuchs 2014 über den Arbeitsplatz Wartburg sowie über die Personalentwicklung[1] angekündigt, soll an dieser Stelle auch, soweit für die Öffentlichkeit von Interesse, über Haushalts- und finanztechnische Angelegenheiten der Einrichtung informiert werden. Eine solche Offenlegung begründet sich aus der Tatsache, dass die Wartburg zwar über eigene Einnahmen verfügt, jedoch auch projektbezogene Fördergelder aus der öffentlichen Hand in Anspruch nimmt.

Vergleicht man die wirtschaftliche Entwicklung der Wartburg-Stiftung anhand der einzelnen Haushaltsjahre, die hier exemplarisch durch die Jahre 2008, 2011 und 2014 erfolgt, so sieht man deutlich, dass die Entwicklung im Gesamtvolumen eine steigende Tendenz aufweist. Vor allem basiert diese Zunahme auf höheren Aufwendungen für den Denkmalschutz, die durch Zuschüsse finanziert werden müssen. Gestiegene Eigeneinnahmen in vielen Bereichen, u. a. bei den Eintrittsgeldern, waren notwendig, um die ebenfalls gestiegenen Betriebsausgaben, hier hauptsächlich Personalkosten, zu finanzieren.

Die Energiekosten sind in den Vergleichsjahren auf einem konstanten, aber hohen Niveau. Durch eine Energieberatung sind Verbesserungen an der Heizungsanlage im Jahr 2015 und 2016 durchgeführt worden. Wir erhoffen uns dadurch eine Steigung der Nutzungsauslastung der Heizung und erwarten für die Zukunft eine konstante, aber auch geringere Energieaufwendung.

Deutlich gewachsen sind dagegen die Kosten für Dienstleistungen (Wache, Reinigung etc.), die durch jährliche Mehrausgaben und dem Anpassen der dortigen Tarifverträge und der Einführung des Mindestlohnes immer wieder jährlich angeglichen worden sind. Fallend und gegen null tendierend sind die Zinseinnahmen der Stiftung.

Die Personalkosten gingen in den Jahren nach 2008 etwas zurück und stiegen dann von 2011 bis 2014 um ca. 10 %, was den tariflichen Anpassungen geschuldet war und für das Jahr 2014 mit erhöhten Urlaubs- und Mehr-

---

1 Jutta Krauss: Die Wartburg-Stiftung Eisenach seit 1989. Eine Rückschau auf 25 Jahre. In: Wartburg-Jahrbuch 2014. 23(2015), S. 9–61, darin: Gerhard Keute: Arbeitsplatz Wartburg; Personalentwicklung heute und morgen, S. 12–15.

stundenrückstellungen erklärt werden kann, die hier unter den Personal-kosten aufgeführt sind.

Die Aufwendungen für Denkmalpflege wuchsen von 2008 auf 2011 um ca. 73 % und sanken zum Jahr 2014 wieder. Dies hängt mit einmaligen Son-derprogrammen zusammen, die oft auch über mehrere Jahre gehen. Hier werden die durchgeführten Maßnahmen und gewonnenen Erkenntnisse in den Wartburg-Jahrbüchern 2009 bis 2013 durch die Leiterin der Bauhütte, Frau Felsberg, erläutert und eingehend beschrieben.

Damit kann man im Bereich der Finanzierungsmöglichkeiten und -arten keinen kontinuierlich wachsenden oder fallenden Haushalt feststellen. Ge-rade dies macht die Haushaltsplanungen oft schwierig, weil Informationen, Anträge und auch Bescheide erst nach Abschluss der festgestellten Haushalte kommen können.

DIE FINANZIERUNG DER WARTBURG-STIFTUNG AM BEISPIEL DER JAHRE 2008, 2011 UND 2014 – EINNAHMEN

	Haushaltsseite Einnahmen						
	Einnahmenherkunft						
	Bund	Land TSK	Land TLGDA	Eintrittsgelder	andere Einnahmen	Zinsen	
Jahr							Gesamt
2008	248.000	293.000	420.000	2.065.782	559.622	9.248	3.595.652
2011	923.000	368.700	695.000	2.321.375	661.890	5.976	4.975.941
2014	651.766	814.716	465.000	2.321.119	932.505	684	5.185.790

DIE FINANZIERUNG DER WARTBURG-STIFTUNG AM BEISPIEL DER JAHRE 2008, 2011 UND 2014 – AUSGABEN

	Haushaltsseite Ausgaben							
	Ausgabenverwendung							
	Personalkosten	Denkmalpflege	Projektaufwand	Medien, Strom, Gas	Veranstaltungen	Dienstleistungen	Sonstige Ausgaben	
Jahr								Gesamt
2008	1.749.608	1.116.245	189.326	153.233	124.265	318.854	275.617	3.927.148
Ausgaben 2008	44,6 %	28,4 %	4,8 %	3,9 %	3,2 %	8,1 %	7,0 %	
2011	1.734.254	1.947.863	161.319	158.429	172.922	315.627	277.019	4.767.433
Ausgaben 2011	36,4 %	40,9 %	3,4 %	3,3 %	3,6 %	6,6 %	5,8 %	
2014	1.979.876	1.803.240	295.418	159.645	152.370	354.342	292.069	5.036.960
Ausgaben 2014	41,5 %	37,8 %	6,2 %	3,3 %	3,2 %	7,4 %	6,1 %	

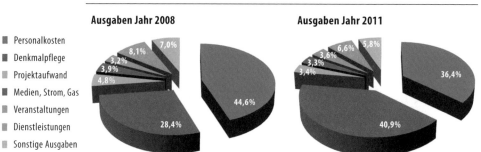

Ausgaben Jahr 2008   **Ausgaben Jahr 2011**

- Personalkosten
- Denkmalpflege
- Projektaufwand
- Medien, Strom, Gas
- Veranstaltungen
- Dienstleistungen
- Sonstige Ausgaben

Zum Vergleich sind die Ausgaben der Jahre 2008 und 2011 graphisch aufgeführt. Sie verdeutlichen, dass bei hohen Projektförderquoten die Ausga-
bensituation ziemlich homogen ist.

FÖRDERQUOTE DER JAHRE 2008, 2011 UND 2014

Vergleicht man die Fördermittelquote dieser Jahre, so kann man erkennen,
dass diese Zuschüsse mit den Ausgaben der Denkmalpflege (siehe Grafiken)
beinahe übereinstimmen. Durch Eigenanteile der Stiftung und Mehrausgaben im Baubereich kommt es zu kleinen Abweichungen.

Fördermittelquote			
	Haushaltsjahre		
	2008	2011	2014
Bund	248.000	923.000	651.766
Land TSK	293.000	368.700	814.716
Land TLDA	420.000	695.000	465.000
Gesamt	961.000	1.986.700	1.931.482
Fördermittelanteil am Gesamthaushalt	26,7%	39,9%	37,2%

Ausblick:
Die hier gezeigten Einnahme- und Ausgabensituationen sind in der Regel
feste Bestandteile jedes Haushaltes. Unterschiedliche Größen treten zumeist
im Zusammenhang mit beschiedenen Fördermitteln auf. Dort wird es in den
Jahren 2015 bis 2017 einen Anstieg im Zusammenhang mit dem Reforma-
tionsjahr 2017 und dessen Vorbereitungen geben. Wir werden nach Abschluss dieses besonderen Jahres darüber berichten.

JAHRESÜBERBLICK 2015

Die Baumaßnahmen an den Gebäuden und Anlagen
der Wartburg-Stiftung Eisenach im Jahr 2015

Annette Felsberg

In Abstimmung mit dem Thüringischen Landesamt für Denkmalpflege und
Archäologie (TLDA), der Thüringer Staatskanzlei und dem Bund wurden
auch im Jahr 2015 die umfangreichen konservatorischen sowie Bau- und
Werterhaltungsmaßnahmen fortgeführt. Insgesamt standen hierfür ca. 1.013
T€ zur Verfügung, die sich aus Fördermitteln (Bund 255 T€/TLDA 420 T€)
und Eigenmitteln der Wartburg-Stiftung zusammensetzten. Schwerpunkte
der ausgeführten Bauarbeiten waren 2015 die Instandsetzung der Fahrstraße
und der tangierenden Stützmauern am Droschkenplatz, Instandsetzung der
hofseitigen Fachwerkfassade am östlichen Wehrgang (Elisabethengang), die
Wiederherstellung der Werksteintreppe an der südwestlichen Wehrmauer,
und der Einbau von Toiletten / Künstlerumkleide / Garderobenanlage im
Zugangsbereich zum Palas / Neues Treppenhaus *(Abb. 1)*.

Die mehrjährigen Förderprogramme zum Fortgang langfristiger Restau-
rierungen und Sanierungen konnten auch 2015 weitergeführt werden. Die
Mittel aus dem Förderprogramm «Reformationsjubiläum 2017», die Bund
und Land Thüringen für die Sanierung von Torhaus – Ritterhaus – Vogtei
anteilig mit je 900 T€ im Zeitraum von 2011 bis 2014 bereit gestellt hatten,
mussten aufgrund umfangreicher verdeckter Schäden an Decken und tragenden Wänden in der Vogtei noch einmal mit je 195 T€ auf 2,19 Mio. €
aufgestockt und die Fertigstellung der Sanierungsarbeiten bis Jahresende
2015 verlängert werden. Zusätzlich konnten vom Land mit 215 T€ weitere
dringend notwendige Maßnahmen der restauratorischen Instandsetzung und
gebäudetechnischen Ertüchtigung in der Vorburg finanziert werden. Neben
der statischen Sicherung der Tragkonstruktion, der Erneuerung der Haus-
und Sicherheitstechnik und der Verbesserung des Brandschutzes waren die
Instandsetzungs-, Restaurierungs- und Konservierungsarbeiten fortzuführen
und die Umnutzung mehrerer Räume im Keller-, Erd- und Obergeschoss
abzuschließen. Schwerpunkte waren dabei die Einrichtung einer Technik-

Abb. 1:
Übersichts-Plan der
Baumaßnahmen
des Jahres 2015

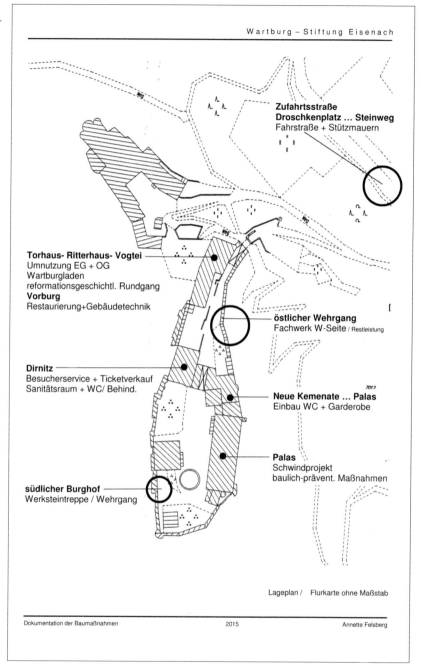

Wartburg – Stiftung Eisenach

Zufahrtsstraße
Droschkenplatz … Steinweg
Fahrstraße + Stützmauern

Torhaus- Ritterhaus- Vogtei
Umnutzung EG + OG
Wartburgladen
reformationsgeschichtl. Rundgang
Vorburg
Restaurierung+Gebäudetechnik

östlicher Wehrgang
Fachwerk W-Seite / Restleistung

Dirnitz
Besucherservice + Ticketverkauf
Sanitätsraum + WC/ Behind.

Neue Kemenate … Palas
Einbau WC + Garderobe

Palas
Schwindprojekt
baulich-prävent. Maßnahmen

südlicher Burghof
Werksteintreppe / Wehrgang

Lageplan /   Flurkarte ohne Maßstab

Dokumentation der Baumaßnahmen   2015   Annette Felsberg

zentrale im Vogteikeller, der Umzug des Museumsladens in die Räume des Erdgeschosses der Vogtei, der Tausch der Räume des Büros Burghauptmann – Konferenzraum im Erdgeschoss von Torhaus-Ritterhaus, die Herrichtung eines reformationsgeschichtlichen Rundgangs im Obergeschoss der Vogtei mit Einblick in die neue Schaubibliothek und die Wiederherstellung der Büro- und Archivräume im ausgebauten Dachbereich.

Mit weiteren 140 T€ Landesmitteln konnten Ausstattung und Technik in verschiedenen Bereichen der Burg erneuert sowie die Umnutzung des Untergeschosses der Dirnitz realisiert werden. Nach dem Umzug des Wartburgladens in die Vogtei begannen bis Jahresende die Neugestaltung des hier verbliebenen Ticketverkaufs, der Umbau der frei gewordenen, zentral gelegenen Flächen zum Besucherservice sowie der Einbau eines barrierefreien WC und einer Sanitätsstube.

Die Förderung durch den Beauftragten der Bundesregierung für Kultur und Medien im Rahmen des Programms «Substanzerhaltung und Restaurierung von unbeweglichen Kulturdenkmälern nationaler Bedeutung 2009-2015» für die Freskomalereien Moritz von Schwinds im Palas wurde halbiert, so dass 2015 erneut die geplanten Maßnahmen reduziert werden mussten.

Im Sängersaal standen, neben der Abnahme des desolaten Wandverputzes im Sockelbereich der Längswände und deren speziellem Neuverputz, die Reinigung und Konservierung des Malereibestandes und die Durchführung von Maßnahmen zur Salzreduzierung an. Die Dekorationsmalerei in der unteren Hälfte der Ost- und Westwand wurde wiederhergestellt. Der Gesamteindruck des Sängerkriegsfreskos konnte durch die Abnahme von verfälschenden Altretuschen, Überzügen und aufwendigen Punktretuschen erheblich verbessert und der Schwindschen Intention angenähert werden. Letzteres gelang auch mit der Wiederherstellung der in der 2. Hälfte des 20. Jahrhunderts beseitigten Treppe vor der Sängerlaube.

Begleitend zur Konservierung und Restaurierung der künstlerischen Raumausstattung des 19. Jahrhunderts werden über mehrere Jahre auch präventiv-konservatorische Maßnahmen zum Erhalt der Schwind-Fresken und Dekorationsmalereien durchgeführt. Im Jahr 2015 lag hier der Schwerpunkt in der Elisabethgalerie, in der eine Fußbodentemperierung eingebaut wurde, die, wie in den anderen Räumen auch, zur Kühlung genutzt werden kann. Die damit verbundene Erneuerung des Fußbodens mit Solnhofer Platten geschah analog zum Gestaltungskonzept des Landgrafenzimmers und Sängersaals. Dadurch, dass im Vergleich zu den in den 1930er Jahren verwendeten, nun größere und farblich gleichmäßige Platten ausgewählt wurden, sollte eine optische Verbindung zum ehemaligen Gipsestrich hergestellt werden. Eine interessante und wertvolle Entdeckung war der unter dem ausgebau-

ten Fußboden entdeckte umfangreiche Bestand an Gipsestrichboden aus
dem 19. Jahrhundert, der trotz seines desolaten Zustands in situ unter dem
neuen Fußbodenaufbau gesichert und erhalten werden konnte *(Abb. 2)*.

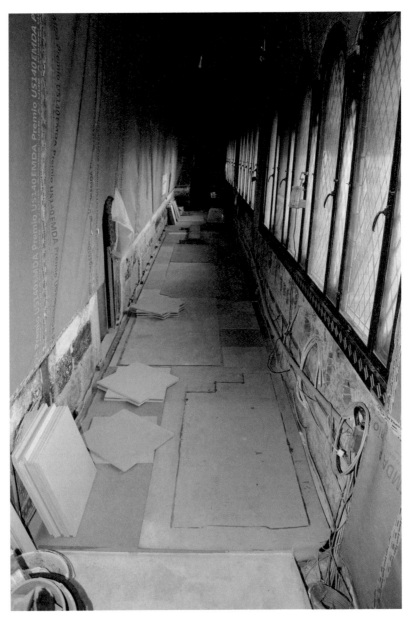

Abb. 2:
Die Elisabeth-
galerie während
des Einbaus der
Fußbodenplatten
aus Solnhofer Stein

I. SANIERUNG DER GEBÄUDE
TORHAUS – RITTERHAUS – VOGTEI

Das seit 2011 laufende, vierjährige Förderprogramm «Reformationsjubiläum 2017» zur Sanierung von Torhaus, Ritterhaus und Vogtei wurde um ein Jahr verlängert und zusätzlich 390 T€ für die anfallenden Mehrkosten bereitgestellt. Aufgrund der erst im Zuge der Freilegungsarbeiten 2014 entdeckten umfangreichen Schäden an der Tragstruktur der Vogtei, dem Schwammbefall sowie der gebrochenen Unterzüge und Deckenbalken infolge massiver Überlastung durch Bibliothek/Obergeschoss und Archive/Dachgeschoss waren umgehend zusätzliche statische Sicherungsmaßnahmen zu veranlassen. Die substanzerhaltende, konstruktive Ertüchtigung der tragenden Wände und Decken, ausgeführt durch die Firma Denkmalbau GmbH (Ettersburg) in enger Abstimmung mit dem Ingenieurbüro Trabert + Partner (Geisa), weitete sich dennoch zu einer Großbaustelle über alle Geschosse der Vogtei aus, die zu erheblichen Beeinträchtigungen auch für die in den angrenzenden Bereichen von Torhaus und Ritterhaus tätigen Mitarbeiter führte. Hinzu kamen daran anschließend die grundhafte, dem aktuellen Stand der Technik entsprechende Erneuerung der Elektro-, Heizungs- und Sanitärinstallation, einhergehend mit der Neuverlegung von Trassen und Leitungen für Daten-, Kommunikations- und Sicherheitstechnik (Brandmelde-, Einbruchmelde- und Schließanlage).

Die mit erheblicher Lärm- und Staubbelastung verbundenen Sanierungsarbeiten in den Treppenhäusern und Fluren mussten dann auch in allen Bibliotheks-, Archiv-, Büro- und Arbeitsräumen fortgeführt werden. Gleichzeitig erfolgten außerdem die tischlermäßige und sicherheitstechnische Aufarbeitung der Innentüren (Tischlerei/Holzsanierung Klaus Geyer, Sondershausen), die Instandsetzung oder auch Erneuerung der Fußböden mittels Eichenholzdielung (Bauhütte der Wartburg-Stiftung), die Verkleidung der Leitungsführungen und Schächte (DieKraBau, Gotha) und der Neuverputz bzw. die behutsame Ausbesserung der Putzfehlstellen an Wänden und Decken (Malerbetrieb Hillmer, Eisenach), so dass dann abschließend die malermäßige Instandsetzung aller Räume bis zum Jahresende erfolgen konnte. Trotz präziser Planung der Logistik und aufwändiger Koordination der Bau- und Installationsarbeiten waren Einschränkungen der Bürotätigkeit nicht zu vermeiden; mehrere Büros mussten sogar zeitweise beräumt werden.

Parallel dazu wurden die Sanierungsarbeiten im Erdgeschoss der Vogtei vorangetrieben, wo über die gesamte Grundrissfläche der Museumsladen neu eingeordnet ist. Während der südliche Raum als Handlager dient und der an den Treppenabgang von der Lutherstube angrenzende Raum eine kleine Teeküche für die Mitarbeiter aufnimmt, sind alle verbleibenden Flächen als großer Verkaufsraum neu gestaltet. Die drei unterschiedlichen Fußbodenebenen mit einem Ziegelplattenbelag, gefertigt von der Märkischen Keramikmanufaktur (Görzke) in Anlehnung an den historischen Befund,[1] sind über Blockstufen aus Seeberger Sandstein miteinander verbunden.

Die von der Wirtschaftsbetriebe Wartburg GmbH beauftragte Neugestaltung der Ladeneinrichtung mit dem zentral angeordneten Verkaufstresen lag in den Händen des Architekturbüros Spangenberg & Braun (Erfurt); Fertigung und Einbau erledigte die Tischlerei Schüffler (Kaltennordheim). Binnen weniger Tage erfolgte die komplette Einrichtung, Ausstattung und Warenbestückung, so dass am 29. Juli 2015 der neue Museumsladen in der Vogtei feierlich eröffnet werden konnte. Die Besucher gelangen nun alle am Ende des Rundgangs durch Palas und Museum in den Laden, können diesen aber auch direkt aus der Vorburg über die neue Eingangstür an der Nordostecke der Vogtei barrierefrei erreichen *(Abb. 3, Abb. 4)*.

Ein weiterer wichtiger Schwerpunkt insbesondere in Vorbereitung des Reformationsjubiläums 2017 war die Wiederinbetriebnahme der wissenschaftlichen Bibliothek. Nachdem die wertvollsten Bücher aus den bisher drei Bibliotheksräumen bereits 2014 teils in Mitarbeiterbüros umgelagert oder in Stahlschränke verschlossen eingelagert worden waren, musste dann in dem gesamten Obergeschoss vor Beginn der statischen Sicherungsmaßnahmen Baufreiheit geschaffen werden. Die alten, verschlissenen Regale waren ausgebaut, der verbliebene Buchbestand wurde in Kartons verpackt und in leerstehende Räume des Gasthauses an der Wartburgschleife ausgelagert.[2]

Während für die beiden nördlichen Bibliotheksräume nach Abschluss der Sanierungsarbeiten im September 2015 neue Einbauregale analog der bisherigen Möblierung und zwei Arbeitsplätze bei der Tischlerei Schüffler (Kaltennordheim) in Auftrag gegeben wurden, galt es im südlichen Bibliotheksraum für die geplante Schaubibliothek, die künftig in den Besucherrundgang einbezogen werden soll, eine fundierte Planung mit Abstimmung der gestalterischen sowie restauratorischen, klima- und sicherheitstechnischen Anforderungen zu erstellen. Nach restauratorischer Instandsetzung der Raumhülle einschließlich Wiederherstellung der Deckenverkleidung mit neuer Brettschalung übernahm die Innenausbau Schwertfeger GmbH (Eisenach) Fertigung und Einbau der Vitrinen und Bücherschränke. Die

---

1 ANNETTE FELSBERG: Die Baumaßnahmen an den Gebäuden und Anlagen der Wartburg-Stiftung Eisenach im Jahr 2014. In: Wartburg-Jahrbuch 2014. 23(2015), S. 269–288, hier S. 276f.
2 FELSBERG, Baumaßnahmen 2014 (wie Anm. 1) S. 274f.

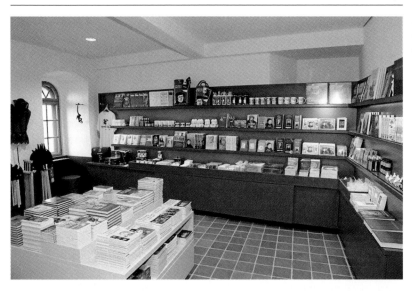

Abb. 3:
Der neue Museums-
laden im Erdgeschoss
der Vogtei

Abb. 4:
Der neue Museums-
laden im Erdgeschoss
der Vogtei mit dem
zentralen Tresen

Finanzierung der Schaubibliothek erfolgte durch einen jahresübergreifen-
den Zuschuss des Landes.

Bis zur geplanten Eröffnung der Sonderausstellung am 4. Mai 2016 waren
ebenfalls die noch im Herbst 2015 begonnenen Restaurierungsarbeiten im

Abb. 5:
Bauarbeiten in der
Kommandantendiele

Luthergang und in der Kommandantendiele abzuschließen. Neben Instandsetzung der verputzten Gefache, tischlermäßiger Aufarbeitung, brandschutz-
und sicherheitstechnischer Ertüchtigung der historischen Türen standen insbesondere umfangreiche Reinigungsarbeiten an den Holzbauteilen, Fach-
werkhölzern, Fußböden, Deckenbalken und Verkleidungen an *(Abb. 5).*

Mit Einbau der neuen Übertreppe aus Eichenholz, gefertigt zum Schutz der originalen historischen Holzstufen, ist erstmals ein barrierefreier Zugang zur Lutherstube möglich. Menschen mit Handicap erreichen dann das Obergeschoss der Vogtei mit Hilfe des bereits 2011 angeschafften Treppensteigers[3] über diese Treppe in der Kommandantendiele und den sich anschließenden Luthergang.

2. DER WARTBURG-PALAS

Nachdem starker Abrieb des bröckelnden Gipsestrichs im Rittersaal zu hohen Staubbelastungen in den angrenzenden Palasräumen geführt hatte und zahllose Ausbrüche und Fehlstellen das gefahrlose Begehen des Raumes immer mehr beeinträchtigten, erneuerte die Bauhütte in den besucherschwachen Monaten zu Jahresbeginn abschnittsweise den Fußboden. Nach dem Ausstemmen der verschlissenen Kalk- und Zementfugenmörtel konnten die freigelegten Gussrohre der Wasserleitung auf der Westseite des Raumes erneuert und die Fehlstellen im kleinteilig gesetzten Packlager ergänzt werden *(Abb.6)*. Anschließend erfolgte unter Anleitung des Restaurators Stefan Scheidemann (Friedrichroda) der Einbau des bereits Ende 2014 bemusterten,

Abb. 6.
Die freigelegten Gussrohre der Wasserleitung auf der Westseite des Rittersaals im Palas der Wartburg

---

3 Vgl. Annette Felsberg: Die Baumaßnahmen an den Gebäuden und Anlagen der Wartburg-Stiftung Eisenach im Jahre 2011. In: Wartburg-Jahrbuch 2011. 20(2012), S. 185–205, hier S. 190.

dem Originalbefund nachgestellten und jetzt konfektionierten Gipsestrichs[4]
(Fa. Huschenbeth; Sonderrezeptur S 1104). Das nachfolgende Schleifen der
Estrichfugen zum Glätten der Oberflächen lässt die Erneuerung des Fuß-
bodens nicht mehr erkennen und verhindert gleichzeitig den weiteren
Materialabrieb.

Abb. 7:
Die Nordostecke des
Sängersaals mit der
wiederhergestellten
Treppe

Das Einsetzen eines großen Fußabtreterrostes im sich anschließenden
Durchgangsbereich zur mittelalterlichen Treppe bzw. zum Speisesaal diente
ebenfalls der Reduzierung der Staubbelastung für die angrenzenden Räume,
erforderte jedoch zunächst die Sanierung des darunter befindlichen gemauer-
ten Schachtes sowie der Stahlträger für die Schachtabdeckung mit Sand-
steinplatten.

Der Einbau einer T30-RS-Tür zum westlich angrenzenden Elektroraum,
der jetzt auch als Aufstellraum für die Lüftungstechnik genutzt wird, ist zur
brandschutztechnischen Ertüchtigung des Palas erforderlich. Die zum Rittersaal vorgesetzte historische Stahltür bleibt eingebaut und verdeckt diese
Maßnahmen zur technischen Aufrüstung.

---

4 Felsberg, Baumaßnahmen 2014 (wie Anm. 1) S. 280.

Auch im Jahr 2015 fanden die Maßnahmen zur Erhaltung und Restaurierung der Freskomalereien Moritz von Schwinds im 1. Obergeschoss ihre Fortführung. Nach Fertigstellung der Restaurierungs- und Konservierungsarbeiten am Sängerkriegsfresko und der Dekorationsmalerei, der tischlermäßigen Aufarbeitung der Holzdecke und dem Einbau der neu gefertigten Holztreppe zur Sängerlaube konnten die Besucher am 24. Juli 2015 den Sängersaal erstmals wieder in seiner ursprünglichen Raumwirkung erleben *(Abb. 7)*.

Das seit mehreren Jahren laufende Haustechnikkonzept wurde auch 2015 entsprechend der Planungen der INNIUS Gebäudetechnik Dresden GmbH weitergeführt. Die bereits 2014 im sogenannten Elektro-Raum im Erdgeschoss installierte Lüftungsanlage ist durch den Einbau der technischen Komponenten einer kombinierten Kältemaschine mit Direktverdampfung auf dem Flachdach hinter dem Ritterbad sowie deren Regelung komplettiert worden. Im Zusammenhang mit der Installation der Fußbodenheizung in der Elisabethgalerie – analog zu den thermisch-aktiven Böden in Landgrafenzimmer und Sängersaal – wurden auch die Versorgungsleitungen für die Kapelle mit deren Fußbodenheizungsverteiler eingebaut. Ebenso erfolgte die Steuerungs- und Regelungstechnik für die Fußbodentemperierung der Elisabethgalerie und Vorhaltung für dieselbe in der Kapelle. Installationsarbeiten im Gewerk Elektro, wie Anschlüsse der oben genannten Komponenten und Steckdoseneinbauten in der Elisabethgalerie und im Sängersaal, ergänzten die haustechnischen Maßnahmen, deren Umfang im Jahr 2015 bei 195 T€ lag.

Eine abschließende Verkleidung der im hofseitigen Gang im Obergeschoss des Palas installierten Rohrleitungen und Heizkreisverteiler konnte im September realisiert werden. Als Einbauschränke ausgeführte, bei Veranstaltungen im Festsaal je nach Bedarf aufklappbare Türen aus MDF-Platten in Wandfarbe mit circa 300 Garderobenhaken ersetzen nun die in den 1950er Jahren montierten schmiedeeisernen Hakenleisten.

3. DIE ZENTRALEN GEBÄUDE: NEUES TREPPENHAUS, NEUE KEMENATE, DIRNITZ

Für den schon seit vielen Jahren angedachten Einbau einer «Notfall-Toilette» in einem unmittelbar an den Palas grenzenden Raum musste bis zum Treffen der Arraiolos-Gruppe nichtregierender Staatsoberhäupter am 21. September 2015 eine bauliche Lösung gefunden werden. Die hierfür geforderten zwei separaten WC-Räume waren in angemessener Gestaltung auszuführen, sollten aber gleichzeitig auch reversibel sein. Der einzige geeignete und zur

Verfügung stehende Raum befindet sich im Erdgeschoss der Neuen Kemenate, zentral gelegen zum Eingangsbereich des Neuen Treppenhauses. Wurde
dieser bisher multifunktional als Restauratorenwerkstatt oder Sanitätsstube,
als Abstellraum für Reinigungsmittel, Gastronomie-Tresen, Klimageräte,
Orchesterinstrumente und Theaterrequisiten genutzt, musste er nun für die
anstehenden Baumaßnahmen vollständig beräumt werden. Der vom Eisenacher Architekt Matthias Beyer-Schubert geplante, in den Raum eingestellte
Kubus aus Gipskarton-Ständerwänden, raumseitig mit farbigen MDF-Platten

und großen Spiegeln verkleidet, fügt sich harmonisch in die Architektur des Raumes ein *(Abb. 8)*. Während er auf der Fensterseite noch einen durch eine Schiebetür abzutrennenden Platz für eine Künstlergarderobe bietet, ist auf der gegenüberliegenden Wandseite ein dazu passender Einbauschrank mit großem Ausgussbecken für die Reinigung der mobilen Klimageräte eingeordnet.

Die Erneuerung der vom Hausbock stark geschädigten Decken- und Dachkonstruktion des Neuen Treppenhauses einschließlich der undichten Schieferdeckung wurde vom Ingenieurbüro Trabert + Partner im Zusammenhang mit der Sanierung der Hoffassade geplant; die Realisierung der Baumaßnahmen musste jedoch aus Zeit- und Kostengründen erneut verschoben werden.

Unmittelbar nach dem Umzug des Museumsladens aus dem Untergeschoss der Dirnitz in die Vogtei erfolgte der Einbau einer raumhohen Trockenbauwand zur Abtrennung des ohne Unterbrechung weiterlaufenden Ticketverkaufs vom zu beräumenden Souvenirshop. Ein Teil des Ladenmobiliars, Regale und Schränke verblieb zum Wiedereinbau vor Ort innerhalb der Baustelle. Nach Rückbau aller Einbauten und Trennwände konnte mit den Trockenbau- und Installationsarbeiten für die neu einzuordnenden

Abb. 9:
Der alte Tresen im Souvenirshop in der Dirnitz

Abb. 10:
Der neue Tresen des Ticketverkaufs in der Dirnitz

Räume begonnen werden. Es entstand der Besucherservice als halböffentlicher Bereich mit zwei Arbeitsplätzen für Konzertkartenverkauf und Anmeldung von Gruppenführungen sowie ein Pausenraum mit Teeküche. Im innenliegenden, fensterlosen Bereich wurden der Sanitätsraum und ein barrierefreies WC eingebaut, die für alle Besucher der Burg von beiden Burghöfen über den Dirnitzgang erreichbar sind. Nach Aufarbeitung des vorhandenen Ladenmobiliars und Fertigung von zwei Schreibtischen mit Beratungsbereich zogen die beiden Mitarbeiter noch vor dem Besucheransturm an den Weihnachtsmarktwochenenden aus dem nördlichen Raum des Erdgeschosses der Vogtei in den neuen Besucherservice um.

Ebenfalls noch vor Jahresfrist wurde analog zum neuen Museumsladen der Tresen des Ticketverkaufs tischlermäßig aufgearbeitet und farblich neu gestaltet. Gleichzeitig erfolgte die Verkleidung der raumhohen Trennwand zum Besucherservice mit lichtgrauen MDF-Platten; der geplante Einbau von vier großen Bildschirmen in diese «Willkommenswand» musste jedoch auf das Folgejahr verschoben werden *(Abb. 9, Abb. 10)*.

4. Arbeiten in den Höfen und an den Wehrgängen

Am östlichen Elisabethen-Wehrgang wurden durch die Maurer und Tischler der Wartburg-Bauhütte die im Vorjahr begonnenen Instandsetzungsarbeiten[5] am aufgehenden Mauerwerk und der aufstehenden Fachwerkfassade in Anlehnung an das Sanierungskonzept von Torhaus-Ritterhaus-Vogtei fertiggestellt. Neben dem Aufarbeiten des Fachwerks sowie Putz- und Malerarbeiten entsprechend den restauratorischen Befunden erfolgte auch das Erneuern der Überdachung des Lagerplatzes für die historischen Holzleitern mittels Brettverschalung aus Eichenholz *(Abb. 11)*.

Ebenfalls eine Restleistung aus den Vorjahren war das Versetzen der Sandsteintreppenstufen auf der südwestlichen Wehrmauer, die den Verlauf des

Abb. 11:
Erneuerung der
Überdachung des
Lagerplatzes für die
historischen Holz-
leitern am östlichen
Elisabethen-Wehr-
gang

Abb. 12:
Versetzen der Sand-
steintreppenstufen auf
der südwestlichen
Wehrmauer an der
Südseite des Gadems

an der Südseite des Gadems beginnenden Wehrgangs markieren. Weiterführende Arbeiten zu baulichen Veränderungen im südlichen Burghof bedürfen aber einer ganzheitlichen Planung, basierend auf der denkmalpflegerischen Zielstellung, die das Büro für Architektur und Gartenkunst Rimbachplan aus Bad Liebenstein erarbeitet *(Abb. 12)*.

Umfangreiche, zeitaufwändige Schachtarbeiten durch die Mitarbeiter der Bauhütte zum Verlegen neuer Grundleitungen im Bereich des ersten Burghofes erfolgten ohne Beeinträchtigungen des Besucherverkehrs, waren aber Voraussetzung für den Einbau der neuen WC-Anlagen in Dirnitz und Neuer Kemenate.

5. AUSSENANLAGEN, ZUFAHRTSSTRASSE, HOTEL

Am Droschkenplatz erforderten hangseitig abdriftende Parkplätze und die Feuerwehraufstellfläche auf instabilen Aufschüttungen, zahllose Ausbesserungen des Asphaltbelags sowie durch den Baumbewuchs stark geschädigte Stützmauern im Kurvenbereich dringendst eine grundhafte Instandsetzung des gesamten Straßenabschnittes. Die Ende Juni begonnenen Straßen- und Tiefbauarbeiten machten die halbseitige Sperrung der Fahrstraße notwendig, geregelt durch eine Ampelanlage zur Verkehrsregelung. Nach abschnittsweisem Aufnehmen der talseitigen Fahrbahnhälfte einschließlich des

Abb. 13:
freigelegte Bereiche
mit historischem
Pflasterbelag aus
Wartburg-Konglo-
merat auf der berg-
seitigen Straßenhälfte
des Droschkenplatzes

Unterbaus bis auf den sehr tief liegenden Felshorizont, wurde eine Stütz-
wand aus Gabionenkörben zur Stabilisierung der Böschung eingebaut, die
nach Andecken des zwischengelagerten Aushubmaterials und Rasenansaat
nicht mehr sichtbar ist. Bei den Schachtarbeiten auf der bergseitigen Straßenhälfte legte die Baufirma unmittelbar unter dem Asphalt Bereiche mit
historischem Pflasterbelag aus Wartburg-Konglomerat frei, das nach Doku-

Abb. 14:
Die fertiggestellte
Fahrstraße am
Droschkenplatz

mentation der Befunde ausgebaut und zum Wiedereinbau für künftige Pflasterarbeiten in den Burghöfen eingelagert wurde *(Abb.13)*. Das abschließende Pflastern der Fahrstraße mit dem geborgenen Pflaster aus Rotem Meißner Granit, beginnend in der Kurve am Droschkenplatz bis zur Eseltränke, musste in Nachtarbeit ausgeführt werden, da hierfür eine vollständige Sperrung der Zufahrt zur Burg und zum Hotel notwendig war. Nach Wiedereinbau der vorhandenen Mastleuchten, Granitpfosten und Umwehrungen aus Eichenkanthölzern konnte die mit den Straßenbauarbeiten beauftragte Reinhardt Kutscher GmbH + Co. Baubetriebs KG (Dermbach) nach nur dreimonatiger Bauzeit Mitte September den Straßenabschnitt einschließlich der Parkplätze am Felsen und der Feuerwehraufstellfläche wieder zur Nutzung freigeben *(Abb. 14)*.

Die zu Beginn der 1930er Jahre mit der Verbreiterung der Zufahrtsstraße errichtete Stützmauer aus Natursteinmauerwerk, die die Stellplätze in der Kurve am Droschkenplatz statisch sichert, war im Laufe der Jahre immer mehr zugewachsen. Zunehmender Fahrverkehr, steigende Verkehrslasten sowie die Durchwurzelung von mehreren großen Bäumen hatten das Gefüge des Mauerwerks weitestgehend zerstört. Während die Mauerkrone bis zu drei Meter abzubauen und wieder neu zu errichten war, konnten die verbleibenden Mauerbereiche durch Vernadelung in situ statisch ertüchtigt werden. Mit der Instandsetzung der Natursteinstützmauer war die Steinmetzfirma Matthias Albertoni (Eisenach) betraut, die sowohl die steinrestauratorischen und -konservatorischen Arbeiten als auch die Sicherungsarbeiten bis November fertigstellte *(Abb. 15, Abb. 16)*.

An allen Treppenanlagen, Wegen und Fahrstraßen erfolgten durch die Mitarbeiter der Bauhütte auch dieses Jahr wieder zahlreiche Reparaturen von Handläufen und Umwehrungen, bevor im Folgejahr komplette Erneuerungen auszuführen sind. Durch Starkregen ausgespülte Fußwege und Treppen sowie die Schanze waren mehrfach nachzukiesen; längerfristig sind jedoch grundhafte Erneuerungen durch Pflastern der betroffenen Flächen geplant.

Der mobile Bratwurststand am Parkplatz hat sich inzwischen etabliert; ursprüngliche Planungen zur Errichtung eines neuen Verkaufsstandes wurden vom Pächter vorerst nicht weiter verfolgt. Die temporäre Nutzung des leerstehenden Gasthauses an der Wartburgschleife als Lager für Andenken, Bauakten und Buchbestände für den Museumsladen blieb auch 2015 erhalten. Die während der Sanierungsarbeiten in der Vogtei vorübergehend ausgelagerten Archiv- und Bibliotheksbestände brachte man nach Fertigstellung der Bibliothek- und Archivräume in die Burg zurück.

Im Wartburghotel konnten zu Jahresbeginn die seit den Renovierungsarbeiten im Jahr 2011 ausstehende Reinigung und restauratorische Instand-

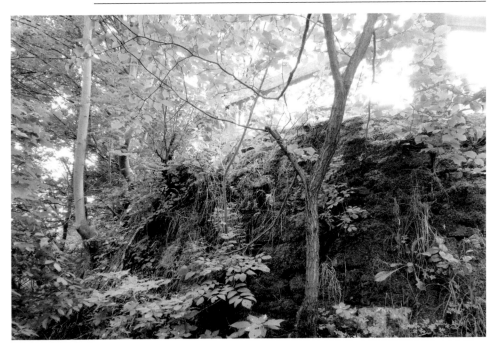

Abb. 15:
Die zugewachsene
Stützmauer am
Droschkenplatz

setzung der großflächigen Wandbilder und der Bemalung der Holzdecke im Wappensaal vom Restaurator Burkard Schmidt (Weimar) ausgeführt werden. Brandschutz- und Sanierungsmaßnahmen zur Ertüchtigung bzw. grundhaften Erneuerung und Umstrukturierung der Küche im Erd- und Kellergeschoss wurden vorerst ausgesetzt, da hierfür erst ein langfristiges Gesamtkonzept mit Varianten zu möglichen Nutzungsänderungen und -erweiterungen für die nachhaltige Entwicklung des Hotels erarbeitet werden soll.

Die historische Wasserleitung der Wartburg erfuhr mehrere Kleinreparaturen sowie Erneuerungen von Knotenpunkten. Im Zusammenhang mit der Restaurierung des Fußbodens im Rittersaal konnten die hierbei freigelegten Rohrleitungen im Erdgeschoss des Palas ersetzt werden. Während am Wasserbehälter «Hoher Bruch» die Wasserleitungen einschließlich Schieber am Zu- und Überlauf erneuert wurden, mussten an der Meininger Leitung die Knotenpunkte an der Stockwiese und an der Schanze in Ruhla sowie das Schieberkreuz der Spülleitung ertüchtigt werden.

6. PROJEKTE, PLANUNGEN UND KONZEPTE, WETTBEWERBE;
DOKUMENTATION UND BAUFORSCHUNG

Die Lage der Höhenburg und der damit verbundene beschwerliche Aufstieg
zur Wartburg stellt für viele Besuchergruppen eine besondere Herausforderung dar, insbesondere für Menschen mit Handicaps, für ältere Menschen
aber auch für Familien mit Kindern. Zunächst wurde das Thema «Barrierefreie Erschließung der Wartburg» zumindest auf die barrierefreie Erreichbarkeit der Wartburg reduziert; die Burganlage selbst einschließlich der
Innenhöfe soll auch weiterhin nur fußläufig erreichbar bleiben.

Die Planungen für ein «Wartburg-Mobil» mit Elektroantrieb in Zusammenarbeit mit dem Fraunhofer-Institut für Verkehrs- und Infrastruktur-
systeme IVI aus Dresden[6] wurden mit dem Ziel fortgeführt, ein emissions-
armes, barrierefreies Zubringersystem für die Wartburg zu entwickeln, das
ohne wesentliche Eingriffe in die Bausubstanz, Zuwegungen und Plätze
realisiert werden kann und somit sowohl den Anforderungen des Denkmal-

6 FELSBERG, Baumaßnahmen 2014 (wie Anm. 1) S. 288.

schutzes als auch der UNESCO Rechnung trägt. Mit Blick auf das Reformationsjubiläum 2017 und die zu erwartenden hohen Besucherzahlen sollte der Projektantrag vom 20. Mai 2015 «Weltkulturzugang Wartburg – barrierefrei durch Raum und Zeit» bis März 2017 realisiert werden. Aufgrund des viel zu kurzen Zeitrahmens von weniger als zwei Jahren, der hohen, nicht förderfähigen Kosten für Planung und Technologieentwicklung sowie der sehr kostenintensiven Fertigung der speziell auf die komplizierten Anforderungen der steilen, schmalen Wartburgauffahrt mit extrem engen Kurvenradien an Droschkenplatz und Schanze konzipierten Fahrzeuge (mit nur 16 Sitzplätzen) konnte das ehrgeizige Projekt letztlich nicht realisiert werden.

Bei den im Vorjahr begonnenen konzeptionellen Überlegungen für das Parkplatzareal mit etwa 250 Stellplätzen für PKW und Reisebusse waren insbesondere Funktionalität und Erscheinungsbild des seit 1929 errichteten Bestandes an Gebäuden, baulichen Anlagen und Freiflächen grundsätzlich zu überdenken. Dem Willkommen vor dem Aufstieg zur Burg wie auch den Eindrücken nach dem Wartburg-Besuch vor der unmittelbaren Abreise soll künftig mehr Aufmerksamkeit geschenkt werden, weshalb im Januar 2016 ein zweiteilig ausgeschriebener Architektenwettbewerb «Servicegebäude Wartburgschleife» von der Wartburg-Wirtschaftsbetriebe GmbH ausgelobt werden soll.

Für die Wartburgumgebung, d.h. den Gebietsumgriff der Denkmalausweisung «Wartburg», wurde das Büro für Architektur und Gartenkunst Rimbachplan (Bad Liebenstein) mit der Erarbeitung einer denkmalpflegerischen Zielstellung beauftragt, da gerade auch die Freianlagen sowie die forstästhetisch geprägten Zierwaldbereiche der unmittelbaren Burgumgebung einen wesentlichen Einfluss auf das Gesamterscheinungsbild der Burg haben. Die Neuausweisung und Erweiterung des Naturschutzgebiets «Wartburg – Hohe Sonne» sowie die Ausweisung großer Bereiche als Fauna-Flora-Habitat einerseits und die Denkmalausweisung «Wartburg» und «Waldpark Wartburg» andererseits überlagern sich auf mehreren Bereichen des Wartburg-Areals und verfolgen jedoch zum Teil sehr unterschiedliche Schutzziele basierend auf teilweise gegenläufigen Regularien.

Auch 2015 wurde das digitale Planarchiv der Wartburg-Stiftung weiter fortgeschrieben. Das Ingenieurbüro B.a.u.werk (Weimar) archivierte die Bestandspläne; zur Dokumentation der Baumaßnahmen und Veränderungen wurden die Zeichnungen der im Vorjahr fertiggestellten Bauvorhaben integriert.

«Bild und Botschaft. Die Lutherporträts der Cranach-Werkstatt»
Sonderausstellung auf der Wartburg zum Thüringer Themenjahr «Bild und Botschaft» vom 1. April bis 19. Juli 2015

Günter Schuchardt

VORBEMERKUNG

Im Herbst 2008 wurde in der Wittenberger Schlosskirche eine Dekade für Martin Luther und die Reformation feierlich eröffnet. Die Evangelische Kirche in Deutschland rief zu Themenjahren auf, denen sich innerhalb dieses Zeitraums bis zum Reformationsjubiläum 2017 besonders gewidmet werden sollte. Das Jahr 2015 erhielt das Motto «Reformation – Bild und Bibel». Den konkreten Anlass bot der 500. Geburtstag von Lucas Cranach d. J. am 4. Oktober. Die Stiftung Luthergedenkstätten begann mit der Vorbereitung der überhaupt ersten Personalausstellung für den in Wittenberg geborenen und verstorbenen Künstler, der bislang im Schatten seines weitaus berühmteren Vaters stand.

Die Sammelleidenschaft der thüringischen Fürstenhäuser, die auf das einstige Kursachsen zurückgehen, führte hierzulande zu einer bemerkenswerten Dichte von erhaltenen Werken Lucas Cranachs d. Ä. und seiner Söhne. Vor allem die Museen der ehemaligen Herzogtümer Sachsen-Weimar und Sachsen-Gotha bewahren einen reichen Schatz. Die Klassik Stiftung Weimar, die Stiftung Schloss Friedenstein Gotha und die Wartburg-Stiftung Eisenach verabredeten eine gemeinsame Würdigung durch drei zeitgleiche Ausstellungsvorhaben, die sich der Cranachfamilie widmeten. Unter dem gemeinsamen Motto «Bild und Botschaft» waren die Expositionen «Cranach im Dienst von Hof und Reformation» im Herzoglichen Museum Gotha, «Cranach in Weimar» im dortigen Schillerhaus und «Die Lutherporträts der Cranach-Werkstatt» in zwei Ausstellungsräumen auf der Wartburg zu sehen. Die Thüringer Tourismusgesellschaft (TTG) übernahm das Gesamtmarketing für die drei Ausstellungen. Das Thüringer Ministerium für Bildung, Wissenschaft und Kultur (TMBWK) und die Beauftragte der Bundesregierung für Kultur und Medien (BKM) förderten die Exposition auf der Wartburg mit jeweils 65.000 Euro. An 109 Öffnungstagen sahen die Eisenacher Ausstellung 118.000 Besucher; in Gotha waren es 52.000, in Weimar 46.000 Gäste. Zur Ausstellung erschien ein 208 Seiten umfassender Katalog, der aufgrund der großen Nachfrage noch eine zweite, verbesserte Auflage erfuhr.[1]

Abb. 1
Ministerpräsident
Bodo Ramelow und
Burghauptmann
Günter Schuchardt
zur Eröffnung der
Sonderausstellung
«Bild und Botschaft.
Die Lutherporträts
der Cranach-Werk
statt».

KONZEPTIONELLER ANSATZ

Die Cranach-Forschung hat in den vergangenen vier Jahrzehnten große Fortschritte verzeichnen dürfen. Einsetzend mit der viel beachteten Baseler Werkschau 1974 und ihrem zweibändigen Katalog[2], die dem 500. Geburtstag Cranachs d. Ä. nachfolgte, hat es immer wieder Ausstellungen, wissenschaftliche Tagungen und Publikationen gegeben. Gleichzeitig sind weitere Gemälde entdeckt, zugeordnet, erstmals ausgestellt und publiziert worden, die sich überwiegend in Privatbesitz befinden. Die Dimension des Schaffens, die durch die beispiellose Werkstattorganisation erreicht wurde, ist einmalig. Problematisch bleibt die Händescheidung zwischen Vater und Söhnen ab der Zeit um 1530. Insbesondere das Werk von Hans Cranach, dem Erstgeborenen (um 1513–1537), findet in der Forschung bislang zu wenig Be-

---

1 GÜNTER SCHUCHARDT (Hrsg.): Cranach, Luther und die Bildnisse, Ausstellungskatalog, Wartburg-Stiftung Eisenach, Regensburg 2015.

2 DIETER KOEPPLIN und TILMAN FALK (Hrsg.): Lucas Cranach. Gemälde-Zeichnungen Druckgraphik, Bd. 1. 1974, Bd. 2. 1976 (Katalog Basel 1974).

rücksichtigung. Im lateinischen Trauergedicht des Dichters Johann Stigel auf den Tod von Hans heißt es, dass der Verstorbene Luthers Bildnis in tausend Exemplaren gemalt haben soll.[3]

Den ersten Versuch einer Typisierung der Lutherbildnisse aus der Cranach-Werkstatt unternahm Johannes Ficker 1934 im Nachgang zum 450. Geburtstag des Reformators.[4] Die Ausstellung griff diese Einteilung unter Berücksichtigung weiterer, seitdem aufgefundener Porträts sowie neuerer wissenschaftlicher Publikationen[5] auf und versuchte sie zu aktualisieren und zu ergänzen.

So wird das Porträt – das authentische Bildnis der Zeit und selbst das Rezeptive der folgenden Jahrhunderte – zum bestimmenden und immer wiederkehrenden Aspekt – dank des Fleißes dieser Cranach-Werkstatt und der physiognomisch-anatomischen Nähe und vermittelten Botschaft ihrer meisten Werke. Doch das gemalte Porträt, selbst wenn es in einer stattlichen Menge gefertigt wurde, war nicht das eigentliche Massenmedium, sondern zunächst die Druckgrafik, die zehntausendfache Verbreitung auch durch andere Zeitgenossen erfuhr und ein wesentlich größeres Publikum erreichte. Die ersten Lutherporträts waren druckgrafische Exemplare.

Darüber hinaus setzte sich die Ausstellung zum Ziel, die Arbeitsweise der Cranach-Werkstatt und deren Beziehungen zu Martin Luther vorzustellen. Luthers grafische Porträts aus Wittenberg weisen vom Standpunkt des Betrachters immer nach links. Luther ist seitenverkehrt wiedergegeben. Das ist ein Werkstattprinzip und kann als Faustregel dienen. Eine gelegentliche Änderung der Richtung erfolgt erst in der Werkstatt Cranachs d. J. und bei anderen Zeitgenossen frühestens ab 1530.

Zeitgenössische gemalte Porträts des lebenden Luther entstanden ausschließlich in der Cranach-Werkstatt. Das ist ein Werkstatt-Privileg. Bei Cranach d. Ä. weisen sie vom Betrachter aus immer nach rechts. Einzige Ausnahme bildet der Typus der Totenbildnisse, die, soweit sie aus Wittenberg stammen, Cranach d. J. zuzuschreiben sind, der das Prinzip aufgab und postume Bildnisse Luthers auch nach links gewendet schuf.

---

3 Nach Curt Glaser: Lucas Cranach, Leipzig 1923, S. 130; übersetzt bei Christian Schuchardt: Lucas Cranach d. Ä. Leben und Werke, Leipzig 1851, Teil I, S. 98–114.

4 Johannes Ficker: Die Bildnisse Luthers aus der Zeit seines Lebens. In: Luther-Jahrbuch XVI, 1934, S. 103–161.

5 Tanja Holste: Die Porträtkunst Lucas Cranachs d. Ä., Dissertation Kiel 2004, http://d-nb. info/975470078/34; Henrike Holsing: Luther – Gottesmann und Nationalheld. Sein Image in der deutschen Historienmalerei des 19. Jahrhunderts, Dissertation Universität Köln 2004; Günter Schuchardt: Luther seitenrichtig – Luther seitenverkehrt? Die Bildnisse im Leben und im Tod – Werkstattprinzip und Werkstattprivileg Cranachs und seiner Mitarbeiter, Regensburg 2004.

Gezeigt wurden 101 Porträts, darunter 50 Leihgaben aus deutschen und österreichischen Museen sowie Privatsammlungen. Sämtliche Bildnistypen konnten anhand von Originalen vorgestellt werden. Besonders eindrucksvoll präsentierten sich die frühen Kupferstiche in jeweils mehreren Zuständen und die vier Varianten der Hochzeits- und Ehebildnisse. Ein ungleiches Paar – Luther als Junker Jörg und Katharina als Ehefrau – aus der Bergkirche Penig wurde für die Ausstellung im Sächsischen Landesamt für Denkmalpflege restauriert. Seine Signatur mit dem Schlangenzeichen und Datierung mit der Jahreszahl 1537 sorgte für eine Debatte unter Fachleuten hinsichtlich der Echtheit dieses Diptychons, die bislang nicht abgeschlossen ist. Zu den jüngsten Luther-Porträts in der Ausstellung zählten ein großformatiges Emaille-Bild des Doktor Luther von Moritz Götze (2004) und ein Bildnis des Augustinermönchs von Jost Heyder (2011).

Die gelungene Ausstellungsgestaltung oblag der Münchner Werbeagentur dassel + schumacher, die bereits für die vorangegangene Exposition «Reformatio in Nummis» tätig war. Erläuternde Objekttexte wurden in großer Schrift direkt auf die Wände geplottet.

1. Früheste Porträts Martin Luthers – die Kupferstiche aus dem Jahr 1520
Das erste authentische Porträt des Augustiner-Eremiten Martin Luther, der sogenannte «kleine Luther», entstand in dessen Alter von 37 Jahren in der Cranachwerkstatt als Kupferstich. Bei seitenverkehrter Ansicht ergibt sich die größte realistische Nähe. Seine Bekanntmachung fiel der Zensur Georg Spalatins zum Opfer. Das erste verbreitete grafische Porträt des aufrührerischen Mönchs im Vorfeld des Wormser Reichstags ist das «Nischenporträt», ebenfalls aus dem Jahr 1520, das als frühestes Beispiel einer Luther-Inszenierung gelten kann.

2. Das Porträt Luthers mit dem Doktorhut – 1521
Der sogenannte «große Luther», das Bildnis mit dem Doktorhut, wurde im Folgejahr ebenfalls noch vor dem Reichstag in zwei Varianten vor zuerst hellem, dann dunklem Hintergrund geschaffen. Die Darstellung als Doktor der Theologie diente dem Nachweis der Wissenschaftlichkeit seiner Lehre.

Abb. 2
Sonderausstellung
«Die Lutherporträts
der Cranach-Werk-
statt». Die frühen
Lutherporträts
Cranachs

3. Luther wird weltlich – Bildnisse der Jahre 1522–1524(?)

Mit den Porträts als Junker Jörg auf der Wartburg 1522 setzte auch das gemalte Bildnis Luthers ein. Dabei stehen der wiederum seitenverkehrte Holzschnitt und die Gemälde des Vollbärtigen, vor allem in Leipzig und Weimar,
womöglich auch das barhäuptige Einzelbild in Nürnberg sowie die unmittelbar nach der Rückkehr entstandenen Porträts als Augustiner mit Doktorhut, jedoch ohne Bart, in Kreuzlingen, Gotha und Wittenberg, in engem
Zusammenhang. Heute wird zumindest das Porträt im Germanischen Nationalmuseum in die Zeit nach 1546 datiert.[6]

4. Ehebildnisse – die Jahre 1525–1529

Hochzeits- oder Ehebildnisse von Martin und Katharina Luther gehörten
zum bevorzugten Programm der Cranach-Werkstatt zwischen 1525 und
1529. Sie lassen sich in vier aufeinander folgende Gruppen gliedern, dienten

---

6 Daniel Hess und Oliver Mack: Luther am Scheideweg oder der Fehler eines Kopisten? Ein
  Cranach-Gemälde auf dem Prüfstand. In: Wolfgang Augustyn/Ulrich Söding (Hrsg.),
  Original – Kopie – Zitat, Kunstwerke des Mittelalters und der Frühen Neuzeit, Passau 2010,
  S. 279–295.

Abb. 3
Sonderausstellung
«Die Lutherporträts
der Cranach-Werk-
statt». Die Bildnisse
Luthers als Junker
Jörg und Porträts
mit Katharina
von Bora

vor allem der Dokumentation der Priesterehe sowie des evangelischen Pfarr-
hauses und richteten sich gegen Zölibat und Konkubinat der Geistlichen.

5. Bildnisse des «Reformators» und «Kirchenvaters» (nach 1528–1543)
Der Typus des Reformators oder Kirchenvaters – Luther im fünften Le-
bensjahrzehnt – setzte in der Malerei nach 1528 ein und glich zunächst dem
Porträt der letzten beiden Gruppen der Ehebildnisse. Dabei wurde das Pendant der Katharina aufgegeben und bei den Doppelbildnissen als «Freund-
schaftsbilder» durch Philipp Melanchthon ersetzt. Vermutlich hat Hans
Cranach bis zu seinem frühen Tod 1537 den größten Teil der Bilder dieses
Typus geschaffen. Noch einmal, 1543, sind diese Darstellungen mit Barett
und Schaube nachzuweisen. Druckgrafische Entsprechungen dieser Dipty-
chen zu Luthers Lebzeiten gibt es aus Wittenberg nicht, weil Cranach d. Ä.
keine entsprechende Werkstatt mehr betrieb.

6. Der gealterte Luther – Bildnisse der letzten Lebensjahre (1539–1546)

Seit 1539 wurde Luther als gealterter Mann, barhäuptig mit Mantel, weißem Hemd und roter Weste porträtiert, zunächst zeitgleich zum vorhergehenden Typus. Vermutlich geht diese Darstellungsweise allein auf Lucas Cranach d. J. zurück. Sie wurde auch nach Luthers Tod im 16. und vor allem in der Historienmalerei des 19. Jahrhunderts häufig wieder aufgenommen.

7. Der Sonderfall der Totenbildnisse

Die Totenbildnisse lassen sich in drei Gruppen gliedern, die auf zwei oder drei unterschiedlichen, verlorengegangenen Bildnisvorlagen von zwei Malern, einem ungenannten aus Eisleben und Lucas Furtennagel aus Halle, basieren. Die im Berliner Kupferstichkabinett aufbewahrte Zeichnung kann nicht dazu gehören, hier fehlt das Brustbild mit dem Kittel, das sich auf allen Gemälden gleich oder ähnlich wiederfindet.

Abb. 4 Sonderausstellung «Die Lutherporträts der Cranach-Werkstatt». Die Totenbildnisse

8. Das Nachwirken der Porträts der Cranach-Werkstatt

In den beiden folgenden Jahrhunderten konzentrierten sich Lutherporträts vor allem auf Druckgrafik. Luthers individuelle Gesichtszüge schwanden nach und nach, die Bildnistypen der Wittenberger Werkstatt an sich wurden jedoch beibehalten. Die beabsichtigte Aussage änderte sich. Sie wandelte sich vom unmittelbar-authentischen Porträt hin zur Symbolfigur der Refor-

mation im Sinne der weitreichenden Auswirkungen der protestantischen
Lehre. Die größte Verbreitung fand dabei das Altersporträt mit Schaube, un-
bedecktem Haupt und Buchattribut.

Die Säkularfeier bot ebenso den Anlass für Gedächtnisblätter, die beispielsweise Luther mit Melanchthon, Friedrich dem Weisen und Georg von
Sachsen unter dem Kruzifix wiedergeben. Allegorische Darstellungen vor
allem zu Jubiläen des Thesenanschlags, der Augsburger Konfession und zu
Luthers Geburtstag zeigen den Reformator als Lichtbringer mit Verweis auf
das Matthäusevangelium oder im Kreis seiner Familie. Geistige Reformbe-
wegungen, wie der Pietismus oder die Aufklärung, spielten mit seinen Ge-
sichtszügen, die dem Betrachter entweder lächelnd verklärt oder markant
sachlich gegenübertreten.

Um 1600 entwickelte sich das Schwanenattribut zu einem beliebten
Motiv der Darstellungen des Reformators, das bis in das späte 18. Jahrhundert seine Bildnisse in protestantischen Kirchen, auf Frontispizen und Ein-
blattdrucken maßgeblich prägen sollte. Bereits in der zweiten Hälfte des 17.
Jahrhunderts setzten zudem grafische Zyklen ein, die Luthers Leben illu-
strieren. Nach 1800 wurden auch die Luther-Porträts der Cranach-Werkstatt
«wiederentdeckt»; sie waren nun in den mittlerweile zugänglichen fürstlichen Sammlungen zu besichtigen. Sie ermöglichten die Rückbesinnung auf
die Originale des 16. Jahrhunderts und fanden weitgehende Berücksichtigung vor allem in der Historienmalerei und bei der einsetzenden Errichtung
von Denkmälern auf öffentlichen Plätzen. Eines der prominentesten Beispiele ist der für das «Denkmal der Reformation» auf der Wartburg geschaffene Gemälde-Zyklus zu Luthers Leben. Großherzog Carl Alexander von
Sachsen-Weimar-Eisenach verpflichtete vier Professoren seiner eigenen Groß-
herzoglich-Sächsischen Kunstschule in Weimar, wesentliche Episoden aus
Luthers Leben bildnerisch festzuhalten. In zwei Staffeln, ab 1872 und nach
1880, schufen Ferdinand Pauwels, Paul Thumann, Willem Linnig d. J. und
Alexandre Struys 18 Gemälde für drei neu eingerichtete sogenannte Reformationszimmer neben der authentischen Lutherstube, die allerdings für die
allgemeine Öffentlichkeit nie zugänglich waren.[7]

Das 20. Jahrhundert hat sich mit Lutherporträts weitgehend zurückge-
halten. Karl Bauer und Otto von Kursell bilden dabei Ausnahmen im Sinne
der Propagierung des «Nationalhelden» Luther angesichts des aufkeimen-

---

7 GRIT JACOBS: Widerhall und Kontinuität. Ein Blick auf die Lutherporträts vom späten 16.
Jahrhundert bis zur Gegenwart, Katalog – Teil 2, in: Cranach, Luther und die Bildnisse, Ausstellungskatalog, Wartburg-Stiftung Eisenach, hrsg. v. GÜNTER SCHUCHARDT, Regensburg
2015, S. 138–204.

den, völkisch geprägten Nationalismus. Erst 1967, zum 450. Jahrestag des Beginns der Reformation, und 1983, anlässlich des 500. Geburtstags Martin Luthers, mehrten sich entsprechende Reflexionen in der bildenden Kunst, die das quantitative Niveau vergangener Jahrhunderte jedoch bei weitem nicht erreichten.

Abb. 5 Sonderausstellung «Die Lutherporträts der Cranach-Werkstatt». Lutherbildnisse der modernen Kunst

Fazit – Das Luther-Porträt als Botschafter des reformatorischen Programms
Alle Porträttypen dienten propagandistisch-dokumentarischen und somit werbend lehrhaften Zwecken. Es kam nicht darauf an, ein im heutigen Verständnis ästhetisch und anatomisch befriedigendes künstlerisches Meisterwerk zu schaffen, sondern eine Botschaft im Sinne der Wahrhaftigkeit und Richtigkeit der lutherischen Theologie zu vermitteln. In diesem Programm übernahm das in der Cranach-Werkstatt geschaffene Porträt Luthers als lückenlose Illustration seines biografischen Werdegangs eine wesentliche Funktion. Der vorübergehende Verlust des weitgehend authentischen Bildnisses zugunsten einer umfassenderen Aussage und Botschaft wurde mit der Wiederentdeckung der Vorbilder der Cranach-Werkstatt in öffentlichen und privaten Sammlungen durch die Historienmalerei getilgt. Heute ist uns Luthers Porträt wieder genau so nah wie seinen Zeitgenossen.

«Das Buch der Bücher aus der Sicht von Kindern.
Die Weimarer Kinderbibel zu Gast auf der Wartburg».
Sonderausstellung vom 5. September 2015 bis 3. April 2016

Annette Seemann und Frank Nolde

EIN RESÜMEE

Kinderbibeln waren bisher Bücher, die Erwachsene für Kinder schrieben.
Mit Beginn des Projekts der Weimarer Kinderbibel beschäftigten sich nun
umgekehrt Kinder in ihren Schulen in Weimar und an anderen Orten mit
dem „Buch der Bücher" und begannen sich ihre eigene Bibel zu schaffen. Als
die Wartburg-Stiftung sich zur Aufnahme dieses Projekts in ihr Ausstel-
lungsprogramm entschied, konnten die vielfältig kreativen Interpretationen
und Assoziationen zur Bibel erstmals einer breiten Öffentlichkeit vorgestellt
werden. So etwas gab es zuvor nie.

Von den mehr als 800 bis zum Zeitpunkt der Ausstellung entstandenen
Werken wurden 156 der interessantesten ausgewählt: gerahmte Bilder, bemalte Kartons, Collagen, Assemblagen, bedruckte und bemalte Holzbilder,
große Texttafeln und -collagen und plastische Objekte. In der großen Über-
blicksausstellung auf der Wartburg kamen zudem künstlerisch gestaltete

Abb. 1
Sonderausstellung
«Weimarer Kinder-
bibel». Im Vorder-
grund Assemblagen
zu «David und
Batseba – Davids
Ehebruch und Blut-
schuld» von
Schülerinnen und
Schülern der Klasse 9,
Pfrimmtal-Realschule
Plus Worms

Tagebücher der Kinder, die bei Exkursionen zu verschiedenen Lutherstätten entstanden waren, Fotografien, die die Kinder bei ihrer Arbeit zeigten, sowie ein Videofilm über den Arbeitsprozess zu Wort.

Im Zusammenhang mit dieser Ausstellung wurde nicht nur das Projekt Weimarer Kinderbibel als etwas Außerordentliches gewürdigt, sondern auch die Qualität der unverwechselbaren, eigenwilligen und von einem besonderen Charme geprägten Schaustücke, die die Besucher in ihrem Bann zogen, sodass davon ausgehend weitere Ausstellungen geplant werden konnten.

Abb. 2
Sonderausstellung
«Weimarer Kinder-
bibel». In den Vitrinen
Projekt-Tagebücher von
Kindern der Klasse 5a,
Friedrich-Schiller-Gym-
nasium Weimar und
Assemblagen zu Ge-
schichten aus dem
Neuen Testament von
Schülerinnen und Schü-
lern der Klasse 6 EL 2,
Martin-Luther-Gym-
nasium Eisenach.
Im Hintergrund Trans-
formation Haptik in
Farbe (experimentelle
Malerei) zu «Psalm 19»
und «Der Barmherzige
Samariter» von Projekt-
kindern der Klasse 6e,
Evangelisches Rats-
gymnasium Erfurt

Seit 2011 wird mit Kindern an dem Projekt der Weimarer Kinderbibel gearbeitet, sehr ernsthaft, aber auch spielerisch und mit viel schöpferischem Potential. Schülerinnen und Schüler der Klassen 4 bis 9, in Weimar von der Förderschule bis zum Gymnasium, seit 2013/14 auch jeweils an einem Lutherort außerhalb Weimars, setzten ihre Erlebnisse mit der Bibel, der Kunst des Buchdrucks und dem kulturgeschichtlichen Hintergrund zum Thema mit der ihnen eigenen Begeisterung um. Dabei kooperierten Schulen verschiedener Lutherorte wie Erfurt, Eisenach und Worms mit dem Projektzentrum in Weimar. Auch in Herisau in der Schweiz konnte sich eine überkonfessionelle Projektgruppe anlässlich der dort gezeigten Bibelausstellung einige Aspekte des Projekts aneignen. Das Pädagogisch-Theologische Institut der Evangelischen Kirche in Mitteldeutschland organisierte in Anlehnung an das vor der Wartburg-Ausstellung gestaltete Projekt einen Workshop für Religions- und Ethiklehrerinnen und -lehrer in Neudietendorf.

In Vorbereitung des Kirchentags aus Anlass des Reformationsjubiläums soll das Projekt im Bereich der Evangelischen Kirche Berlin, Brandenburg und Schlesische Oberlausitz im Schuljahr 2016/17 an fünf Schulen der Evangelischen Schulstiftung umgesetzt werden.

Ausstellungen sind des Weiteren im Jugend- und Kulturzentrum mon ami in Weimar und bei der Katholischen Bildungsstätte für Erwachsenen- und Familienbildung in Paderborn geplant, wobei letztere sich besonders dem Ziel der verstärkten Ökumene verschrieben hat.

Unser Anliegen wird nicht nur von Schülerinnen und Schülern, sondern auch von Lehrerinnen und Lehrern sowie den Eltern sehr positiv aufgenommen, und zwar «so gut, dass uns immer wieder Anfragen erreichen, unter welchen Bedingungen das Projekt in eigener Regie nachgeahmt werden kann», resümierte Dr. Annette Seemann für die Projektleiterinnen der Weimarer Kinderbibel bei der Literarischen Gesellschaft Thüringen e.V.

Die Reformationsdekade ist ein guter Anlass, im mitteldeutschen Raum die epochale Geschichtswendung, die die Reformation mit sich brachte, zu vergegenwärtigen. Ausgehend vom Theologen Martin Luther und seinen Anhängern wurde die deutsche Sprache maßgeblich vereinheitlicht, der Buchdruck hat ein neues kulturhistorisches Kapitel aufgeschlagen, Kunst und Kultur wandelten sich durch den Glauben und die daraus abgeleiteten Thesen eines Mannes, der sich allein auf die Bibel berief. Durch ihn wurde das «Buch der Bücher» erlebbar und veränderte Menschen mittlerweile auf der ganzen Welt.

Die an den einzelnen Phasen beteiligten Kinder erhalten mit dem Projekt die Gelegenheit, die Bedeutung der Bibel im kulturhistorischen Kontext zu begreifen und selbst eine neue, heutige Bibel zu schreiben und zu gestalten. Zur Mitwirkung an der Projektgestaltung und -umsetzung werden Lehrende der Fächer Deutsch, Geschichte, Religion/Ethik und Kunsterziehung eingeladen.

Das Unternehmen versteht sich als Pilotprojekt für ganz Deutschland, worin kooperierende Partner mittels vernetzter Angebote versuchen, die Bibel, ihre Inhalte und kulturhistorischen Hintergründe vielseitig erfahrbar werden zu lassen. Dazu gehört auch die Einbindung von Religionspädagogen und Studierenden der Kunstpädagogik in die schulische Arbeit. Alle Schritte werden dokumentiert, evaluiert und sind im Internet nachvollziehbar. Interdisziplinarität und Nachhaltigkeit kennzeichnen das langfristige Projekt, das daneben auch Medienkompetenz, Kreativität, den Übergang vom Mündlichen zur Schriftlichkeit, den vertieften Umgang mit Texten sowie die Nacherzäh-

lungsschulung umfasst. Geschichtliche Kenntnisse werden ebenfalls in großem Maße vermittelt. Über die zahlreichen außerschulischen Partner vom
jungen Studierenden bis zum gereiften Geschichtenerzähler erhält das Projekt darüber hinaus eine generationsübergreifende, integrierende Dimension.

Am Projektbeginn des jeweiligen Schuljahres werden die Kinder mit ihren
Betreuern bekannt und mit dem Grundlagenwissen vertraut gemacht.
Schwerpunkte bilden die Biographie Martin Luthers, sein (biblisches) Werk
sowie der Buchdruck als Voraussetzung für die mediale Zeitenwende um
1500, die Luther sich zu Nutzen machte. Hierfür erhalten die Schülerinnen
und Schüler die Gelegenheit, Einblattdrucke und frühe Bibeln in der Her-
zogin Anna Amalia Bibliothek anzuschauen. Im Weimarer Residenzschloss
kann die Cranach-Galerie besichtigt werden – eigene Nachschöpfungen der
Porträts Luthers und Katharina von Boras sind nur Beispiele dafür, wie diese
Impulse bei Kindern wirksam werden. Ein weiterer Schwerpunkt ist den
Lutherorten gewidmet, die, wie das Weimarer Franziskanerkloster und die
Stadtkirche vor Ort, aber auch das Augustinerkloster in Erfurt und die
Georgenburse dort bzw. natürlich die Wartburg, besichtigt oder durch ent-
sprechendes Bildmaterial anschaulich gemacht werden. Letzteres gilt auch

Abb. 3
Die «Weimarer
Kinderbibel».
Exkursion Projekt-
kinder der Staatlichen
Regelschule Pestalozzi
Weimar in die Her-
zogin Anna Amalia
Bibliothek

Abb. 4
Die «Weimarer
Kinderbibel».
Ein Lutherporträt
entsteht

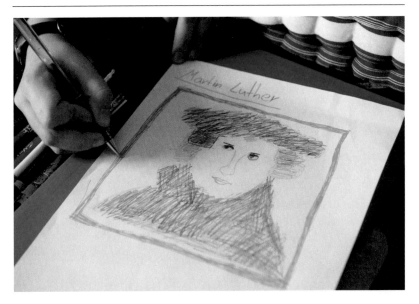

für die Einführung in das Alltagsleben um 1500. Luther soll als ein europäischer «Reisender» in Sachen Reformation dargestellt werden, um die durchgreifende Wirkung seiner Lehre verständlich zu machen. Einen letzten Themenkomplex bilden die Auswirkungen der Reformation in Weimar, im gesamten Thüringer Raum sowie deutschlandweit.

Die weitere Arbeit findet dann im regulären Unterrichtsverlauf der beteiligten Schulklassen statt und zielt auf eine bildnerisch-praktische Interpretation von Bibelgeschichten vor dem Hintergrund des erworbenen Wissens. Haupt- und Ehrenamtliche der Kirchgemeinden sowie religiös vorgebildete Laien – zum Teil nach spezieller Schulung – suchen eine Klasse auf, um eine bis drei dafür ausgeloste Geschichten der Bibel (Altes und Neues Testament) zu erzählen. Das Losverfahren gewährleistet, dass alle als zentral erkannten Geschichten auch in der späteren Kinderbibel vorkommen.

Aufgabe ist es nun, die gehörten Geschichten nachzuerzählen und bildlich zu schildern, was sich stets als besondere Herausforderung erweist. Unter Anleitung Studierender der Bauhaus-Universität Weimar kommen dabei verschiedene künstlerische und gestalterische Techniken zum Einsatz. Im Schuljahr 2011/12 war es die Kalligraphie, 2012/13 die Drucktechnik, 2013/14 die Malerei und experimentelle Maltechniken, 2014/15 die Collage und Mischtechniken – kurz: all das, was bei den auf der Wartburg ausgestellten Werken zu sehen war. Inzwischen wurde die fünfte Projektphase mit der

Abb. 5
Die «Weimarer
Kinderbibel». Projekt-
kinder des Weimarer
Friedrich-Schiller-
Gymnasiums, Klasse
6d, zeigen eine Vor-
arbeit zur experimen-
tellen Kalligrafie

Fotografie erfolgreich abgeschlossen, und mittlerweile befinden wir uns in Phase 6, bei der die Neuen Medien und bildbearbeitende Verfahren am Computer angewandt werden.

Abb. 6
Die «Weimarer
Kinderbibel». Schüle-
rinnen und Schüler
der Klasse M3 der
Johannes-Landen-
berger-Förderschule
Weimar gestalten ein
Kunstobjekt: «Die
Segnung der Kinder»

Die Weimarer Kinderbibel wirkt als ein Prozess, der allen Projektbeteilig-
ten – den Kindern, aber auch den etwa 60 eingebundenen erwachsenen Part-
nern – sehr viele bleibende Erfahrungen und Kompetenzen vermittelt. Aber
es bleiben auch die Arbeiten der Kinder, die wir zu dieser Ausstellung ver-
einigt haben, sowie verschiedene Dokumentationen und vieles mehr, nutzbar auch als Handreichung für Lehrende zum Nachahmen andernorts und
abrufbar im Internet. Und schließlich bleibt sie, die Weimarer Kinderbibel
– geschrieben und gestaltet von Kindern, mit immer anderen bildkünstleri-
schen Sichten und immer wieder neuen Geschichten. Die Bibel bleibt eine
unendliche Geschichte.

Abb. 7
Die «Weimarer
Kinderbibel». Arbeits-
bild – Ausschneiden,
Bemalen, Walzen,
Drucken, Kleben,
Collagieren

Die Synthese aus Kulturgeschichte und interreligiöser Begegnung, die nicht
nur die Beweggründe christlicher Moral und Ethik einschließt, überzeugte
mit ihren ungewöhnlichen Formen und diesen ganz besonderen Bildern, die
die Grundidee der christlichen Religion mit einer kindlich unverbrauchten
Sicht kombinieren. Nachdrücklich und liebevoll wollen die Kinder sich
selbst und den Betrachter ihrer Bilder dazu bringen, über sich und eigene
Fehler nachzudenken und ermutigen, ein bewusstes und anständiges Leben
zu führen. Damit bringen sie den Betrachter zum Schmunzeln, Staunen und
Wundern und plädieren für einen achtsamen und offenen Umgang miteinander. Sie versuchen, das Leben aus einer anderen, neuen Perspektive zu be-
trachten, indem sie eigenes Erleben hinterfragen und mit ihren zum Teil

ungewöhnlichen Bildprojektionen aus der gewohnten Sichtweise ausbrechen. Der zwanglose Umgang mit der humanistischen Gelehrsamkeit entbindet sie von einer selbstgerechten Blindheit gegenüber den kleinen, des Nachdenkens würdigen Botschaften. Sie rekonstruieren ihre Begegnung mit der Bibel nicht nur, sie vermitteln echt empfundene Nachdenklichkeit und Freude am Thema. Es war wunderbar zu erleben, wie sie uns mit ihren Bildern überraschen und staunen ließen.

Ein besonderer Dank gilt den Mitarbeiterinnen und Mitarbeitern der Wartburg-Stiftung, die maßgeblich zum Gelingen der Ausstellung beitrugen. Neben allen anderen Beteiligten und Unterstützern gilt unser Dank jedoch vor allem den Studierenden der Bauhaus-Universität, die unter Anleitung von Frau Prof. Dr. Andrea Dreyer den Kindern die Mittel in die Hand gaben, sich ungezwungen und in einer schier unglaublichen Vielfalt der Bildsprachen ausdrücken zu können. In welchem Maße sie dazu die verschiedenen technischen und gestalterischen Möglichkeiten zu nutzen wussten, stellten die Kinder eindrucksvoll unter Beweis.

Für alle Schülerinnen und Schüler war es eine besondere Ehre, an jenem Ort ausstellen zu dürfen, der in ganz besonderem Maße mit dem Wirken Martin Luthers und seiner Übersetzung der Bibel verbunden ist.

Chronik 2015 der Wartburg-Stiftung

1. Januar
Traditionell fand in der Burgkapelle der Neujahrsgottesdienst statt.

1. Februar
«Reformatio in Nummis. Luther und die Reformation auf Münzen und Medaillen», die seit 4. Mai 2014 laufende 4. Sonderausstellung zur Lutherdekade schloss ihre Pforten.

9. März
Der wissenschaftliche Beirat der Wartburg-Stiftung und der Ausstellungsbeirat Luther 2017 traten zu ihrer 30. bzw. 7. Arbeitssitzung zusammen. Dabei stellten sich die aus ca. 300 Bewerbern ausgewählten Projektmitarbeiter des Ausstellungsbüros vor: Dr. Marc Höchner (Projektleiter), Sandra Müller (Projektassistenz/Leihverkehr) und Dr. Christian Heger (Öffentlichkeitsarbeit/Publikation). Erörtert wurden vor allem konzeptionelle Fragen der Nationalen Sonderausstellung auf der Grundlage von Kurzexposé und Objektliste. Die einzelnen Themen sollten separiert, die Exponatliste erweitert, Leihanfragen wichtiger Objekte bereits gestellt und ein Zeitplan erarbeitet werden.

1. April
Innerhalb der Lutherdekade hatte die EKD das Jahr 2015 zum Themenjahr «Reformation – Bild und Bibel» bestimmt. Unter dem gemeinsamen Titel «Bild und Botschaft» bot Thüringen in Gotha, Weimar und auf der Wartburg drei Cranach-Ausstellungen. Die vom Thüringer Ministerpräsidenten Bodo Ramelow eröffnete Wartburg-schau «Cranach, Luther und die Bildnisse», in der die sieben Porträttypen Luthers aus der Cranach-Werkstatt im Mittelpunkt standen, war bis zum 19. Juli 2015 in den Sammlungsräumen 4 und 6 des Museums zu besichtigen. Bei der gleichnamigen Begleitpublikation handelte es sich um die fünfte Publikation der Wartburg-Stiftung zur Lutherdekade.

3. April
Die diesjährige Konzertsaison wurde mit der halbszenischen Auf-

führung von «Tannhäuser und der
Sängerkrieg auf Wartburg» eröffnet.
Richard Wagners große Romantische
Oper in drei Aufzügen wurde unter
Leitung von GMD Philippe Bach
vom Chor und Extrachor des Meininger Theaters sowie der Meininger
Hofkapelle interpretiert. Sechs
weitere Aufführungen fanden am
17. April, 23. und 25. Mai sowie am
6., 13. und 23. September statt.

4. April
Der Akkordeon-Virtuose Denis
Patkovic gastierte im Rahmen der
Thüringer Bachwochen auf der
Wartburg und widmete sich den
berühmten Goldberg-Variationen
von Johann Sebastian Bach. Diese
verknüpfte er mit der farbenreichen
Musik des finnischen Komponisten
Jukka Tiensuu.

9. April 2015
Für die Instandsetzung der Fach-
werkfassade am östlichen Wehrgang
(Elisabethengang) wurde im ersten
Burghof das Gerüst aufgebaut.
(Die Arbeiten fanden im Oktober
ihren Abschluss.)

11. April
Bei seinem Bachwochen-Debüt
schlug der holländische Pianist
Ivo Janssen einen Bogen von Bach
über Brahms zu Schostakowitsch
und stellte dem «Wohltemperierten
Klavier» Schostakowitschs Präludien
und Fugen gegenüber, die viele the-
matische Bezüge zu Bach aufweisen.

25. April
Der Germany Travel Mart™, der
größte und wichtigste Incoming-
Workshop für das Reiseland
Deutschland, fand in seiner 41. Auflage das erste Mal in Thüringen statt.
Zur offiziellen Eröffnungsveranstal-
tung hatte die Deutsche Zentrale für
Tourismus in Zusammenarbeit mit
der Thüringer Tourismus GmbH die
Teilnehmer, internationale Experten
aus 45 Ländern, auf die Wartburg
eingeladen.

MAI

2. Mai
Die 58. Saison der Wartburgkonzerte
von Deutschlandradio Kultur wurde
im 374. Konzert von der jungen
russischen Weltklasse-Pianistin Olga
Scheps eröffnet, begleitet vom Stutt-
garter Kammerorchester unter
Leitung von Johannes Klumpp.
Nach dem anspruchsvollen Klavier-
konzert Nr. 2 von Frédéric Chopin
reagierte das Publikum mit Beifalls-
stürmen. Zugaben von Prokofjew
und Rachmaninow sowie die Interpretation des glänzenden Kammer-
orchesters von Werken Gustav
Mahlers, Guillaume Lekeus und
Mieczysław Karłowiczs rundeten
den Abend ab.

4. Mai
Zum Gedenken an Luthers Ankunft
auf der Wartburg am 4. Mai 1521
fand im Festsaal der traditionelle
Festgottesdienst der evangelisch-

lutherischen Kirche statt. Es predigte Pfarrer Johannes Sparsbrod.
Im Themenjahr der EKD «Reformation – Bild und Bibel» wurden die
diesjährigen Gottesdienste mit
Bildpredigten und –betrachtungen
verbunden. Den Auftakt machte
der Leipziger Maler Michael Triegel
mit seiner Bildbetrachtung «Zur
Erinnerung an Luthers Ankunft
auf der Wartburg 1521».

16. Mai
Das diesjährige Wartburg-Festival
eröffneten Komiker Wigald Boning
als Barockflötist und der renom-
mierte Jazzpianist Roberto di Gioia
mit einem sehr eigenwilligen Programm. Beide «…gehen den Bach
runter» und Bonings Ankündigung:
«Was immer auch passiert, es ist
gewollt» begründeten eine sich bis
zum Exzess steigernde Interpretation von bekannten Musikstücken
verschiedenster Genres. Die künstlerische Impertinenz quittierte das
Publikum mit frenetischem
Applaus.

24. Mai
Im Rahmen der Liszt-Biennale 2015
las Nike Wagner aus Schriften ihres
berühmten Vorfahren über dessen
Werdegang zum allumfassenden
Klaviervirtuosen; für den erkrankten
Igor Levit sprang Lev Vinocour am
Klavier ein. Mit seiner Interpretation
von Etüden Frédéric Chopins und
selbstverständlich Franz Liszts be-
antwortete der Pianist die Themen-

frage «Virtuosität: Hexerei?» auf
seine Weise – als virtuoser Hexen-
meister.

30. Mai
Im 375. Wartburgkonzert von
Deutschlandradio Kultur gastierte
der ungarische Spitzentrompeter
Gábor Boldoczki mit seinem neuen
Programm «Spielwut» im Festsaal der
Wartburg. Er wurde von Balázs Réti
am Klavier, Zsolt Fejérvári am Kon-
trabass und Katarzyna Mycka am
Schlagwerk begleitet. Moderne
Kompositionen, in denen die Vor-
züge der einzelnen Instrumente
hervorgehoben wurden, bestimmten
die experimentelle Spielweise des
Quartetts.

JUNI

3. Juni
Im Tagungsraum des Hotels auf der
Wartburg fand die 56. Sitzung des
Stiftungsrates der Wartburg-Stiftung
unter Vorsitz von Minister Prof. Dr.
Benjamin-Immanuel Hoff statt.
Der Jahresbericht 2014 des Burg-
hauptmanns G. Schuchardt, u. a. zu
den erfolgreichen Ausstellungen im
Rahmen der Lutherdekade und den
Bemühungen um eine barrierefreie
Erschließung der Burg, wurde entge-
gen genommen, der Jahresabschluss
2014 bestätigt. Über den Vorberei-
tungsstand der Lutherausstellung
2017 informierte der Vorsitzende
des wissenschaftlichen Beirates,
Prof. Großmann. Hinsichtlich des

seit 2011 nicht mehr vergebenen Wartburgpreises beschlossen die Stiftungsratsmitglieder, dass der Preis bestehen bleibe, dessen Vergabe aber unregelmäßig erfolgen und nur an eine Persönlichkeit gehen solle, die eng mit der Burg verbunden sei und den Vergabegrundsätzen entspräche.

5. Juni

Als «eine Reise durch Europa» betitelte das Südthüringische Kammerorchester sein Serenadenkonzert unter musikalischer Leitung von Almut Seidel. Mit Georg Philipp Telemann, Peter Warlock, Alexander Glasunow und Antonin Dvořák wurden Komponisten verschiedener europäischer Länder vorgestellt, die in ihren Werken völkertypische Musikstile ihrer eigenen, aber auch anderer Länder präsentieren.

6. Juni

Auf Mozarts Spuren ins Salzkammergut wurde das Publikum des Wartburg-Festivals beim Konzert mit Pianist Peter Brugger und den «Hollerschnapszuzlern» (Goiserer Viergesang) entführt. Unter dem Titel «Mozart von Goisern» verstand es das steirische Gesangsquartett (Hans Pliem, Hermann Grill, Klaus Neuper, Gernot Gföllner) auf einzigartige Weise, Mozarts Werke mit alpenländischer Volksmusik zu verknüpfen.

13. Juni

In ihrem Programm «Die Schlange und das Lamm» bot die «Capella Antiqua Bambergensis» mit ihren beiden Solisten Arianna Savall und Petter Udland Johansen ein speziell für das Cranach-Jahr zusammengestelltes Repertoire mittelalterlicher Musik dar. Die originalgetreue Interpretation der einzelnen Stücke wurde noch durch die Auswahl traditioneller Musikinstrumente unterstrichen.

18. Juni

Der wissenschaftliche Beirat traf sich zu seiner 31. Arbeitssitzung, die wiederum mit der 8. Zusammenkunft des Ausstellungsbeirats Luther 2017 verbunden wurde. Auf der Tagesordnung standen überarbeitete Themenschwerpunkte, Ergänzungen bei den Objektlisten in Verbindung mit anstehenden Sektionsberatungen sowie Fragen der Kataloggestaltung.

20. Juni

Bereits zum dritten Mal gastierte der Windsbacher Knabenchor unter Leitung von Martin Lehmann auf der Wartburg. Im Rahmen des 376. Wartburgkonzerts von Deutschlandradio Kultur trugen die jungen Sänger geistliche und weltliche Vokalmusik aus fünf Jahrhunderten vor. Instrumental wurde der Chor von Andreas Arend auf der Laute umrahmt.

23. Juni
Tannhäuser (nicht nur) für Kinder –
der Klassiker als musikalisches
Märchen inszeniert (Buch und
Regie Stephan Rumphorst) und
mit der Landeskapelle Eisenach
unter musikalischer Leitung von
GMD Carlos Dominguez-Nieto –
im Festsaal des Palas aufgeführt,
begeisterte nicht nur das junge
Publikum. Als «Mär vom singenden
Ritter, der sich aufmachte vom
Baum der verbotenen Früchte zu
naschen» wurde Handlung und
Wagners Musik leicht verständlich
und humorvoll den Kindern nahe
gebracht. Weitere Aufführungen
fanden am 24. Juni sowie am
7. und 8. Juli statt.

26. Juni, 1.–3. Juli
Traditionell empfingen im Festsaal
der Wartburg die Eisenacher Abitu-
rienten des Jahrgangs 2015 während
eines Festaktes ihre Zeugnisse. Den
Auftakt machte das Luther-Gymna-
sium am 26. Juni, es folgten das
Staatliche Berufsschulzentrum
L. Erhard (1. Juli), das Abbe-Gym-
nasium (2. Juli) und das Elisabeth-
Gymnasium (3. Juli).

27. Juni
In der Burgkapelle fand der monat-
liche evangelisch-lutherische Gottesdienst statt. Pfarrer Dr. Frank Hidde-
mann, Kulturbeauftragter der EKM,
predigte zum Gemälde «Christus
und die Ehebrecherin» von Lucas
Cranach d. Ä.

JULI

4. Juli
Anlässlich der ersten Thüringer
Chortage 2015 präsentierten sich
beim Festkonzert auf der Wartburg
drei junge Ensembles: der «Jenaer
Madrigalkreis» unter Leitung von
Berit Walter brachte italienische
Motetten des 16. und 17. Jahrhunderts zu Gehör, bei denen es sich
durchweg um Erstaufführungen
handelte. Begleitet wurde der Chor
vom exzellent besetzten «Blockflö-
tenconsort» des Instituts für Alte
Musik der Weimarer Musikhoch-
schule. Unter Leitung von Christian
Klaus Frank ließ der Konzertchor
des Goethegymnasiums/Rutheneum
aus Gera «Leonardo Dreams of His
Flying Machine» erklingen und
erntete frenetischen Beifall.

5. Juli
Am Elisabethplan unterhalb der
Wartburg wurde des Geburtstags der
Thüringer Landgräfin und Heiligen
am 7. Juli 1207 mit einem katholi-
schen Gottesdienst gedacht.

5. Juli
Das Abschlusskonzert der Thüringer
Chortage wurde vom erfolgreichen
Vokalensemble «amarcord» (Wolf-
ram Lattke – Tenor, Robert Pohlers –
Tenor, Frank Ozimek – Bariton,
Daniel Knauft – Bass, Holger Krause
– Bass) bestritten. Nach einem
Workshop, in dem sie Erfahrungen
an die Chorsänger weitergaben,

erklang das Ergebnis im Konzert; «amarcord» und Workshopchor begeisterten abwechselnd und schließlich gemeinsam das Publikum.

9. Juli
Auf dem Programm des Sommertheaters im Innenhof des Hotels auf der Wartburg stand in diesem Jahr Molières Komödie «Der eingebildete Kranke», aufgeführt vom Ensemble des Eisenacher Theaters am Markt (TAM). Am 10., 11. und 12. August sowie in einer zweiten Staffel vom 26. bis 30. August fanden weitere Darbietungen statt.

11. Juli
Zum 377. Wartburgkonzert von Deutschlandradio Kultur gastierte auf der Wartburg der Schauspieler Dominique Horwitz mit Interpretationen aus dem Franz Kafka-Nachlass. Musikalisch wurde er vom «Signum-Quartett» aus Köln mit Kerstin Dill (1. Violine), Xandi van Dijk (Viola), Annette Walther (2. Violine) und Thomas Schmitz (Violoncello) begleitet, wobei Sprecher und Streicher eine Symbiose eingingen, die Horwitz zur Höchstform auflaufen ließ.

18. Juli
Mit stehenden Ovationen feierte das Publikum das Auftaktkonzert der 24. Musiksommer-Saison. Mit Werken von Bach, Schumann, Liszt und Chausson brillierte die chinesisch-amerikanische Pianistin Claire

Huangci gemeinsam mit dem Konzertmeister des MDR Sinfonieorchesters Andreas Hartmann (Violine) und dem «Novus String Quartet», einem der besten Kammerorchester Südkoreas.

24. Juli
Nach Abschluss der Restaurierungs- und Konservierungsarbeiten an Moritz von Schwinds Sängerkriegsfresko und den Dekorationsmalereien, der Aufarbeitung der Holzdecke und der Rekonstruktion einer Holztreppe zur Sängerlaube konnte der Sängersaal im Palas wieder für den Besucherverkehr geöffnet werden. Die noch ausstehende Restaurierung der Sängerlaube musste aus finanziellen Gründen verschoben werden.

25. Juli
Mit dem Programm «Meilensteine» gastierte der russische Pianist und Bach-Preisträger Evgeni Koroliov beim MDR Musiksommer nach einem knappen halben Jahrhundert zum zweiten Mal auf der Wartburg. Neben Präludien und Fugen aus Bachs «Wohltemperierten Klavier» kamen die Sonate As-Dur op. 110 von Beethoven sowie die Sonate A-Dur D 959 von Schubert zu Gehör. Vom Publikum gefeiert, wurde er erst nach Zugaben von Schumann- und Schubert-Werken entlassen.

26. Juli
Im Rahmen des Gottesdienstes
in der Burgkapelle hielt Prof.
Dr. Bernd Wolfgang Lindemann,
Direktor der Gemäldegalerie der
Staatlichen Museen zu Berlin, die
dritte Bildbetrachtung, diesmal
zur «Anbetung im Walde» von
Fra Filippo Lippi.

29. Juli
Im Erdgeschoss der Vogtei eröffnete
nach Umbau und Neugestaltung
der neue Museumsladen mit zentral
angeordnetem Verkaufstresen. Die
Besucher gelangen nun am Ende
des Rundgangs durch Palas und
Museum direkt in den Laden, können ihn aber auch vom ersten Burghof barrierefrei betreten. Die
dadurch frei gewordenen Räume
im Dirnitz-Untergeschoss wurden
bis Jahresende für den neugestalte-
ten Ticketverkauf und den Besucherservice hergerichtet; barrierefreies WC, Sanitätsstube und
Teeküche komplettieren diesen
Komplex.

AUGUST

4. August
Annähernd 1000 Christen pilgerten
auf die Wartburg, um an historischer
Stätte mit dem Lied «Ein feste Burg
ist unser Gott» an Luthers Bibel-
übersetzung und die Reformation
zu erinnern. Sie gehörten zur Siloah-
Zeltstadt in Neufrankenroda/Hörsel
mit 2100 Teilnehmern, die innerhalb

einer Woche Gottesdienste, Semi-
nare und Workshops zum Thema
«Zurück zum Ziel» erlebten.

7. August
Ein außergewöhnliches Konzert
bot der preisgekrönte Hornist Felix
Klieser; ohne Arme geboren, spielt
er sein Instrument mit dem Fuß.
Gemeinsam mit dem ebenfalls mit
Preisen geehrten Pianisten Alexander
Krichel musizierten sie im Rahmen
des MDR-Musiksommers im Palas.
Auf dem Programm standen Werke
von Bach, Chopin, Mozart, van
Beethoven und Rheinberger.

8. August
Rund 450 Gäste erlebten bei lauer
Sommerluft und einzigartigem
Ambiente auf dem zweiten Burghof
ein mitreißendes Sommernachts-
Blueskonzert mit der Tommy-
Schneller-Band. Mit einer Mischung
aus Soul, Funk und Blues, gespickt
mit unterhaltsamen Storys zu den
einzelnen Stücken, begeisterten die
sieben Musiker das Publikum und
brachten es zum Tanzen.

15. August
Am Elisabethplan unterhalb der
Wartburg wurde mit einer katholischen Messe der heiligen Elisabeth
gedacht, die am 15. August 1221
in der Liebfrauenkirche in Eisenach
ihre weltliche Krone niedergelegt
hatte.

15. August

«Bilder einer Ausstellung» betitelte
der Ukrainer Antonii Baryshevski
sein Konzert im Rahmen des MDR
Musiksommers. Neben Mussorgski
und Retinskyi, mit deren Interpretation der preisgekrönte Klaviervir-
tuose einen direkten Bezug zu seiner
Heimat herstellte, erklangen Werke
weiterer osteuropäischer Komponisten, wie Skrjabin und Messiaen.

22. August

Sein Musiksommer-Abschlusskon-
zert stellte der MDR unter das
Motto «25 Jahre Deutsche Wieder-
vereinigung» und begab sich auf
einen symbolischen Exkurs. Vier
Damen des «Klenke-Quartetts»
aus Weimar und vier Herren des
«Auryn-Quartetts» aus Köln begeg-
neten sich zunächst musikalisch
nebeneinander mit Werken von
Kochan, Trojahn und Bach; mit
Felix Mendelssohn Bartholdys
Oktett Es-Dur op. 20 vereinigten
sich die beiden Streichquartette und
stellten ihr exzellentes Zusammenspiel unter Beweis.

29. August

Der 1505 entstandene Holzschnitt
«Die Heiligen Sebastian, Maria, Johannes und Rochus in Anbetung des
christlichen Herzens» von Lucas
Cranach d. Ä. stand im Mittelpunkt
des Gottesdienstes in der Wartburgkapelle, dessen Betrachtung durch
den Präsidenten der Klassik Stiftung
Weimar, Hellmut Seemann, gehalten
wurde.

SEPTEMBER

Anfang September

Nach dreimonatiger Bauzeit konnte
die Instandsetzung des Droschkenplatzes fertiggestellt werden; eine
Stabilisierung des Unterbaus und der
Natursteinmauer auf der Hangseite,
bis November vollendet, sowie eine
Neupflasterung des gesamten Areals
waren notwendig geworden.

5. September

Unter dem Titel «Das Buch der
Bücher aus der Sicht von Kindern –
Die Weimarer Kinderbibel zu Gast
auf der Wartburg» eröffnete eine
Sonderausstellung im Sammlungsraum 6 des Museums, die das Ergebnis eines Schülerprojektes zur
Gestaltung von Bibeltexten auf
unterschiedlichste Art reflektierte.

5. September

Beim 378. Wartburgkonzert von
Deutschlandradio Kultur widmete
sich das hochkarätige, international
besetzte «Sheridan Ensemble» unter
der Leitung der britischen Cellistin
Anna Carewe dem Schaffen des
österreichischen, fast vergessenen
Musikpädagogen und Komponisten
Carl Cerny.
Alle Wartburgkonzerte von Deutschlandradio Kultur 2015 fanden mit
freundlicher Unterstützung durch
das BMW Werk Eisenach statt.

12. September
Mit «Vertonter Lebensfreude aus vier
Jahrhunderten» betitelte der Franz-
Schubert-Chor Eisenach sein dies-
jähriges, inzwischen 47. Chorkonzert
im Festsaal des Palas der Wartburg.
Unter Leitung von Hans Aschen-
bach, der sich erstmals als Dirigent
des traditionsreichen Männerchores
vorstellte, erklangen u. a. Lieder von
Schubert, Wagner und van Beethoven.

16. September
Nach fünfjähriger Revision, an der
etwa 70 Wissenschaftler und The-
ologen beteiligt gewesen waren,
übergab Alt-Bischof Christoph
Kähler im Festsaal der Wartburg
das Manuskript der überarbeiteten
Luther-Bibel an den Ratsvorsitzen-
den der Evangelischen Kirche in
Deutschland, Heinrich Bedford-
Strohm. Die Neufassung löst die
Version von 1984 ab und soll nach
sorgfältiger Korrekturphase im
Oktober 2016 gedruckt vorliegen.

18. September
Nach zweimonatiger Bauzeit wurde
der Einbau von zwei WCs als ein
in den Raum gestellter Kubus im
Erdgeschoss der Neuen Kemenate
(ehem. Sanitätsstube) beendet.
Ebenfalls fertiggestellt wurde im
Gang zur Elisabethgalerie die
Konstruktion einer neuen Garde-
robe für Veranstaltungsgäste im
Festsaal der Wartburg.

21. September
Bundespräsident Joachim Gauck
empfing auf der Wartburg zehn
Amtskollegen der EU-Staaten, die
«Arraiolos-Gruppe» nicht regieren-
der Staatsoberhäupter, zu ihrem
seit 2003 alljährlich stattfindenden
informellen Treffen. Die Präsidenten
von Estland, Österreich, Portugal,
Bulgarien, Polen, Italien, Slowenien,
Finnland, Malta und Lettland waren
anwesend; der ungarische Vertreter
hatte sich entschuldigt. Das Treffen
wurde am nächsten Tag in Erfurt
fortgesetzt und beendet. Die Burg
blieb an diesem Tag für den Besucherverkehr geschlossen.

26. September
Otto Sauter, Star-Piccolo-Trompeter
und künstlerischer Leiter des von
ihm initiierten Wartburg-Festivals,
holte sich diesmal den Hornisten
Luca Benucci aus Italien und das in
der Ukraine beheimatete «Gershwin
Quartett» mit ins Boot. Neben dem
Trompetenkonzert Nr. 2 D-Dur von
Georg von Reutter d. J., der Strei-
chersinfonie G-Dur von Antonio Vi-
valdi und Wolfgang Amadeus
Mozarts Hornkonzert D-Dur KV
412 erklangen Werke von Haydn,
Mendelsohn-Bartholdy, Brahms und
als krönender Abschluss das Trompetenkonzert Nr. 2 D-Dur des Komponisten Johann Melchior Molter.

27. *September*
Während des Gottesdienstes in der
Wartburgkapelle hielt der hannover-
sche Landesbischof Ralf Meister eine
Bildpredigt über den «Plötzenseer
Totentanz», den der österreichische
Maler Alfred Hrdlicka zwischen
1969 und 1972 auf 16 Tafeln für ein
kirchliches Gemeindezentrum in
Berlin malte.

OKTOBER

2. *Oktober*
Die «Lange Nacht der Trompete» im
Rahmen des Wartburg-Festivals war
wieder mit renommierten Trompe-
tern aus der ganzen Welt besetzt:

Benny Wiame aus Belgien, der
Holländer Erik Veldkamp und der
Deutsche Walter Scholz. Begleitet
wurden sie von István Dénés, Geert
Callaert und Michael Weiß (Klavier),
Bodo Klingelhöfer (Bass) und
Schlagzeuger Robert Walla. Ihre
große Bandbreite von Klassik bis
zum Jazz wurde ausgeschöpft und
begeisterte das Publikum.

10. *Oktober*
Ein Highlight für Freunde mittelal-
terlicher Musik: Unter dem Titel
«O Fortuna» wurden Lieder der
Carmina Burana – der Benedikt-
beuerner Vagantendichtung – vom
Ensemble «Corda mobile» mit Maria

Familienfoto der
Arraiolos-Gruppe
vor der Wartburg,
21. September 2015,
Bundesregierung

Jonas (Gesang, Glocken, Drehleiter), Sabine Reinhardt (Gesang, Harfe, Flöte, Glocken) und Dominik Schneider (Quinterne, Flöten, Portativ) dargeboten.

14. Oktober
In der 57. Sitzung des Stiftungsrates der Wartburg-Stiftung berichtete Burghauptmann Günter Schuchardt über den Rückgang der Besucherzahlen um 2,8 %. Dessen ungeachtet verzeichnete der neue Museumsladen seit dem Umzug in die Vogtei eine Umsatzsteigerung. Bezüglich der erneut auf der Tagesordnung stehenden barrierefreien Erschließung der Burg, bei der trotz Bemühung kein Fortschritt erreicht worden war, plädierte der Stiftungsrat für eine weitere Suche nach Lösungen und Fördermöglichkeiten. Verwaltungsleiter Gerhard Keute erläuterte den Haushaltsplanentwurf 2016, der mit Änderungen beschlossen wurde. Der Vorsitzende des wissenschaftlichen Beirates, Prof. Großmann, stellte das Ausstellungskonzept für Luther 2017 vor und berichtete über die positive Entwicklung der Zusammenarbeit im entsprechenden Gremium.

16. Oktober
Zur dritten Zusammenkunft in diesem Jahr trafen sich die Mitglieder des wissenschaftlichen Beirats der Wartburg-Stiftung (32. Sitzung) und des Ausstellungsbeirates Luther 2017 (9. Arbeitssitzung). Nach Vorstellung der bereits erschienenen Image-Broschüre zur Ausstellung «Luther und die Deutschen» und Information über den laufenden Wettbewerb verschiedener Gestalterbüros wurden Details der Objektlisten, Leihanfragen, Kataloggliederung und Objekttexte diskutiert.

31. Oktober
Der Festgottesdienst zum Reformationstag im Festsaal der Wartburg wurde mit einer Bildpredigt zum «Felsentor» von Karl Friedrich Schinkel durch den Superintendenten in Berlin Mitte, Dr. Bertold Höcker, bereichert. Damit fanden die diesjährigen sechs Bildbetrachtungen im Themenjahr «Reformation – Bild und Bibel» ihren Abschluss.

NOVEMBER

19. November
Zum Tag der heiligen Elisabeth wurde in der Kapelle der Wartburg eine katholische Messe gefeiert.

23. November
Für 191 Studienanfänger fand im Festsaal die Immatrikulationsfeier der Berufsakademie Eisenach (BA) statt. Die Festrede hielt Scott Sartisson von der Firma Petkus Technologie in Wutha-Farnroda.

28. und 29. November, 5. und
6. Dezember, 12. und 13. sowie
19. und 20. Dezember
Zum 15. Mal lud die Wartburg an
allen vier Adventswochenenden
zu ihrem Historischen Weihnachts-
markt ein. Über 46.000 Gäste wollten sich die anheimelnde Atmos-
phäre zwischen stimmungsvollen
Klängen, Düften, Leckerbissen und
historischer Handwerkskunst nicht
entgehen lassen. Mit zwei ausver-
kauften Sonderzügen der Deutschen
Bahn und 70 Reisebussen war das
zweite Adventswochenende das
am stärksten besuchte.

28. und 29. November
Die diesjährige Reihe von Advents-
konzerten wurde mit «Swinging
Christmas Melodies» eröffnet,
interpretiert von Otto Sauter & Ten
of Best. Zehn der besten Trompeter
der Welt begeistern seit vielen Jahren
mit faszinierenden Arrangements
aus Klassik, Jazz und Pop das Wart-
burgpublikum.

DEZEMBER

4., 5. und 6. Dezember
Seit 15 Jahren stimmen die Sänger
des «ensemble amarcord» im Festsaal auf der Wartburg ihre Zuhörer
immer wieder aufs Neue mit Weih-
nachtsliedern aus aller Welt aufs
Fest ein. Wolfram Lattke und
Robert Pohlers (beide Tenor), Frank
Ozimek (Bariton), Daniel Knauft
und Holger Krause (beide Bass)

verstehen es, mit ihrem unverwechselbaren Klang und musikalischer
Stilsicherheit, gespickt von Charme
und Witz, das Publikum zu verzau-
bern und mitzureißen.

12. und 13. Dezember
Erstmals auf der Wartburg, zog das
schwedische Opern-Trio «Divine»
die Konzertgäste bei beiden Auf-
tritten in seinen Bann. Die Sopra-
nistinnen Carole Gentele, Gabriella
Lambert-Olsson und Jaqueline
Miura konzentrierten sich auf klassi-
sche Arien und überzeugten stimm-
gewaltig, unterhaltsam und attraktiv.
Am Klavier begleitete sie István
Dénes.

25. Dezember
Am 1. Weihnachtsfeiertag fand
traditionell in der Burgkapelle
der Weihnachtsgottesdienst statt.

BESUCHER DER WARTBURG 2015

Januar	7.628
Februar	9.160
März	14.128
April	27.006
Mai	38.595
Juni	32.490
Juli	34.619
August	38.138
September	35.230
Oktober	37.653
November	20.851
Dezember	51.119
Gesamt:	346.617

Autorenverzeichnis

ANNETTE FELSBERG
  Architektin, Leiterin der Bauhütte
  der Wartburg
DR. MARC HÖCHNER
  Historiker, Projektleiter der Nationalen
  Sonderausstellung «Luther und die Deut-
  schen», Wartburg-Stiftung Eisenach
GERHARD KEUTE
  Diplom-Controller, Verwaltungsleiter
  der Wartburg-Stiftung Eisenach,
  Geschäftsführer der Wartburg Wirtschafts-
  betriebe GmbH
DR. BALÁZS J. NEMES
  Altgermanist, akademischer Rat, Albert-
  Ludwigs-Universität Freiburg, Deutsches
  Seminar – Germanistische Mediävistik
FRANK NOLDE
  Kunstwissenschaftler, Ausstellungskurator
  «Weimarer Kinderbibel»
KRISTA PROFANTER
  M. A., Kunsthistorikerin, Zentralinstitut
  für Kunstgeschichte München,
  Forschungsstelle Realienkunde
GÜNTER SCHUCHARDT
  Diplom-Kulturwissenschaftler,
  Burghauptmann der Wartburg
HILMAR SCHWARZ
  Diplom-Historiker, wissenschaftlicher
  Mitarbeiter, Wartburg-Stiftung Eisenach
DR. ANNETTE SEEMANN
  Autorin und Übersetzerin, Projektleitung
  «Weimarer Kinderbibel»

Abbildungsnachweis

Presse- und Informationsamt der Bundesregierung, Foto: Sandra Steins, S. 281

©Denkmalpflege Graubünden: S. 207, 211

Freies Institut für Bauforschung und
Dokumentation e. V. Marburg: S. 166, 167

Frank Nolde: S. 265

Christa Profanter: S. 215, 216

Maik Schuck: S. 267–270

Military-Historical Museum of Artillery,
Engineer and Signal Corps, St. Petersburg:
S. 228 oben, 230 oben

Klassik Stiftung Weimar: S. 96, 142 oben,
145, 146

Landesarchiv Thüringen, Hauptstaatsarchiv
Weimar: S. 48, 63, 65, 94, 97, 113, 117, 121,
139 Mitte, 140, 148–150, 152

Wartburg-Stiftung, Fotothek und Archiv:
S. 19, 24, 27, 47, 76, 90, 109, 118, 138, 139
oben, 139 unten, 141, 142 unten, 143, 144,
147, 151, 153–166, 179, 184, 187, 190, 191,
196, 197, 201, 204, 210, 222–224, 227 oben,
229 unten links, 233, 234, 236, 238, 241–244,
246–250, 252, 253, 256, 259–261, 263, 264

Impressum:
© 2016 Wartburg-Stiftung Eisenach
Alle Rechte vorbehalten
Wartburg-Jahrbuch 2015, 24. Jahrgang 2016
Herausgegeben von der Wartburg-Stiftung
Redaktion: G. Jacobs, J. Krauß, D. Miksch, P. Schall, G. Schuchardt
Redaktionsschluss: 25.11.2015
Gesamtgestaltung: Gerd Haubner, Erfurt
Herstellung: Druckhaus Gera GmbH

ISBN 978-3-7954-3212-6